概率论与数理统计
第二版

闫在在　主编

中国教育出版传媒集团

高等教育出版社·北京

内容提要

　　本书共分为十章：前五章为概率论部分，后五章为数理统计部分，其中第十章介绍统计软件 R 软件及其在数理统计中的应用。前九章每章后均附有习题、自测题，第十章后附有习题。总复习题包括两部分：第一部分是综合提高题；第二部分是 2009 — 2023 年全国硕士研究生统一招生考试数学一和数学三的试题，可供练习，书末提供了详细参考答案或提示。全书知识体系相对完整，结构严谨，内容丰富，循序渐进，通俗易懂，例题丰富。

　　本书可作为高等学校理工类各专业本科生概率论与数理统计课程的教材，也可作为参加全国硕士研究生统一招生考试的复习参考用书，还可供工程技术人员、科技工作者参考。

图书在版编目（CIP）数据

概率论与数理统计 / 闫在在主编 . -- 2 版 . -- 北京：
高等教育出版社，2025. 7. -- ISBN 978-7-04-064034-2

Ⅰ. O21; TP312

中国国家版本馆 CIP 数据核字第 2025TD6424 号

Gailülun yu Shuli Tongji

| 策划编辑　李冬莉 | 责任编辑　李冬莉 | 特约编辑　陈一凡 | 封面设计　裴一丹 |
| 版式设计　杜微言 | 责任绘图　于　博 | 责任校对　高　歌 | 责任印制　刘思涵 |

出版发行	高等教育出版社	网　　址	http://www.hep.edu.cn
社　　址	北京市西城区德外大街4号		http://www.hep.com.cn
邮政编码	100120	网上订购	http://www.hepmall.com.cn
印　　刷	北京联兴盛业印刷股份有限公司		http://www.hepmall.com
开　　本	787mm×1092mm　1/16		http://www.hepmall.cn
印　　张	19	版　　次	2015 年 6 月第 1 版
字　　数	420千字		2025 年 7 月第 2 版
购书热线	010-58581118	印　　次	2025 年 7 月第 1 次印刷
咨询电话	400-810-0598	定　　价	43.00 元

本书如有缺页、倒页、脱页等质量问题，请到所购图书销售部门联系调换
版权所有　侵权必究
物 料 号　64034-00

第二版前言

本书第一版于 2015 年在高等教育出版社出版,先后印刷 10 次。近年来,该书一直是内蒙古工业大学所有工科专业、经管类专业概率论与数理统计课程的教学用书。现根据多年使用情况并结合新世纪本科生概率论与数理统计课程的教学改革和内蒙古工业大学部分专业对数理统计部分偏应用性的需要,对第一版做了进一步调整和修订,而且有选择地在知识点中自然融入课程思政元素。

21 世纪以来,高等教育教学观念不断更新,教学改革不断深入。作为高等学校理工科各专业三大基础数学课程之一的概率论与数理统计,其教学模式、教学方法发生了很大变化,形成了概率论与数理统计课程理论、推理和统计软件应用并重的教学模式。现如今,高等学校的教学和科研活动已经离不开统计软件,将统计软件应用到概率论与数理统计教学之中使学生不仅可以从复杂的计算中解脱出来,也可以在使用计算机解答问题时更好地理解统计思想。因此,在第十章着重讲述了在数理统计中应用 R 软件,以期读者在学习概率论与数理统计课程的同时,初步掌握统计软件 R 的使用。

本书沿袭概率论与数理统计传统理论体系,注重基本概念和思想,强调实际应用,力求做到难易适当,易教好学,其主要特点如下:

1. 理论与实际应用有机结合。大量实际应用贯穿于理论之中,体现了概率论与数理统计在各个领域中的广泛应用。

2. 紧密结合专业统计软件。介绍了 R 软件在解决概率论与数理统计问题中的应用,加强学生分析问题和解决问题能力的培养。

3. 合理安排习题。每章后面给出简单易做和综合性强的习题,使学生学习由浅入深,循序渐进,还附有自测题,便于学生自测;书末精心编制了总复习题,供学有余力及准备考研的学生复习使用,并附有参考答案或解题思路。

4. 融入课程思政。人物传记讲述了著名统计学家的故事,以期励志。

本书第一、第六章由卢静莉编写;第二、第三章由彭秀云编写;赖俊峰编写第四章、人物传记;贾俊梅编写第五章以及各章后的自测题;洪志敏编写第七、八章;闫在在编写第九、十章;王晓民编写总复习题、总复习题参考答案或提示和附录常用分布表。全书由闫在在负责统稿定稿。

第二版更正了第一版的错误,并在保留第一版大部分内容和优点的基础上更新了部分内容。由于编者水平有限,书中难免存在不当之处,恳请读者批评指正。

编 者
2024 年 3 月于内蒙古工业大学

第一版前言

21 世纪以来，随着我国经济建设与科学技术的迅速发展，高等教育已由"精英式"教育模式转变为"大众化"教育模式，教学观念不断更新，教学改革不断深入，办学规模不断扩大。作为高等学校理工科各专业三大基础数学课程之一的概率论与数理统计，其教学模式、教学方法也发生了很大的变化，由原来单纯重视概率论与数理统计方法和定理推演的教学模式改变为传统推理教学和统计软件使用相结合的教学模式。特别是对于非统计学专业学生来说，学习概率论与数理统计的主要目的是应用，而不使用统计软件很难将概率论与数理统计方法应用到实际问题中。对他们而言，做过多的公式推导显然意义不大，学会概率论与数理统计计算不等于能使用概率论与数理统计方法。将统计软件应用到概率论与数理统计教学之中使学生不仅可以从复杂的计算中解脱出来，也可以在使用计算机解答问题时更好地理解统计思想。现如今，国内外很多院校在教学和科研活动中使用 R 软件，R 已是主流的统计软件。本教材第十章增加了 R 软件在数理统计中的应用，以期读者在学习概率论与数理统计课程的同时，初步掌握统计软件 R 的使用。

本教材沿袭传统理论体系，注重基本概念和概率思想，强调实际应用，力求做到难易适当，易教好学，其主要特点如下：

一、理论与实际应用有机结合。大量的实际应用贯穿于理论之中，体现了概率论与数理统计在各个领域中的广泛应用。

二、紧密结合统计软件 R。介绍了专业统计软件 R 在解决概率论与数理统计问题中的应用，加强了学生分析问题和解决问题能力的培养。

三、习题安排合理。每一章后面给出简单易算和综合性强的习题，使学生的学习由浅入深，循序渐进，各章后面均附有自测题，便于学生自测。书末精心编制了总复习题，为学有余力的学生及准备考研的学生复习使用，并附有答案或解题思路。

四、人物传记叙述了一些统计学家的创造性贡献和他们的故事，以期励志，增强读者的学习兴趣。

本教材由闫在在教授担任主编。卢静莉编写了第一、第六章；彭秀云编写了第二、第三章；郑丽霞编写了第四、第五章；洪志敏编写了第七、第八章；闫在在编写了第九、第十章；王晓民编写了附录的总复习题、答案和附表。

由于编者水平有限，书中缺点和错误在所难免，恳请读者批评指正。

编　者
2015 年 3 月于内蒙古工业大学

目　录

第一章 事件及其概率

人们在自然界的实践活动中所遇到的现象大体上可分为两类:

一类现象在一定条件下必然会发生. 例如抛掷一枚硬币, 硬币必然要落地; 水在 1 个标准大气压下达到 100℃ 必然沸腾, 变为气体, 而低于 0℃ 必然结冰, 变为固体. 我们把这一类现象称为**确定性现象** (或必然现象).

另一类现象则在一定条件下具有多种可能结果, 但事先又不能确定究竟会发生哪一种结果. 例如投掷一枚硬币落地后, 是正面 (有币值的一面) 向上, 还是反面向上, 在硬币落地之前是不确定的; 一只灯泡能用多长时间, 在使用之前是无法确定其寿命的; 今年某地区十月份的平均气温是多少, 在十月份结束之前是不能确定的. 我们把这一类现象称为**随机现象**.

随机现象在一次观察或试验中, 具有随机性, 即偶然性. 但是人们在长期实践中发现, 在相同条件下, 对随机现象进行大量的观察或试验时, 随机现象的结果会呈现出某种确定的规律性. 例如:

(1) 在相同条件下, 投掷一枚均匀的硬币, 当投掷次数很大时, 就会发现正面和反面出现的次数几乎各占一半.

(2) 从物理学的观点来看, 气体分子对器壁的压力是气体分子对器壁碰撞的结果. 由于分子是时刻不停地、杂乱无章地运动着, 速度和轨道都是随机的, 因而对器壁的碰撞也是随机的. 初看起来器壁所受压力是不稳定的, 可是试验证明, 由于分子数目非常大, 各分子运动所具有的随机性使得分子对器壁的压力在运动中互相抵消、互相平衡, 从而使得器壁所受的总压力呈现一种稳定性, 且分子数目越大, 压力就越稳定.

从上述例子可以看出, 看上去其结果具有不确定性的随机现象内部却蕴含着某种确定的规律性. 这种通过大量观察或试验总结出的规律性, 称为**统计规律性**.

概率论与数理统计就是研究随机现象统计规律性的一门数学学科.

在自然界和人们的生产、生活实践中, 存在着大量的随机现象. 这种随机现象是受其内部蕴含着的规律所支配的, 研究和发现这些规律, 揭示偶然性与必然性之间的内在联系, 是我们学习概率论与数理统计的方向和最终目的. 这也就决定了概率论与数理统计的思想和方法在自然科学、社会科学、工农业生产及国民经济的各个部门中有着广泛的应用, 并且与其他学科相结合、渗透, 推动和发展了许多边缘学科.

【导引: 疾病诊断问题】 资料表明, 在自然人群中某种疾病的发病率为 0.4%. 医疗机构研发出一种试剂检验法, 对于患者, 该方法检验为阳性的概率是 95%; 对于健康的人, 该方法检验为阳性的概率是 2%. 现某人被该方法检验为阳性, 求其患有这种疾病的概率.

§1.1 随机试验与随机事件

1.1.1 随机试验

为了研究随机现象的统计规律性, 我们把各种科学试验和对某一现象的观测统称为试

验. 而把具有下述三个特征的试验称为**随机试验:**

  (1) 试验可以在相同条件下重复进行;

  (2) 每次试验的所有可能结果都是明确可知的, 并且不止一个;

  (3) 每次试验之前不能预知将会出现哪一个结果, 但若进行大量重复试验, 其可能结果的出现具有一定的统计规律性.

  随机试验简称为**试验.** 今后我们说试验就是指随机试验 (通常用 E 表示). 下面给出随机试验的几个例子:

  E_1={将一枚硬币投掷 3 次, 观察其正反面出现的情况};

  E_2={将一枚硬币投掷 3 次, 观察正面出现的次数};

  E_3={掷一颗骰子, 观察其点数};

  E_4={同时掷两颗骰子, 观察其点数出现的情况};

  E_5={炮击目标直到击中为止, 记录发出的炮弹数};

  E_6={测试一只灯泡的使用寿命}.

1.1.2　样本空间

  我们把根据观察要求所确定的随机试验中最基本的、不能再分解的结果叫作**基本事件**, 其特点是: 每次试验必出现一个而且只能出现一个基本事件, 任意两个基本事件在一次试验中不能同时出现. 把一切基本事件的集合 Ω 叫作**样本空间**. 样本空间 Ω 的元素, 即基本事件, 又称为**样本点**, 常用 ω 表示.

  对应于上面给出的随机试验, 样本空间分别为

$\Omega_1 =\{HHH, HHT, HTH, HTT, THH, THT, TTH, TTT\}$

    (其中 H 表示正面, T 表示反面);

$\Omega_2 = \{0, 1, 2, 3\}$;

$\Omega_3 = \{1, 2, 3, 4, 5, 6\}$;

$\Omega_4 = \{(x, y) | 1 \leqslant x \leqslant 6, 1 \leqslant y \leqslant 6, x \in \mathbf{Z}_+, y \in \mathbf{Z}_+\}$;

$\Omega_5 = \{1, 2, \cdots\}$;

$\Omega_6 = \{x | 0 \leqslant x < +\infty\}$.

1.1.3　随机事件

  定义 1.1 设随机试验 E 的样本空间为 Ω, 称 Ω 的任一子集为随机试验 E 的一个**随机事件**, 简称**事件**, 记为 $A, B, \cdots$. 设 A 是 E 的一个事件, 在一次试验中, 当且仅当 A 中的某一个样本点出现时, 称 A 发生了.

  只包含一个样本点的集合, 就是基本事件. 显然, 样本空间 Ω 包含多少个样本点, 就包含多少个基本事件. 事件 A 包含几个样本点就相当于包含几个基本事件.

  样本空间 Ω 包含所有的样本点, 它是 Ω 自身的子集, 在每次试验中它总会发生, 称为**必然事件**. 空集 $\varnothing$ 不包含任何样本点, 它也作为样本空间的子集, 它在每次试验中都不会发生, 称为**不可能事件**.

  下面举几个事件的例子.

例 1.1 $E_4=\{$同时掷两颗骰子, 观察其点数出现的情况$\}$, 对应的样本空间为 $\Omega_4 = \{(x,y)|1 \leqslant x \leqslant 6, 1 \leqslant y \leqslant 6, x \in \mathbf{Z}_+, y \in \mathbf{Z}_+\}$.

(1) $A_1=\{$两颗骰子点数和为 5$\}$, 则 $A_1 = \{(1,4),(2,3),(3,2),(4,1)\}$;

(2) $A_2=\{$两颗骰子点数相同$\}$, 则 $A_2 = \{(1,1),(2,2),(3,3),(4,4),(5,5),(6,6)\}$;

(3) $A_3=\{$两颗骰子点数和为 12$\}$, 则 $A_3 = \{(6,6)\}$;

(4) $A_4=\{$两颗骰子点数和为 13$\}$, 则 $A_4 = \varnothing$ 为不可能事件;

(5) $A_5=\{$两颗骰子点数之差不超过 5$\}$, 则 $A_5 = \Omega_4$ 为必然事件.

1.1.4 事件的关系与运算

由于事件是一个集合, 因而事件之间的关系与事件之间的运算自然按照集合论中集合之间的关系和运算来处理. 事件的关系及运算对于研究复杂的事件是十分重要的. 下面给出这些关系和运算在概率论中的提法, 并根据 "事件发生" 的含义, 给出它们在概率论中的含义.

1. 事件的包含

$A \subset B$, 称为事件 B **包含**事件 A, 或者说事件 A 是事件 B 的子事件. 这时集合 A 中的样本点一定属于集合 B. 它表示在一次试验中**事件 A 发生必然导致事件 B 发生**.

2. 事件的相等

$A = B$, 称为事件 A 与事件 B **相等**. 其充分必要条件是 $A \subset B$ 且 $B \subset A$. 这时集合 A 与集合 B 中的样本点是相同的. 它表示**事件 A 与事件 B 是同一事件**.

3. 事件的和 (并)

$A \bigcup B$, 称为事件 A 与事件 B 的**和 (并) 事件**. 这个事件是由集合 A 与 B 中所有的样本点组成的集合 (两个集合共同的样本点不重复选取). 它表示**事件 A 与 B 中至少有一个事件发生**.

事件的和 (并) 的概念可以推广到有限个或可列无穷多个的情形:

$$A_1 \bigcup A_2 \bigcup \cdots \bigcup A_n \quad (\text{简记为} \bigcup_{i=1}^{n} A_i),$$

它表示 n 个事件 $A_1, A_2, \cdots, A_n$ 中至少有一个发生.

$$A_1 \bigcup A_2 \bigcup \cdots \bigcup A_n \bigcup \cdots \quad (\text{简记为} \bigcup_{i=1}^{\infty} A_i),$$

它表示可列无穷多个事件 $A_1, A_2, \cdots, A_n, \cdots$ 中至少有一个发生.

4. 事件的积 (交)

$A \bigcap B$, 也记为 AB, 称为事件 A 与事件 B 的**积 (交) 事件**. 这个事件是由集合 A 与 B 中共同样本点组成的集合. 它表示**事件 A 与 B 同时发生**.

事件的积 (交) 的概念可以推广到有限个或可列无穷多个的情形:

$$A_1 \bigcap A_2 \bigcap \cdots \bigcap A_n = A_1 A_2 \cdots A_n \quad (\text{简记为} \bigcap_{i=1}^{n} A_i),$$

它表示 n 个事件 $A_1, A_2, \cdots, A_n$ 同时发生.

$$A_1 \bigcap A_2 \bigcap \cdots \bigcap A_n \bigcap \cdots = A_1 A_2 \cdots A_n \cdots \quad (简记为 \bigcap_{i=1}^{\infty} A_i),$$

它表示可列无穷多个事件 $A_1, A_2, \cdots, A_n, \cdots$ 同时发生.

5. 事件的差

$A - B$, 称为事件 A 与事件 B 的**差事件**. 它是由属于 A 但不属于 B 的所有样本点组成的集合. 表示**事件 A 发生而事件 B 不发生**.

6. 互斥事件

若 $AB = \varnothing$, 则称事件 A 与事件 B 是**互斥事件**或互不相容的事件. 这时集合 A 与 B 没有共同的样本点. 表示**事件 A 与事件 B 不可能同时发生**. 同一随机试验中, 任意两个基本事件都是互斥的.

7. 对立事件

若 $A \bigcup B = \Omega$ 且 $AB = \varnothing$, 则称事件 A 与事件 B 为**对立事件**或互逆事件. 它表示在一次试验中, **事件 A 与事件 B 必有一个且仅有一个发生**. 此时常记 $B = \overline{A}$, 即事件 A 与事件 $\overline{A}$ 互为对立事件. 显然有 $\overline{A} = \Omega - A$, $A - B = A\overline{B}$.

可以借助于集合关系的维恩 (Venn) 图来直观地表示上述事件间的关系与运算, 见图 1.1, 其中矩形表示样本空间 Ω.

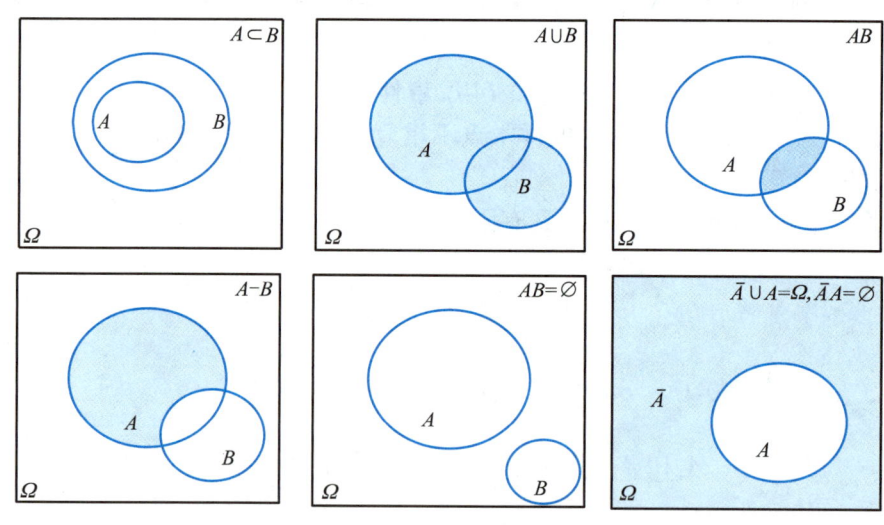

图 1.1

上面利用集合概念描述了事件的关系及运算, 对照它们与集合论中的概念, 可如表 1.1 描述.

由于事件、事件的关系及运算与集合、集合的关系及运算是相同的, 故根据集合的运算性质可推得事件的运算性质如下:

(1) **交换律** $A \bigcup B = B \bigcup A$, $AB = BA$;

(2) **结合律** $(A \bigcup B) \bigcup C = A \bigcup (B \bigcup C)$, $(AB)C = A(BC)$;

(3) **分配律** $\quad A(B\bigcup C) = AB\bigcup AC, \ A\bigcup(BC) = (A\bigcup B)(A\bigcup C);$

(4) **德摩根 (De Morgan) 律** $\quad \overline{A\bigcup B} = \overline{A}\ \overline{B}, \quad \overline{AB} = \overline{A}\bigcup\overline{B}.$

表 1.1　事件在概率论与集合论中的含义

符号	概率论	集合论
Ω	样本空间, 必然事件	全集
$\varnothing$	不可能事件	空集
ω	基本事件 (样本点)	元素
A	事件	子集
$\overline{A}$	A 的对立事件	A 的余集
$A\subset B$	事件 A 发生必然导致事件 B 发生	A 是 B 的子集
$A = B$	事件 A 与事件 B 相等	A 与 B 相等
$A\bigcup B$	事件 A 与事件 B 至少有一个发生	A 与 B 的并集
$A\bigcap B$	事件 A 与事件 B 同时发生	A 与 B 的交集
$A - B$	事件 A 发生而事件 B 不发生	A 与 B 的差集
$AB = \varnothing$	事件 A 与事件 B 不可能同时发生	A 与 B 没有公共元素

德摩根律在事件的运算中经常用到, 它可以推广到多个事件的情况, 即

$$\overline{\bigcup_{i=1}^{n} A_i} = \bigcap_{i=1}^{n} \overline{A_i}, \quad \overline{\bigcap_{i=1}^{n} A_i} = \bigcup_{i=1}^{n} \overline{A_i}.$$

可用语言表述为: 事件和的对立事件等于对立事件的积, 事件积的对立事件等于对立事件的和.

以上运算证明从略.

例 1.2　设 A, B, C 为三个事件, 用 A, B, C 运算关系表示下列事件:

(1) A 发生, B 与 C 均不发生;

(2) A, B, C 都发生;

(3) A, B, C 都不发生;

(4) A, B, C 中至少有一个发生;

(5) A, B, C 不多于两个发生;

(6) A, B, C 中恰有一个发生;

(7) A, B, C 中至少有两个发生.

解　(1) $A\overline{B}\overline{C}$ 或 $A(\overline{B\bigcup C})$;

(2) ABC;

(3) $\overline{A}\,\overline{B}\,\overline{C}$;

(4) $A\bigcup B\bigcup C$;

(5) $\overline{ABC}$ 或 $\overline{A}\bigcup\overline{B}\bigcup\overline{C}$;

(6) $A\overline{B}\overline{C}\bigcup\overline{A}B\overline{C}\bigcup\overline{A}\,\overline{B}C$;

(7) $AB\bigcup AC\bigcup BC$ 或 $AB\overline{C}\bigcup A\overline{B}C\bigcup\overline{A}BC\bigcup ABC$.

例 1.3　图 1.2 所示电路, A 表示信号灯亮, B, C, D 表示对应开关闭合.

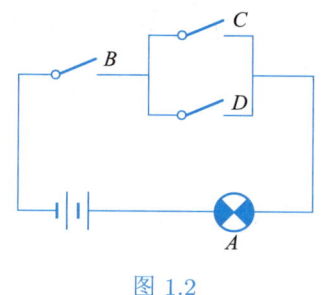

图 1.2

则事件 A, B, C, D 有关系 $BC \subset A$, $BD \subset A$, $A = BC \bigcup BD$, $\overline{B}A = \varnothing$.

例 1.4 袋中有 10 个球, 分别编号为 $1, 2, \cdots, 10$, 从中任取一球, 设

$A = \{$取出的球号码为偶数$\}$;

$B = \{$取出的球号码为奇数$\}$;

$C = \{$取出的球号码小于 5$\}$.

则 (1) $A \bigcup B = \Omega$ 为必然事件;

(2) $AB = \varnothing$ 为不可能事件;

(3) $AC = \{$取出的球号码为 2 或 4$\}$;

(4) $\overline{AC} = \{$取出的球号码为 $1, 3, 5, 6, 7, 8, 9, 10$ 之一$\}$;

(5) $\overline{A}\,\overline{C} = \{$取出的球号码为 $5, 7, 9$ 之一$\}$;

(6) $\overline{B \bigcup C} = \{$取出的球号码为 $6, 8, 10$ 之一$\}$;

(7) $A - B = A$.

§1.2 频率与概率

对于一个事件 (除必然事件和不可能事件外) 来说, 它在一次试验中可能发生, 也可能不发生. 我们常常希望知道某些事件在一次试验中发生的可能性有多大. 例如, 为了确定水坝的高度, 就要知道河流在造水坝地段每年最大洪水达到某一高度这一事件发生的可能性大小. 我们希望找到一个合适的数来表征事件在一次试验中发生的可能性大小. 为此, 首先引入频率, 它描述了事件发生的频繁程度, 进而引出表征事件在一次试验中发生的可能性大小的数——概率.

1.2.1 频率

定义 1.2 设随机事件 A 在 n 次试验中发生了 n_A 次, 则称 n_A 为事件 A 在 n 次试验中发生的**频数**, $\dfrac{n_A}{n}$ 称为事件 A 在 n 次试验中发生的**频率**, 记作 $f_n(A)$, 即

$$f_n(A) = \frac{n_A}{n}.$$

由定义, 易见频率具有下述性质:

(1) $0 \leqslant f_n(A) \leqslant 1$;

(2) $f_n(\Omega) = 1$;

(3) 若 $A_1, A_2, \cdots, A_n$ 两两互斥, 则

$$f(A_1 \bigcup A_2 \bigcup \cdots \bigcup A_n) = f(A_1) + f(A_2) + \cdots + f(A_n).$$

频率除具有上述直观的性质外, 还具有一个内在的性质, 即稳定性. 下面通过一个例子来说明频率的稳定性.

例 1.5 将一枚硬币投掷 20 次、200 次、2 000 次, 各做 5 遍, 得到下表中数据. 其中 n_H 表示 n 次抛掷中正面出现的频数, $f_n(H)$ 为 n 次投掷中正面出现的频率.

试验序号	$n = 20$		$n = 200$		$n = 2\,000$	
	n_H	$f_n(H)$	n_H	$f_n(H)$	n_H	$f_n(H)$
1	11	0.55	91	0.455	990	0.495 0
2	13	0.65	99	0.495	1 012	0.506 0
3	10	0.50	108	0.540	988	0.494 0
4	6	0.30	98	0.490	1 000	0.500 0
5	10	0.50	101	0.505	998	0.499 0

上述试验表明, 当 n 较小时, 出现正面的频率有较大的波动性. 但随着试验次数 n 的增大, 出现正面的频率 $f_n(H)$ 逐渐稳定在常数 0.5 附近. 这是随机现象固有的性质, 即随机现象的统计规律性. 这个常数 0.5 是客观存在的, 称为频率的稳定值, 它反映了重复投掷硬币时出现正面的频繁程度, 也反映了投掷硬币时, 出现正面的可能性大小.

对于每一个事件 A, 都有这样一个客观存在的常数与之对应, 我们就用这个常数来衡量事件 A 发生的可能性大小, 并称之为事件 A 发生的概率.

但是, 在实际问题中, 若对于每一个随机事件都要通过大量重复试验来得到频率的稳定值, 从而确定事件的概率是不现实的. 我们从频率的稳定性和频率的性质出发, 给出度量事件发生可能性大小的概率的定义.

1.2.2 概率

1. 概率的定义

定义 1.3 设随机试验 E 的样本空间为 Ω. 对于 E 中的每一个随机事件 A, 赋予一个实数 $P(A)$ 与之对应. 如果集合函数 $P(\cdot)$ 具有如下性质:

(1) 对 E 中的每个事件 A, $P(A) \geqslant 0$;

(2) $P(\Omega) = 1$;

(3) 若 $A_1, A_2, \cdots, A_n, \cdots$ 是两两互斥的事件序列, 则有

$$P(A_1 \bigcup A_2 \bigcup \cdots \bigcup A_n \bigcup \cdots) = P(A_1) + P(A_2) + \cdots + P(A_n) + \cdots,$$

则称实数 $P(A)$ 为事件 A 发生的**概率**.

我们将在第五章证明, 当 $n \to \infty$ 时, 事件 A 的频率在一定意义下收敛于事件 A 的概率. 因此, 事件 A 的概率 $P(A)$ 度量了事件 A 在一次试验中发生的可能性大小.

2. 概率的性质

从上述概率的定义可以推得概率的一些基本性质:

(1) 不可能事件发生的概率为零, 即

$$P(\varnothing) = 0. \tag{1.1}$$

证明 因 $\varnothing = \varnothing \bigcup \varnothing \bigcup \cdots \bigcup \varnothing \bigcup \cdots$, 且 $\varnothing \bigcap \varnothing = \varnothing$, 由概率的定义中的性质 (3), 有

$$P(\varnothing) = P(\varnothing \bigcup \varnothing \bigcup \cdots \bigcup \varnothing \bigcup \cdots) = P(\varnothing) + P(\varnothing) + \cdots + P(\varnothing) + \cdots$$

又因 $P(\varnothing)$ 为非负实数, 故 $P(\varnothing)$ 必为 0.

(2) **(有限可加性)** 若 $A_1, A_2, \cdots, A_n$ 是两两互斥的事件, 则有

$$P(A_1 \bigcup A_2 \bigcup \cdots \bigcup A_n) = P(A_1) + P(A_2) + \cdots + P(A_n). \tag{1.2}$$

证明 因为 $A_1 \bigcup A_2 \bigcup \cdots \bigcup A_n = A_1 \bigcup A_2 \bigcup \cdots \bigcup A_n \bigcup \varnothing \bigcup \varnothing \bigcup \cdots$, 且右端随机事件序列两两互斥, 所以有

$$\begin{aligned}
P(A_1 \bigcup A_2 \bigcup \cdots \bigcup A_n) &= P(A_1 \bigcup A_2 \bigcup \cdots \bigcup A_n \bigcup \varnothing \bigcup \varnothing \bigcup \cdots) \\
&= P(A_1) + P(A_2) + \cdots + P(A_n) + P(\varnothing) + P(\varnothing) + \cdots \\
&= P(A_1) + P(A_2) + \cdots + P(A_n).
\end{aligned}$$

(3) **(差事件的概率)** 对于任意事件 A, B, 有

$$P(A - B) = P(A) - P(AB). \tag{1.3}$$

证明 由于 $A = (A - B) \bigcup AB$, 且事件 $A - B$ 与事件 AB 互斥, 则由有限可加性, 有

$$P(A) = P[(A - B) \bigcup AB] = P(A - B) + P(AB),$$

从而

$$P(A - B) = P(A) - P(AB).$$

特别地, 当 $B \subset A$ 时, $P(A - B) = P(A) - P(B)$.

又因 $P(A - B) \geqslant 0$, 所以当 $B \subset A$ 时, $P(A) \geqslant P(B)$.

(4) 对于任意随机事件 A 有

$$P(A) \leqslant 1. \tag{1.4}$$

证明 因 $A \subset \Omega$, 有 $P(A) \leqslant P(\Omega) = 1$.

(5) **(逆事件的概率)** 对于任意事件 A, 有

$$P(\overline{A}) = 1 - P(A). \tag{1.5}$$

证明 因 $A \bigcup \overline{A} = \Omega$, 且 $A\overline{A} = \varnothing$, 由概率的有限可加性, 有

$$1 = P(\Omega) = P(A \bigcup \overline{A}) = P(A) + P(\overline{A}).$$

(6) **(加法公式)** 对于任意事件 A, B 有

$$P(A \bigcup B) = P(A) + P(B) - P(AB). \tag{1.6}$$

证明　因 $A \bigcup B = A \bigcup (B - A)$, 且 $A(B - A) = \varnothing$, 由概率的有限可加性及差事件的概率, 有

$$P(A \bigcup B) = P(A \bigcup (B - A))$$

$$= P(A) + P(B - A)$$

$$= P(A) + P(B) - P(AB).$$

加法公式还可以推广到多个事件的情形. 例如, 对于三个事件 A, B, C, 有

$$P(A \cup B \cup C) = P(A) + P(B) + P(C) -$$

$$P(AB) - P(AC) - P(BC) + P(ABC). \tag{1.7}$$

一般地, 设 $A_1, A_2, \cdots, A_n$ 为 n 个事件, 则

$$P(A_1 \cup \cdots \cup A_n) = \sum_{i=1}^{n} P(A_i) - \sum_{1 \leqslant i < j \leqslant n} P(A_i A_j) +$$

$$\sum_{1 \leqslant i < j < k \leqslant n} P(A_i A_j A_k) + \cdots + (-1)^{n-1} P(A_1 A_2 \cdots A_n). \tag{1.8}$$

例 1.6　设 A, B 为两个事件, 且 $P(B) = 0.3, P(A \bigcup B) = 0.6$, 求 $P(A\bar{B})$.

解　由于

$$P(A \bigcup B) = P(A) + P(B) - P(AB) = 0.6,$$

则

$$P(A) - P(AB) = 0.6 - P(B) = 0.3,$$

因此

$$P(A\bar{B}) = P(A) - P(AB) = 0.3.$$

例 1.7　某人外出旅游两天, 据天气预报, 第一天下雨的概率为 0.6, 第二天下雨的概率为 0.3, 两天都下雨的概率为 0.1. 求:

(1) 第一天下雨而第二天不下雨的概率;

(2) 第一天不下雨而第二天下雨的概率;

(3) 两天中至少有一天下雨的概率;

(4) 两天都不下雨的概率;

(5) 两天中至少有一天不下雨的概率.

解　设 $A=\{$第一天下雨$\}$, $B=\{$第二天下雨$\}$, 则 $P(A) = 0.6, P(B) = 0.3, P(AB) = 0.1$.

(1) $P(A\overline{B}) = P[A(\Omega - B)] = P(A - AB) = P(A) - P(AB) = 0.6 - 0.1 = 0.5.$

(2) $P(\overline{A}B) = P[(\Omega - A)B] = P(B - AB) = P(B) - P(AB) = 0.3 - 0.1 = 0.2.$

(3) $P(A \bigcup B) = P(A) + P(B) - P(AB) = 0.6 + 0.3 - 0.1 = 0.8.$

(4) $P(\overline{A}\ \overline{B}) = P(\overline{A \bigcup B}) = 1 - P(A \bigcup B) = 1 - 0.8 = 0.2.$

(5) $P(\overline{A} \bigcup \overline{B}) = P(\overline{AB}) = 1 - P(AB) = 1 - 0.1 = 0.9.$

§1.3   等可能概率模型 (古典概型)

定义 1.4   如果随机试验 E 满足条件:

(1) 基本事件只有有限个;

(2) 试验中每个基本事件出现的可能性是相同的,

则称此类试验为**等可能概率模型**, 简称为**等可能概型**. 由于它是概率论发展初期的主要研究对象, 所以也称为**古典概型**.

由定义知, 等可能概型 E 的样本空间 Ω 包含有限多个元素, 即 Ω 中包含有限多个基本事件, 不妨设 $\Omega = \{\omega_1, \omega_2, \cdots, \omega_n\}$, 又由于每个基本事件发生的可能性相同, 所以有

$$P(\omega_1) = P(\omega_2) = \cdots = P(\omega_n).$$

再注意到基本事件两两互斥, 得到等式

$$1 = P(\Omega) = P(\omega_1 \bigcup \omega_2 \bigcup \cdots \bigcup \omega_n) = P(\omega_1) + P(\omega_2) + \cdots + P(\omega_n),$$

从而有

$$P(\omega_k) = \frac{1}{n}, \quad k = 1, 2, \cdots, n.$$

如果等可能概型中某事件 A 包含 k 个基本事件, 即 $A = \{\omega_{i_1}, \omega_{i_2}, \cdots, \omega_{i_k}\}$, 则事件 A 发生的概率为

$$\begin{aligned}
P(A) &= P(\omega_{i_1} \bigcup \omega_{i_2} \bigcup \cdots \bigcup \omega_{i_k}) \\
&= P(\omega_{i_1}) + P(\omega_{i_2}) + \cdots + P(\omega_{i_k}) \\
&= \frac{1}{n} + \frac{1}{n} + \cdots + \frac{1}{n} = \frac{k}{n}.
\end{aligned}$$

从而得到等可能概型中随机事件 A 发生的概率 $P(A)$ 的计算公式:

$$P(A) = \frac{k}{n} = \frac{\text{事件 } A \text{ 包含的基本事件个数}}{\text{样本空间 } \Omega \text{ 包含的基本事件总数}}. \tag{1.9}$$

用公式 (1.9) 计算古典概型中事件的概率时, 必须计算样本空间中的基本事件总数以及事件 A 中包含的基本事件个数. 这种计算常用到排列与组合的知识, 下面举一些例子.

例 1.8   将一枚硬币连续投掷三次, 观察正、反面出现的情况. 令

$$A = \{\text{三次中恰有一次出现正面}\}, \quad B = \{\text{三次中至少有一次出现正面}\},$$

求 $P(A)$, $P(B)$.

解   样本空间 $\Omega = \{HHH, HHT, HTH, HTT, THH, THT, TTH, TTT\}$, 则有

$$P(A) = \frac{3}{8}, \quad P(B) = \frac{7}{8}.$$

或者

$$P(B) = 1 - P(\overline{B}) = 1 - P(TTT) = 1 - \frac{1}{8} = \frac{7}{8}.$$

注 若将试验改述为"将一枚硬币连续投掷三次, 观察正面出现的次数", 则该试验中事件发生的概率不能使用本节公式计算. 因为该试验的样本空间 $\Omega = \{0, 1, 2, 3\}$, 每个样本点的发生不是等可能的, 即该试验不是等可能概型. 因此, 解题时首先要考察所给试验是否为等可能概型.

例 1.9 设某账户密码由 5 个数码组成, 每个数码可以是 $0, 1, 2, \cdots, 9$ 中的任一个. 设 $A_1 = \{5$ 个数码全相同$\}$, $A_2 = \{5$ 个数码全不相同$\}$, $A_3 = \{5$ 个数码中有两个 3$\}$, 求这些事件发生的概率.

解 由于数码是可重复的, 故样本空间包含的基本事件总数为 10^5.

显然 A_1 中包含的基本事件数为 10, 故

$$P(A_1) = \frac{10}{10^5} = \frac{1}{10^4}.$$

A_2 中包含的基本事件总数为 $A_{10}^5 = 10 \cdot 9 \cdot 8 \cdot 7 \cdot 6$, 故

$$P(A_2) = \frac{10 \cdot 9 \cdot 8 \cdot 7 \cdot 6}{10^5} = 0.302\,4.$$

A_3 中包含的基本事件数为 $\binom{5}{2} \cdot 9^3$, 这是因为数码 3 在账户密码中占两个位置的方法有 $\binom{5}{2}$ 种, 而其余 3 个数码中的每一个都可以从剩下的 9 个数码中重复选取, 共有 9^3 种方法. 故

$$P(A_3) = \frac{\binom{5}{2} \cdot 9^3}{10^5} = 0.072\,9.$$

例 1.10 袋中有 a 个黑球, b 个白球. 若随机地把球一个接一个地摸出来, 求 $A = \{$第 k 次摸出的球是黑球$\}$ 发生的概率 $(k \leqslant a + b)$.

解 取法总数为 $(a+b)!$ 种, 第 k 次摸到黑球有 a 种可能, 而另外 $a+b-1$ 次摸得球的排列有 $(a+b-1)!$ 种可能. 所以 A 中包含的基本事件总数为 $a \times (a+b-1)!$, 故所求概率为

$$P(A) = \frac{a \times (a+b-1)!}{(a+b)!} = \frac{a}{a+b}.$$

值得注意的是, 这个结果与 k 值无关, 这表明无论第几次, 取得黑球的概率都是一样的, 或者说取得黑球的概率与先后次序无关. 这就是所谓的 **"抽签原理"**. 它从理论上说明了平常人们采用的抽签办法是公平合理的.

例 1.11 将 n 个不同的球放入编号为 $1, 2, \cdots, N(N \geqslant n)$ 的 N 个盒子中去, 设

$$A = \{n \text{ 个球落入 } n \text{ 个不同的盒子中}\};$$
$$B = \{\text{第 1 号盒子是空的}\}; \quad C = \{\text{第 2 号盒子是空的}\};$$
$$D = \{\text{第 1, 2 号两个盒子至少有一个盒子是空的}\}.$$

求 $P(A), P(B), P(C), P(D)$.

解 放法总数为 N^n 种, 对应事件 A 应有 $N(N-1)\cdots(N-n+1)$ 种放法, 对应事件 B, C, 则应有 $(N-1)^n$ 种放法.

$$P(A) = \frac{N(N-1)\cdots(N-n+1)}{N^n};$$

$$P(B) = P(C) = \frac{(N-1)^n}{N^n};$$

$$P(D) = P(B \bigcup C) = P(B) + P(C) - P(BC)$$

$$= \frac{(N-1)^n}{N^n} + \frac{(N-1)^n}{N^n} - \frac{(N-2)^n}{N^n}.$$

例 1.12 设 N 件产品中有 M 件次品, 今从中任取 n 件, 问其中恰有 $k(k \leqslant M)$ 件次品的概率.

解 从 N 件中取出 n 件, 取法总数为 $\binom{N}{n}$. 从 M 件次品中取 k 件, 所有可能取法有 $\binom{M}{k}$ 种, 再从 $N-M$ 件产品中取 $n-k$ 件, 共有 $\binom{N-M}{n-k}$ 种取法, 因此恰有 k 件次品的取法总数为 $\binom{M}{k} \cdot \binom{N-M}{n-k}$, 故所求概率为

$$P = \frac{\binom{M}{k} \cdot \binom{N-M}{n-k}}{\binom{N}{n}}.$$

上式称为服从**超几何分布**的概率公式.

例 1.13 随机地将 15 名插班生分配到三个班级中去, 每班 5 人. 设此 15 名插班生中有 3 名女生, 求:

(1) 每个班分到一名女生的概率;

(2) 3 名女生分配到同一个班中的概率.

解 (1) 15 名学生分配到三个班中的分法总数为 $\binom{15}{5} \cdot \binom{10}{5} \cdot \binom{5}{5}$, 将 3 名女生每班分一人的分法有 3! 种, 对于每一种分法, 其余 12 名男生平均分到 3 个班的分法有 $\binom{12}{4} \cdot \binom{8}{4} \cdot \binom{4}{4}$ 种, 因此每个班各分到一名女生的分法共有 $3! \cdot \binom{12}{4} \cdot \binom{8}{4} \cdot \binom{4}{4}$ 种, 所以所求概率为

$$P = \frac{3! \cdot \binom{12}{4} \cdot \binom{8}{4} \cdot \binom{4}{4}}{\binom{15}{5} \cdot \binom{10}{5} \cdot \binom{5}{5}} = \frac{25}{91}.$$

(2) 将 3 名女生分到同一个班中, 有 3 种分法, 对于每种分法, 其余 12 名男生的分法 (一个班 2 名, 另两个班级各 5 名) 有 $\binom{12}{2} \cdot \binom{10}{5} \cdot \binom{5}{5}$ 种, 因此 3 名女生分到同一个班的分法为 $3 \cdot \binom{12}{2} \cdot \binom{10}{5} \cdot \binom{5}{5}$ 种, 所以所求概率为

$$P = \frac{3 \cdot \binom{12}{2} \cdot \binom{10}{5} \cdot \binom{5}{5}}{\binom{15}{5} \cdot \binom{10}{5} \cdot \binom{5}{5}} = \frac{6}{91}.$$

例 1.14 某旅行社 100 人中有 43 人会英语, 有 35 人会日语, 32 人会英、日两种语言, 9 人会英、日、法三种语言. 且每人至少会英、日、法三种语言之一种. 若从中任选一人, 求:

(1) 此人会英、日两种语言, 但不会法语的概率;

(2) 此人只会法语的概率.

解 令 $A=\{$此人会英语$\}$,

$\qquad\qquad B=\{$此人会日语$\}$,

$\qquad\qquad C=\{$此人会法语$\}$,

则有 $P(A)=0.43$, $P(B)=0.35$, $P(AB)=0.32$, $P(ABC)=0.09$.

(1) $P(AB\overline{C}) = P[AB(\Omega - C)] = P(AB - ABC) = P(AB) - P(ABC)$

$\qquad\qquad = 0.32 - 0.09 = 0.23;$

(2) $P(\overline{A}\,\overline{B}C) = P[\overline{A}\,\overline{B}(\Omega - \overline{C})] = P(\overline{A}\,\overline{B} - \overline{A}\,\overline{B}\,\overline{C})$

$\qquad\qquad = P(\overline{A}\,\overline{B}) - P(\overline{A}\,\overline{B}\,\overline{C}) = P(\overline{A \cup B}) - 0 = 1 - P(A \cup B)$

$\qquad\qquad = 1 - [P(A) + P(B) - P(AB)]$

$\qquad\qquad = 1 - (0.43 + 0.35 - 0.32) = 1 - 0.46 = 0.54.$

例 1.15 某接待站在某一周曾接待过 12 次来访者, 已知所有这 12 次接待都是在周二和周四进行的, 问是否可以推断接待时间是有规定的.

解 假设接待站的接待时间没有规定, 而来访者在一周的任一天去接待站是等可能的, 那么 12 次接待来访都在周二、周四的概率为

$$P = \frac{2^{12}}{7^{12}} = 0.000\,000\,3,$$

即千万分之三. 人们在长期的实践中总结得到 "概率很小的事件在一次试验中实际上几乎是不发生的" (称之为 **实际推断原理**). 现在概率很小 (千万分之三) 的事件在一次试验中竟然发生了, 因此有理由怀疑假设的正确性, 从而推断接待站不是每天都接待来访者, 即认为其接待时间是有规定的.

§1.4   条件概率及其应用

1.4.1   条件概率

在实际问题中, 除了要考虑事件 A 的概率 $P(A)$ 以外, 还要考虑事件 A 在 "事件 B 已经发生" 这一附加条件下的概率, 人们称之为 **条件概率**, 记作 $P(A|B)$. 相应地, 将 $P(A)$ 称为无条件概率.

引例 1.1　袋中 16 个球, 其颜色、材质如下表所列:

颜色	材质		
	玻璃	木质	总计
红	2	3	5
蓝	4	7	11
总计	6	10	16

现从袋中任取一球, 令 $A=\{$取出的是蓝色球$\}$, $B=\{$取出的是玻璃球$\}$. 我们把在取出的球是蓝色的条件下, 它是玻璃球的概率记作 $P(B|A)$, 这个概率的值为 $P(B|A) = \dfrac{4}{11}$, 而 $P(B) = \dfrac{6}{16}$. 这里 $P(B|A) \neq P(B)$ 是因为这两个概率是在不同条件下计算的. 条件概率 $P(B|A)$ 强调的是在事件 A 发生的条件下, 考察事件 B 发生的概率, 即必须是在蓝色的球中来看玻璃球所占的比例.

由引例 1.1 可给出结论

$$P(B|A) = \frac{4}{11} = \frac{4/16}{11/16} = \frac{P(AB)}{P(A)}.$$

一般地, 设古典概型的样本空间包含的基本事件的总数为 n, 事件 A 包含的基本事件数为 n_A, 事件 AB 包含的基本事件数为 n_{AB}, 则

$$P(B|A) = \frac{n_{AB}}{n_A} = \frac{n_{AB}/n}{n_A/n} = \frac{P(AB)}{P(A)}.$$

从而得到在古典概型中条件概率的计算公式, 并以此作为条件概率的定义.

定义 1.5　设 A, B 是两个随机事件, 且 $P(A) > 0$, 则称

$$P(B|A) = \frac{P(AB)}{P(A)} \tag{1.10}$$

为**在事件 A 发生的条件下事件 B 发生的概率**.

应用条件概率可以推导出在概率计算中十分重要的乘法定理、全概率公式和贝叶斯 (Bayes) 公式.

可以验证, 条件概率 $P(B|A)$ 仍满足概率定义中的三个条件, 即

(1) 对于任何事件 B, $P(B|A) \geqslant 0$;

(2) $P(\Omega|A) = 1$;

(3) 若事件 $B_1, B_2, \cdots, B_n, \cdots$ 两两互斥, 则

$$P(B_1 \bigcup B_2 \bigcup \cdots \bigcup B_n \bigcup \cdots |A) = P(B_1|A) + P(B_2|A) + \cdots + P(B_n|A) + \cdots$$

同时条件概率 $P(B|A)$ 也满足 §1.2 中概率的一些基本性质.

需要指出的是, 计算条件概率除用定义给出的公式外, 经常是根据事件 A 发生以后的具体情况来直接考察事件 B 的概率.

例 1.16　袋中有 6 个球, 其中 4 个白球, 2 个红球. 6 个人依次不放回地从袋中各取一球. 设

$$A_1=\{第一人取出的是白球\},$$
$$A_2=\{第二人取出的是白球\}.$$

由例 1.10 知, $P(A_1) = \dfrac{4}{6}$, $P(A_2) = \dfrac{4}{6}$, 但是 $P(A_2|A_1) = \dfrac{3}{5}$. 这是因为事件 A_1 已发生, 具体情况是: 此时袋中只有 5 个球, 这 5 个球中只有 3 个白球.

例 1.17 一次掷两颗骰子, 设

$A = \{两颗骰子的点数和为 8\}$, $B = \{两颗骰子中至少有一个 3 点\}$. 求条件概率 $P(B|A), P(A|B)$.

解 $A=\{(2,6),(3,5),(4,4),(5,3),(6,2)\}$,
$B=\{(3,1),(3,2),(3,3),(3,4),(3,5),(3,6),(1,3),(2,3),(4,3),(5,3),(6,3)\}$. 从而

$$P(B|A) = \frac{P(AB)}{P(A)} = \frac{\dfrac{2}{36}}{\dfrac{5}{36}} = \frac{2}{5};$$

$$P(A|B) = \frac{P(AB)}{P(B)} = \frac{\dfrac{2}{36}}{\dfrac{11}{36}} = \frac{2}{11}.$$

例 1.18 设某种动物由出生算起活 20 岁及以上的概率为 0.8, 活 25 岁及以上的概率为 0.4, 现有一个 20 岁的这种动物, 问它能活到 25 岁及以上的概率是多少?

解 设 $A=\{能活 20 岁及以上\}$, $B=\{能活 25 岁及以上\}$, 则 $P(A) = 0.8, P(B) = 0.4$, 而所求概率为

$$P(B|A) = \frac{P(AB)}{P(A)}.$$

由于 $B \subset A$, 故 $AB = B$, 于是

$$P(B|A) = \frac{P(AB)}{P(A)} = \frac{P(B)}{P(A)} = \frac{0.4}{0.8} = 0.5.$$

1.4.2 乘法定理

定理 1.1 设 A, B 为两个随机事件, 若 $P(A) > 0$, 则

$$P(AB) = P(A)P(B|A); \tag{1.11}$$

或者, 若 $P(B) > 0$, 则

$$P(AB) = P(B)P(A|B). \tag{1.12}$$

上述定理称为**乘法定理**, (1.11) 式和 (1.12) 式称为**乘法公式**. 事实上, 由条件概率

$$P(B|A) = \frac{P(AB)}{P(A)}, \quad P(A) > 0,$$

即得 $P(AB) = P(A)P(B|A)$.

乘法公式可以推广到多个事件积事件的情形, 例如设 A, B, C 为随机事件, 且 $P(AB) > 0$, 则有

$$P(ABC) = P(A)P(B|A)P(C|AB). \tag{1.13}$$

一般地, 设 $A_1, A_2, \cdots, A_n$ 为 n 个随机事件, 且 $P(A_1A_2 \cdots A_{n-1}) > 0$, 则有

$$P(A_1A_2 \cdots A_n) = P(A_1)P(A_2|A_1)P(A_3|A_1A_2) \cdots$$
$$P(A_n|A_1A_2 \cdots A_{n-1}). \tag{1.14}$$

例 1.19　一盒中有 10 只电子元件, 其中 6 只正品, 4 只次品, 从盒中任取 3 次, 每次取 1 只, 不放回. 求:

(1) 三次均取得正品的概率; (2) 第三次才取得正品的概率.

解　令 $A_i=\{$第 i 次取出是正品$\}$ $(i=1,2,3)$.

$$(1)\ P(A_1A_2A_3) = P(A_1)P(A_2|A_1)P(A_3|A_1A_2)$$
$$= \frac{6}{10} \times \frac{5}{9} \times \frac{4}{8} = \frac{1}{6};$$
$$(2)\ P(\overline{A_1}\,\overline{A_2}A_3) = P(\overline{A_1})P(\overline{A_2}|\overline{A_1})P(A_3|\overline{A_1}\,\overline{A_2})$$
$$= \frac{4}{10} \times \frac{3}{9} \times \frac{6}{8} = \frac{1}{10}.$$

例 1.20　设袋中有 r 个红球和 t 个白球. 每次从袋中任取一球, 观其颜色后放回袋中, 并且再放入 a 个与所抽出的球具有相同颜色的球. 若在袋中连续取球四次, 试求第一、二次取到红球, 且第三、四次取到白球的概率.

解　设 $A_i=\{$第 i 次取出是红球$\}$,

$\overline{A_i}=\{$第 i 次取出是白球$\}$, $i=1, 2, 3, 4$,

用乘法公式容易求出

$$P(A_1A_2\overline{A_3}\,\overline{A_4}) = P(A_1)P(A_2|A_1)P(\overline{A_3}|A_1A_2)P(\overline{A_4}|A_1A_2\overline{A_3})$$
$$= \frac{r}{r+t} \times \frac{r+a}{r+t+a} \times \frac{t}{r+t+2a} \times \frac{t+a}{r+t+3a}.$$

1.4.3　全概率公式与贝叶斯公式

在概率的计算中, 人们希望通过已知的简单事件的概率去求未知的较复杂事件的概率, 在这里, 全概率公式起了很重要的作用. 为了介绍这一公式, 我们先引入下面的定义.

定义 1.6　设随机试验 E 对应的样本空间为 Ω, 又 $A_1, A_2, \cdots, A_n$ 是一组事件, 且满足:

(1) $\bigcup\limits_{i=1}^{n} A_i = \Omega$,

(2) $A_1, A_2, \cdots, A_n$ 两两互斥,

则称 $A_1, A_2, \cdots, A_n$ 为样本空间 Ω 的一个**划分**, 或者称 $A_1, A_2, \cdots, A_n$ 构成**完备事件组**.

例如, 掷一颗骰子, 试验的样本空间为

$$\Omega = \{1,2,3,4,5,6\}.$$

若令 $A=\{$掷一颗骰子出现偶数点$\}$, $B=\{$掷一颗骰子出现奇数点$\}$, 则 A, B 是 Ω 的一个划分.

若令 $A_i=\{$掷一颗骰子出现 i 点$\}$, $i = 1,2,3,4,5,6$, 则 $A_1, A_2, A_3, A_4, A_5, A_6$ 也是 Ω 的一个划分.

总之, 若 $A_1, A_2, \cdots, A_n$ 是样本空间 Ω 的一个划分, 则每做一次试验, 事件 $A_1,$ $A_2, \cdots, A_n$ 中必有一个且仅有一个发生.

定理 1.2　设随机试验 E 的样本空间为 Ω, 而 $A_1, A_2, \cdots, A_n$ 是 Ω 的一个划分, 且有 $P(A_i) > 0$, $i = 1,2,\cdots,n$, 又 B 是 E 中的任一事件, 则有

$$P(B) = \sum_{i=1}^{n} P(A_i)P(B|A_i). \tag{1.15}$$

公式 (1.15) 称为**全概率公式**.

证明　$B = B\Omega = B(A_1 \bigcup A_2 \bigcup \cdots \bigcup A_n) = BA_1 \bigcup BA_2 \bigcup \cdots \bigcup BA_n.$
由于 $BA_1, BA_2, \cdots, BA_n$ 两两互斥, 所以

$$\begin{aligned}
P(B) &= P(BA_1 \bigcup BA_2 \bigcup \cdots \bigcup BA_n) \\
&= P(BA_1) + P(BA_2) + \cdots + P(BA_n) \\
&= P(A_1)P(B|A_1) + P(A_2)P(B|A_2) + \cdots + P(A_n)P(B|A_n) \\
&= \sum_{i=1}^{n} P(A_i)P(B|A_i).
\end{aligned}$$

例 1.21　一批同型号的零件由编号为 I, II, III 的三台机器共同生产, 三台机器生产零件的数量占总数量的百分比依次为 35%, 40% 和 25%, 各台机器生产零件的次品率分别为 3%, 2% 和 1%. 求这批零件的次品率.

解　设 $A =\{$零件是次品$\}$, $B_1 =\{$零件由 I 号机器生产$\}$, $B_2 =\{$零件由 II 号机器生产$\}$, $B_3 =\{$零件由 III 号机器生产$\}$, 则 B_1, B_2, B_3 是一个完备事件组, 根据题意知

$$P(B_1) = 0.35, \quad P(B_2) = 0.40, \quad P(B_3) = 0.25, \quad P(A|B_1) = 0.03,$$

$$P(A|B_2) = 0.02, \quad P(A|B_3) = 0.01.$$

由全概率公式得

$$\begin{aligned}
P(A) &= P(B_1)P(A|B_1) + P(B_2)P(A|B_2) + P(B_3)P(A|B_3) \\
&= 0.35 \times 0.03 + 0.40 \times 0.02 + 0.25 \times 0.01 \\
&= 0.021.
\end{aligned}$$

所以, 这批零件的次品率为 0.021.

例 1.22　一个被劫持的人质被隐藏在地区 A_j 的概率是 $p_j, j = 1, 2, \cdots, 6$. 人质在地区 A_j 隐藏时, 被解救的概率是 b_j. 根据调查的线索和各地区的办案能力, 警方对 p_j 和 b_j 的判断如下表:

j	1	2	3	4	5	6
p_j	0.3	0.25	0.2	0.15	0.05	0.05
b_j	0.70	0.75	0.80	0.85	0.90	0.95

试计算人质能够被解救的概率.

解　设 $A_j = \{$人质被藏在地区 $A_j\}$, $B = \{$人质被解救$\}$, 由题意可知 $A_1, A_2, \cdots, A_6$ 是一个完备事件组, 且 $P(A_j) = p_j, P(B|A_j) = b_j$. 由全概率公式得

$$P(B) = \sum_{i=1}^{6} P(A_i)P(B|A_i) = \sum_{i=1}^{6} p_j b_j = 77.75\%.$$

故人质有 77.75% 的概率被解救.

定理 1.3　设随机试验 E 的样本空间为 Ω, 而 $A_1, A_2, \cdots, A_n$ 是 Ω 的一个划分, 且有 $P(A_i) > 0$, $i = 1, 2, \cdots, n$, 又 B 是 E 中的任一事件, 则有

$$P(A_i|B) = \frac{P(A_i)P(B|A_i)}{\sum\limits_{i=1}^{n} P(A_i)P(B|A_i)}, i = 1, 2, \cdots, n. \tag{1.16}$$

公式 (1.16) 称为**贝叶斯公式**, 或称为**逆概率公式**.

证明　由条件概率的定义和全概率公式, 得

$$P(A_i|B) = \frac{P(A_iB)}{P(B)} = \frac{P(A_i)P(B|A_i)}{\sum\limits_{i=1}^{n} P(A_i)P(B|A_i)}, i = 1, 2, \cdots, n.$$

(1.16) 式中的 $P(A_i)$ 称为**先验概率**, 这种概率一般在试验前就是已知的, 它常常是以往经验的总结. $P(A_i|B)$ 称为**后验概率**, 它反映了试验之后对造成结果的各种原因发生的可能性大小的新知识. 贝叶斯公式实际上就是根据先验概率求后验概率的公式.

例 1.23　临床诊断记录表明, 某种诊断肝炎的试验具有如下效果: 对肝炎患者的试验呈阳性的概率为 0.95; 非肝炎患者的试验呈阴性的概率为 0.95. 对自然人群进行普查的结果为: 有 0.005 的人患有肝炎. 现有一人做此试验结果为阳性, 问此人确有肝炎的概率为多少?

解　令 $A = \{$此人确有肝炎$\}$, $B = \{$此人做此试验结果为阳性$\}$, 易知 $A, \bar{A}$ 是一个完备事件组. 根据题意知 $P(B|A) = 0.95, P(\bar{B}|\bar{A}) = 0.95, P(A) = 0.005$. 从而

$$P(\bar{A}) = 1 - P(A) = 0.995, \qquad P(B|\bar{A}) = 1 - P(\bar{B}|\bar{A}) = 0.05.$$

由贝叶斯公式, 可得此人确有肝炎的概率为

$$P(A|B) = \frac{P(A)P(B|A)}{P(A)P(B|A) + P(\bar{A})P(B|\bar{A})} = \frac{0.005 \times 0.95}{0.005 \times 0.95 + 0.995 \times 0.05} \approx 0.087.$$

例 1.24 某厂生产的产品每 100 只装 1 箱, 用户抽检时只从每箱中抽取 10 只产品来检查. 若从这 10 只产品中发现有次品, 就认为该箱产品不合格, 拒收. 假定每箱中的次品不超过 4 只, 不同次品数对应的概率如下表:

次品数	0	1	2	3	4
P	0.1	0.2	0.4	0.2	0.1

求: (1) 任取一箱, 能通过检查的概率;

(2) 任取一箱通过了检查, 而该箱内却有 4 只次品的概率.

解 令 $A=\{$任取一箱通过了检查$\}$, $B_i=\{$任取一箱中有 i 只次品$\}$, $i = 0, 1, 2, 3, 4$. 则 B_0, B_1, B_2, B_3, B_4 是一个完备事件组,

(1) 由全概率公式有

$$P(A) = \sum_{k=0}^{4} P(B_k)P(A|B_k)$$

$$= 0.1 \times 1 + 0.2 \times \frac{\binom{99}{10}}{\binom{100}{10}} + 0.4 \times \frac{\binom{98}{10}}{\binom{100}{10}} + 0.2 \times \frac{\binom{97}{10}}{\binom{100}{10}} + 0.1 \times \frac{\binom{96}{10}}{\binom{100}{10}} \approx 0.814.$$

故任取一箱能通过检查的概率约为 0.814.

(2) 由贝叶斯公式有

$$P(B_4|A) = \frac{P(AB_4)}{P(A)} = \frac{P(B_4)P(A|B_4)}{P(A)} \approx \frac{0.1 \times \frac{\binom{96}{10}}{\binom{100}{10}}}{0.814} \approx 0.080.$$

故任取一箱通过了检查, 而该箱内却有 4 只次品的概率为 0.080.

例 1.25 设某人从外地赶来参加紧急会议, 他乘火车、轮船、汽车或飞机来的概率分别是 $3/10, 1/5, 1/10, 2/5$. 如果他乘飞机来, 不会迟到; 若乘火车、轮船或汽车来, 则迟到的概率分别为 $1/4, 1/3, 1/12$. 已知此人迟到, 试推断他是怎么来的.

解 令 $A_1=\{$乘火车$\}$, $A_2=\{$乘轮船$\}$, $A_3=\{$乘汽车$\}$, $A_4=\{$乘飞机$\}$, $B=\{$迟到$\}$, 则 A_1, A_2, A_3, A_4 是一个完备事件组. 且 $P(A_1) = \dfrac{3}{10}$, $P(A_2) = \dfrac{1}{5}$, $P(A_3) = \dfrac{1}{10}$, $P(A_4) = \dfrac{2}{5}$, $P(B|A_1) = \dfrac{1}{4}$, $P(B|A_2) = \dfrac{1}{3}$, $P(B|A_3) = \dfrac{1}{12}$, $P(B|A_4) = 0$.

由贝叶斯公式, 有

$$P(A_i|B) = \frac{P(A_i)P(B|A_i)}{\sum\limits_{j=1}^{4} P(A_j)P(B|A_j)} \quad (i=1,2,3,4).$$

代入数据计算得

$$P(A_1|B) = \frac{1}{2}, \quad P(A_2|B) = \frac{4}{9}, \quad P(A_3|B) = \frac{1}{18}, \quad P(A_4|B) = 0.$$

由上述结果可推断出此人乘火车来参会迟到的可能性大.

§1.5　事件的独立性与伯努利概型

1.5.1　事件的独立性

如前所述, 条件概率 $P(B|A)$ 和无条件概率 $P(B)$ 一般是不相等的, 即事件 A 发生对事件 B 发生是有影响的. 如果 $P(B|A) = P(B)$, 则说明 A 的发生对 B 的发生没有影响, 这时自然认为 A 与 B 是相互独立的. 由乘法公式 (1.11) 知, 如果 $P(B|A) = P(B)$, 则

$$P(AB) = P(A)P(B|A) = P(A)P(B).$$

由此, 人们引入下面的定义.

定义 1.7　设 A, B 为任意两事件. 如果

$$P(AB) = P(A)P(B), \tag{1.17}$$

则称事件 A 与 B **相互独立**.

在此定义下, 再注意到乘法公式, 显然有

定理 1.4　设 A, B 是两事件, 且 $P(A) > 0$, 则事件 A 与事件 B 相互独立的充分必要条件是 $P(B|A) = P(B)$.

证明　若 $P(B|A) = P(B)$, 则由乘法公式得

$$P(AB) = P(A)P(B|A) = P(A)P(B).$$

反之, 若 $P(AB) = P(A)P(B)$, 则

$$P(B|A) = \frac{P(AB)}{P(A)} = \frac{P(A)P(B)}{P(A)} = P(B).$$

需要指出, 在实际应用中, 往往根据事件本身的含义来判断事件间的独立性.

定理 1.5　设事件 A 与事件 B 相互独立, 则

(1) 事件 $\overline{A}$ 与事件 $\overline{B}$ 也相互独立;

(2) 事件 $\overline{A}$ 与事件 B 也相互独立;

(3) 事件 A 与事件 $\overline{B}$ 也相互独立.

证明　(2) 因为 $\overline{A}B = (\Omega - A)B = B - AB$, 所以

$$P(\overline{A}B) = P(B - AB)$$
$$= P(B) - P(AB)$$
$$= P(B) - P(A)P(B)$$
$$= [1 - P(A)]P(B)$$
$$= P(\overline{A})P(B).$$

由定义, 可知事件 $\overline{A}$ 与事件 B 相互独立.

(1), (3) 证明类似.

下面我们将独立性的概念推广到三个事件的情况.

定义 1.8　设 A, B, C 是三个事件, 如果其中任意两事件相互独立, 则称 A, B, C 这**三个事件是两两独立**的; 如果 A, B, C 这三个事件两两独立, 且 $P(ABC) = P(A)P(B)P(C)$, 则称 A, B, C **三个事件是相互独立**的.

这一概念可以推广到 n 个事件的情形. 显然, n 个事件相互独立, 则它们必定两两独立, 但是, 反之不一定成立.

例 1.26　设系统由 A_1, A_2, A_3 三个独立工作的元件组成, 如图 1.3 所示, 它们损坏的概率分别是 $0.3, 0.2, 0.2$, 求系统损坏的概率.

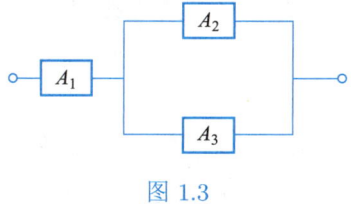

图 1.3

解　设 $A_i=\{$第 i 个元件损坏$\}$, $i = 1, 2, 3$, 则 $P(A_1) = 0.3, P(A_2) = 0.2, P(A_3) = 0.2$, 所以

$$P(\text{系统损坏}) = P(A_1 \bigcup A_2A_3)$$
$$= P(A_1) + P(A_2A_3) - P(A_1A_2A_3)$$
$$= P(A_1) + P(A_2)P(A_3) - P(A_1)P(A_2)P(A_3)$$
$$= 0.3 + 0.2 \times 0.2 - 0.3 \times 0.2 \times 0.2 = 0.328.$$

例 1.27　假定诸葛亮的决策正确率是 $\dfrac{2}{3}$, 而 3 个臭皮匠独立决策, 其正确率均为 $\dfrac{1}{3}$, 试证:3 个臭皮匠胜过诸葛亮.

证明　设 $A_i=\{$第 i 个臭皮匠决策正确$\}$, $i = 1, 2, 3$, 则 A_1, A_2, A_3 相互独立, 且

$$P(A_i) = \frac{1}{3}, \quad i = 1, 2, 3.$$

3 个臭皮匠中至少有一个决策正确的概率为

$$P(A_1 \bigcup A_2 \bigcup A_3) = 1 - P(\overline{A_1}\ \overline{A_2}\ \overline{A_3}) = 1 - P(\overline{A_1})P(\overline{A_2})P(\overline{A_3}) = 1 - \left(1 - \frac{1}{3}\right)^3$$

$$= \frac{19}{27} > \frac{2}{3},$$

也就是说, 三个臭皮匠胜过一个诸葛亮.

例 1.28 过去战争中曾用步枪打飞机. 设一支步枪射击一次, 击中飞机的概率为 0.004. (1) 若用 250 支步枪相互独立地向一架飞机进行一次射击, 求飞机被击中的概率; (2) 若要以 0.99 以上的概率保证飞机被击中, 那么需要用多少支步枪射击?

解 (1) 设 $A_i=\{$第 i 支步枪击中飞机$\}$, $i = 1, 2, \cdots, 250.$ $C=\{$飞机被击中$\}$, 则

$$P(C) = 1 - P(\overline{C})$$

$$= 1 - P(\overline{A_1}\ \overline{A_2} \cdots \overline{A_{250}})$$

$$= 1 - P(\overline{A_1})P(\overline{A_2}) \cdots P(\overline{A_{250}})$$

$$= 1 - 0.996^{250} \approx 1 - 0.367$$

$$= 0.633.$$

(2) 设用 n 支步枪能使飞机被击中的概率在 0.99 以上, 则有

$$P(C) = 1 - 0.996^n > 0.99,$$

解得
$$n > \frac{\lg 0.01}{\lg 0.996} = 1\,148.998.$$

故取 $n = 1\,149$, 就能使飞机被击中的概率大于 0.99.

例 1.29 甲、乙、丙三人独立射击, 命中率均为 p, 每人射击一次, 求:

(1) 甲、乙二人命中而丙未命中的概率;

(2) 三人中至少有两人命中的概率;

(3) 在三人中至少有两人命中的条件下, 甲命中的概率.

解 令 $A=\{$甲命中$\}$, $B=\{$乙命中$\}$, $C=\{$丙命中$\}$, 则

(1) $P(AB\overline{C}) = P(A)P(B)P(\overline{C}) = p \cdot p \cdot (1-p) = p^2 - p^3;$

(2) $\quad P(AB\overline{C} \bigcup A\overline{B}C \bigcup \overline{A}BC \bigcup ABC)$

$$= P(AB\overline{C}) + P(A\overline{B}C) + P(\overline{A}BC) + P(ABC)$$

$$= P(A)P(B)P(\overline{C}) + P(A)P(\overline{B})P(C) + P(\overline{A})P(B)P(C) + P(A)P(B)P(C)$$

$$= 3p^2(1-p) + p^3$$

$$= 3p^2 - 2p^3;$$

(3) 令 $T = AB\overline{C} \cup A\overline{B}C \cup \overline{A}BC \cup ABC$, 则

$$P(A|T) = \frac{P(AT)}{P(T)}$$

$$= \frac{P(AB\overline{C} \bigcup A\overline{B}C \bigcup ABC)}{P(T)}$$

$$= \frac{2p^2(1-p) + p^3}{3p^2 - 2p^3}$$

$$= \frac{2-p}{3-2p}.$$

1.5.2 伯努利概型

随机现象的规律性只有在相同条件下进行大量重复试验才能表现出来. 将一个试验重复独立进行 n 次是最基本、最常用且具有独立性质的试验模型, 现将这种模型严格定义如下:

定义 1.9 将随机试验 E 重复进行 n 次, 各次试验的结果互不影响, 且每次试验结果只有两个相互对立的事件, 则称该试验为 n **重伯努利 (Bernoulli) 试验**.

定理 1.6 设 E 为一个 n 重伯努利试验, 事件 A 在每次试验中发生的概率为 p (从而不发生的概率为 $1-p = q$), 则事件 A 在 n 次试验中发生 k 次的概率为

$$P_n(k) = \binom{n}{k} p^k q^{n-k}, k = 0, 1, 2, \cdots, n.$$

证明 不妨设事件 A 在 n 次试验中的前 k 次发生, 后 $(n-k)$ 次不发生, 则对应的概率为

$$P(\underbrace{AA\cdots A}_{k} \underbrace{\overline{A}\,\overline{A}\cdots\overline{A}}_{n-k})$$

$$= P(A)P(A)\cdots P(A) \cdot P(\overline{A})P(\overline{A})\cdots P(\overline{A})$$

$$= \underbrace{p \cdot p \cdot \cdots \cdot p}_{k} \cdot \underbrace{q \cdot q \cdot \cdots \cdot q}_{n-k}$$

$$= p^k q^{n-k}.$$

由于这种不妨指定的方式共有 $\binom{n}{k}$ 种, 且这 $\binom{n}{k}$ 个事件又是两两互斥的, 故在 n 次试验中事件 A 发生 k 次的概率为 $\binom{n}{k} p^k q^{n-k}$.

例 1.30 一大楼装有 5 台同类型的独立供水设备, 在任一时刻 t, 每台设备被使用的概率均为 0.1, 求在同一时刻

(1) 恰有两台设备被使用的概率;

(2) 至少有三台设备被使用的概率;

(3) 至少有一台设备被使用的概率.

解 同一时刻对一台供水设备的观察可以看作是一次试验, 试验结果只有两种: 被使用或没有被使用; 因为各台供水设备是相互独立的, 所以对这 5 台供水设备的观察就是 5 重伯努利试验, 且 $p = 0.1, q = 0.9$, 则

(1) $P_5(2) = \dbinom{5}{2} \times 0.1^2 \times 0.9^3 = 0.072\,9$;

(2) $P = P_5(3) + P_5(4) + P_5(5)$

$$= \binom{5}{3} \times 0.1^3 \times 0.9^2 + \binom{5}{4} \times 0.1^4 \times 0.9 + \binom{5}{5} \times 0.1^5$$

$$= 0.008\,56;$$

(3) $P = 1 - P_5(0) = 1 - \dbinom{5}{0} \times 0.1^0 \times 0.9^5 = 0.409\,51$.

例 1.31 有一大批产品, 正品率为 0.2(从而次品率为 0.8). 今从中随机抽取 3 只产品, 求其中至少有一只正品的概率.

解 由于产品量大, 抽取的少, 所以可看作放回抽样. 即每次抽取之间是相互独立的. 这样抽取 3 次, 即为 3 重伯努利试验, 且 $p=0.2$, 故所求概率为

$$P = 1 - P_3(0) = 1 - \binom{3}{0} \times 0.2^0 \times 0.8^3 = 0.488.$$

例 1.32 设某种药对某种疾病的治愈率为 80%, 现有 10 个患者同时服用这种药, 求其中至少有 6 人被治愈的概率.

解 每一个患者服用这种药可以看作是一次试验, 试验结果只有两种: 治愈或未治愈; 因为各个患者是否被治愈是相互独立的, 所以 10 个患者服用这种药就是 10 重伯努利试验. 于是所求概率为

$$\sum_{k=6}^{10} P_{10}(k) = \sum_{k=6}^{10} \binom{10}{k} 0.8^k 0.2^{10-k} \approx 0.967.$$

结果表明, 服用这种药的 10 个患者中至少有 6 人被治愈的可能性是很大的.

例 1.33 9 支手枪中有 5 支已校准过, 4 支未校准. 一名射手用校准过的枪射击时, 命中率为 0.9, 用未校准过的枪射击时, 命中率为 0.3, 现从这 9 支枪中取一支射击.(1) 求它能命中目标的概率; (2) 如果它能命中目标, 求所用的枪是校准过的概率.

解 (1) 设 $A = \{$所用的枪校准过$\}$, $B = \{$命中目标$\}$, 易知 $A, \overline{A}$ 是一个完备事件组. 根据题意知 $P(A) = \dfrac{5}{9}$, $P(\overline{A}) = \dfrac{4}{9}$, $P(B|A) = 0.9$, $P(B|\overline{A}) = 0.3$. 由全概率公式有

$$P(B) = P(A)P(B|A) + P(\overline{A})P(B|\overline{A}) = \frac{5}{9} \times 0.9 + \frac{4}{9} \times 0.3 = \frac{19}{30}.$$

(2) 由贝叶斯公式, 有

$$P(A|B) = \frac{P(A)P(B|A)}{P(B)} = \frac{\dfrac{5}{9} \times 0.9}{\dfrac{19}{30}} = \frac{15}{19}.$$

人物传记一
许宝騄

习　题　一

1. 写出下列试验的样本空间:

(1) 10 件产品中有 3 件次品, 每次从其中取 1 件, 取后不放回, 直到 3 件次品都取出为止, 记录抽取的次数;

(2) 记录某一车站某一时间区间内的候车人数;

(3) 在单位球内随机地取一点, 记录其直角坐标;

(4) 从某工厂生产的产品中随机地抽取 3 件进行检查, 观察正、次品的情况;

(5) 对某工厂的产品进行检查, 每次抽查一个产品, 若查得的次品数达到 2 个就停止检查或总的检查数达到 4 个也停止检查, 记录检查情况.

2. 设某工人连续生产了 4 个零件, A_i 表示他生产的第 i 个零件是正品 $(i = 1, 2, 3, 4)$, 试用 A_i 表示下列各事件:

(1) 没有一个是次品;

(2) 至少有一个是次品;

(3) 只有一个是次品;

(4) 至少有三个不是次品;

(5) 恰好有三个是次品;

(6) 至多有一个是次品.

3. 从某校的学生中任选一名学生, 若事件 A 表示被选的学生是男生, 事件 B 表示该生是三年级的学生, 事件 C 表示该生是运动员, 则

(1) 叙述事件 $AB\overline{C}$ 的意义;

(2) 什么条件下 $ABC = C$ 成立?

(3) 什么时候关系式 $C \subset B$ 是正确的?

(4) 什么时候 $\overline{A} = B$ 成立?

(5) 什么时候 $BC = A$ 成立?

4. 指出下列关系哪些成立? 哪些不成立?

(1) $A \cup B = A\overline{B} \cup B$;

(2) $\overline{AB} = A \cup B$;

(3) 若 $A \subset B$, 则 $A \cup B = B$, $AB = A$, $\overline{B} \subset \overline{A}$;

(4) $(\overline{A \cup B})C = \overline{ABC}$;

(5) $A - B = A\overline{B}$;

(6) $(AB)(A\overline{B}) = \varnothing$;

(7) 若 $AB = \varnothing$, 且 $C \subset B$, 则 $BC = \varnothing$.

5. 一次掷下甲、乙两颗骰子, 记录其点数, 令

$A = \{$点数之和为 5$\}$; $B = \{$点数之差的绝对值为 3$\}$; $C = \{$点数之积不超过 4$\}$;

用样本点的集合表示事件 A, B, C, $A \bigcup B$, $A\overline{C}$, BC.

6. 设 A, B, C 是三个事件, 且 $P(A) = P(B) = P(C) = \dfrac{1}{4}$, $P(AB) = P(BC) = 0$, $P(AC) = \dfrac{1}{8}$, 求:

(1) 事件 A, B, C 至少有一个事件发生的概率;

(2) 事件 A, B 至少有一个不发生的概率;

(3) 事件 A 与 C 发生而 B 不发生的概率.

7. 设 A, B 是两个事件, 且 $P(A) = \alpha$, $P(B) = \beta$.

(1) 在什么条件下, $P(A \bigcup B)$ 取最大值, 最小值, 且它们分别是多少?

(2) 在什么条件下, $P(AB)$ 取最大值, 最小值, 且它们分别是多少?

8. 在电话号码簿中, 任取一个电话号码, 求后面 4 个数全不相同的概率. (设后面 4 个数都是等可能地取自 0, 1, 2, 3, 4, 5, 6, 7, 8, 9.)

9. 设一袋中有编号为 1, 2, 3, 4, 5, 6, 7, 8, 9 的球共 9 个, 某人从中任取 3 个球, 求:

(1) 取到 1 号球的概率;

(2) 最小号码为 5 的概率;

(3) 所取号码从小到大排序, 中间一个恰为 5 的概率;

(4) 2 号球或 3 号球中至少有一个没有取到的概率.

10. 一袋中装有红球 5 个, 黄球 6 个, 蓝球 7 个, 某人从袋中任取 6 个球, 求:

(1) 恰好取到 1 个红球, 2 个黄球, 3 个蓝球的概率;

(2) 取到红球个数和黄球个数相等的概率.

11. 在 1 500 件产品中有 400 件次品, 1 100 件正品, 从中任取 200 件, 求:

(1) 恰有 90 件次品的概率;

(2) 至少有 2 件次品的概率.

12. 将 3 个球随机地放入 4 个杯子中, 求同一杯子中球的最大个数分别为 1, 2, 3 的概率.

13. 从 0, 1, 2, 3, 4, 5, 6, 7, 8, 9 十个数字中不放回地依次选取 3 个数字, 组成一个三位数 (或两位数). 求:

(1) 此数的个位数是 5 的概率;

(2) 此数能被 5 整除的概率;

(3) 依次所取 3 个数恰为从小到大排列的概率.

14. 设 $P(A) = 0.7$, $P(\overline{B}) = 0.6$, $P(A\overline{B}) = 0.5$, 求:

(1) $P(A \,|\, A \bigcup B)$;

(2) $P(AB \,|\, A \bigcup B)$;

(3) $P(A \,|\, \overline{A} \bigcup \overline{B})$.

15. 设 $P(A) = \dfrac{1}{4}$, $P(B|A) = \dfrac{1}{3}$, $P(A|B) = \dfrac{1}{2}$, 求 $P(A \bigcup B)$.

16. 从 1 至 100 共 100 个正整数中, 任取 1 个数, 已知取出的数不大于 50, 求:

(1) 此数是 2 的倍数的概率;

(2) 此数是 3 的倍数的概率;

(3) 此数既是 2 又是 3 的倍数的概率;

(4) 此数是 2 或者是 3 的倍数的概率.

17. 一袋中装有 $2n - 1$ 个白球, $2n$ 个黑球. 一次取出 n 个球, 发现是同一颜色, 求这 n 个球都是黑球的概率.

18. 一袋中装有 10 个球, 其中 6 个红球, 4 个白球, 从中取球两次, 每次 1 个, 不放回. 求在第一次取出的球是红球的条件下, 第二次取出的也是红球的概率.

19. 以往资料表明, 某一三口之家, 患有某种传染病的概率有以下规律: $P($孩子得病$) = 0.6$, $P($母亲得病 | 孩子得病$) = 0.5$, $P($父亲得病 | 母亲及孩子得病$) = 0.4$, 求母亲及孩子得病, 且父亲未得病的概率.

20. 已知在 10 只晶体管中有 2 只次品, 从中取 2 次, 每次任取一只, 不放回, 求:

(1) 两只都是正品的概率;

(2) 两只都是次品的概率;

(3) 一只是正品, 一只是次品的概率;

(4) 第二次取出的是次品的概率;

(5) 第二次才取出次品的概率.

21. 三个人独立地去破译一个密码, 他们能破译的概率分别是 $\frac{1}{5}, \frac{1}{3}, \frac{1}{4}$. 求他们中至少一人能将此密码破译的概率.

22. 设某人按如下原则决定某日的活动: 如果该天下雨则以 0.2 的概率外出购物, 以 0.8 的概率去探访朋友; 如果该天不下雨, 则以 0.9 的概率外出购物, 以 0.1 的概率去探访朋友. 设某天下雨的概率是 0.3, 求:

(1) 那天他外出购物的概率;

(2) 若已知他那天外出购物, 求那天下雨的概率.

23. 将两信息分别编码为 A, B 传递出去, 接收站收到时, A 被误收作 B 的概率为 0.02, 而 B 被误收作 A 的概率为 0.01. 信息 A 和 B 传递的频率比例为 $2:1$, 若接收站收到的信息为 A, 问原发信息是 A 的概率是多少?

24. 有两箱同种类的零件, 第一箱装 50 个, 其中有 10 个一等品, 第二箱装 30 个, 其中 18 个一等品, 今从两箱中任取一箱, 然后从该箱中取零件两次, 每次任取一个, 作不放回抽样, 求:

(1) 第一次取到的零件是一等品的概率;

(2) 在第一次取到的零件是一等品的条件下, 第二次取到的也是一等品的概率.

25. 设有甲、乙两个旅行团. 旅行团甲有中国游客 5 人, 外国游客 3 人; 旅行团乙有中、外游客各 4 人. 今从旅行团甲中随机地选两人编入旅行团乙中, 然后再从旅行团乙中任意选择一人. 求此人是中国人的概率.

26. 设 A, B 是相互独立的事件, 且 $P(A) = 0.5$, $P(B) = 0.8$, 求:

(1) $P(AB)$;

(2) $P(A \bigcup B)$;

(3) $P(A - B)$;

(4) $P(A|A \bigcup B)$.

27. A, B, C, D, E 表示继电器接点, 假设每个继电器闭合的概率均为 p, 且各继电器闭合与否相互独立, 求 L 到 R 是通路的概率. 见图 1.4.

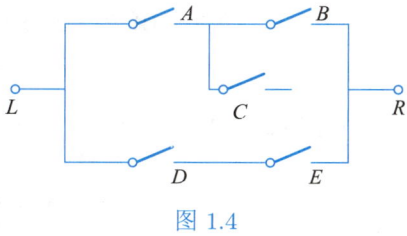

图 1.4

28. 一批产品共有 N 件, 其中 M 件是次品, 从这批产品中任取一件检查, 记录其等级后, 仍放回去, 共取 n 次. 求:

(1) n 次都取得合格品的概率;

(2) n 次中至少有一次取得合格品的概率;

(3) n 次中恰有 k 次取得合格品的概率.

29. 甲, 乙, 丙三人同时对飞机进行射击, 三人击中的概率分别为 0.4, 0.5, 0.7. 飞机被一人击中而击落的概率为 0.2, 被两人击中而击落的概率为 0.6, 若三人都击中, 飞机一定被击落, 求飞机被击落的概率.

自 测 题 一

一、填空题

1. 一英语老师准备了 10 张口语考试试卷, 10 位考生从中任取一张用完放回, 则考试结束, 10 张考题都被用过的概率为_____.

2. 设有三个箱子, 第一个箱子中有 4 个黑球, 1 个白球, 第二个箱子中有 3 个黑球, 3 个白球, 第三个箱子中有 3 个黑球, 5 个白球. 现随机地取一个箱子, 再从这个箱子中取出 1 个球, 这个球为白球的概率为_____. 已知取出的球是白球, 此球属于第二个箱子的概率为_____.

3. 设随机事件 A, B 仅发生一个的概率为 0.3, 且 $P(A) + P(B) = 0.5$, 则 A, B 至少有一个不发生的概率为_____.

4. 设 A, B, C 为随机事件, 且 A, C 互不相容, $P(AB) = \dfrac{1}{2}$, $P(C) = \dfrac{1}{3}$, 则 $P(AB|\overline{C}) =$ _____.

5. 设两个相互独立的事件 A 和 B 都不发生的概率为 $\dfrac{1}{9}$, A 发生 B 不发生的概率与 B 发生 A 不发生的概率相等, 则 $P(A) =$ _____.

6. 设某光学仪器厂制造的透镜, 第一次落下时打破的概率为 $\dfrac{1}{2}$, 若第一次落下未打破, 则第二次落下打破的概率为 $\dfrac{7}{10}$. 则透镜落下两次而未打破的概率为_____.

7. 用 3 台机床加工同样的零件, 零件由各机床加工的概率分别为 0.5, 0.3, 0.2, 各机床加工的零件为合格品的概率分别为 0.94, 0.9, 0.95, 任取一个零件, 若是次品, 则该次品由第二台机床加工的概率为_____.

8. 甲、乙两人独立地对同一目标射击一次, 其命中率分别为 0.6 和 0.5, 现已知目标被命中, 则它是甲射中的概率为_____.

9. 设随机事件 A 与 B 相互独立, A 与 C 相互独立, $BC = \varnothing$. 若 $P(A) = P(B) = \dfrac{1}{2}$, $P[AC|(AB \cup C)] = \dfrac{1}{4}$, 则 $P(C) =$ _____.

二、选择题

1. 若 A, B 为任意两个随机事件, 则 (   ).

(A) $P(AB) \leqslant P(A)P(B)$ 　　　　　　　　(B) $P(AB) \geqslant P(A)P(B)$

(C) $P(AB) \leqslant \dfrac{P(A) + P(B)}{2}$ 　　　　　(D) $P(AB) \geqslant \dfrac{P(A) + P(B)}{2}$

2. 设 A、B 是两个随机事件, 且 $0 < P(A) < 1$, $0 < P(B) < 1$, $P(A|B) + P(\overline{A}|\overline{B}) = 1$, 则 (   ).

(A) 事件 A 与 B 互不相容 　　　　　　(B) 事件 A 与 B 相互对立

(C) 事件 A 与 B 相互独立 　　　　　　(D) 事件 A 与 B 相互不独立

3. 对于事件 A, B, 下列命题正确的是 (   ).

(A) 若 A, B 互不相容, 则 $\overline{A}, \overline{B}$ 也互不相容

(B) 若 A, B 相容, 则 $\overline{A}, \overline{B}$ 也相容

(C) 若 A, B 互不相容且概率都大于零, 则 A, B 相互独立

(D) 若 A, B 相互独立, 则 $\overline{A}, \overline{B}$ 也是相互独立

4. 以 A 表示事件 "甲产品畅销, 乙产品滞销", 则其对立事件 $\overline{A}$ 为 (   ).

(A) "甲产品滞销, 乙产品畅销"

(B) "甲、乙两产品均畅销"

(C) "甲产品滞销"

(D) "甲产品滞销或乙产品畅销"

5. 设 A, B, C 为 3 个随机事件, 且 A 与 C 相互独立, B 与 C 相互独立, 则 $A \bigcup B$ 与 C 相互独立的充要条件是 (　　).

(A) A 与 B 相互独立   (B) A 与 B 互不相容

(C) AB 与 C 相互独立   (D) AB 与 C 互不相容

6. 设 A, B 为随机事件且 $A \subset B, P(B) > 0$, 则下列选项必然成立的是 (　　).

(A) $P(A) < P(A|B)$ (B) $P(A) \leqslant P(A|B)$

(C) $P(A) > P(A|B)$ (D) $P(A) \geqslant P(A|B)$

三、计算题

1. 考前复习时, 老师提供了 10 条提纲, 某学生掌握了其中的 6 条. 老师任选 3 条提纲出 3 个问题, 求:

(1) 考的 3 个问题恰好都是该学生已掌握了的提纲的概率;

(2) 考的 3 个问题恰好有一个是该学生没有掌握的提纲的概率.

2. 有三箱同型号产品, 分别装有合格品 20 件, 12 件, 17 件; 不合格产品 5 件, 4 件, 5 件. 现任意打开一箱, 并从箱内取出一件进行检验, 由于检验误差, 每件合格品被检验误定为不合格品的概率是 0.04, 不合格品被误定为合格品的概率是 0.06. 试求:

(1) 取出的这件产品为合格品的概率;

(2) 取出的这件产品经检验定为合格品的概率;

(3) 经检验定为合格品的产品真是合格品的概率.

3. 设 $P(A) = x$, $P(B) = y$, 且 $P(A \bigcap B) = z$, 用 x, y, z 表示下列事件的概率:

(1) $P(\overline{A \bigcup B})$;　　　　(2) $P(\overline{A} \bigcap B)$;　　　　(3) $P(\overline{A} \bigcup B)$;　　　　(4) $P(\overline{A} \bigcap \overline{B})$.

4. 某班级在一次考试中数学不及格的学生占 15%, 英语不及格的学生占 5%, 这两门课都不及格的学生占 3%.

(1) 已知一个学生数学不及格, 他英语也不及格的概率是多少;

(2) 已知一个学生英语不及格, 他数学也不及格的概率是多少?

5. 某厂家生产的每台仪器, 以概率 0.7 可以直接出厂, 以概率 0.3 需进一步调试, 经调试后以概率 0.8 可以出厂, 以概率 0.2 定为不合格产品不能出厂. 现该厂新生产了 $n(n \geqslant 2)$ 台仪器 (假设各台仪器的生产过程相互独立), 求:

(1) 全部能出厂的概率;

(2) 恰有两台不能出厂的概率;

(3) 至少有两台不能出厂的概率.

习题参考答案或提示一

第二章　一维随机变量及其分布

在第一章中, 我们研究了随机试验中某一个或某几个特定事件的概率. 本章引入随机变量以及分布函数的概念, 用以研究复杂的随机事件及其概率问题, 并研究常见的离散型随机变量和连续型随机变量的概率特征.

【导引: 产品包装上指标标注问题】 产品包装上往往标注大家关心的一些指标. 例如, 某厂生产的瓶装饮料, 标注"净含量: 500 g", 这是否意味着每瓶饮料净含量不多不少恰好为 500 g? 如果不是, 那么这个含量有什么样的变化规律? 如何用数学方法建模这个规律?

§2.1　随机变量及其分布函数

为了进一步研究随机现象, 引入随机变量这一概念, 进而引进分布函数研究随机变量的概率问题.

引例 2.1　设有某种产品 100 件, 其中次品为 3 件, 正品为 97 件. 从中任取 20 件, 问此 20 件产品中次品的个数.

如果用变量 X 表示抽取的 20 件产品中出现的次品数, 则 X 取值的集合为 $\{0, 1, 2, 3\}$, 即是样本空间 Ω. 可以用集合 $\{X : X \leqslant 2\}$ 表示"此 20 件产品中次品数不超过 2 件"这一事件; 用集合 $\{X : X = 2\}$ 表示"此 20 件产品中有 2 件次品"这一事件, $\cdots$. 由于每次试验结果对应的次品数 X 是随机的, 故称 X 为随机变量.

为方便, 习惯上记 $\{X : X \leqslant 2\}$ 为 $\{X \leqslant 2\}$, $\{X : X = 2\}$ 为 $\{X = 2\}$, $\cdots$, 后续一直使用这种记法.

有些随机试验的结果虽然不是数量, 仍可以将其与数量对应起来.

引例 2.2　投掷一枚硬币一次.

该试验只有两种可能的结果: $\omega_1 =$ "正面" 和 $\omega_2 =$ "反面". 这两个结果本身与数量无关. 但是, 如果把"正面"这一事件对应 $\{X = 1\}$, "反面"对应 $\{X = 0\}$, 则试验结果就可以用取值在集合 $\{0, 1\}$ 上的变量 X 表示.

在引例 2.1 和 2.2 中, 引入的 X 是取值依赖于随机试验结果的实值变量. 推广到一般情形, 有定义如下.

定义 2.1　设随机试验 E 对应的样本空间为 Ω. 如果对每一个样本点 $\omega \in \Omega$, 有唯一的实数 $X(\omega)$ 与之对应, 这样得到的定义在 Ω 上的实值函数 $X = X(\omega)$ 称为**随机变量**.

随机变量通常用大写字母 $X, Y, Z, \cdots$ 表示. 当随机变量比较多或有某些相同规律性时, 可用 $X_1, X_2, \cdots, X_n, \cdots$ 表示.

下面我们再看三个随机变量的例子.

引例 2.3　袋子里有红球、白球和绿球各一个. 从中任取一个, 结果对应样本空间 $\Omega =$

{红球, 白球, 绿球} $\xrightarrow{\text{记为}}$ {$\omega_1, \omega_2, \omega_3$}. 引入随机变量 X 表示抽样结果:

$$X = X(\omega) = \begin{cases} 1, & \omega = \omega_1, \\ 0, & \omega = \omega_2, \\ -1, & \omega = \omega_3. \end{cases}$$

则 {$X \leqslant 0$} = {$X = 0$} ∪ {$X = -1$} 表示 "取出的是白球或绿球" 这一事件. 这里 X 不是必须对应 1, 0, -1, 也可以是其他值, 比如 1, 2, 3.

引例 2.4 电话交换台每分钟接到呼叫的次数 X 是一个随机变量, 取值为 $0, 1, 2, 3, \cdots$.

电话交换台 "每分钟接到呼叫的次数大于 5 次" 这一事件可以表示为 {$X > 5$}; "每分钟接到呼叫的次数大于 5 次而小于 20 次" 这一事件可以表示为 {$5 < X < 20$}, 等等.

引例 2.5 某公共汽车站每隔 10 min 就有一辆汽车通过. 一位乘客随机地到达该站候车, 则该乘客的等车时间 X 是一个取值于区间 $(0, 10]$ 的随机变量. "等车时间大于 5 min" 这一事件表示为 {$X > 5$}; 而 {$5 < X < 8$} 表示 "等车时间介于 5 到 8 min" 这一事件, 等等.

引例 2.1—2.5 告诉我们, 对于随机试验, 引进随机变量 X 以后, 样本空间 Ω 量化为 X 的所有取值, 而随机事件就是 X 满足要求条件的子集.

一般地, 设 x_1, x_2 是两个任意实数 (可以为 ∞), 且 $x_1 < x_2$. 根据集合运算, 事件 {$x_1 < X \leqslant x_2$} = {$X \leqslant x_2$} − {$X \leqslant x_1$}, 见图 2.1(a). 因为 {$X \leqslant x_1$} ⊂ {$X \leqslant x_2$}, 所以概率

$$P(x_1 < X \leqslant x_2) = P(X \leqslant x_2) - P(X \leqslant x_1).$$

因此, 对于任意实数 x, 事件 {$X \leqslant x$} 的概率就变得尤为重要. 又因为 {$X \leqslant x$} 随 x 的变化而变化, 见图 2.1(b), 故对应的概率 $P(X \leqslant x)$ 是 x 的函数. 对此引进分布函数的概念.

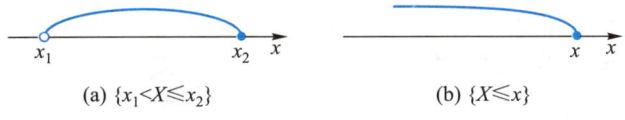

(a) {$x_1 < X \leqslant x_2$}   (b) {$X \leqslant x$}

图 2.1

定义 2.2 设 X 是一个随机变量, x 是任意实数. 函数

$$F(x) = P(X \leqslant x) = P(-\infty < X \leqslant x) \tag{2.1}$$

称为随机变量 X 的**分布函数**.

由定义 2.2 以及概率的运算性质可知, 对任意实数 x_1, x_2, 且 $x_1 < x_2$, 有

$$P(x_1 < X \leqslant x_2) = P(X \leqslant x_2) - P(X \leqslant x_1) = F(x_2) - F(x_1), \tag{2.2}$$

即 X 落在区间 $(x_1, x_2]$ 内的概率, 就是分布函数 $F(x)$ 在该区间上的**增量**. 换句话说, 对于一维随机变量 X, 已知分布函数 $F(x)$, 就可以直接求得任何事件的概率. 例如, 在引例 2.4 中

$P(2 < X \leqslant 4) = F(4) - F(2);$

$P(X = 3) = P(2 < X \leqslant 3) = F(3) - F(2);$

$P(X > 2) = 1 - P(X \leqslant 2) = 1 - F(2);$

$P(-2 < X \leqslant 4) = F(4) - F(-2) = F(4)$ (这是因为 $\{X \leqslant -2\} = \varnothing$, 从而 $F(-2) = 0$).

进一步地, 由定义 2.2 可知分布函数 $F(x)$ 有如下性质:

性质 2.1 (1) 单调性 对任意实数 $x_1, x_2, x_1 < x_2$, 有 $F(x_1) \leqslant F(x_2)$;

(2) 有界性 $0 \leqslant F(x) \leqslant 1, x \in \mathbf{R}$, 且有如下两个极限:

$$F(-\infty) = \lim_{x \to -\infty} F(x) = 0, \quad F(+\infty) = \lim_{x \to +\infty} F(x) = 1;$$

(3) 右连续性 对任意实数 x_0, 有 $\lim_{x \to x_0^+} F(x) = F(x_0)$.

后续我们分离散型和连续型两类随机变量讨论事件的概率问题.

§2.2 离散型随机变量及其概率分布

回头看引例 2.1—2.3, 对应随机变量的全部取值只有有限个. 在引例 2.4 中, 对应随机变量的全部取值是可列无穷个. 本节研究这类随机变量的概率问题.

2.2.1 离散型随机变量及其概率分布

定义 2.3 如果随机变量 X 的全部取值只有有限个 $x_1, x_2, \cdots, x_k$, 或可列无穷个 $x_1, x_2, \cdots, x_k, \cdots$, 则称 X 为**离散型随机变量**.

例 2.1 将一枚硬币投掷两次, 用 X 表示正面出现的次数. 求:

(1) X 的所有取值以及每一个取值对应的概率;

(2) X 的分布函数 $F(x)$ 并作出其图像;

(3) 概率 $P\left(\dfrac{1}{2} < X \leqslant \dfrac{3}{2}\right)$ 和 $P(X > 1)$.

解 (1) X 的取值为 0, 1, 2, 且有

$$P(X = 0) = \frac{1}{4}, \quad P(X = 1) = \frac{1}{2}, \quad P(X = 2) = \frac{1}{4}.$$

(2) 分布函数 $F(x)$ 的定义域 $\mathbf{R}$ 被 X 的三个取值 0, 1, 2 分成了四个部分 $(-\infty, 0)$, $[0, 1)$, $[1, 2)$, $[2, +\infty)$. 当 x 落在不同区域时, 事件 $\{X \leqslant x\}$ 包含的样本点不同, 从而对应不同的概率. 由此对 $F(x) = P(X \leqslant x)$ 讨论如下:

当 $x < 0$ 时, $\{X \leqslant x\}$ 不包含任何样本点, 即 $\{X \leqslant x\} = \varnothing$, 所以 $F(x) = 0$;

当 $0 \leqslant x < 1$ 时, $\{X \leqslant x\} = \{X = 0\}$, 所以 $F(x) = P(X = 0) = \dfrac{1}{4}$;

当 $1 \leqslant x < 2$ 时, $\{X \leqslant x\} = \{X = 0\} \bigcup \{X = 1\}$, 所以 $F(x) = P(X = 0) + P(X = 1) = \dfrac{1}{4} + \dfrac{1}{2} = \dfrac{3}{4}$;

当 $x \geqslant 2$ 时, $\{X \leqslant x\} = \{X = 0\} \cup \{X = 1\} \bigcup \{X = 2\} = \Omega$, 所以 $F(x) = P(\Omega) = 1$.

综合上述分析, 得到分布函数为

$$F(x) = \begin{cases} 0, & x < 0, \\ \dfrac{1}{4}, & 0 \leqslant x < 1, \\ \dfrac{3}{4}, & 1 \leqslant x < 2, \\ 1, & x \geqslant 2. \end{cases} \tag{2.3}$$

$F(x)$ 的图像 (图 2.2) 是定义在实数上, 右连续的阶梯状曲线.

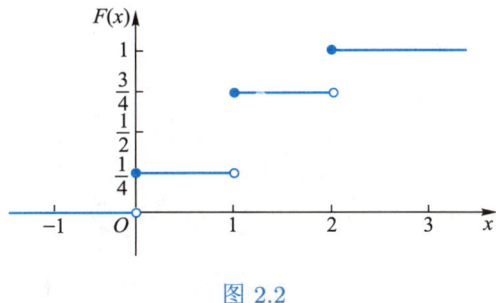

图 2.2

(3) 求所给事件的概率, 可用如下两种方法.

方法 1 利用 (1) 的结论, 有

$$P\left(\frac{1}{2} < X \leqslant \frac{3}{2}\right) = P(X = 1) = \frac{1}{2},$$

$$P(X > 1) = P(X = 2) = \frac{1}{4}.$$

方法 2 利用 (2) 的结论, 即分布函数, 有

$$P\left(\frac{1}{2} < X \leqslant \frac{3}{2}\right) = F\left(\frac{3}{2}\right) - F\left(\frac{1}{2}\right) = \frac{3}{4} - \frac{1}{4} = \frac{1}{2},$$

$$P(X > 1) = 1 - P(X \leqslant 1) = 1 - F(1) = \frac{1}{4}.$$

一般地, 若 X 为离散型随机变量, 且已知取各点的概率为

$$P(X = x_k) = p_k, \ k = 1, 2, \cdots,$$

则 X 的分布函数为

$$F(x) = P(X \leqslant x) = \sum_{x_k \leqslant x} P(X = x_k) = \sum_{x_k \leqslant x} p_k.$$

类似于图 2.2, $F(x)$ 的图形是定义在实数上的从 0 到 1 的非降的阶梯形右连续间断曲线, 在点 $x_1, x_2, \cdots$ 处, $F(x)$ 有跳跃, 跳跃值分别为 $p_1, p_2, \cdots$.

比较例 2.1(3) 中的方法 1 和方法 2 可知, 对于离散型随机变量, 只要知道了每一个取值对应的概率, 或是知道了其分布函数, 则任何一个事件的概率也就清楚了. 显然, 方法 1 比方法 2 简洁、直观, 因此更为常用, 于是引进如下定义.

定义 2.4   设离散型随机变量 X 的取值为 $x_1, x_2, \cdots$, 称

$$P(X = x_k) = p_k, \ k = 1, 2, \cdots$$

为随机变量 X 的**概率分布** (或**分布律**, 或**分布列**). 这里 p_k 满足

(1) $p_k \geqslant 0, \ k = 1, 2, \cdots$;

(2) $\sum\limits_{k=1}^{\infty} p_k = 1.$

为了直观, 经常将 X 的概率分布列表表示, 见表 2.1.

表 2.1   离散型随机变量 X 的概率分布

X	x_1	x_2	$\cdots$	x_k	$\cdots$
P	p_1	p_2	$\cdots$	p_k	$\cdots$

例 2.2   炮击目标, 直到击中为止. 设每次命中率均为 p (从而未命中率为 $q = 1 - p$). 用 X 表示发出的炮弹数, 求 X 的概率分布.

解 X 的取值为 $1, 2, \cdots$, 其概率分布为

$$P(X = k) = q^{k-1}p, \ k = 1, 2, \cdots. \tag{2.4}$$

满足

(1) $P(X = k) \geqslant 0, k = 1, 2, \cdots$;

(2) $\sum\limits_{k=1}^{\infty} P(X = k) = 1$, 这是因为利用等比级数性质, 有

$$p + qp + q^2 p + \cdots = p(1 + q + q^2 + \cdots) = p \cdot \frac{1}{1-q} = p \cdot \frac{1}{p} = 1.$$

具有 (2.4) 式概率分布的 X 称为服从**几何分布**的随机变量.

例 2.3   已知一批产品共 N 件, 其中次品 M 件, 正品 $N - M$ 件. 从中一次性抽取 n 件产品 $(n \leqslant M, n \leqslant N - M)$, 用 X 表示 n 件中的次品数, 求 X 的概率分布.

解 X 的取值为 $0, 1, 2, \cdots, n$, 其概率分布为

$$P(X = k) = \frac{\binom{M}{k}\binom{N-M}{n-k}}{\binom{N}{n}}, \ k = 0, 1, 2, \cdots, n. \tag{2.5}$$

它满足

(1) $P(X = k) \geqslant 0, k = 0, 1, 2, \cdots, n$;

(2) $\sum\limits_{k=0}^{n} P(X=k)=1$, 这是因为

$$\binom{M}{0}\binom{N-M}{n}+\binom{M}{1}\binom{N-M}{n-1}+\cdots+\binom{M}{n}\binom{N-M}{0}=\binom{N}{n}.$$

具有 (2.5) 式概率分布的 X 称为服从**超几何分布**的随机变量.

2.2.2 常用的三种离散型随机变量及其概率分布

1. 0–1 分布

设随机变量 X 只取两个值 1 和 0, 对应的概率分布为

$$P(X=1)=p, \quad P(X=0)=1-p,$$

或

$$P(X=k)=p^k(1-p)^{1-k}, \quad k=0,1,$$

则称 X 服从参数 p 的 **0 − 1 分布** (或**两点分布**).

如果一个随机试验的样本空间只有两个对立的结果, 即 $\Omega=\{\omega_1,\omega_2\}$, 我们总可以在 Ω 上定义一个服从 $0-1$ 分布的随机变量 X, 即用

$$X=X(\omega)=\begin{cases}0, & \text{当 } \omega=\omega_1, \\ 1, & \text{当 } \omega=\omega_2\end{cases} \tag{2.6}$$

来描述这个随机试验. 例如, 引例 2.2 的投掷硬币问题, 在质量检查中产品的合格与不合格, 炮弹射击中的命中与否, 出生婴儿是男孩还是女孩, 等等, 都是这类问题. $0-1$ 分布通常称为**伯努利分布**.

2. 二项分布

设随机变量 X 表示 n 重伯努利试验中事件 A 发生的次数, 则 X 的取值为 $0,1,2,\cdots,n$. 用 p 表示每次试验中事件 A 发生的概率, 由第一章 1.5.2 节定理 1.6 可知, 在 n 次试验中事件 A 恰好发生 k 次的概率为

$$P(X=k)=\binom{n}{k}p^k(1-p)^{n-k}, \ k=0,1,2,\cdots,n,$$

称 X 服从参数为 n,p 的**二项分布**, 记为 $X\sim B(n,p)$. 满足

(1) $P(X=k)\geqslant 0, k=0,1,2,\cdots,n$;

(2) $\sum\limits_{k=0}^{n}\binom{n}{k}p^k(1-p)^{n-k}=\left(p+(1-p)\right)^n=1.$ (取名 "二项分布" 的由来.)

设 $X_1,X_2,\cdots,X_n$ 为 n 个相互独立, 且服从同一个参数 p 的 $0-1$ 分布的随机变量, 结合二项分布的定义, 可知

$$Y=\sum_{i=1}^{n}X_i\sim B(n,p).$$

特别地, 当 $n=1$ 时, 二项分布退化为 $0-1$ 分布.

例 2.4 一大批产品, 次品率为 0.3. 现从中任取 10 件, 写出此 10 件产品中次品数 X 的概率分布.

解 当产品数量很大, 抽样个数很小时, 即使是不放回抽样, 对次品率影响也很小, 所以可设 $X \sim B(10, 0.3)$, 从而

$$P(X = k) = p_k = \binom{10}{k} \times 0.3^k \times 0.7^{10-k}, \ k = 0, 1, 2, \cdots, 10.$$

上式近似计算结果 (小数后保留三位) 分别用下表以及图 2.3 表示.

X	0	1	2	3	4	5	6	7	8	9	10
P	0.028	0.121	0.233	0.267	0.200	0.103	0.037	0.009	0.001	0.000	0.000

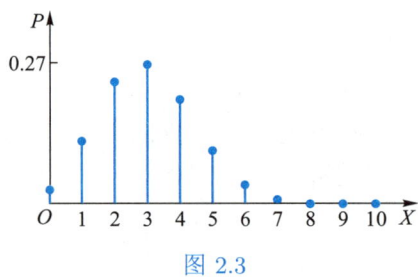

图 2.3

例 2.5 某人射击, 每次命中率为 0.02. 独立射击 400 次, 求击中次数不小于 2 的概率.

解 令 X 表示击中次数, 则 $X \sim B(400, 0.02)$. 所求事件的概率为

$$P(X \geqslant 2) = 1 - P(X < 2) = 1 - P(X = 0) - P(X = 1),$$

其中

$$P(X = i) = \binom{400}{i} \times 0.02^i \times 0.98^{400-i}, \ i = 1, 2. \tag{2.7}$$

(2.7) 式直接运算, 计算量很大. 可用下面的泊松 (Poisson) 定理做近似计算.

定理 2.1(泊松定理) 在 n 重伯努利试验中, 事件 A 在一次试验中发生的概率为 p_n (与试验次数有关), 如果当 $n \to \infty$ 时, $np_n \to \lambda$ ($\lambda > 0$, 常数), 则对任意固定的非负整数 k, 有极限

$$\lim_{n \to \infty} \binom{n}{k} p_n^k (1 - p_n)^{n-k} = \frac{\lambda^k}{k!} \mathrm{e}^{-\lambda}.$$

证明 记 $\lambda_n = np_n$, 则

$$\binom{n}{k} p_n^k (1 - p_n)^{n-k}$$

$$= \frac{n(n-1)(n-2)\cdots(n-k+1)}{k!} \left(\frac{\lambda_n}{n}\right)^k \left(1 - \frac{\lambda_n}{n}\right)^{n-k}$$

$$= \frac{\lambda_n^k}{k!} \cdot 1 \cdot \left(1 - \frac{1}{n}\right) \cdot \left(1 - \frac{2}{n}\right) \cdots \left(1 - \frac{k-1}{n}\right) \left(\left(1 - \frac{\lambda_n}{n}\right)^{-\frac{n}{\lambda_n}}\right)^{-\lambda_n} \cdot \left(1 - \frac{\lambda_n}{n}\right)^{-k}$$

$$\to \frac{\lambda^k}{k!} e^{-\lambda}, \text{ 当 } n \to \infty.$$

一般地, 当 $n \geqslant 10$, $p \leqslant 0.1$, np 不太大时, 二项分布就可以由泊松定理近似计算 ($\lambda = np$).

表 2.2 以及图 2.4 给出的是 $n = 10$, $p = 0.1$ 时直接计算 $B(n,p)$ 以及用定理 2.1 近似计算 ($\lambda = np = 1$) 结果的比较. 由表 2.2 和图 2.4 可以看出定理 2.1 对二项分布有很好的近似效果.

表 2.2 直接计算和近似计算 $B(10, 0.1)$ ($\lambda = 1$)

X	0	1	2	3	4	5	6	7	8	9
直接	0.349	0.387	0.194	0.057	0.011	0.001	0.000	0.000	0.000	0.000
近似	0.368	0.368	0.184	0.061	0.015	0.001	0.001	0.000	0.000	0.000

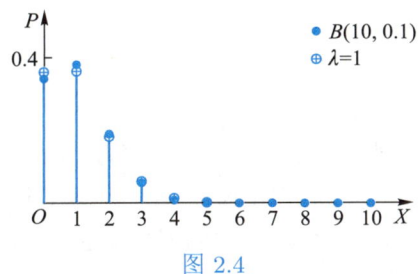

图 2.4

在例 2.5 中, $n = 400$, $p = 0.02$, $\lambda = np = 8$, 用泊松定理, 得

$$P(X \geqslant 2) \approx 1 - \frac{8^0}{0!} e^{-8} - \frac{8}{1!} e^{-8} \approx 0.997.$$

这个概率近似于 1. 该结果有两层含义. 其一, 尽管每次射击的命中率很小 (0.02), 但只要射击次数足够多 (比如 400 次), 击中两次以上的事件几乎必然发生. 这一事实说明, 不能忽视日常生活中的小概率事件. 其二, 如果射击手在 400 次射击中实际击中目标的次数不到两次, 由于 $P(X < 2) \approx 0.003$ 很小, 根据实际推断原理, 我们将怀疑 "命中率为 0.02" 这一假设, 即认为该射击手的命中率不到 0.02.

当 np 很大 (p 较大) 时, 第五章的棣莫弗–拉普拉斯 (de Moivre-Laplace) 中心极限定理给出二项分布的近似计算.

3. 泊松分布

设随机变量 X 的取值为 $0, 1, 2, \cdots$, 对应的概率分布为

$$P(X = k) = \frac{\lambda^k}{k!} e^{-\lambda}, \ k = 0, 1, 2, \cdots, \ \lambda > 0,$$

则称 X 服从参数为 λ 的**泊松分布**, 记为 $X \sim \pi(\lambda)$. 满足

(1) $P(X=k) \geqslant 0, \ k=0,1,2,\cdots$;

(2) $\displaystyle\sum_{k=0}^{\infty} \frac{\lambda^k}{k!} \mathrm{e}^{-\lambda} = \mathrm{e}^{-\lambda} \sum_{k=0}^{\infty} \frac{\lambda^k}{k!} = \mathrm{e}^{-\lambda} \mathrm{e}^{\lambda} = 1.$

泊松分布是实践中常用的分布之一. 例如, 某一天电话用户对电话交换台的呼叫次数, 一本书中一页的印刷错误数, 某段时间内某种放射性物质放射的粒子数, 某段时间内某地区发生交通事故的次数等都服从或近似服从泊松分布.

例 2.6   电话交换台每分钟接到用户呼叫次数 $X \sim \pi(4)$. 求

(1) 每分钟恰好接到 3 次呼叫的概率;

(2) 每分钟接到呼叫次数不超过 4 次的概率.

解   由 $X \sim \pi(4)$, 得

(1) $P(X=3) = \dfrac{4^3}{3!} \mathrm{e}^{-4} \approx 0.195\,6.$

(2) $P(X \leqslant 4) = \displaystyle\sum_{k=0}^{4} \frac{4^k}{k!} \mathrm{e}^{-4} \approx 0.628\,8.$

例 2.7   设有 80 台同类型的设备, 各台工作相互独立. 每台设备发生故障的概率均为 0.01, 且一台设备的故障只需一人维修即可. 考虑下列两种配备维修工人的方案, 问哪种方案较好.

(1) 由 4 人维修, 每人负责 20 台;

(2) 由 3 人维修, 共同维修 80 台.

解   (1) 设 X 表示某一时刻某人负责的 20 台设备发生故障的台数, 则 $X \sim B(20, 0.01)$. 根据泊松定理, 令 $\lambda = 20 \times 0.01 = 0.2$, 用 $X \sim \pi(0.2)$ 近似该二项分布.

以 A_i 表示 "第 i 人维护的 20 台设备发生故障不能及时维修" 这一事件, $i=1,2,3,4$, 则设备发生故障不能得到及时维修的概率为

$$
\begin{aligned}
& P(A_1 \textstyle\bigcup A_2 \bigcup A_3 \bigcup A_4) \\
& \geqslant P(A_1) = P(X > 1) \\
& = 1 - P(X=0) - P(X=1) \\
& \approx 1 - \frac{0.2^0}{0!} \mathrm{e}^{-0.2} - \frac{0.2^1}{1!} \mathrm{e}^{-0.2} \\
& \approx 0.017\,5.
\end{aligned}
\tag{2.8}
$$

(2) 设 Y 表示同一时刻 80 台设备中发生故障的台数, 则 $Y \sim B(80, 0.01)$. 令 $\lambda = 80 \times 0.01 = 0.8$, 用 $Y \sim \pi(0.8)$ 近似该二项分布. 则设备发生故障不能得到及时维修的概率为

$$
P(Y > 3) = 1 - \sum_{i=0}^{3} P(Y=i) \approx 1 - \sum_{i=0}^{3} \frac{0.8^i}{i!} \mathrm{e}^{-0.8} \approx 0.009\,1.
\tag{2.9}
$$

比较 (2.8) 式和 (2.9) 式, 可见用第二种方案, 不但可以少用一人, 而且设备发生故障不能得到及时维修的概率又小, 因此第二种方案优于第一种方案.

§2.3 连续型随机变量及其分布

不同于 §2.2 离散型随机变量, 引例 2.5 中, 乘客的等车时间 X 是一个取值于区间 $(0,10]$ 的随机变量.

再来看一个例子.

例 2.8 一个靶子是半径为 2 m 的圆盘. 设击中靶上任何一个同心圆的概率与其面积成正比, 且每次射击都能中靶. 以 X 表示弹着点与圆心的距离, 求 X 的分布函数 $F(x)$, 并画出其图形.

解 由题设知, X 的取值在区间 $[0,2]$.

当 $0 \leqslant x \leqslant 2$ 时, 有 $P(0 \leqslant X \leqslant x) = k\pi x^2$. 又因为 $P(0 \leqslant X \leqslant 2) = 2^2 k\pi = 1$ (即射击都能中靶), 所以 $k = \dfrac{1}{4\pi}$.

实数 $0, 2$ 把 $\mathbf{R}$ 分成了三个部分: $(-\infty, 0)$, $[0, 2)$, $[2, +\infty)$, 所以

当 $x < 0$ 时, $F(x) = P(X \leqslant x) = 0$, 这是因为 $\{X \leqslant x\} = \varnothing$;

当 $0 \leqslant x < 2$ 时, $F(x) = P(X \leqslant x) = P(X < 0) + P(0 \leqslant X \leqslant x) = \dfrac{x^2}{4}$;

当 $x \geqslant 2$ 时, $F(x) = P(X \leqslant x) = 1$, 这是因为 $\{X \leqslant x\} = \Omega$.

综合上述分析, X 的分布函数为

$$F(x) = \begin{cases} 0, & \text{当 } x < 0, \\ \dfrac{x^2}{4}, & \text{当 } 0 \leqslant x < 2, \\ 1, & \text{当 } x \geqslant 2. \end{cases} \tag{2.10}$$

$F(x)$ 的图像 (图 2.5) 是定义在 $\mathbf{R}$ 上从 0 上升到 1 的连续曲线.

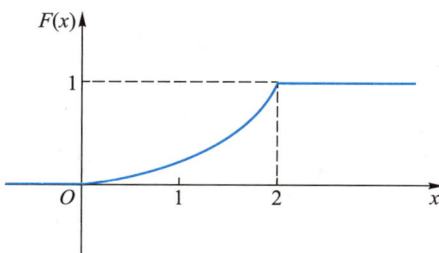

图 2.5

如果令

$$f(x) = \begin{cases} \dfrac{x}{2}, & 0 < x \leqslant 2, \\ 0, & \text{其他}, \end{cases} \tag{2.11}$$

则 (2.10) 式与 (2.11) 式满足关系:

$$F(x) = \int_{-\infty}^{x} f(t)\mathrm{d}t. \tag{2.12}$$

具有关系 (2.12) 的 X 就是本节要研究的连续型随机变量.

2.3.1　连续型随机变量及其概率密度

定义 2.5　设随机变量 X 的分布函数为 $F(x)$. 如果存在一个非负可积的函数 $f(x)$, 使得对任意的实数 x, 有

$$F(x) = P(X \leqslant x) = P(-\infty < X \leqslant x) = \int_{-\infty}^{x} f(t)\mathrm{d}t, \tag{2.13}$$

则称 X 为**连续型随机变量**, $f(x)$ 称为 X 的**概率密度函数**, 简称**概率密度**或**密度**.

性质 2.2　密度 $f(x)$ 有如下性质:

(1) 非负性　$f(x) \geqslant 0$, $x \in \mathbf{R}$;

(2) 归一性　$\displaystyle\int_{-\infty}^{+\infty} f(x)\mathrm{d}x = 1$;

(3) 对任意实数 x_1, x_2 $(x_1 < x_2)$, 有

$$P(x_1 < X \leqslant x_2) = \int_{x_1}^{x_2} f(x)\mathrm{d}x; \tag{2.14}$$

(4) 在 $f(x)$ 的连续点上, 有 $F'(x) = f(x)$.

性质 2.2(2) 指出, x 轴和 $f(x)$ 所围成的曲边梯形的面积始终为 1, 见图 2.6(a); 性质 2.2(3) 指出, X 落在某个区间上的概率, 就是 $f(x)$ 在该区间上的定积分, 即该区间对应的曲边梯形的面积, 见图 2.6(b). 因此, 与分布函数 $F(x)$ 一样, 密度 $f(x)$ 刻画了连续型随机变量的概率特征.

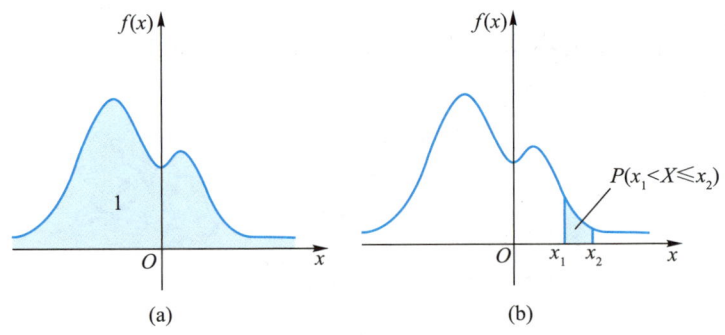

图 2.6

根据导数的定义, 以及性质 2.2(4) 可知, $f(x)$ 表示概率在点 x 处的变化率, 概率密度函数一词由此而来.

另外, 对于连续型随机变量 X, 取任一固定的实数 a, 若 $f(x)$ 在此点连续, 则对 $h > 0$ 有

$$0 \leqslant P(X = a) \leqslant P(a - h < X \leqslant a)$$

$$= \int_{a-h}^{a} f(x)\mathrm{d}x$$

$$= F(a) - F(a - h) \to 0 \quad (h \to 0),$$

故 $P(X = a) = 0$. 因此, X 落在某个区间的概率与区间是否包含端点无关, 即

$$P(a < X \leqslant b) = P(a < X < b) = P(a \leqslant X < b) = P(a \leqslant X \leqslant b).$$

这是连续型随机变量与离散型随机变量的一个重要区别.

对连续型随机变量, 尽管有 $P(X = a) = 0$, 但是事件 $\{X = a\}$ 并不一定是不可能事件. 由此可知, 概率为 0 的事件不一定是不可能事件. 同理, 概率为 1 的事件也并不一定是必然事件.

2.3.2 常用的连续型随机变量及其密度

1. 均匀分布

设随机变量 X 的密度为

$$f(x) = \begin{cases} \dfrac{1}{b-a}, & a < x < b, \\ 0, & \text{其他,} \end{cases} \tag{2.15}$$

即分布函数 $F(x)$ 在区间 (a, b) 内任意点的变化率 (即密度) 是一个常数, 所以称 X 服从区间 (a, b) 上的**均匀分布**, 记为 $X \sim U(a, b)$.

由 (2.15) 式可知, 实数 a, b 把 $\mathbf{R}$ 分为三部分 $(-\infty, a)$, $[a, b)$, $[b, +\infty)$, 于是 $F(x)$ 讨论如下:

当 $x < a$ 时, $F(x) = \displaystyle\int_{-\infty}^{x} f(t)\mathrm{d}t = \int_{-\infty}^{x} 0\mathrm{d}t = 0$;

当 $a \leqslant x < b$ 时, $F(x) = \displaystyle\int_{-\infty}^{a} 0\mathrm{d}t + \int_{a}^{x} \frac{1}{b-a}\mathrm{d}t = \frac{x-a}{b-a}$;

当 $x \geqslant b$ 时, $F(x) = \displaystyle\int_{-\infty}^{a} 0\mathrm{d}t + \int_{a}^{b} \frac{1}{b-a}\mathrm{d}t + \int_{b}^{x} 0\mathrm{d}t = 1$.

所以

$$F(x) = \begin{cases} 0, & x < a, \\ \dfrac{x-a}{b-a}, & a \leqslant x < b, \\ 1, & x \geqslant b. \end{cases} \tag{2.16}$$

密度 $f(x)$ 和分布 $F(x)$ 的图像见图 2.7.

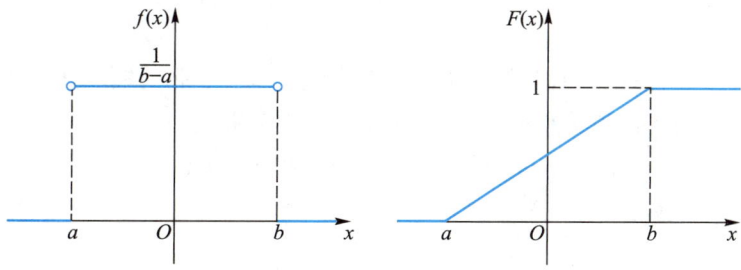

图 2.7

均匀分布应用十分广泛. 例如, 引例 2.5 中乘客候车时间 $X \sim U(0, 10)$, 计算机的舍入误差 X 在规定的误差区间上服从均匀分布, 等等.

例 2.9 测量一个工件的长度, 要求准确到 mm, 即若以 cm 为单位计, 小数点后第一位数字按 "四舍五入" 原则得到. 求由此产生的测量误差 X 的密度, 并求某次测量中, 其误差的绝对值小于 0.03 cm 的概率.

解 由题意知 $X \sim U(-0.05, 0.05)$, 即 X 的密度为

$$f(x) = \begin{cases} \dfrac{1}{0.05 - (-0.05)} = 10, & -0.05 < x < 0.05, \\ 0, & 其他. \end{cases}$$

所求概率为

$$P(|X| < 0.03) = \int_{-0.03}^{0.03} f(x)\mathrm{d}x = 10 \times 0.06 = 0.6.$$

2. 指数分布

设随机变量 X 的密度为

$$f(x) = \begin{cases} \lambda \mathrm{e}^{-\lambda x}, & x > 0, \\ 0, & x \leqslant 0, \end{cases} \tag{2.17}$$

则称 X 服从参数为 $\lambda > 0$ 的**指数分布**, 记为 $X \sim Exp(\lambda)$.

仿照均匀分布, 可得其分布函数 $F(x)$ 为

$$F(x) = \int_{-\infty}^{x} f(t)\mathrm{d}t = \begin{cases} 1 - \mathrm{e}^{-\lambda x}, & x > 0, \\ 0, & x \leqslant 0. \end{cases} \tag{2.18}$$

函数 (2.17) 和 (2.18) 的图像见图 2.8.

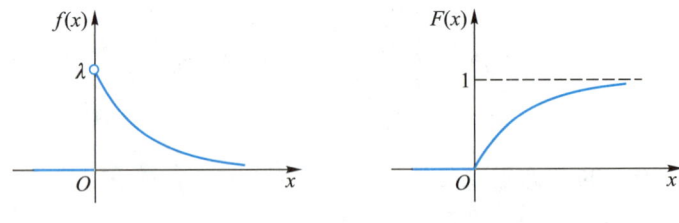

图 2.8

指数分布在可靠性理论以及排队理论中有广泛的应用, 常用来描述元件或动物在某时间段内的寿命分布, 或某项任务的排队等待服务时间分布等.

例 2.10 设顾客在某银行窗口等待服务的时间 X (单位: min) 的密度为

$$f(x) = \begin{cases} \dfrac{1}{5}\mathrm{e}^{-\frac{x}{5}}, & x > 0, \\ 0, & 其他. \end{cases}$$

某顾客在窗口等待服务, 若超过 10 min, 他就离开. 设该顾客某个月要到银行 5 次, 以 Y 表示一个月内他未等到服务而离开窗口的次数. 写出 Y 的概率分布, 并求 $P(Y \geqslant 1)$.

解 由题意可知, $Y \sim B(5, p)$, 其中 p 是顾客未等到服务而离开窗口的概率, 即

$$p = P(X > 10) = \int_{10}^{+\infty} \frac{1}{5} \mathrm{e}^{-\frac{x}{5}} \mathrm{d}x = \mathrm{e}^{-2}.$$

所以 $Y \sim B(5, \mathrm{e}^{-2})$. 故

$$P(Y \geqslant 1) = 1 - P(Y = 0) = 1 - \binom{5}{0} \times (\mathrm{e}^{-2})^0 \times (1 - \mathrm{e}^{-2})^5 \approx 0.516\,7.$$

注 (指数分布的"无记忆性") 假设某种动物寿命 $X \sim Exp(\lambda)$ (单位: 年), 并且知其已经生存了 s 年. 根据条件概率, 以及 $\{X > s + t\} \subset \{X > s\}$, $s > 0$, $t > 0$, 则此动物再生存 t 年的概率为

$$
\begin{aligned}
P(X > s + t | X > s) &= \frac{P(X > s + t, X > s)}{P(X > s)} \\
&= \frac{P(X > s + t)}{P(X > s)} \\
&= \frac{\mathrm{e}^{-\lambda(s+t)}}{\mathrm{e}^{-\lambda s}} \\
&= \mathrm{e}^{-\lambda t}.
\end{aligned}
$$

也就是说, 假如该动物已经存活了 s 年, 若其寿命服从指数分布, 则再存活 t 年的概率与已经存活的时间 s 无关, 该性质称为指数分布具有"无记忆性".

3. 正态分布

设随机变量 X 的密度为

$$f(x) = \frac{1}{\sqrt{2\pi}\sigma} \mathrm{e}^{-\frac{(x-\mu)^2}{2\sigma^2}}, \quad -\infty < x < +\infty, \tag{2.19}$$

则称 X 服从参数为 (μ, σ^2) 的**正态分布**, 也称为高斯 (Gauss) 分布, 记为 $X \sim N(\mu, \sigma^2)$, 其中 μ, σ 为常数, 且 $\sigma > 0$. 图 2.9 所示为 $f(x)$ 的图像.

分布函数 $F(x) = \int_{-\infty}^{x} f(t)\mathrm{d}t$ 没有显式表达式.

结合图 2.9, 可得 $f(x)$ 有如下性质:

性质 2.3 (1) $f(x)$ 的图像关于直线 $x = \mu$ 对称, 且在 $x = \mu$ 处取得最大值

$$f_{\max}(x) = f(\mu) = \frac{1}{\sqrt{2\pi}\sigma}.$$

(2) $f(x)$ 在 $x = \mu \pm \sigma$ 处有拐点.

(3) 当 σ 取定, μ 变化时, $f(x)$ 的图像沿 x 轴移动, 形状不变.

(4) 当 μ 取定, σ 越小时, $f(x)$ 的图像越细高而陡峭; σ 越大时, 曲线越低平.

(5) $f(x)$ 的图像以 x 轴为水平渐近线.

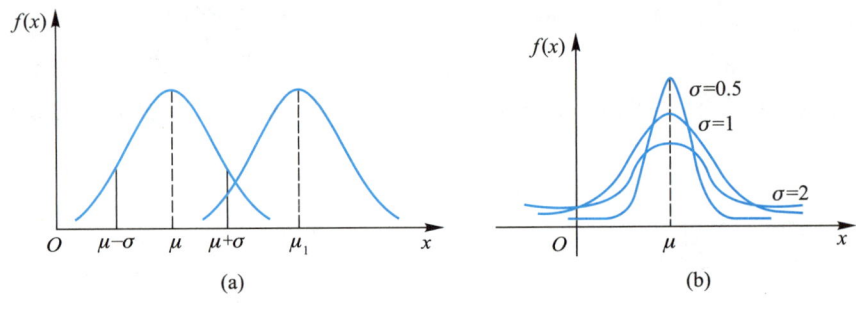

图 2.9

特别地, 如果参数 $\mu = 0, \sigma = 1$, 即 $X \sim N(0,1)$, 则称 X 服从**标准正态分布**. 下面定理 2.2 给出了正态分布与标准正态分布的关系.

定理 2.2　设 $X \sim N(\mu, \sigma^2)$, 则 $U = \dfrac{X - \mu}{\sigma} \sim N(0,1)$.

定理 2.2 的证明过程见 §2.4 的例 2.16.

定理 2.2 表明, 正态分布的随机变量 X, 经过线性变换后得到的新随机变量 $U = \dfrac{X - \mu}{\sigma}$ 服从标准正态分布, 由此可见标准正态分布的重要性. 因此, 引入新符号 $\varphi(x)$ 与 $\Phi(x)$ 分别表示标准正态分布的密度与分布函数, 即

$$\varphi(x) = \frac{1}{\sqrt{2\pi}} \mathrm{e}^{-\frac{x^2}{2}}, \ -\infty < x < +\infty, \tag{2.20}$$

$$\Phi(x) = \frac{1}{\sqrt{2\pi}} \int_{-\infty}^{x} \mathrm{e}^{-\frac{t^2}{2}} \mathrm{d}t, \ -\infty < x < +\infty. \tag{2.21}$$

$\varphi(x)$ 与 $\Phi(x)$ 图像见图 2.10.

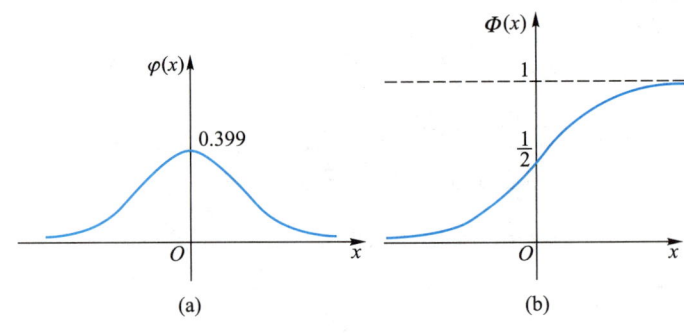

图 2.10

结合定理 2.2 以及 $\Phi(x)$ 的定义, 可得以下推论.

推论 2.1　设 $X \sim N(\mu, \sigma^2)$, 则 $F(x) = P(X \leqslant x) = \Phi\left(\dfrac{x - \mu}{\sigma}\right)$.

$\varphi(x)$ 除具有性质 2.3 外, 显然 $\varphi(x)$ 是**偶函数**, 因此

$$\Phi(x) + \Phi(-x) = 1. \tag{2.22}$$

综合定理 2.2、推论 2.1 和 (2.22) 式可知, 只要有了标准正态分布函数

$$\Phi(u) = P(U \leqslant u) = \int_{-\infty}^{u} \varphi(t)\mathrm{d}t \ (u \geqslant 0)$$

的值, 即可求得任何正态分布 $N(\mu, \sigma^2)$ 事件的概率. 当 $u \geqslant 0$ 时, $\Phi(u)$ 的值见附表 1. 当 $u < 0$ 时, 利用 $\Phi(u) = 1 - \Phi(-u)$ 即可得 $\Phi(u)$ 的值.

另外, 设 $U \sim N(0,1)$, 给定 $\alpha, 0 < \alpha < 1$, 定义标准正态分布的**上 α 分位点** u_α 为满足下式的点 (图 2.11):

$$P(U > u_\alpha) = 1 - \Phi(u_\alpha) = \alpha.$$

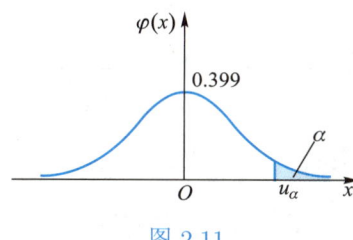

图 2.11

例如, 给定 $\alpha = 0.05, 0.025, 0.005$, 查附表 1, 可得 $u_{0.05} = 1.645$, $u_{0.025} = 1.96$, $u_{0.005} = 2.57$, 这是 $N(0,1)$ 常用的三个分位点.

正态分布是概率论与数理统计中最常用也是最重要的概率分布, 它在解决实际问题和理论分析中有着广泛的应用. 经验表明, 当一个变量受到大量微小的、相互独立的随机因素影响时, 这个变量往往服从正态分布. 这样的随机变量普遍存在. 例如, 热力学中理想气体的速度、测量误差、机器加工的元件直径等, 都可以认为服从正态分布. 正态分布不仅应用广泛, 性质优良, 而且在概率统计中扮演极其重要角色, 原因之一见第五章的中心极限定理.

例2.11 某厂生产的瓶装饮料, 规定每瓶净含量为 $500\,\mathrm{g}$. 设包装含量 $X \sim N(500, 25)$, 求:

(1) 任取一瓶, 净含量大于 $510\,\mathrm{g}$ 的概率;

(2) 任取一瓶, 其净含量与标准净含量相差在 $8\,\mathrm{g}$ 以内的概率;

(3) 求常数 c, 使每瓶净含量小于 c 的概率不超过 0.05.

解 基于正态分布, 得

$$(1) \ P(X > 510) = 1 - P(X \leqslant 510)$$

$$= 1 - \Phi\left(\frac{510 - 500}{5}\right)$$

$$= 1 - \Phi(2)$$

$$= 1 - 0.977\,2$$

$$= 0.022\,8.$$

$$(2) \ P(|X - 500| < 8) = P\left(-\frac{8}{5} < \frac{X - 500}{5} < \frac{8}{5}\right)$$

$$= \Phi\left(\frac{8}{5}\right) - \Phi\left(-\frac{8}{5}\right)$$

$$= \Phi\left(\frac{8}{5}\right) - \left(1 - \Phi\left(\frac{8}{5}\right)\right)$$

$$= 2\Phi\left(\frac{8}{5}\right) - 1$$

$$= 2 \times 0.945\,2 - 1$$

$$= 0.890\,4.$$

$$(3) \ P(X < c) = \Phi\left(\frac{c - 500}{5}\right) \leqslant 0.05.$$

查附表 1 得 $\Phi(-1.645) = 0.05$, 从而 $\dfrac{c - 500}{5} \leqslant -1.645$, 所以 $c \leqslant 491.775$.

例 2.12 设随机变量 $X \sim N(\mu, \sigma^2)$, 求 $P(|X - \mu| < a)$, 这里 $a > 0$ 是一个常数.

解 依据定理 2.2, 有

$$P(|X - \mu| < a) = P(-a < X - \mu < a) = P(\mu - a < X < \mu + a)$$

$$= P\left(-\frac{a}{\sigma} < \frac{X - \mu}{\sigma} < \frac{a}{\sigma}\right)$$

$$= \Phi\left(\frac{a}{\sigma}\right) - \Phi\left(-\frac{a}{\sigma}\right)$$

$$= 2\Phi\left(\frac{a}{\sigma}\right) - 1.$$

当 $a = \sigma$ 时, 查附表 1, 有

$$P(|X - \mu| < \sigma) = P(\mu - \sigma < X < \mu + \sigma)$$

$$= 2\Phi(1) - 1$$

$$= 2 \times 0.841\,3 - 1$$

$$= 0.682\,6.$$

同理, $a = 2\sigma$ 时, 有

$$P(|X - \mu| < 2\sigma) = P(\mu - 2\sigma < X < \mu + 2\sigma) = 2 \times 0.977\,2 - 1 = 0.954\,4,$$

即 X 落在区间 $(\mu - 2\sigma, \mu + 2\sigma)$ 内的概率达到了 $0.954\,4$, 这一结果在统计学中有广泛的应用, 因为 0.95 在统计学中是一个常用概率 (见第七章 §7.3 的区间估计和第八章的假设检验).

特别地, 当 $a = 3\sigma$ 时, 有

$$P(|X - \mu| < 3\sigma) = P(\mu - 3\sigma < X < \mu + 3\sigma) = 2 \times 0.998\,7 - 1 = 0.997\,4,$$

即 X 值几乎全部集中落在区间 $(\mu - 3\sigma, \mu + 3\sigma)$ 内, 超出这个范围的概率不到 0.3%, 见图 2.12, 这称为正态分布的 3σ-原则.

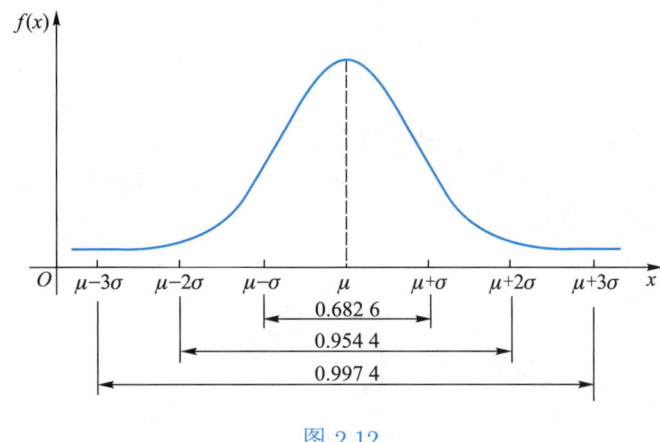

图 2.12

例 2.13 机床加工的元件长度 $X \sim N(10, \sigma^2)$. 当长度在 $(10 - 0.01, 10 + 0.01)$ 内时元件为合格品. 现要求生产的元件合格率达到 99%, 问应当如何控制机床的 σ?

解 由题意知, 事件 $\{|X - 10| < 0.01\}$ 表示元件是合格品, 所以

$$P(|X - 10| < 0.01) = 2\Phi\left(\frac{0.01}{\sigma}\right) - 1 \ (\text{由例 2.12})$$

$$= 0.99,$$

即 $\Phi\left(\dfrac{0.01}{\sigma}\right) = 0.995$. 查附表 1 得 $\Phi(2.57) \approx 0.995$, 即 $\dfrac{0.01}{\sigma} = 2.57$, 由此得 $\sigma = 0.003\,9$.

§2.4 随机变量函数的分布

设 X, Y 是两个随机变量, $g(x)$ 是定义在 **R** 上的连续函数. 如果当 X 任取一个可能值 x 时, Y 取值 $y = g(x)$, 则称 $Y = g(X)$ 是 X 的函数. 例如, 若球半径 R 是一个随机变量, 则球体积 $V = \dfrac{4}{3}\pi R^3$ 也是一个随机变量, 且是 R 的函数. 又如, 设分子运动速度 v 是一个随机变量, 则其动能 $E = \dfrac{1}{2}mv^2$ 也是一个随机变量, 且是 v 的函数.

下面通过例题说明由已知 X 的分布, 求函数 $Y = g(X)$ 的分布的方法.

例 2.14 设随机变量 X 的概率分布由下表给出, 求 $Y = (X - 3)^2 + 1$ 的分布.

X	1	3	5	7
P	0.5	0.1	0.15	0.25

解 Y 的值为 1, 5, 17, 且

$P(Y=1) = P(X=3) = 0.1;$

$P(Y=5) = P\{(X=1)\bigcup(X=5)\} = P(X=1) + P(X=5) = 0.65;$

$P(Y=17) = P(X=7) = 0.25.$

直观地, 上述 Y 的概率分布可由下表表示.

Y	1	5	17
P	0.1	0.65	0.25

一般地, 设离散型随机变量 X 有概率分布 $P(X=x_k)=p_k, k=1,2,\cdots$, 求 $Y=g(X)$ 的概率分布只需计算 x 对应的 y 值 $g(x_1), g(x_2),\cdots$, 对应概率即为 $p_1, p_2,\cdots$, 并对相同的 y 值合并, 对应概率相加即可.

例 2.15 设随机变量 X 的密度为

$$f_X(x) = \begin{cases} \dfrac{x}{8}, & 0 < x < 4, \\ 0, & 其他. \end{cases}$$

求 $Y = 2X + 8$ 的密度 $f_Y(y)$.

解 Y 的分布函数为

$$\begin{aligned} F_Y(y) &= P(Y \leqslant y) = P(2X+8 \leqslant y) \\ &= P\left(X \leqslant \frac{y-8}{2}\right) \\ &= F_X\left(\frac{y-8}{2}\right) \\ &= \int_{-\infty}^{\frac{y-8}{2}} f_X(x)\mathrm{d}x. \end{aligned}$$

上式两端对 y 求导, 即得 Y 的密度为

$$\begin{aligned} f_Y(y) = f_X\left(\frac{y-8}{2}\right) \cdot \frac{1}{2} &= \begin{cases} \dfrac{y-8}{16} \cdot \dfrac{1}{2}, & 0 < \dfrac{y-8}{2} < 4, \\ 0, & 其他, \end{cases} \\ &= \begin{cases} \dfrac{y-8}{32}, & 8 < y < 16, \\ 0, & 其他. \end{cases} \end{aligned}$$

例 2.16 设随机变量 $X \sim N(\mu, \sigma^2)$, $\sigma > 0$. 证明: $Y = aX + b \sim N(a\mu + b, (a\sigma)^2)$, 其中 a, b 均为常数, 且 $a \neq 0$. 特别地, $\dfrac{X-\mu}{\sigma} \sim N(0,1)$.

证明 Y 的分布函数为

$$F_Y(y) = P(Y \leqslant y) = P(aX + b \leqslant y)$$

$$= P(aX \leqslant y - b)$$

$$= \begin{cases} P\left(X \leqslant \dfrac{y-b}{a}\right) = \displaystyle\int_{-\infty}^{\frac{y-b}{a}} f_X(x)\mathrm{d}x, & a > 0, \\[3mm] P\left(X \geqslant \dfrac{y-b}{a}\right) = 1 - \displaystyle\int_{-\infty}^{\frac{y-b}{a}} f_X(x)\mathrm{d}x, & a < 0. \end{cases}$$

上式两端对 y 求导, 得 Y 的密度函数为

$$f_Y(y) = \begin{cases} f_X\left(\dfrac{y-b}{a}\right) \cdot \dfrac{1}{a}, & a > 0, \\[3mm] -f_X\left(\dfrac{y-b}{a}\right) \cdot \dfrac{1}{a}, & a < 0 \end{cases}$$

$$= \frac{1}{|a|} f_X\left(\frac{y-b}{a}\right)$$

$$= \frac{1}{\sqrt{2\pi}\sigma|a|} \mathrm{e}^{-\frac{[y-(a\mu+b)]^2}{2(a\sigma)^2}}, \quad y \in \mathbf{R},$$

即 $Y \sim N(a\mu + b, (a\sigma)^2)$. 特别地, 若取 $a = \dfrac{1}{\sigma}$, $b = -\dfrac{\mu}{\sigma}$, 则 $\dfrac{X-\mu}{\sigma} \sim N(0,1)$.

性质 2.4 若随机变量 $X \sim N(\mu, \sigma^2)$, 则 $Y = aX + b \sim N(a\mu + b, (a\sigma)^2), a \neq 0$.

例 2.17 设随机变量 X 的密度为 $f_X(x)$, 求 $Y = X^2$ 的密度 $f_Y(y)$.

解 当 $y > 0$ 时, Y 的分布函数为

$$F_Y(y) = P(Y \leqslant y) = P(X^2 \leqslant y)$$

$$= P(-\sqrt{y} \leqslant X \leqslant \sqrt{y})$$

$$= F_X(\sqrt{y}) - F_X(-\sqrt{y}),$$

而当 $y \leqslant 0$ 时, $F_Y(y) = 0$. 由此得 Y 的分布函数为

$$F_Y(y) = \begin{cases} F_X(\sqrt{y}) - F_X(-\sqrt{y}), & y > 0, \\ 0, & y \leqslant 0. \end{cases}$$

上式两端对 y 求导, 得 Y 的密度函数为

$$f_Y(y) = \begin{cases} \dfrac{1}{2\sqrt{y}}\left(f_X(\sqrt{y}) + f_X(-\sqrt{y})\right), & y > 0, \\[3mm] 0, & y \leqslant 0. \end{cases} \tag{2.23}$$

例如, 设 $X \sim N(0,1)$, 则由 (2.23) 式得 $Y = X^2$ 的密度为

$$f_Y(y) = \begin{cases} \dfrac{1}{\sqrt{2\pi}} y^{-\frac{1}{2}} \mathrm{e}^{-\frac{1}{2}y}, & y > 0, \\[3mm] 0, & y \leqslant 0. \end{cases} \tag{2.24}$$

称以 (2.24) 式为密度的随机变量 Y 服从参数为 $\left(\dfrac{1}{2}, \dfrac{1}{2}\right)$ 的**伽马 (Gamma) 分布** (也是自由度为 1 的 χ^2 分布, 见第六章 §6.2).

注   设随机变量 Y 服从参数为 (a, b) 的伽马分布, 记为 $Y \sim \Gamma(a, b)$, 密度为

$$
f_Y(y) = \begin{cases} \dfrac{b^a}{\Gamma(a)} y^{a-1} \mathrm{e}^{-by}, & y > 0, \\ 0, & y \leqslant 0, \end{cases}
$$

其中, $a > 0, b > 0, \Gamma(a) = \displaystyle\int_0^{+\infty} t^{a-1}\mathrm{e}^{-t}\mathrm{d}t$ 是伽马函数.

结合例 2.15—2.17, 请读者总结一下由已知随机变量 X 的密度 $f_X(x)$, 求函数 $Y = g(X)$ 的密度 $f_Y(y)$ 的一般步骤.

习 题 二

1. 一袋中装有编号为 $1, 2, \cdots, 5$ 的 5 个球. 从袋中同时取球 3 个, 以 X 表示取出的 3 个球中的最大编号, 写出 X 的概率分布.

2. 15 件同型零件中有 2 件次品, 从中取零件 3 次, 每次 1 件, 采用不放回抽样. 以 X 表示取出的次品数, 写出 X 的概率分布.

3. (1) 设随机变量 X 的概率分布为

$$
P(X = k) = \frac{c}{2^k}, k = 0, 1, 2, \cdots.
$$

求常数 c.

(2) 设随机变量 X 的概率分布为

$$
P(X = k) = \frac{c}{2 + k}, \ k = 0, 1, 2, 3.
$$

求常数 c 以及概率 $P(X = 3)$, $P(X < 3)$.

4. 设有一大批产品, 其次品率为 0.002. 今从这批产品中随机抽取 100 件, 求 100 件产品中次品数 X 的概率分布.

5. 对一大批产品的验收方案如下: 从中任取 10 件, 无次品就接收这批产品. 次品数超过两件就拒收. 遇到其他情况用下述方案重新验收: 从中抽取 5 件, 这 5 件中无次品就接收, 有次品时拒收. 设产品的次品率是 10%, 计算:

(1) 第一次检验产品被接收的概率;

(2) 需要做第二次检验的概率;

(3) 第二次检验产品才被接收的概率;

(4) 产品被接收的概率.

6. 甲、乙两人投篮, 投中的概率分别为 0.6 和 0.7. 今各投三次, 求:

(1) 两人投中次数相等的概率;

(2) 甲比乙投中次数多的概率.

7. 设汽车经过甲地开往乙地的途中经 10 盏信号灯. 每盏信号灯独立地以 0.4 的概率禁止汽车通行. 求:

(1) 该车 10 盏信号灯全部顺利通过的概率;

(2) 该车恰在 3 盏信号灯前停过车的概率;

(3) 该车在第 3 盏信号灯前首次停车的概率;

(4) 该车在第 8 盏信号灯前恰为第 4 次停车的概率.

8. 电话站为 300 个用户服务, 在一小时内每个用户使用电话的概率为 0.01, 求在一小时内恰有 4 个用户使用电话的概率.

9. 有一繁忙的汽车站, 每天有大量的汽车通过. 设每辆汽车在一天的某段时间内出事故的概率为 0.000 1. 在某天的该段时间内有 1 000 辆汽车通过, 问出事故的次数不小于 2 的概率是多少?

10. 保险公司为 2 500 个同年龄同社会阶层的人设了人寿保险, 每个参加保险的人一年交付保险金 12 元. 一年内死亡时, 家属可到保险公司领取 2 000 元丧葬费. 设一年内每人死亡的概率为 0.002, 求在一年内:

(1) 保险公司亏本的概率;

(2) 保险公司获利不少于 10 000 元的概率.

11. 某商店每月销售某种商品的件数 $X \sim \pi(5)$. 问在月初至少要库存多少件这样的商品才能保证当月不脱销的概率不低于 0.999 77.

12. 某公安局在长度为 t 的时间间隔内收到的紧急呼救的次数 $X \sim \pi\left(\dfrac{t}{2}\right)$, 而与时间间隔的起点无关 (单位: h). 求

(1) 某一天中午 12 时到下午 3 时, 没有收到紧急呼救的概率;

(2) 某一天中午 12 时到下午 5 时, 至少收到一次紧急呼救的概率.

13. 某人进行两次独立射击, 每次击中目标的概率为 0.4. 以 X 表示击中目标的次数, 写出 X 的概率分布.

14. 在区间 $[0, a]$ 上任意投掷一个质点, 以 X 表示这个质点的坐标, 设这个质点落在 $[0, a]$ 中任意一个小区间上的概率与这个小区间的长度成正比. 求 X 的分布函数及其图形.

15. 每天的整点 (如 9 时, 10 时等) 甲站都有列车发往乙站. 一位去乙站的乘客在 9 时至 10 时之间随机地到达甲站. 用 X (单位: min) 表示他的候车时间, 计算 (1) $P(X \geqslant 20)$; (2) $P(20 \leqslant X \leqslant 30)$; (3) $P(X = 20)$.

16. 设随机变量 X 的密度为

$$f(x) = \begin{cases} A\mathrm{e}^{-x}, & x \geqslant 0, \\ 0, & x < 0. \end{cases}$$

求常数 A 以及概率 $P(X \leqslant 2)$, $P(X > 3)$.

17. 设随机变量 X 的分布函数为

$$F(x) = \begin{cases} 0, & x < 1, \\ \ln x & 1 \leqslant x < \mathrm{e}, \\ 1, & x \geqslant \mathrm{e}. \end{cases}$$

求:

(1) $P(X < 2)$, $P(0 < X \leqslant 3)$, $P\left(2 < X < \dfrac{5}{2}\right)$;

(2) X 的密度 $f(x)$.

18. 设随机变量 X 的分布函数为

$$F(x) = A + B \arctan x, \quad -\infty < x < +\infty.$$

求:

(1) 系数 A 与 B;

(2) X 落在区间 $(-1,1)$ 内的概率;

(3) X 的密度 $f(x)$.

19. 设随机变量 X 的密度为

$$f(x) = \begin{cases} \dfrac{A}{\sqrt{1-x^2}}, & |x| < 1, \\ 0, & |x| \geqslant 1. \end{cases}$$

求:

(1) 常数 A;

(2) 概率 $P\left(-\dfrac{1}{2} < X < \dfrac{1}{2}\right)$;

(3) X 的分布函数 $F(x)$ 及其图形.

20. 假定一个高危司机从年初开始到他发生事故所经过的天数 T 是一个指数分布的随机变量. 某保险公司估计 30% 的高危司机会在 50 天内发生事故. 问 80 天内发生事故的高危司机占多少比例?

21. 某型号器件的寿命 X (单位: h) 具有以下密度:

$$f(x) = \begin{cases} \dfrac{1\,000}{x^2}, & x > 1\,000, \\ 0, & 其他. \end{cases}$$

现有一大批此种器件 (设各器件损坏与否相互独立), 任取 5 件, 问其中至少有 2 件寿命大于 $1\,500\,\mathrm{h}$ 的概率是多少?

22. 设 $X \sim N(3, 2^2)$, 求:

(1) $P(2 < X \leqslant 5)$, $P(-4 < X \leqslant 10)$, $P(|X| > 2)$, $P(X > 3)$;

(2) 确定 c, 使得 $P(X > c) = P(X \leqslant c)$.

23. 某地区 18 岁女青年的血压 $X \sim N(110, 12^2)$ (收缩压, 单位: mmHg). 在该地区任选一名 18 岁女青年, 测量她的血压 X, 求:

(1) $P(X \leqslant 105)$, $P(100 < X \leqslant 120)$;

(2) 确定最小的 x, 使得 $P(X > x) \leqslant 0.05$.

24. 某机器生产的螺栓长度 (单位: cm) $X \sim N(10.05, 0.06^2)$. 规定长度范围在 $(10.05-0.02, 10.05+0.02)$ 内为合格品, 求一螺栓为不合格品的概率.

25. 一工厂生产的电子管的寿命 (单位: h) $X \sim N(160, \sigma^2)$, 若要求 $P(120 < X \leqslant 200) \geqslant 0.80$, 则允许 σ 最大为多少?

26. 某人从学校到火车站去乘火车. 若乘汽车去火车站, 所需时间 (单位: min) $X \sim N(50, 10^2)$; 若乘地铁去, 则所需时间 $Y \sim N(60, 4^2)$. 如果该人有 70 min 时间可用, 那么他是乘汽车为好, 还是乘地铁为好? 如果该人只有 65 min 时间可用呢?

27. 随机变量 X 的概率分布由下表给出, 求 $Y = X^2$ 的概率分布.

X	-2	-1	0	1	3
P	$\dfrac{1}{5}$	$\dfrac{1}{6}$	$\dfrac{1}{5}$	$\dfrac{1}{15}$	$\dfrac{11}{30}$

28. 已知随机变量 $X \sim B\left(4, \dfrac{1}{2}\right)$, 求 $Y = \sin\dfrac{\pi X}{4}$ 的概率分布.

29. 设随机变量 $X \sim U(0,1)$, 求

(1) $Y = \mathrm{e}^X$ 的概率密度;

(2) $Y = -2\ln X$ 的概率密度.

30. 设随机变量 X 的概率密度为

$$f(x) = \begin{cases} 1, & 0 < x < 1, \\ 0, & \text{其他}. \end{cases}$$

求 $Y = 3X + 1$ 的概率密度.

31. 设 X 是随机变量, $\ln X \sim N(\mu, \sigma^2)$, 证明 X 的密度为

$$f_X(x) = \frac{1}{\sqrt{2\pi}\sigma x} \exp\left(-\frac{(\ln x - \mu)^2}{2\sigma^2}\right), \quad x > 0.$$

这时称 X 服从参数为 (μ, σ^2) **对数正态分布**.

32. 设随机变量 $X \sim N(0, 1)$, 求以下函数的密度:

(1) $Y = \mathrm{e}^X$;

(2) $Y = 2X^2 + 1$;

(3) $Y = |X|$.

33. 设随机变量 X 的概率密度为 $f(x)$, 求 $Y = X^3$ 的密度.

34. 设随机变量 X 的概率密度为

$$f(x) = \begin{cases} \dfrac{2}{\pi^2}x, & 0 < x < \pi, \\ 0, & \text{其他}. \end{cases}$$

求 $Y = \sin X$ 的概率密度.

*35. 对于正态分布 $N(\mu, \sigma^2)$, 从产品质量管理的角度来说, σ 表示产品的质量特性值相对于目标值 μ 的偏离程度. 例 2.12 中的 3σ–原则说明产品质量特性值落在离目标距离 3σ 内的概率为 99.74%. 请查阅现代企业管理的 6σ–原则.

*36. 正态分布也称为高斯分布. 高斯是德国一位伟大的数学家, 一生中的重要贡献不胜枚举. 请查阅其贡献.

自 测 题 二

一、有甲、乙两种味道和颜色都极为相似的名酒各 4 杯. 从中挑 4 杯, 能将甲酒全部挑出来, 算是试验成功一次.

(1) 某人随机地去猜, 问他试验成功一次的概率是多少?

(2) 某人声称他通过品尝能区分两种酒. 他连续试验 10 次, 成功 3 次. 试推断他是猜对的, 还是有区分的能力 (设各次试验是相互独立的)?

二、随机变量 X 的概率分布由下表给出. 写出 $|X|$ 的概率分布, 并求 $P(|X| \leqslant 1)$, $P(X \leqslant 1 | X > 0.5)$.

X	-1	0	1	2
P	$\dfrac{1}{3b}$	$\dfrac{3}{4b}$	$\dfrac{5}{6b}$	$\dfrac{1}{12b}$

三、设随机变量 X 的概率密度为

$$f(x) = \begin{cases} 0.003x^2, & 0 < x < 10, \\ 0, & \text{其他}. \end{cases}$$

求 t 的方程 $t^2 + 2Xt + 5X - 4 = 0$ 有实根的概率.

四、设随机变量 X 的概率密度为

$$f(x) = \begin{cases} \dfrac{3}{2}x^2, & -1 < x < 1, \\ 0, & \text{其他}. \end{cases}$$

求 $Y = X^2$ 的密度.

五、设某人上班所需时间 X 服从正态分布 $N(50, 100)$ (单位: min), 且 8 点上班. 求:

(1) 他能在一个小时内到达工作单位的概率;

(2) 一周 5 个工作日, 他每天早上 7 时从家出发, 则一周内都不迟到的概率.

六、由统计物理学知道, 分子运动速度的绝对值 X 服从麦克斯韦 (Maxwell) 分布, 其密度为

$$f(x) = \begin{cases} Ax^2 \mathrm{e}^{-\frac{x^2}{b}}, & x > 0, \\ 0, & \text{其他}. \end{cases}$$

其中 $b = m/(2kT)$, k 为玻耳兹曼 (Boltzmann) 常数, T 为绝对温度, m 为分子质量. 试确定常数 A.

习题参考答案或提示二

第三章　多维随机向量及其分布

在第二章中, 我们引入一维随机变量和分布函数, 研究了单个随机变量的概率特征, 并分离散型和连续型两类讨论了几个特殊的随机变量的分布. 在理论研究和实际应用中, 常常会遇到这种情况: 需要同时由几个随机变量才能完整地描述某个随机现象. 例如, 打靶时弹着点的位置是由两个随机变量 (横坐标 X 和纵坐标 Y) 来确定; 电子放大器的干扰电流由其振幅 A 和相位 ϕ 两个随机变量来确定; 某产品分为五级等级, 从中任抽取 50 件检查, 则可以用随机变量 $X_1, X_2, \cdots, X_5$ 表示 50 件中各等级的件数; 等等.

一般地, 把 n 个随机变量构成的向量 $(X_1, X_2, \cdots, X_n)$ 称为 n **维随机向量** (或 n **维随机变量**). 特别地, 当 $n = 2$ 时, 称 (X, Y) 为**二维随机向量** (或**二维随机变量**). 本章的主要内容是把第二章中研究一维随机变量概率特征的方法推广到二维随机向量情形. 类似地, 再把它推广到 n $(n > 2)$ 维随机向量情形不会有本质的困难.

【导引: 约会问题】 两人约定某天在 1 时到 2 时间独立地随机到达某地会面, 先到者等候 20 min, 若对方未到, 则离去. 这两人能相遇的概率有多大?

§3.1　二维随机向量的联合分布与边缘分布

对于二维随机向量, (X, Y) 作为一个具有随机性的整体, 它的概率特征不仅与各分量 X 和 Y 有关, 而且依赖于这两个分量之间的关系. 因此, 一方面, 我们把 (X, Y) 作为一个整体研究其联合概率特征. 另一方面, X 和 Y 各自作为随机变量, 也分别有自己的概率分布, 称为边缘分布.

3.1.1　二维随机向量的联合分布与边缘分布

类似于一维随机变量, 我们先研究二维随机向量的分布函数.

设 x, y 是两个任意实数, 用 $\{X \leqslant x, Y \leqslant y\}$ 表示 $\{X \leqslant x\}$ 与 $\{Y \leqslant y\}$ 的积事件 $\{X \leqslant x\} \bigcap \{Y \leqslant y\}$, 几何上表示随机点 (X, Y) 落在平面上以 (x, y) 为顶点的左下方无穷矩形区域内的事件, 见图 3.1(a). 显然, $\{X \leqslant x, Y \leqslant y\}$ 是 (x, y) 的函数, 所对应的概率 $P(X \leqslant x, Y \leqslant y)$ 也是 (x, y) 的函数. 于是将一维随机变量分布函数的概念推广到二维情形, 引进如下定义.

定义 3.1　设 (X, Y) 是二维随机向量, 对任意的实数 x, y, 二元函数

$$F(x, y) = P(X \leqslant x, Y \leqslant y)$$

称为随机向量 (X, Y) 的**联合分布函数**.

由事件 $\{X \leqslant x, Y \leqslant y\}$ 的几何解释以及概率的性质, 给定联合分布函数 $F(x, y)$ 和任意实数 (x_1, y_1), (x_2, y_2), $x_1 < x_2$, $y_1 < y_2$, 结合图 3.1(b), 可得 (X, Y) 落在矩形区域

$\{x_1 < X \leqslant x_2,\ y_1 < Y \leqslant y_2\}$ 的概率为

$$P(x_1 < X \leqslant x_2,\ y_1 < Y \leqslant y_2)$$

$$= F(x_2, y_2) - F(x_1, y_2) - F(x_2, y_1) + F(x_1, y_1) \geqslant 0.$$

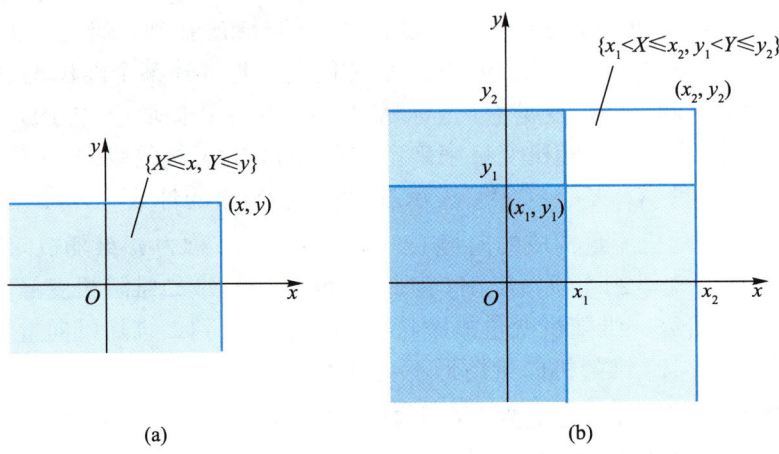

图 3.1

思考： 可否由 $F(x, y)$ 直接求得 (X, Y) 落在任何区域, 例如, 单位圆 D 内的概率?

类似于一维随机变量的分布函数, 结合定义 3.1, 很容易得到二维随机向量的联合分布函数的性质.

性质 3.1　(1) 单调性　$F(x, y)$ 关于每个变量是单调不减的;

(2) 有界性　$0 \leqslant F(x, y) \leqslant 1,\ (x, y) \in \mathbf{R}^2$, 且有如下三个极限:

固定 y, 有 $F(-\infty, y) = \lim\limits_{x \to -\infty} F(x, y) = 0.$

固定 x, 有 $F(x, -\infty) = \lim\limits_{y \to -\infty} F(x, y) = 0.$

$$F(+\infty, +\infty) = \lim\limits_{(x, y) \to (+\infty, +\infty)} F(x, y) = 1;$$

(3) 右连续性　$F(x, y)$ 关于每个变量是右连续的, 即对任意实数 x_0, y_0, 有

$$\lim\limits_{x \to x_0^+} F(x, y) = F(x_0, y), \quad \lim\limits_{y \to y_0^+} F(x, y) = F(x, y_0).$$

特别地, 性质 3.1(2) 中给出了 $x \to -\infty$, 和 $y \to -\infty$, 以及 $(x, y) \to (+\infty, +\infty)$ 时 $F(x, y)$ 的极限. 那么, 当只有 $x \to +\infty$, 或只有 $y \to +\infty$ 时, $F(x, y)$ 的极限是什么呢? 图 3.2 对应事件域 $\{X \leqslant x\}$ 和 $\{Y \leqslant y\}$, 显然, 这两个事件以及对应的概率分别依赖于实数 x 和 y, 对此有如下定义.

定义 3.2　对于二维随机向量 (X, Y), 称分量 X 的分布函数

$$F_X(x) = P(X \leqslant x) = \lim\limits_{y \to +\infty} P(X \leqslant x, Y \leqslant y) = \lim\limits_{y \to +\infty} F(x, y)$$

为关于 X 的边缘分布函数; 称分量 Y 的分布函数

$$F_Y(y) = P(Y \leqslant y) = \lim_{x \to +\infty} P(X \leqslant x, Y \leqslant y) = \lim_{x \to +\infty} F(x, y)$$

为关于 Y 的边缘分布函数.

注意, 二维随机向量 (X, Y) 表示的事件中没有出现的变量应取全体实数. 例如, 事件 $\{x_1 < X \leqslant x_2\} = \{x_1 < X \leqslant x_2, -\infty < Y < +\infty\}$, $\{Y > y_1\} = \{-\infty < X < +\infty, Y > y_1\}$, 等等.

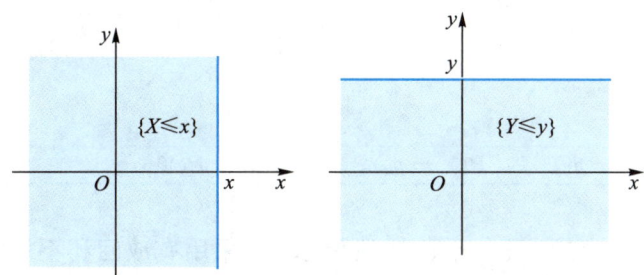

图 3.2

与一维随机变量一样, 对于二维随机向量, 本文也只讨论离散型和连续型两种随机向量的概率特征.

3.1.2 二维离散型随机向量及其联合分布和边缘分布

定义 3.3 如果二维随机向量 (X, Y) 的全部取值对 (x_i, y_j) 只有有限多对或可列无穷多对, 则称 (X, Y) 为**二维离散型随机向量**. 对应的概率 $P(X = x_i, Y = y_j) = p_{ij}, i, j = 1, 2, \cdots$ 称为 (X, Y) 的**联合概率分布** (或**联合分布律**、**联合分布列**).

根据边缘分布的定义, 称

$$P(X = x_i) = P\left(X = x_i, \bigcup_{j=1}^{\infty}(Y = y_j)\right) = P\left(\bigcup_{j=1}^{\infty}(X = x_i, Y = y_j)\right)$$

$$\xxlongequal{\text{def}} p_{i\bullet}, \ i = 1, 2, \cdots$$

为关于 X 的**边缘概率分布** (或**边缘分布律**、**边缘分布列**); 称

$$P(Y = y_j) = P\left(\bigcup_{i=1}^{\infty}(X = x_i), Y = y_j\right) = P\left(\bigcup_{i=1}^{\infty}(X = x_i, Y = y_j)\right)$$

$$\xxlongequal{\text{def}} p_{\bullet j}, \ j = 1, 2, \cdots$$

为关于 Y 的**边缘概率分布** (或**边缘分布律**、**边缘分布列**).

显然, 这里 $P(X = x_i, Y = y_j), P(X = x_i), P(Y = y_j)$ 满足

(1) $P(X = x_i, Y = y_j) \geqslant 0, \ P(X = x_i) \geqslant 0, \ P(Y = y_j) \geqslant 0, \ i, j = 1, 2, \cdots$;

(2) $\sum\limits_{i=1}^{\infty}\sum\limits_{j=1}^{\infty}P(X=x_i,Y=y_j)=1,\quad \sum\limits_{i=1}^{\infty}P(X=x_i)=1,\quad \sum\limits_{j=1}^{\infty}P(Y=y_j)=1.$

为了直观, (X,Y) 的联合概率分布和边缘概率分布经常由表 3.1 表示.

表 3.1　(X,Y) 的联合概率分布与边缘概率分布

X	Y					$P(X=x_i)$
	y_1	y_2	$\cdots$	y_j	$\cdots$	
x_1	p_{11}	p_{12}	$\cdots$	p_{1j}	$\cdots$	$P(X=x_1)$
x_2	p_{21}	p_{22}	$\cdots$	p_{2j}	$\cdots$	$P(X=x_2)$
$\vdots$	$\vdots$	$\vdots$		$\vdots$		$\vdots$
x_i	p_{i1}	p_{i2}	$\cdots$	p_{ij}	$\cdots$	$P(X=x_i)$
$\vdots$	$\vdots$	$\vdots$		$\vdots$		$\vdots$
$P(Y=y_j)$	$P(Y=y_1)$	$P(Y=y_2)$	$\cdots$	$P(Y=y_j)$	$\cdots$	

例 3.1　一袋中装有 2 只白球和 3 只黑球. 现采用有放回和不放回两种方式摸球各两次, 每次摸出一球. 令

$$X=\begin{cases}1, & \text{第一次摸出白球,}\\ 0, & \text{第一次摸出黑球,}\end{cases}\qquad Y=\begin{cases}1, & \text{第二次摸出白球,}\\ 0, & \text{第二次摸出黑球.}\end{cases}$$

在两种摸球情形下分别求 (X,Y) 的联合概率分布和边缘概率分布.

解　两种情形下 (X,Y) 的联合概率分布和边缘概率分布列在下面两张表中.

X	Y		$P(X=x_i)$
	0	1	
0	$\dfrac{3}{5}\cdot\dfrac{3}{5}$	$\dfrac{3}{5}\cdot\dfrac{2}{5}$	$\dfrac{3}{5}$
1	$\dfrac{2}{5}\cdot\dfrac{3}{5}$	$\dfrac{2}{5}\cdot\dfrac{2}{5}$	$\dfrac{2}{5}$
$P(Y=y_j)$	$\dfrac{3}{5}$	$\dfrac{2}{5}$	

X	Y		$P(X=x_i)$
	0	1	
0	$\dfrac{3}{5}\cdot\dfrac{2}{4}$	$\dfrac{3}{5}\cdot\dfrac{2}{4}$	$\dfrac{3}{5}$
1	$\dfrac{2}{5}\cdot\dfrac{3}{4}$	$\dfrac{2}{5}\cdot\dfrac{1}{4}$	$\dfrac{2}{5}$
$P(Y=y_j)$	$\dfrac{3}{5}$	$\dfrac{2}{5}$	

由表中可以看出, 有放回和不放回两种摸球方式下的边缘概率分布相同, 但是联合概

率分布却不相同. 也就是说, 联合概率分布决定边缘概率分布, 但边缘概率分布不能决定联合概率分布, 因为联合概率分布还依赖于两个随机变量之间的关系.

(X, Y) 的联合分布函数 $F(x, y)$ 可由其联合概率分布求得, 即对任意的实数 x, y, 联合分布函数为

$$F(x, y) = \sum_{y_j \leqslant y} \sum_{x_i \leqslant x} P(X = x_i, Y = y_j).$$

正如一维离散型随机变量的分布函数, 二维离散型随机向量的联合分布函数 $F(x, y)$ 的表达式比较复杂, 因此计算中较少使用.

3.1.3　二维连续型随机向量及其联合密度和边缘密度

定义 3.4　设二维随机向量 (X, Y) 的联合分布函数为 $F(x, y)$. 如果存在一个非负可积的二元函数 $f(x, y)$, 使得对任意的实数 x, y, 有

$$F(x, y) = P(X \leqslant x, Y \leqslant y) = \int_{-\infty}^{x} \int_{-\infty}^{y} f(s, t) \mathrm{d}s \mathrm{d}t,$$

则称 (X, Y) 为**二维连续型随机向量**, $f(x, y)$ 称为 (X, Y) 的**联合概率密度函数**, 简称为**联合概率密度**或**联合密度**.

性质 3.2　联合密度 $f(x, y)$ 有如下性质:

(1) 非负性　$f(x, y) \geqslant 0, \ -\infty < x, y < +\infty$;

(2) 归一性　$\displaystyle\int_{-\infty}^{+\infty} \int_{-\infty}^{+\infty} f(x, y) \mathrm{d}x \mathrm{d}y = 1$;

(3) 设 G 是 xOy 平面上的一个区域, 则随机点 (X, Y) 落在 G 内的概率为

$$P\big((X, Y) \in G\big) = \iint_G f(x, y) \mathrm{d}x \mathrm{d}y;$$

(4) 如果 $f(x, y)$ 在点 (x, y) 连续, 则

$$f(x, y) = \frac{\partial^2 F(x, y)}{\partial x \partial y}.$$

性质 3.2(3) 说明, 对于连续型随机向量, 只要知道了其联合密度 $f(x, y)$, 则任何一个事件的概率也就清楚了.

由定义 3.2 和定义 3.4, 易得 X 的边缘分布函数 $F_X(x)$ 为

$$F_X(x) = P(X \leqslant x) = \int_{-\infty}^{x} \int_{-\infty}^{+\infty} f(x, y) \mathrm{d}x \mathrm{d}y = \int_{-\infty}^{x} \left(\int_{-\infty}^{+\infty} f(x, y) \mathrm{d}y \right) \mathrm{d}x.$$

同理, Y 的边缘分布函数为

$$F_Y(y) = \int_{-\infty}^{y} \left(\int_{-\infty}^{+\infty} f(x, y) \mathrm{d}x \right) \mathrm{d}y.$$

由此定义边缘密度.

定义 3.5　二维连续型随机向量 (X,Y) 的**边缘密度** $f_X(x)$ 和 $f_Y(y)$ 定义为

$$f_X(x) = \int_{-\infty}^{+\infty} f(x,y)\mathrm{d}y, \quad -\infty < x < +\infty, \tag{3.1}$$

$$f_Y(y) = \int_{-\infty}^{+\infty} f(x,y)\mathrm{d}x, \quad -\infty < y < +\infty, \tag{3.2}$$

即 $f_X(x)$ 和 $f_Y(y)$ 分别对应 X 和 Y 的一元随机变量密度, 性质同性质 2.2.

例 3.2　设 (X,Y) 的联合密度为

$$f(x,y) = \begin{cases} axy, & 0 \leqslant y < x \leqslant 1, \\ 0, & \text{其他}. \end{cases}$$

求: (1) 常数 a;

(2) 边缘密度 $f_X(x)$ 和 $f_Y(y)$;

(3) $P\left(Y < \dfrac{1}{2} X\right)$, $P\left(X < \dfrac{1}{2}\right)$.

解　非零密度区域见图 3.3.

(1) 由密度的归一性质 3.2(2), 得

$$\begin{aligned}
\int_{-\infty}^{+\infty}\int_{-\infty}^{+\infty} f(x,y)\mathrm{d}x\mathrm{d}y &= \int_0^1 \mathrm{d}x \int_0^x axy\,\mathrm{d}y \\
&= \frac{a}{2}\int_0^1 x \cdot x^2 \mathrm{d}x \\
&= \frac{a}{8} \\
&= 1
\end{aligned}$$

所以 $a = 8$.

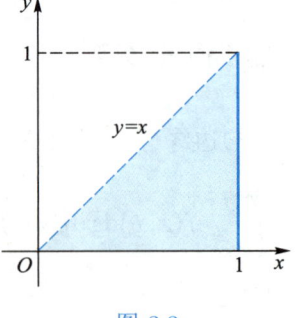

图 3.3

(2) 先考虑 $f_X(x)$. 由边缘密度定义 3.5, 只需将 $f(x,y)$ 代入 (3.1) 式即可. **R** 被 $0,1$ 划分成三部分: $(-\infty,0]$, $(0,1)$, $[1,+\infty)$, 所以

当 $x \in (-\infty,0] \bigcup [1,+\infty)$ 时, $f(x,y) = 0$, 因此 $f_X(x) = 0$;

当 $x \in (0,1)$ 时, 结合积分对区间的可加性, 有

$$f_X(x) = \int_{-\infty}^0 0\mathrm{d}y + \int_0^x 8xy\mathrm{d}y + \int_x^{+\infty} 0\mathrm{d}y = 4x^3.$$

综合以上两种情形, 得

$$f_X(x) = \begin{cases} 4x^3, & 0 < x < 1, \\ 0, & 其他. \end{cases}$$

同理, 可得 Y 的边缘密度为

$$f_Y(y) = \begin{cases} \displaystyle\int_y^1 8xy\mathrm{d}x, & 0 < y < 1, \\ 0, & 其他 \end{cases} = \begin{cases} 4y(1-y^2), & 0 < y < 1, \\ 0, & 其他. \end{cases}$$

(3) 根据性质 3.2(3), 得

$$P\left(Y < \frac{1}{2}X\right) = \iint_{G:\ y < \frac{1}{2}x} f(x,y)\mathrm{d}x\mathrm{d}y = \int_0^1 \mathrm{d}x \int_0^{\frac{1}{2}x} 8xy\mathrm{d}y = \frac{1}{4}.$$

$$P\left(X < \frac{1}{2}\right) = \iint_{G:\ x < \frac{1}{2}} f(x,y)\mathrm{d}x\mathrm{d}y = \int_0^{\frac{1}{2}} \mathrm{d}x \int_0^x 8xy\mathrm{d}y = \frac{1}{16}.$$

例 3.3 设甲、乙两台机器的寿命 (X,Y) 的联合密度为

$$f(x,y) = \begin{cases} 2\mathrm{e}^{-(2x+y)}, & x > 0, y > 0, \\ 0, & 其他. \end{cases} \tag{3.3}$$

求: (1) 寿命联合分布函数 $F(x,y)$;

(2) 甲、乙机器各自的寿命分布函数 $F_X(x)$ 和 $F_Y(y)$;

(3) 甲机器寿命小于乙机器寿命的概率.

解 (1) 根据定义 3.4, 当 $x \leqslant 0$ 或 $y \leqslant 0$ 时, 由于 $f(x,y) = 0$, 从而

$$F(x,y) = \int_{-\infty}^x \int_{-\infty}^y f(x,y)\mathrm{d}x\mathrm{d}y = 0.$$

当 $x > 0, y > 0$ 时,

$$\begin{aligned} F(x,y) &= \int_{-\infty}^x \int_{-\infty}^y f(x,y)\mathrm{d}x\mathrm{d}y \\ &= \int_0^x \int_0^y 2\mathrm{e}^{-(2x+y)}\mathrm{d}x\mathrm{d}y \\ &= \int_0^x 2\mathrm{e}^{-2x}\mathrm{d}x \int_0^y \mathrm{e}^{-y}\mathrm{d}y \end{aligned}$$

$$= (1 - \mathrm{e}^{-2x})(1 - \mathrm{e}^{-y}).$$

综合上述两种情形, 得 (X, Y) 的联合分布函数为

$$F(x, y) = \begin{cases} (1 - \mathrm{e}^{-2x})(1 - \mathrm{e}^{-y}), & x > 0, y > 0, \\ 0, & \text{其他.} \end{cases}$$

(2) 由定义 3.2 和上述联合分布结果, 得边缘分布函数为

$$F_X(x) = \lim_{y \to +\infty} P(X \leqslant x, Y \leqslant y) = \begin{cases} 1 - \mathrm{e}^{-2x}, & x > 0, \\ 0, & \text{其他.} \end{cases}$$

$$F_Y(y) = \lim_{x \to +\infty} P(X \leqslant x, Y \leqslant y) = \begin{cases} 1 - \mathrm{e}^{-y}, & y > 0, \\ 0, & \text{其他.} \end{cases}$$

(3) 甲机器寿命小于乙机器寿命的概率为

$$\begin{aligned} P(X < Y) &= \iint_{D:x<y} f(x, y) \mathrm{d}x \mathrm{d}y \\ &= \int_0^{+\infty} 2\mathrm{e}^{-2x} \mathrm{d}x \int_x^{+\infty} \mathrm{e}^{-y} \mathrm{d}y \\ &= \frac{2}{3}. \end{aligned} \tag{3.4}$$

下面看两个常用的二维连续型分布.

例 **3.4**(二维均匀分布) 设 G 是 xOy 平面上的有界区域, 其面积为 A. 若 (X, Y) 的联合密度为

$$f(x, y) = \begin{cases} \dfrac{1}{A}, & (x, y) \in G, \\ 0, & \text{其他,} \end{cases} \tag{3.5}$$

则称随机向量 (X, Y) 在区域 G 上服从**均匀分布**.

今设区域 G 是由抛物线 $y = x^2$ 和直线 $y = x$ 围成的有界闭区域, 见图 3.4. (X, Y) 在该区域上服从均匀分布, 求出联合密度.

解 区域 G 的面积 $A = \dfrac{1}{2} - \displaystyle\int_0^1 x^2 \mathrm{d}x = \dfrac{1}{6}$, 所以联合密度为

$$f(x, y) = \begin{cases} 6, & (x, y) \in G, \\ 0, & (x, y) \notin G. \end{cases}$$

由该密度, 可求任一事件概率, 例如

$$\begin{aligned} P(X < 0.5) &= \iint_{D:\ x<0.5} f(x, y) \mathrm{d}x \mathrm{d}y \\ &= 6 \int_0^{0.5} (x - x^2) \mathrm{d}x \end{aligned}$$

$$= \frac{1}{2}.$$

也可求得边缘密度为

$$f_X(x) = \begin{cases} \int_{x^2}^{x} 6\mathrm{d}y, & 0 < x < 1, \\ 0, & \text{其他} \end{cases} = \begin{cases} 6(x - x^2), & 0 < x < 1, \\ 0, & \text{其他}. \end{cases}$$

$$f_Y(y) = \begin{cases} \int_{y}^{\sqrt{y}} 6\mathrm{d}x, & 0 < y < 1, \\ 0, & \text{其他} \end{cases} = \begin{cases} 6(\sqrt{y} - y), & 0 < y < 1, \\ 0, & \text{其他}. \end{cases}$$

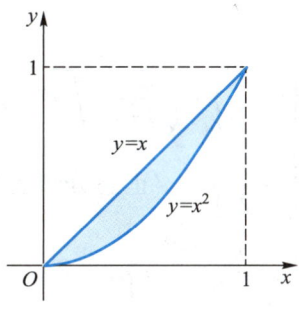

图 3.4

例 3.5 (二元正态分布) 若 (X, Y) 的联合密度为

$$
\begin{aligned}
f(x, y) = & \frac{1}{2\pi\sigma_1\sigma_2\sqrt{1 - \rho^2}} \exp\left\{ \frac{-1}{2(1 - \rho^2)} \left(\frac{(x - \mu_1)^2}{\sigma_1^2} - \right.\right. \\
& \left.\left. \frac{2\rho(x - \mu_1)(y - \mu_2)}{\sigma_1\sigma_2} + \frac{(y - \mu_2)^2}{\sigma_2^2} \right) \right\}, \quad -\infty < x, y < +\infty,
\end{aligned}
\tag{3.6}
$$

其中 $\mu_1, \mu_2, \sigma_1 > 0, \sigma_2 > 0, -1 < \rho < 1$ 均为常数, 则称随机向量 (X, Y) 服从参数为 $(\mu_1, \mu_2, \sigma_1^2, \sigma_2^2, \rho)$ 的**二元正态分布**, 记为 $(X, Y) \sim N(\mu_1, \mu_2, \sigma_1^2, \sigma_2^2, \rho)$. 其中 ρ 是表征随机变量 X 和 Y 相关程度的量, 称为**相关系数**. 二维正态分布 $N(0, 0, 1, 1, 0.5)$ 的密度函数图像见图 3.5.

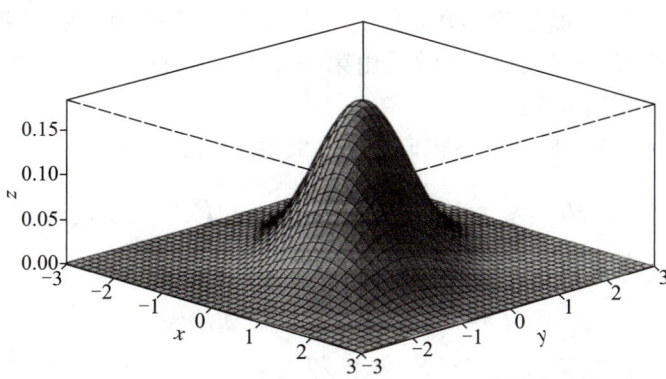

图 3.5

以下求二元正态分布的边缘密度 $f_X(x)$ 和 $f_Y(y)$.

解 令 $u = \dfrac{x - \mu_1}{\sigma_1}, v = \dfrac{y - \mu_2}{\sigma_2}$, 则对 $-\infty < x < +\infty$, 有

$$
\begin{aligned}
f_X(x) &= \int_{-\infty}^{+\infty} f(x, y) \mathrm{d}y \\
&= \frac{\sigma_2}{2\pi\sigma_1\sigma_2\sqrt{1-\rho^2}} \int_{-\infty}^{+\infty} \exp\left\{ \frac{-1}{2(1-\rho^2)}(u^2 - 2\rho u v + v^2) \right\} \mathrm{d}v \\
&= \frac{1}{2\pi\sigma_1\sqrt{1-\rho^2}} \int_{-\infty}^{+\infty} \exp\left\{ \frac{-1}{2(1-\rho^2)}\left((1-\rho^2)u^2 + (v - \rho u)^2\right) \right\} \mathrm{d}v.
\end{aligned}
$$

令 $\sigma_0 = \sqrt{1-\rho^2}$, 则

$$
\begin{aligned}
f_X(x) &= \frac{1}{\sqrt{2\pi}\sigma_1} \exp\left\{ -\frac{u^2}{2} \right\} \cdot \frac{1}{\sqrt{2\pi}\sigma_0} \int_{-\infty}^{+\infty} \exp\left\{ -\frac{(v - \rho u)^2}{2\sigma_0^2} \right\} \mathrm{d}v \\
&= \frac{1}{\sqrt{2\pi}\sigma_1} \exp\left\{ -\frac{u^2}{2} \right\} \cdot 1 \text{ (正态分布密度积分)} \\
&= \frac{1}{\sqrt{2\pi}\sigma_1} \exp\left\{ -\frac{(x - \mu_1)^2}{2\sigma_1^2} \right\},
\end{aligned}
$$

即 $X \sim N(\mu_1, \sigma_1^2)$.

同理, $Y \sim N(\mu_2, \sigma_2^2)$.

例 3.5 说明**二维正态分布的边缘分布仍是正态分布**. 同时我们看到边缘分布函数与相关系数 ρ 无关, 这也说明联合分布函数不能由边缘分布函数决定, 它还依赖于两个变量间的相关系数 ρ.

本节的最后, 请读者思考如下两个问题:

(1) 已知 $F(x_1, x_2, x_3)$, 如何求得 $F_{X_1, X_2}(x_1, x_2)$ 以及 $F_{X_1}(x_1)$?

(2) 已知 $f(x_1, x_2, x_3)$, 如何求得 $f_{X_1, X_2}(x_1, x_2)$ 以及 $f_{X_1}(x_1)$?

§3.2 相互独立的随机变量及其分布

随机变量的独立性是概率论和数理统计中特别重要的概念. 在很多情况下, 概率论和数理统计是以独立随机变量为研究对象. 由第一章中给出的事件独立性, 不难得到两个随机变量 X 和 Y 相互独立的概念.

定义 3.6 设 (X, Y) 是二维随机向量. 如果对任意的实数 x, y, 有

$$
P(X \leqslant x, Y \leqslant y) = P(X \leqslant x)P(Y \leqslant y),
$$

即

$$
F(x, y) = F_X(x)F_Y(y),
$$

则称随机变量 X 和 Y **相互独立**. 即 X 和 Y 相互独立, 等价于任何两个事件 $\{X \leqslant x\}$ 和 $\{Y \leqslant y\}$ 相互独立.

针对离散型和连续型随机向量, 我们有如下结论.

定理 3.1 设二维离散型随机向量 (X,Y) 的联合概率分布为 $P(X=x_i,Y=y_j)$, 边缘概率分布分别为 $P(X=x_i)$ 和 $P(Y=y_j)$, $i,j=1,2,\cdots$, 则 X 和 Y 相互独立的充分必要条件是对任意的 $i,j=1,2,\cdots$, 均有

$$P(X=x_i,Y=y_j)=P(X=x_i)P(Y=y_j).$$

定理 3.2 设连续型随机向量 (X,Y) 的联合密度为 $f(x,y)$, 边缘密度分别为 $f_X(x)$ 和 $f_Y(y)$, 则 X 和 Y 相互独立的充分必要条件是对任意实数 x,y, 有

$$f(x,y)=f_X(x)f_Y(y).$$

判断随机变量的独立性, 除了用上述定义和定理以外, 在实践中, 更常用的是从具体问题出发, 直接判断随机变量是否独立.

我们看例 3.1—3.5 对应的随机变量 X 和 Y 的独立性.

例 3.1 中, 当有放回抽样时, $P(X=i,Y=j)=P(X=i)P(Y=j),i,j=0,1$, 所以 X 和 Y 相互独立; 不放回抽样时, 取 $P(X=0,Y=0)=\dfrac{3}{5}\cdot\dfrac{2}{4}\neq P(X=0)\cdot P(Y=0)=\dfrac{3}{5}\cdot\dfrac{3}{5}$, 所以 X 和 Y 不相互独立. 也可以从实际问题出发这样分析: 有放回抽样时, 前后两次抽样结果互不影响, 所以 X 和 Y 相互独立, 但不放回抽样时, 第 2 次抽样结果受到第 1 次抽样结果的影响, 所以 X 和 Y 不独立.

例 3.2 和例 3.4 中, 由于 $f(x,y)\neq f_X(x)f_Y(y)$, 所以 X 和 Y 不独立.

例 3.3 中, 由于 $F(x,y)=F_X(x)F_Y(y)$, 所以 X 和 Y 相互独立.

例 3.5 中, (X,Y) 是服从二元正态分布的随机向量, 对此有如下重要结论.

定理 3.3 设随机向量 $(X,Y)\sim N(\mu_1,\mu_2,\sigma_1^2,\sigma_2^2,\rho)$, 则 X 和 Y 相互独立的充分必要条件是相关系数 $\rho=0$.

证明 充分性: 由例 3.5 直接得到.

必要性: 若 X 和 Y 相互独立, 由定理 3.2 可知, 对任意的 x 和 y, $f(x,y)=f_X(x)f_Y(y)$ 均成立. 特别地, 取 $x=\mu_1,y=\mu_2$, 则有

$$\frac{1}{2\pi\sigma_1\sigma_2\sqrt{1-\rho^2}}=\frac{1}{2\pi\sigma_1\sigma_2},$$

由此得 $\rho=0$.

应用概率解题时, 经常根据实际问题, 做出合理的假设.

例 3.6 两人约定某天在 1 时到 2 时间独立地随机到达某地会面, 先到者等候 20 min, 若对方未到, 则离去. 求这两人能相遇的概率.

解 根据实际, 可认为两个人在 0 到 60 min 内等可能地到达会面地点. 用 X,Y 分别表示两人到达的时间, 则 $X\sim U(0,60)$, $Y\sim U(0,60)$, 且 X 和 Y 相互独立. 于是得到 (X,Y) 的联合密度为

$$f(x,y)=f_X(x)f_Y(y)=\begin{cases}\dfrac{1}{60^2}, & 0\leqslant x,y\leqslant 60,\\ 0, & \text{其他}.\end{cases}$$

则两人能相遇的概率为 (图 3.6)

$$P(|X - Y| \leqslant 20) = \iint_{|x-y| \leqslant 20} f(x,y)\mathrm{d}x\mathrm{d}y$$

$$= \frac{1}{60^2} \iint_{|x-y| \leqslant 20} \mathrm{d}x\mathrm{d}y$$

$$= \frac{1}{60^2}(60^2 - 40^2)$$

$$= \frac{5}{9}.$$

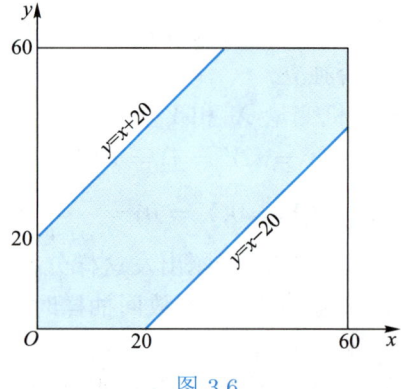

图 3.6

下面我们给出 n 维随机向量的联合分布函数以及独立性的概念.

定义 3.7　设 $(X_1, X_2, \cdots, X_n)$ 是 n 维随机向量, 对任意实数 $x_1, x_2, \cdots, x_n$, $\mathbf{R}^n$ 上的 n 元函数

$$F(x_1, x_2, \cdots, x_n) = P(X_1 \leqslant x_1, X_2 \leqslant x_2, \cdots, X_n \leqslant x_n)$$

称为 $(X_1, X_2, \cdots, X_n)$ 的**联合分布函数**.

设 $(X_1, X_2, \cdots, X_n)$ 的分量 X_i 有分布 $F_{X_i}(x_i) = P(X_i \leqslant x_i), i = 1, 2, \cdots, n$, 若对任意的实数 $x_1, x_2, \cdots, x_n$, 满足

$$P(X_1 \leqslant x_1, X_2 \leqslant x_2, \cdots, X_n \leqslant x_n)$$

$$= P(X_1 \leqslant x_1)P(X_2 \leqslant x_2) \cdots P(X_n \leqslant x_n),$$

即

$$F(x_1, x_2, \cdots, x_n) = F_{X_1}(x_1)F_{X_2}(x_2) \cdots F_{X_n}(x_n),$$

则称 $X_1, X_2, \cdots, X_n$ **相互独立**.

§3.3　二维随机向量函数的分布

已知随机向量的分布, 求其函数的分布是概率论中重要而复杂的问题. 本节只讨论已知二维随机向量 (X, Y) 的联合分布的情况下, 求和函数 $Z = X + Y$ 以及极值函数 $Z = \max\{X, Y\}$ 和 $Z = \min\{X, Y\}$ 的分布问题.

$$= \frac{1}{2\pi\sigma_1\sigma_2} \int_{-\infty}^{+\infty} \exp\left\{ -\frac{\sigma_1^2+\sigma_2^2}{2\sigma_1^2\sigma_2^2} \left(x^2 - 2x\frac{\mu_1\sigma_2^2+(z-\mu_2)\sigma_1^2}{\sigma_1^2+\sigma_2^2} + \right.\right.$$
$$\left.\left. \frac{\mu_1^2\sigma_2^2+(z-\mu_2)^2\sigma_1^2}{\sigma_1^2+\sigma_2^2} \right) \right\} \mathrm{d}x$$

$$= \frac{1}{\sqrt{2\pi}\sqrt{\frac{\sigma_1^2\sigma_2^2}{\sigma_1^2+\sigma_2^2}}} \int_{-\infty}^{+\infty} \exp\left\{ -\frac{\sigma_1^2+\sigma_2^2}{2\sigma_1^2\sigma_2^2} \left(x - \frac{\mu_1\sigma_2^2+(z-\mu_2)\sigma_1^2}{\sigma_1^2+\sigma_2^2} \right)^2 \right\} \mathrm{d}x \times$$

$$\frac{1}{\sqrt{2\pi}\sqrt{\sigma_1^2+\sigma_2^2}} \exp\left\{ -\frac{\sigma_1^2+\sigma_2^2}{2\sigma_1^2\sigma_2^2} \left(\frac{\mu_1^2\sigma_2^2+(z-\mu_2)^2\sigma_1^2}{\sigma_1^2+\sigma_2^2} \right.\right.$$
$$\left.\left. - \left(\frac{\mu_1\sigma_2^2+(z-\mu_2)\sigma_1^2}{\sigma_1^2+\sigma_2^2} \right)^2 \right) \right\}$$

$$= \frac{1}{\sqrt{2\pi}\sqrt{\sigma_1^2+\sigma_2^2}} \exp\left\{ -\frac{(z-\mu_1-\mu_2)^2}{2(\sigma_1^2+\sigma_2^2)} \right\}, \quad -\infty < z < +\infty.$$

故 $Z = X + Y \sim N(\mu_1+\mu_2, \sigma_1^2+\sigma_2^2)$, 即相互独立的服从正态分布的随机变量和仍服从正态分布.

例 3.8 推广到一般情形, 并结合性质 2.4, 可以证明

性质 3.5 设随机变量 $X_i \sim N(\mu_i, \sigma_i^2)$, $i = 1, 2, \cdots, n$, 且相互独立, 则

$$\sum_{i=1}^{n} a_i X_i + b \sim N\left(\sum_{i=1}^{n} a_i\mu_i + b, \sum_{i=1}^{n}(a_i\sigma_i)^2 \right).$$

其中, a_i, b 为常数, 且 $a_1, a_2, \cdots, a_n$ 不全为零.

例 3.9 数值计算中, 两个独立同单位的数据 α, β 计算结果按 "四舍五入" 原则保留一位小数, 即两个数据的舍入误差均服从 $U(-0.05, 0.05)$, 则其和 $\gamma = \alpha + \beta$ 的误差仍是均匀分布吗?

解 设 X 和 Y 分别为两数据误差, 相互独立且均服从 $U(-a, a)$, $a > 0$, 问题转为求 $Z = X + Y$ 的密度. 本题中, $a = 0.05$.

X 和 Y 的密度分别为

$$f(x) = \begin{cases} \dfrac{1}{2a}, & -a < x < a, \\ 0, & \text{其他}, \end{cases} \qquad f(y) = \begin{cases} \dfrac{1}{2a}, & -a < y < a, \\ 0, & \text{其他}. \end{cases}$$

由卷积公式 $f_Z(z) = \displaystyle\int_{-\infty}^{+\infty} f_X(x)f_Y(z-x)\mathrm{d}x$, 考虑被积函数的非零区域, 即

$$\begin{cases} -a < x < a, \\ -a < z - x < a \end{cases} \quad \Longleftrightarrow \quad \begin{cases} -a < x < a, \\ x - a < z < x + a, \end{cases}$$

该区域见图 3.8.

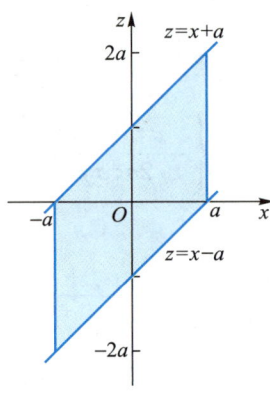

图 3.8

当 $-2a < z < 0$ 时, $f_Z(z) = \displaystyle\int_{-a}^{z+a} \frac{1}{2a} \cdot \frac{1}{2a} \mathrm{d}x = \frac{1}{4a^2}(2a+z)$.

当 $0 \leqslant z < 2a$ 时, $f_Z(z) = \displaystyle\int_{z-a}^{a} \frac{1}{2a} \cdot \frac{1}{2a} \mathrm{d}x = \frac{1}{4a^2}(2a-z)$.

综合结果为

$$
f_Z(z) = \begin{cases} \dfrac{1}{4a^2}(2a - |z|), & |z| < 2a, \\ 0, & |z| \geqslant 2a. \end{cases}
$$

密度 $f_Z(z)$ 不是常数, 所以误差和不服从均匀分布.

3.3.2 极值 $Z = \max\{X, Y\}$ 和 $Z = \min\{X, Y\}$ 的分布

极值问题在实际生活中有着极其广泛的应用. 例如, 用 $X_1, X_2, \cdots, X_n$ 表示某地区 n 年的降雨量, 则 $\max\{X_1, X_2, \cdots, X_n\}$ 和 $\min\{X_1, X_2, \cdots, X_n\}$ 分别是该地区 n 年内的最大和最小降雨量, 这自然是人们关心的事件. 又如用 $X_1, X_2, \cdots, X_n$ 表示 n 个某种动物的寿命, 则 $\max\{X_1, X_2, \cdots, X_n\}$ 和 $\min\{X_1, X_2, \cdots, X_n\}$ 分别是 n 个这种动物的最长和最短存活时间, 等等. 我们先考虑两个独立随机变量的极值分布, 然后再把结论推广到 n 个独立随机变量情形.

设 X 和 Y 相互独立, 分布函数分别为 $F_X(x)$ 和 $F_Y(y)$, 则 $Z = \max\{X, Y\}$ 的分布函数为

$$
\begin{aligned}
F_{\max}(z) &= P(\max\{X, Y\} \leqslant z) = P(X \leqslant z, Y \leqslant z) = P(X \leqslant z)P(Y \leqslant z) \\
&= F_X(z)F_Y(z).
\end{aligned}
$$

$Z = \min\{X, Y\}$ 的分布函数为

$$
\begin{aligned}
F_{\min}(z) &= P(\min\{X, Y\} \leqslant z) = 1 - P(\min\{X, Y\} > z) \\
&= 1 - P(X > z, Y > z) = 1 - P(X > z)P(Y > z)
\end{aligned}
$$

$$= 1 - (1 - P(X \leqslant z))(1 - P(Y \leqslant z))$$

$$= 1 - (1 - F_X(z))(1 - F_Y(z)).$$

上面两个极值的分布可以推广到多个随机变量情形. 设 $X_1, X_2, \cdots, X_n$ 相互独立, 有分布函数 $F_{X_i}(x_i)$, $i = 1, 2, \cdots, n$, 则 $Z = \max\{X_1, X_2, \cdots, X_n\}$ 和 $Z = \min\{X_1, X_2, \cdots, X_n\}$ 的分布函数分别为

$$F_{\max}(z) = \prod_{i=1}^{n} F_{X_i}(z), \tag{3.8}$$

$$F_{\min}(z) = 1 - \prod_{i=1}^{n}\left(1 - F_{X_i}(z)\right). \tag{3.9}$$

特别地, 如果 $X_1, X_2, \cdots, X_n$ 相互独立且同分布, 则

$$F_{\max}(z) = \left(F_{X_1}(z)\right)^n, \tag{3.10}$$

$$F_{\min}(z) = 1 - \left(1 - F_{X_1}(z)\right)^n. \tag{3.11}$$

例 3.10   设系统 L 由两个独立同分布的子系统 L_1, L_2 连接而成, 连接方式为 (1) 串联; (2) 并联; (3) 备用 (开始使用系统 L_1, 当发生故障时再使用系统 L_2). 设 L_1, L_2 的寿命分别为 X 和 Y, 且已知对应的密度为

$$f_X(x) = \begin{cases} \alpha \mathrm{e}^{-\alpha x}, & x > 0, \\ 0, & \text{其他}, \end{cases} \qquad f_Y(y) = \begin{cases} \beta \mathrm{e}^{-\beta y}, & y > 0, \\ 0, & \text{其他}. \end{cases}$$

其中 $\alpha > 0, \beta > 0$, 且 $\alpha \neq \beta$. 写出三种连接方式下系统 L 的寿命 Z 的密度.

解   由所给密度知 $X \sim Exp(\alpha)$, $Y \sim Exp(\beta)$, 因此 X 和 Y 的分布函数分别为

$$F_X(x) = \begin{cases} 1 - \mathrm{e}^{-\alpha x}, & x > 0, \\ 0, & \text{其他}, \end{cases} \qquad F_Y(y) = \begin{cases} 1 - \mathrm{e}^{-\beta y}, & y > 0, \\ 0, & \text{其他}. \end{cases}$$

(1) 串联时 $Z = \min\{X, Y\}$, 此时

$$F_{\min}(z) = 1 - \left(1 - F_X(z)\right)\left(1 - F_Y(z)\right) = \begin{cases} 1 - \mathrm{e}^{-(\alpha+\beta)z}, & z > 0, \\ 0, & \text{其他}. \end{cases}$$

对上式求导, 得 $Z = \min\{X, Y\}$ 的密度为

$$f_{\min}(z) = \begin{cases} (\alpha + \beta)\mathrm{e}^{-(\alpha+\beta)z}, & z > 0, \\ 0, & \text{其他}. \end{cases}$$

(2) 并联时 $Z = \max\{X, Y\}$, 此时

$$F_{\max}(z) = F_X(z)F_Y(z) = \begin{cases} (1 - \mathrm{e}^{-\alpha z})(1 - \mathrm{e}^{-\beta z}), & z > 0, \\ 0, & \text{其他}. \end{cases}$$

对上式求导, 得 $Z = \max\{X, Y\}$ 的密度为

$$f_{\max}(z) = \begin{cases} \alpha \mathrm{e}^{-\alpha z} + \beta \mathrm{e}^{-\beta z} - (\alpha + \beta)\mathrm{e}^{-(\alpha + \beta)z}, & z > 0, \\ 0, & \text{其他}. \end{cases}$$

(3) 备用时 $Z = X + Y$. 由卷积公式

$$f_Z(z) = \int_{-\infty}^{+\infty} f_X(x) f_Y(z - x) \mathrm{d}x,$$

考虑被积函数的非零区域, 即

$$\begin{cases} 0 < x < +\infty, \\ 0 < z - x < +\infty \end{cases} \iff \begin{cases} 0 < x < +\infty, \\ x < z < +\infty, \end{cases}$$

该区域见图 3.9.

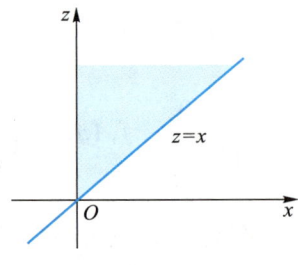

图 3.9

当 $z > 0$ 时, $f_Z(z) = \int_0^z \alpha \mathrm{e}^{-\alpha x} \cdot \beta \mathrm{e}^{-\beta(z-x)} \mathrm{d}x = \dfrac{\alpha\beta}{\beta - \alpha}(\mathrm{e}^{-\alpha z} - \mathrm{e}^{-\beta z})$.

当 $z \leqslant 0$ 时, $f_Z(z) = 0$. 所以

$$f_Z(z) = \begin{cases} \dfrac{\alpha\beta}{\beta - \alpha}(\mathrm{e}^{-\alpha z} - \mathrm{e}^{-\beta z}), & z > 0, \\ 0, & \text{其他}. \end{cases}$$

离散型随机向量的极值问题, 请读者思考本章习题第 12, 13 题.

*§3.4　二维随机向量的条件分布

对于二维随机向量 (X, Y), 当已知 $X = x$(或 $Y = y$) 时, Y(或 X) 的取值仍有随机性, 其分布称为**条件分布**.

3.4.1 二维离散型随机向量的条件分布

定义 3.8 设二维随机向量 (X,Y) 的全部取值对为 (x_i, y_j), 联合概率分布为

$$P(X = x_i, Y = y_j) = p_{ij}, \ i, j = 1, 2, \cdots,$$

X, Y 的边缘概率分布为 $P(X = x_i), P(Y = y_j)$. 对每个固定的 j, 称

$$P(X = x_i | Y = y_j) = \frac{P(X = x_i, Y = y_j)}{P(Y = y_j)}, \ i = 1, 2, \cdots$$

为**已知 $Y = y_j$ 下 X 的条件概率分布**. 对任意的实数 x, 称

$$F(x|y_j) = P(X \leqslant x | Y = y_j)$$

为**已知 $Y = y_j$ 下 X 的条件分布函数**. 这里 $P(Y = y_j) > 0$.

类似地, 请读者自己考虑 Y 的条件概率分布.

例 3.11 某人向一个目标射击, 每次击中的概率为 p (从而没击中的概率为 $q = 1-p$). 用 X, Y 分别表示第 1 次和第 2 次击中目标时的射击次数, 求 (X, Y) 的联合概率分布以及 X 的条件概率分布.

解 由题意, 得 X 的 (边缘) 概率分布为

$$P(X = i) = pq^{i-1}, \ i = 1, 2, \cdots.$$

(X, Y) 的联合概率分布为

$$P(X = i, Y = j) = P(X = i)P(Y = j | X = i) = p^2 q^{j-2}, \ 1 \leqslant i < j.$$

Y 的边缘概率分布为

$$P(Y = j) = \sum_{i=1}^{j-1} P(X = i, Y = j) = (j-1)p^2 q^{j-2}, \ j = 2, 3, \cdots.$$

于是, 对每个固定的 $j(\geqslant 2)$, X 的条件概率分布为

$$P(X = i | Y = j) = \frac{P(X = i, Y = j)}{P(Y = j)} = \frac{p^2 q^{j-2}}{(j-1)p^2 q^{j-2}} = \frac{1}{j-1}, \ 1 \leqslant i < j.$$

此结果说明已知 $Y = j$ 时, X 在 $\{1, 2, \cdots, j-1\}$ 中的取值是等可能的.

3.4.2 二维连续型随机向量 (X, Y) 的条件分布

定义 3.9 设 (X, Y) 的联合分布函数为 $F(x, y)$, 联合密度为 $f(x, y)$, 边缘密度为 $f_X(x), f_Y(y)$. 设 $f_Y(y) > 0$, 称

$$f_{X|Y}(x|y) = \frac{f(x, y)}{f_Y(y)}$$

为已知 $Y = y$ 下 X 的条件概率密度.

称

$$F_{X|Y}(x|y) = P(X \leqslant x|Y = y) = \frac{\displaystyle\int_{-\infty}^{x} f(x,y)\mathrm{d}x}{\displaystyle\int_{-\infty}^{+\infty} f(x,y)\mathrm{d}x} = \frac{\displaystyle\int_{-\infty}^{x} f(x,y)\mathrm{d}x}{f_Y(y)}$$

为条件 $Y = y$ 下 X 的条件分布函数.

类似地, 请读者自己考虑 Y 的条件概率密度和条件分布函数.

注 当随机变量是连续型时, 对于给定的实数 y, $P(Y = y) = 0$, 因此, 条件分布函数 $F_{X|Y}(x|y) = P(X \leqslant x|Y = y)$ 的严格定义如下:

$$\begin{aligned}
P(X \leqslant x|Y = y) &= \lim_{h \to 0} P(X \leqslant x|y \leqslant Y \leqslant y + h) \\
&= \lim_{h \to 0} \frac{P(X \leqslant x, y \leqslant Y \leqslant y + h)}{P(y \leqslant Y \leqslant y + h)} \\
&= \lim_{h \to 0} \frac{\displaystyle\int_{-\infty}^{x} \int_{y}^{y+h} f(s,t)\mathrm{d}t\mathrm{d}s}{\displaystyle\int_{y}^{y+h} f_Y(t)\mathrm{d}t} \\
&= \lim_{h \to 0} \frac{\displaystyle\int_{-\infty}^{x} \left[\frac{1}{h}\int_{y}^{y+h} f(s,t)\mathrm{d}t\right]\mathrm{d}s}{\displaystyle\frac{1}{h}\int_{y}^{y+h} f_Y(t)\mathrm{d}t} \\
&= \frac{\displaystyle\int_{-\infty}^{x} f(s,y)\mathrm{d}s}{f_Y(y)}, \quad f_Y(y) > 0.
\end{aligned}$$

例 3.12 设二维随机向量 $(X,Y) \sim N(\mu_1, \mu_2, \sigma_1^2, \sigma_2^2, \rho)$, 求 X 的条件密度 $f_{X|Y}(x|y)$.

解 利用例 3.5 的联合密度和边缘密度, 得

$$f_{X|Y}(x|y) = \frac{1}{\sqrt{2\pi(1-\rho^2)}\sigma_1} \exp\left\{-\frac{(x-\mu_y)^2}{2(1-\rho^2)\sigma_1^2}\right\}, \quad -\infty < x < +\infty,$$

其中, $\mu_y = \mu_1 + \rho\sigma_1\dfrac{y-\mu_2}{\sigma_2}$. 即条件 $Y = y$ 下, $X \sim N(\mu_y, (1-\rho^2)\sigma_1^2)$. 特别地, 当 $\rho = 0$ 时, $f_{X|Y}(x|y) = f_X(x)$.

习 题 三

1. 已知 (X,Y) 的联合分布为 $F(x,y)$, 求 $P(X > x, Y > y)$ 和 $P(x_1 < X \leqslant x_2, Y \leqslant y)$.

2. 一个盒子中装有编号为 $1, 2, \cdots, n$ 的 n 个球, 现分别采用 (1) 有放回抽样; (2) 不放回抽样, 从中取球两次, 每次一球. 用 X 表示第一次取到球的号码, Y 表示第二次取到球的号码. 求 X, Y 的联合分布以及边缘分布.

3. 一大批粉笔, 其中 60% 是白色的, 25% 是黄色的, 15% 是红色的. 现从中取出 6 支, 用 X 表示 6 支中白粉笔数目, Y 表示黄粉笔数目. 求 (X, Y) 的联合概率分布以及 6 支中恰有 3 支白粉笔, 2 支黄粉笔, 1 支红粉笔这一事件的概率.

4. 设二维随机向量 (X, Y) 有联合密度

$$f(x, y) = \begin{cases} a(6 - x - y), & 0 < x < 2, \ 2 < y < 4, \\ 0, & 其他. \end{cases}$$

求:

(1) a;

(2) $P(X \leqslant 1, Y \leqslant 3)$;

(3) $P(X \leqslant 1)$.

5. 设二维随机向量 (X, Y) 的联合密度为

$$f(x, y) = \begin{cases} 4xy, & 0 \leqslant x \leqslant 1, 0 \leqslant y \leqslant 1, \\ 0, & 其他. \end{cases}$$

求:

(1) X, Y 的边缘密度, 由此判断两变量是否相互独立;

(2) X, Y 的联合分布;

6. 设二维随机向量 (X, Y) 的联合密度为

$$f(x, y) = \begin{cases} \mathrm{e}^{-y}, & 0 \leqslant x \leqslant y, \\ 0, & 其他. \end{cases}$$

求 $X, \ Y$ 的边缘密度, 由此判断两变量是否相互独立, 并求概率 $P(X + Y \leqslant 1)$.

7. 设二维随机向量 (X, Y) 的联合密度为

$$f(x, y) = \begin{cases} c(R - \sqrt{x^2 + y^2}), & x^2 + y^2 < R^2, \\ 0, & 其他. \end{cases}$$

求: (1) 系数 c; (2) 样本点落入圆域 $G = \{(x, y) | x^2 + y^2 < r^2, \ r < R\}$ 的概率.

8. 甲机器制造直径 (单位: cm) 为 X 的圆柱轴, 且 $X \sim U(0.49, 0.51)$; 乙机器制造内径为 Y 的轴衬, 且 $Y \sim U(0.51, 0.53)$. 甲、乙两机器独立生产, 若轴衬与轴直径之差在 0.004 到 0.036 之间, 则两者相适合. 求一轴与一轴衬相适合的概率.

9. 设二维随机向量 (X, Y) 的联合分布函数为

$$F(x, y) = a\left(b + \arctan \frac{x}{2}\right)\left(c + \arctan \frac{y}{3}\right), \quad -\infty < x, y < +\infty.$$

求:

(1) 系数 a, b, c;

(2) 联合密度 $f(x, y)$;

(3) 边缘密度 $f_X(x), f_Y(y)$, 判断 X 与 Y 是否相互独立;

(4) $P(X < \sqrt{2})$.

10. 设二维随机向量 (X,Y) 的联合密度为

$$f(x,y) = \begin{cases} ax^2y, & x^2 \leqslant y < 1, \\ 0, & \text{其他}. \end{cases}$$

求: (1) 常数 a; (2) 讨论 X, Y 的独立性.

11. 设随机变量 X 与 Y 相互独立且同分布: $P(X=1)=p, P(X=0)=1-p$. 考虑

$$Z = \begin{cases} 0, & X+Y \text{ 为奇数}, \\ 1, & X+Y \text{ 为偶数}, \end{cases}$$

问 p 为何值时 X 与 Z 相互独立？

12. 设二维随机向量 (X,Y) 的概率分布由下表给出.

X	Y		
	1	2	3
1	$\dfrac{1}{12}$	$\dfrac{1}{4}$	$\dfrac{1}{3}$
2	$\dfrac{1}{12}$	$\dfrac{1}{12}$	$\dfrac{1}{12}$
3	$\dfrac{1}{36}$	$\dfrac{1}{36}$	$\dfrac{1}{36}$

求:

(1) X 与 Y 的边缘概率分布, 并判断 X 与 Y 是否独立;

(2) $Z = X+Y$ 的概率分布;

(3) $\max\{X,Y\}$ 与 $\min\{X,Y\}$ 的概率分布;

*(4) 在 $Y=2$ 下 X 的条件概率.

13. 设离散型随机向量 (X,Y) 的概率分布由下表给出.

(X,Y)	$(0,0)$	$(0,1)$	$(1,0)$	$(1,1)$	$(2,0)$	$(2,1)$
P	0.10	0.15	0.25	0.20	0.15	0.15

求:

(1) X 与 Y 的边缘概率分布, 并判断 X 与 Y 是否独立;

(2) $Z = X+Y$ 以及 $Z = XY$ 的概率分布;

(3) $W = \max\{X,Y\}$ 以及 $M = \min\{X,Y\}$ 的概率分布.

14. 设二维随机向量 (X,Y) 服从区域 $G = \{(x,y)|0 \leqslant x \leqslant 1,\ x^2 \leqslant y \leqslant \sqrt{x}\}$ 上的均匀分布. 求:

(1) X,Y 的联合密度;

(2) X,Y 的边缘密度;

*(3) $X = \dfrac{1}{2}$ 下 Y 的条件密度.

15. 设 A, B 为两个随机事件, 且 $P(A) = \dfrac{1}{4}, P(B|A) = \dfrac{1}{3}, P(A|B) = \dfrac{1}{2}$. 令

$$X = \begin{cases} 1, & A \text{ 发生}, \\ 0, & A \text{ 不发生}. \end{cases} \qquad Y = \begin{cases} 1, & B \text{ 发生}, \\ 0, & B \text{ 不发生}. \end{cases}$$

求:

(1) (X,Y) 的联合概率分布;

(2) $Z = X^2 + Y^2$ 的概率分布.

16. 假设一电路装有三个同类型元件, 其工作状态相互独立, 且无故障工作时间都服从参数为 $\lambda > 0$ 的指数分布. 当三个元件都无故障时电路正常工作, 否则整个电路不能正常工作. 试求电路正常工作的时间 T 的分布函数.

17. 若随机变量 X 的密度函数为

$$f(x) = \begin{cases} \dfrac{m}{\theta^m} x^{m-1} \mathrm{e}^{-(\frac{x}{\theta})^m}, & x > 0, \\ 0, & \text{其他}. \end{cases}$$

则称 X 为服从参数为 (m,θ) 的韦布尔 (Weibull) 分布, $m > 0$, $\theta > 0$, 它是产品寿命分析中最常用的分布. 求:

(1) X 的分布函数;

(2) 设 $X_1, X_2, \cdots, X_n$ 相互独立, 且均服从参数为 m, θ 的韦布尔分布. 证明 $Z = \min\{X_1, X_2, \cdots, X_n\}$ 仍服从韦布尔分布.

18. 设某地区的年降雨量 $X_1, X_2, \cdots, X_n$ 相互独立且同分布, 其分布函数 $F(x)$ 和密度函数 $f(x)$ 已知. 求 50 年一遇的最大降雨量和最小降雨量的分布函数和密度函数.

19. 设随机变量 X 和 Y 独立同分布, 且 X 的概率分布为 $P(X = 1) = \dfrac{2}{3}, P(X = 2) = \dfrac{1}{3}$, 记 $U = \max\{X,Y\}, V = \min\{X,Y\}$. 求 (U,V) 的概率分布.

20. 全班共有 n 个同学, 上物理实验课时在相同的条件下每个同学重复进行同一个实验, 每人每次成功的概率均为 p. 如果第 i 个同学作了 m_i 次实验, 其中成功次数是 X_i. 求全班同学的实验成功总次数

$$Z = X_1 + X_2 + \cdots + X_n$$

的概率分布.

21. 设二维随机向量 (X,Y) 具有联合密度

$$f(x,y) = \begin{cases} \dfrac{1}{4}(1 + xy), & |x| \leqslant 1, \ |y| \leqslant 1, \\ 1, & \text{其他}. \end{cases}$$

求 $Z = X + Y$ 的密度.

22. 设随机变量 X, Y 相互独立, 且有下述分布, 求 $Z = X + Y$ 的概率分布或密度.

(1) $X \sim B\left(2, \dfrac{1}{2}\right), Y \sim B\left(2, \dfrac{1}{3}\right)$;

(2) $X \sim \pi(3), Y \sim \pi(2)$;

(3) $X \sim U(-5, 1), Y \sim U(1, 5)$;

(4) $X \sim Exp\left(\dfrac{1}{2}\right), Y \sim Exp\left(\dfrac{1}{3}\right)$;

(5) $X \sim N(0, 1), Y \sim N(1, 4)$.

23. 设随机变量 X 与 Y 相互独立, 且 $X \sim U(0,1)$, Y 在 $[0,2]$ 上服从辛普森 (Simpson) 分布, 即 Y 的密度为

$$f_Y(y) = \begin{cases} y, & 0 \leqslant y \leqslant 1, \\ 2 - y, & 1 < y \leqslant 2, \\ 0, & \text{其他}. \end{cases}$$

求 $Z = X + Y$ 的密度.

24. 设二维随机向量 (X, Y) 的联合密度为

$$f(x, y) = \begin{cases} 1, & 0 < x < 1, 0 < y < 2x, \\ 0, & \text{其他}. \end{cases}$$

求:

(1) (X, Y) 的边缘密度;

(2) $Z = X + Y$ 的密度 $f_Z(z)$;

*(3) $P\left(Y \leqslant \dfrac{1}{2} \middle| X \leqslant \dfrac{1}{2}\right)$.

*25. 设随机变量 X 与 Y 相互独立同分布, 且 $X \sim U(0, a)$, $a > 0$, 求:

(1) $Z = X - Y$ 的密度;

(2) $Z = |X - Y|$ 的密度.

*26. 设二维随机向量 (X, Y) 在矩形区域 $G = \{(x, y) | 0 \leqslant x \leqslant a, 0 \leqslant y \leqslant b, a > 0, b > 0\}$ 上服从均匀分布, 求 $Z = \dfrac{X}{Y}$ 的密度.

*27. 设打靶时弹着点的横坐标 X 与纵坐标 Y (以靶心为原点) 相互独立, 且均服从参数为 (μ, σ^2) 的正态分布. 证明: 弹着点到靶心的距离 $Z = \sqrt{X^2 + Y^2}$ 的密度为

$$f(z) = \begin{cases} \dfrac{z}{\sigma^2} \mathrm{e}^{-\frac{z^2}{2\sigma^2}}, & z > 0, \\ 0, & \text{其他}, \end{cases}$$

此时称 Z 服从瑞利 (Rayleigh) 分布.

自 测 题 三

一、如果随机向量 (X, Y) 有如下的概率分布:

$$P\left(X = i, Y = \frac{1}{j}\right) = c, i = 1, 2, \cdots, 8; j = 1, 2, \cdots, 6.$$

确定常数 c, 并求 X 和 Y 的边缘概率分布以及 $Z = X + Y$ 的概率.

二、设平面区域 D 是由坐标为 $(0, 0), (0, 1), (1, 0), (1, 1)$ 的 4 个顶点围成的正方形, 今向 D 内随机地投入 10 个点, 求这 10 个点中至少有 2 个点落在由曲线 $y = x, y = x^2$ 所围成的区域 D_1 中的概率.

三、设随机变量 (X, Y) 的联合密度函数为

$$f(x, y) = \begin{cases} k, & 0 \leqslant x^2 < y < x \leqslant 1, \\ 0, & \text{其他}. \end{cases}$$

(1) 求 k 的值;

(2) 求 X, Y 的边缘密度函数;

(3) 计算概率 $P(X \geqslant 0.5), P(Y < 0.5)$.

四、设随机向量 (X, Y) 的联合密度为

$$f(x, y) = \begin{cases} 3x, & 0 \leqslant x \leqslant 1, 0 \leqslant y \leqslant x, \\ 0, & \text{其他}. \end{cases}$$

(1) 问 X 和 Y 是否相互独立;

(2) 求 $Z = X + Y$ 的密度函数 $f_Z(z)$.

五、设随机变量 $X_1, X_2, \cdots, X_n$ 相互独立且分别服从参数为 $(\mu_1, \sigma_1^2), (\mu_2, \sigma_2^2), \cdots, (\mu_n, \sigma_n^2)$ 的正态分布. 写出 $(X_1, X_2, \cdots, X_n)$ 的联合密度, 联合分布以及 $\max\{X_1, X_2, \cdots, X_n\}$ 的分布函数.

习题参考答案或提示三

第四章 随机变量的数字特征

知道了随机变量 X 的概率分布或概率密度之后, X 的全部概率特征就知道了. 但在许多实际问题中, 概率分布较难确定, 且这样的 "全面描述" 有时并不需要. 仅需知道它的某些统计特征就可以了. 这些能代表随机变量主要特征的数值, 通常称为随机变量的数字特征, 它们是由随机变量的概率分布决定的常数, 可以从不同角度更加直观地刻画随机变量在某些方面的特征, 期望和方差是最常用到的.

【导引: 赌本分配问题】 早在 17 世纪, 有一个赌徒给法国著名数学家帕斯卡 (Pascal) 出了一道题目: 甲乙两个人赌博, 他们两人获胜的几率相等, 比赛规则是先胜三局者为赢家, 赢家可以获得 100 法郎的奖励. 当比赛进行到第三局的时候, 甲胜了两局, 乙胜了一局, 这时由于某些原因中止了比赛, 那么如何分配这 100 法郎才比较公平? 用概率论的知识, 不难得知, 甲获胜的概率为 $1/2 + (1/2) \times (1/2) = 3/4$, 或者分析乙获胜的概率为 $(1/2) \times (1/2) = 1/4$. 由此引出了甲的期望所得值为 $100 \times 3/4 = 75$ 法郎, 乙的期望所得值为 25 法郎. 这个故事里出现了 "期望" 这个词, 数学期望由此而来.

§4.1 数 学 期 望

4.1.1 数学期望的概念

设随机变量 X 的分布如下

X	100	200
P	$\dfrac{1}{10}$	$\dfrac{9}{10}$

我们希望能找到一个数值, 它能体现 X 取值的平均大小. 若类似通常的那样, 用 X 的算术平均值 $\dfrac{1}{2}(100 + 200) = 150$ 作为这个数值, 从直觉上, 这个数值不能真正体现 X 取值的平均, 这是由于对 X 的可能值 "100" 和 "200" 一视同仁的结果. 然而从 X 的分布来看, X 取 "200" 的机会大得多. 具体地说, 若我们试验 N 次, 事件 $\{X = 200\}$ 发生 m 次, 事件 $\{X = 100\}$ 发生 n 次, 那么每次试验的平均取值为

$$\frac{200 \times m + 100 \times n}{N} = 200 \times \frac{m}{N} + 100 \times \frac{n}{N},$$

上式中 $\dfrac{m}{N}$ 是事件 $\{X = 200\}$ 的频率, $\dfrac{n}{N}$ 是事件 $\{X = 100\}$ 的频率, 当 N 很大时, $\dfrac{m}{N}$ 接近于 $\dfrac{9}{10}, \dfrac{n}{N}$ 接近于 $\dfrac{1}{10}$, 于是, X 的平均取值接近于 $200 \times \left(\dfrac{9}{10}\right) + 100 \times \left(\dfrac{1}{10}\right) = 190$, 而不是 150, 因此要真正体现 X 取值的平均, 不能只由它取什么值来决定, 还要考虑到它取值的相应概率. 受上述例子的启发, 我们对离散型随机变量, 给出下面的定义.

定义 4.1　设离散型随机变量 X 的概率分布是

$$P\left(X = x_i\right) = p_i, \quad i = 1, 2, \cdots,$$

若级数 $\sum\limits_{i=1}^{\infty} x_i p_i$ 绝对收敛, 则级数 $\sum\limits_{i=1}^{\infty} x_i p_i$ 称为随机变量 X 的**数学期望**, 简称**期望**, 又称为**均值**, 记为 $E(X)$, 即

$$E(X) = \sum_{i=1}^{\infty} x_i p_i. \tag{4.1}$$

对于连续型随机变量, 显然 (4.1) 和式已无意义, 然而熟悉微积分的读者不难得出连续型随机变量的数学期望.

设连续型随机变量 X 的概率密度为 $f(x)$, 在数轴上取很密的分点: $-\infty < x_1 < x_2 < \cdots < x_n < \cdots < +\infty$, 则 X 落在 $[x_i, x_{i+1})$ 中的概率近似地等于 $f(x_i)(x_{i+1} - x_i)$. 因此 X 近似为以概率 $f(x_i)(x_{i+1} - x_i)$ 取值 x_i 的离散型随机变量, 而这离散型随机变量的数学期望为

$$\sum_i x_i f(x_i)(x_{i+1} - x_i).$$

上式是积分

$$\int_{-\infty}^{+\infty} x f(x) \mathrm{d}x,$$

的渐近和式, 于是有如下定义.

定义 4.2　设连续型随机变量 X 的概率密度为 $f(x)$, 若积分

$$\int_{-\infty}^{+\infty} x f(x) \mathrm{d}x,$$

绝对收敛, 那么称积分值 $\int_{-\infty}^{+\infty} x f(x) \mathrm{d}x$ 为 X 的**数学期望**, 简称**期望**或 **均值**, 记为 $E(X)$, 即

$$E(X) = \int_{-\infty}^{+\infty} x f(x) \mathrm{d}x. \tag{4.2}$$

需要注意的是: (1) 数学期望是描述随机变量平均取值状态特征的指标, 它刻画随机变量一切可能值的集中位置.

(2) 若 $\sum\limits_{i=1}^{\infty} x_i p_i$ (或 $\int_{-\infty}^{+\infty} x f(x) \mathrm{d}x$) 不绝对收敛, 则随机变量 X 的数学期望不存在. 这是因为 X 的数学期望存在与 X 的取值顺序无关, 任意改变 x_i 的次序, 不应改变 $E(X)$ 的存在性, 这在数学上就要求级数或积分绝对收敛.

(3) 数学期望由概率分布唯一确定.

下面我们计算几个常用分布的数学期望, 并希望大家能将它们记住.

例 4.1 (二项分布)　设 X 服从二项分布, 即 $X \sim B(n,p)$, 其概率分布为

$$P(X = i) = \binom{n}{i} p^i (1-p)^{n-i}, i = 0, 1, 2, \cdots, n,\ 0 < p < 1.$$

求 $E(X)$.

解　服从二项分布的随机变量 X 是离散型, 所以由 (4.1) 式有

$$\begin{aligned}
E(X) &= \sum_{i=0}^{n} i \cdot P\{X = i\} = \sum_{i=0}^{n} i \binom{n}{i} p^i (1-p)^{n-i} \\
&= \sum_{i=1}^{n} \frac{i \cdot n!}{i!\,(n-i)!} p^i\,(1-p)^{n-i} \\
&= \sum_{i=1}^{n} \frac{(n-1)!np}{(i-1)![(n-1)-(i-1)]!} p^{i-1}(1-p)^{(n-1)-(i-1)} \\
&= np \sum_{i=1}^{n} \frac{(n-1)!}{(i-1)![(n-1)-(i-1)]!} p^{i-1}(1-p)^{(n-1)-(i-1)} \\
&= np \sum_{i=1}^{n} \binom{n-1}{i-1} p^{i-1}(1-p)^{(n-1)-(i-1)} \\
&= np[p + (1-p)]^{n-1} \\
&= np.
\end{aligned}$$

例 4.2 (泊松分布)　设随机变量 X 服从泊松分布, 即 $X \sim \pi(\lambda)$, 其概率分布为

$$P(X = i) = \frac{\lambda^i \mathrm{e}^{-\lambda}}{i!}, \quad i = 0, 1, 2, \cdots \quad (\lambda > 0).$$

求 $E(X)$.

解　由 (4.1) 式有

$$\begin{aligned}
E(X) &= \sum_{i=0}^{\infty} i \frac{\lambda^i \mathrm{e}^{-\lambda}}{i!} = \sum_{i=1}^{\infty} i \frac{\lambda^i \mathrm{e}^{-\lambda}}{i!} \\
&= \lambda \mathrm{e}^{-\lambda} \sum_{i=1}^{\infty} \frac{\lambda^{i-1}}{(i-1)!} \\
&= \lambda \mathrm{e}^{-\lambda} \cdot \mathrm{e}^{\lambda} = \lambda .
\end{aligned}$$

以上两个例题是离散型随机变量数学期望常用的计算方法, 本章习题第 1, 10 题可类似计算.

例 4.3 (均匀分布)　设随机变量 X 服从均匀分布, 即 $X \sim U(a,b)$, 其概率密度为

$$f(x) = \begin{cases} \dfrac{1}{b-a}, & a < x < b, \\ 0, & \text{其他.} \end{cases}$$

求 $E(X)$.

解 这里 X 是连续型随机变量. 故由 (4.2) 式可得

$$E(X) = \int_{-\infty}^{+\infty} xf(x)\mathrm{d}x = \int_a^b x\frac{1}{b-a}\mathrm{d}x = \frac{a+b}{2}.$$

例 4.4 (正态分布) 设随机变量 X 服从正态分布, 即 $X \sim N(\mu, \sigma^2)$. 求 $E(X)$.

解 由 (4.2) 式得

$$E(X) = \int_{-\infty}^{+\infty} xf(x)\mathrm{d}x = \int_{-\infty}^{+\infty} x\frac{1}{\sqrt{2\pi}\sigma}\mathrm{e}^{-\frac{(x-\mu)^2}{2\sigma^2}}\mathrm{d}x.$$

令 $t = \dfrac{x-\mu}{\sigma}$, 得

$$E(X) = \frac{1}{\sqrt{2\pi}} \int_{-\infty}^{+\infty} (\sigma t + \mu)\mathrm{e}^{-\frac{t^2}{2}}\mathrm{d}t$$

$$= \frac{\sigma}{\sqrt{2\pi}} \int_{-\infty}^{+\infty} t\mathrm{e}^{-\frac{t^2}{2}}\mathrm{d}t + \frac{\mu}{\sqrt{2\pi}} \int_{-\infty}^{+\infty} \mathrm{e}^{-\frac{t^2}{2}}\mathrm{d}t$$

$$= 0 + \frac{\mu}{\sqrt{2\pi}} \cdot \sqrt{2\pi} = \mu. \text{(奇函数在对称区间上的积分为 0.)}$$

这表明正态分布的第一个参数 μ 恰是该随机变量的期望 (均值). 这里我们要注意到, 正态分布 $X \sim N(\mu, \sigma^2)$ 密度函数的图形以 $x = \mu$ 为对称轴, μ 的概率含义为: 它是该分布的均值. 从均值的定义看出, 这个事实一般是成立的, 即若某随机变量的密度函数的图形以 $x = C$ 为对称轴, 则其均值 (如果存在) 必为 C.

例 4.5 (指数分布) 设随机变量 X 服从参数为 λ 的指数分布, 即 $X \sim Exp(\lambda)$, 其概率密度为

$$f(x) = \begin{cases} \lambda\mathrm{e}^{-\lambda x}, & x > 0, \\ 0, & \text{其他} \end{cases} \qquad (\lambda > 0).$$

求 $E(X)$.

解
$$E(X) = \int_{-\infty}^{+\infty} xf(x)\mathrm{d}x = \lambda \int_0^{+\infty} x\mathrm{e}^{-\lambda x}\mathrm{d}x$$

$$\xlongequal{t=\lambda x} \frac{1}{\lambda} \int_0^{+\infty} t\mathrm{e}^{-t}\mathrm{d}t = \frac{1}{\lambda} \left[(-t\mathrm{e}^{-t})|_0^{+\infty} + \int_0^{+\infty} \mathrm{e}^{-t}\mathrm{d}t \right]$$

$$= \frac{1}{\lambda}.$$

从上面例子看出, 几种重要分布的参数都可由期望算得. 下面再看一个期望不存在的例子.

例 4.6 (柯西分布) 设随机变量 X 的概率密度为

$$f(x) = \frac{1}{\pi(1+x^2)}, \quad -\infty < x < +\infty,$$

求 $E(X)$.

解 由于

$$\int_{-\infty}^{+\infty} |x| \frac{1}{\pi (1+x^2)} \mathrm{d}x = 2 \int_0^{+\infty} x \frac{1}{\pi (1+x^2)} \mathrm{d}x = \frac{1}{\pi} \ln(1+x^2)|_0^{+\infty} = +\infty,$$

所以由连续型随机变量期望的定义知 $E(X)$ 不存在.

4.1.2 随机变量函数的期望

定理 4.1 设 Y 是随机变量 X 的函数: $Y = g(X)$ (g 是连续函数).

(1) X 是离散型随机变量, 它的分布律为 $p_i = P(X = x_i), i = 1, 2, \cdots$. 若 $\sum\limits_{i=1}^{\infty} g(x_i)p_i$ 绝对收敛, 则有

$$E(Y) = E[g(X)] = \sum_{i=1}^{\infty} g(x_i)p_i; \tag{4.3}$$

(2) X 是连续型随机变量, 它的概率密度为 $f(x)$, 若 $\int_{-\infty}^{+\infty} g(x)f(x)\mathrm{d}x$ 绝对收敛, 则有

$$E(Y) = E[g(X)] = \int_{-\infty}^{+\infty} g(x)f(x)\mathrm{d}x. \tag{4.4}$$

对于公式 (4.4) 要注意到, 如果按定义计算 $E[g(X)]$, 先需找出 $Y = g(X)$ 的概率密度 $f_Y(y)$, 然后计算 $\int_{-\infty}^{+\infty} y f_Y(y)\mathrm{d}y$. 然而找出 $f_Y(y)$ 有时是很麻烦的, (4.4) 式告诉我们, 不必去找 $f_Y(y)$, 而直接利用已知的 $g(x)$ 与 $f(x)$, 即可求出 $E[g(X)]$. 此定理的证明超出本书的范围, 略去.

例 4.7 已知随机变量 $X \sim N(0,1)$, 求 $E(X^2)$.

解 由公式 (4.4), 有

$$\begin{aligned}
E(X^2) &= \int_{-\infty}^{+\infty} x^2 \frac{1}{\sqrt{2\pi}} \mathrm{e}^{-\frac{x^2}{2}} \mathrm{d}x \\
&= -\left[x \cdot \frac{1}{\sqrt{2\pi}} \mathrm{e}^{-\frac{x^2}{2}} \right]_{-\infty}^{+\infty} + \int_{-\infty}^{+\infty} \frac{1}{\sqrt{2\pi}} \mathrm{e}^{-\frac{x^2}{2}} \mathrm{d}x \\
&= 0 + \frac{1}{\sqrt{2\pi}} \cdot \sqrt{2\pi} = 1.
\end{aligned}$$

上述定理还可以推广到两个或两个以上随机变量的函数的情形.

例如 设随机变量 X, Y 的函数 $Z = g(X, Y)$ (g 是连续函数), 那么 Z 也是一个随机变量, 若二维随机变量 (X, Y) 的联合概率密度为 $f(x, y)$, 则有

$$E(Z) = E[g(X, Y)] = \int_{-\infty}^{+\infty} \int_{-\infty}^{+\infty} g(x, y)f(x, y)\mathrm{d}x\mathrm{d}y. \tag{4.5}$$

这里假设上式右边的积分绝对收敛. 又若 (X, Y) 为离散型随机变量, 其联合概率分布为 $P\{X = x_i, Y = y_j\} = p_{ij}, i, j = 1, 2, \cdots,$ 则有

$$E(Z) = E[g(X, Y)] = \sum_{j=1}^{\infty} \sum_{i=1}^{\infty} g(x_i, y_j) p_{ij}. \tag{4.6}$$

这里假设上式右边的级数绝对收敛.

例 4.8　设 (X, Y) 在以原点为圆心的单位圆上服从均匀分布, 求 $E(XY)$.

解　二维随机变量 (X, Y) 的联合概率密度为

$$f(x, y) = \begin{cases} \dfrac{1}{\pi}, & x^2 + y^2 \leqslant 1, \\ 0, & \text{其他}. \end{cases}$$

由 (4.5) 式得

$$\begin{aligned}
E(XY) &= \int_{-\infty}^{+\infty} \int_{-\infty}^{+\infty} xy \, f(x, y) \mathrm{d}x \mathrm{d}y = \iint_{x^2 + y^2 \leqslant 1} xy \frac{1}{\pi} \mathrm{d}x \mathrm{d}y \\
&= \int_{-1}^{1} x \mathrm{d}x \int_{-\sqrt{1-x^2}}^{\sqrt{1-x^2}} \frac{y}{\pi} \mathrm{d}y = 0.
\end{aligned}$$

4.1.3 数学期望的性质

设 X, Y 是随机变量, C 是常数, $E(X), E(Y)$ 存在, 那么期望有如下一些基本性质:

(1) $E(C) = C$;

(2) $E(CX) = CE(X)$;

(3) $E(X + Y) = E(X) + E(Y)$;

(4) 当 X 与 Y 独立时, 有 $E(XY) = E(X)E(Y)$.

性质 (3) 与 (4) 都可以推广到任意有限个随机变量的情形, 但性质 (4) 要求随机变量相互独立.

下面就连续型随机变量的情况证明性质 (3), 其余的证明由读者自己完成.

证明　设 (X, Y) 的联合概率密度为 $f(x, y)$, 其边缘概率密度为 $f_X(x), f_Y(y)$, 由 (4.5) 式得

$$\begin{aligned}
E(X + Y) &= \int_{-\infty}^{+\infty} \int_{-\infty}^{+\infty} (x + y) f(x, y) \mathrm{d}x \mathrm{d}y \\
&= \int_{-\infty}^{+\infty} x \left(\int_{-\infty}^{+\infty} f(x, y) \mathrm{d}y \right) \mathrm{d}x + \int_{-\infty}^{+\infty} y \left(\int_{-\infty}^{+\infty} f(x, y) \mathrm{d}x \right) \mathrm{d}y \\
&= \int_{-\infty}^{+\infty} x f_X(x) \mathrm{d}x + \int_{-\infty}^{+\infty} y f_Y(y) \mathrm{d}y \\
&= E(X) + E(Y).
\end{aligned}$$

例 4.9　若随机变量 $X \sim B(n,p)$, 试求 $E(X)$.

解　我们知道 X 可以看作 n 重伯努利试验中事件 A 出现的次数. A 在每次试验中发生的概率为 p, 引入随机变量

$$X_i = \begin{cases} 1, & \text{在第 } i \text{ 次试验中 } A \text{ 发生,} \\ 0, & \text{在第 } i \text{ 次试验中 } A \text{ 不发生,} \end{cases} \quad i = 1, 2, \cdots, n.$$

显然 $X_i(i = 1, 2, \cdots, n)$ 是服从参数为 p 的 0–1 分布的随机变量, 所以

$$E(X_i) = p, i = 1, 2, \cdots, n.$$

另一方面, 随机变量 X 可以表示为

$$X = X_1 + X_2 + \cdots + X_n,$$

于是由期望的性质 (3) 得

$$E(X) = \sum_{i=1}^{n} E(X_i) = np.$$

在上述计算中, 我们把一个比较复杂的随机变量 X 拆成 n 个比较简单的随机变量 X_i 之和, 由数学期望的性质, 只要求得这些简单的随机变量的期望, 再把它们相加即可得到 X 的数学期望, 这样的方法具有一定的普遍性.

例 4.10　一民航送客车载有 20 位旅客自机场开出, 旅客有 10 个站可以下车, 如到达一个车站没有旅客下车就不停车, 以 X 表示停车的次数, 求 $E(X)$(设每位旅客在各个车站下车是等可能的, 并设各旅客是否下车相互独立).

解　引入随机变量

$$X_i = \begin{cases} 1, & \text{在第 } i \text{ 站有人下车,} \\ 0, & \text{在第 } i \text{ 站没有人下车,} \end{cases} \quad i = 1, 2, \cdots, 10.$$

易见　$X = X_1 + X_2 + \cdots + X_{10}$.

按题意, 任一旅客在第 i 站不下车的概率为 $\dfrac{9}{10}$, 因此 20 位旅客都不在第 i 站下车的概率为 $\left(\dfrac{9}{10}\right)^{20}$, 在第 i 站有人下车的概率为 $1 - \left(\dfrac{9}{10}\right)^{20}$, 也就是

$$P(X_i = 0) = \left(\frac{9}{10}\right)^{20},$$

$$P(X_i = 1) = 1 - \left(\frac{9}{10}\right)^{20},$$

$$E(X_i) = 1 - \left(\frac{9}{10}\right)^{20}, \quad i = 1, 2, \cdots, 10.$$

进而

$$E(X) = E(X_1 + X_2 + \cdots + X_{10})$$

$$= E(X_1) + E(X_2) + \cdots + E(X_{10})$$

$$= 10 \left[1 - \left(\frac{9}{10} \right)^{20} \right] = 8.784(次).$$

本章习题第 5—8 题都可用例 4.9 与例 4.10 的方法.

以上部分介绍了数学期望的概念及计算方法. 最后再举几个例子, 说明数学期望是非常有用的, 常常用它做一些最优决策.

例 4.11   某彩票发行中心发行彩票 100 000 张, 每张 2 元, 设头等奖 1 个, 奖金 10 000 元; 二等奖 2 个, 奖金各 5 000 元; 三等奖 10 个, 奖金各 1 000 元; 四等奖 100 个, 奖金各 100 元; 五等奖 1 000 个, 奖金各 10 元, 每张彩票的成本费 0.3 元, 请计算彩票发行中心的利润.

解   设 X 为每张彩票中奖金额, 则 X 是随机变量, 它的数学期望

$$E(X) = 10\,000 \times \frac{1}{10^5} + 5\,000 \times \frac{2}{10^5} + 1\,000 \times \frac{10}{10^5} + 100 \times \frac{100}{10^5} + 10 \times \frac{1\,000}{10^5} = 0.5(元).$$

每张彩票平均可盈利: $2 - 0.5 - 0.3 = 1.2$(元). 因此彩票中心利润为 $1.2 \times 100\,000 = 120\,000$(元).

例 4.12 (求职面试决策问题)   设想某人在求职过程中得到两个公司的面试通知. 假定每个公司有三种不同的职位: 极好的, 工资 4 万元; 好的, 工资 3 万元; 一般的, 工资 2.5 万元. 估计能得到这些职位的概率依次为 $0.2, 0.3, 0.4$, 有 0.1 的可能得不到任何职位. 由于每家公司都要求在面试时表态接受或拒绝所提供职位, 那么应遵循什么策略应答呢?

解   本问题的极端情况是很好处理的, 如, 提供极好的职位或没有职位. 对其他情况, 采取工资期望收益最大的原则. 先考虑现在进行的是最后一次面试, 工资的期望值为

$$E = 4 \times 0.2 + 3 \times 0.3 + 2.5 \times 0.4 + 0 \times 0.1 = 2.7(万元),$$

那么在进行第一次面试时, 我们可以认为, 如果接受一般职位, 期望工资为 2.5 万元, 但若放弃 (可到下一家碰运气), 期望工资为 2.7 万元. 因此第一次面试, 可选择只接受极好的和好的职位. 这一策略下工资总的期望值为

$$E = 4 \times 0.2 + 3 \times 0.3 + 2.7 \times 0.5 = 3.05(万元).$$

例 4.13   按季节出售的某种应时商品, 每售出 1kg 获利润 b 元. 如到季节末尚有剩余商品, 则每 kg 净亏损 l 元. 设某商店在季节内这种商品的销售量 X(单位: kg) 是随机变量, X 在区间 (s_1, s_2) 内服从均匀分布, 为使商店获得利润的数学期望最大, 问商店应进多少货?

解　以 s 表示进货数 (单位: kg), 易知应取 $s_1 \leqslant s \leqslant s_2$. 进货 s 所得利润记为 $a_s(X)$, 则 $a_s(X)$ 是随机变量, 且有

$$a_s(X) = \begin{cases} bX - (s-X)l, & s_1 < X \leqslant s, \\ sb, & s < X < s_2. \end{cases}$$

X 的概率密度为

$$f(x) = \begin{cases} \dfrac{1}{s_2 - s_1}, & s_1 < x < s_2, \\ 0, & \text{其他}. \end{cases}$$

于是由 (4.4) 式有

$$E[a_s(X)] = \int_{s_1}^{s} [bx - (s-x)l] \frac{1}{s_2 - s_1} \mathrm{d}x + \int_{s}^{s_2} sb \frac{1}{s_2 - s_1} \mathrm{d}x$$
$$= \frac{1}{s_2 - s_1} \left[-\frac{b+l}{2}s^2 + (ls_1 + bs_2)s - \frac{b+l}{2}s_1^2 \right],$$

为求得 $E[a_s(X)]$ 的极大值, 令

$$\frac{\mathrm{d}}{\mathrm{d}s} E[a_s(X)] = \frac{1}{s_2 - s_1} [-(b+l)s + ls_1 + bs_2] = 0,$$

解得 $s = \dfrac{ls_1 + bs_2}{b+l}$. 由此可知, 该店应进 $\dfrac{ls_1 + bs_2}{b+l}$kg 商品, 才可使获得利润的数学期望最大.

§4.2　方　　差

随机变量的数学期望体现了随机变量取值的平均大小, 它是随机变量的重要数字特征. 但在某些场合只知道平均值是不够的, 还应该知道随机变量的取值是如何在均值周围变化的. 例如, 有一批灯泡, 知其平均寿命 $E(X) = 1\,000$ h, 仅有这一指标我们还不能较准确地判定这批灯泡质量的好坏. 因为有可能绝大多数灯泡的寿命为 $950 \sim 1\,050$ h; 也有可能其中约有一半灯泡的寿命大约有 $1\,300$ h, 另一半的寿命大约只有 700 h. 为评定这批灯泡的好坏, 还需进一步考察灯泡寿命 X 与均值 $E(X) = 1\,000$ 的偏离程度. 若偏离程度较小, 表示质量比较稳定. 从这个意义上来说, 我们认为质量较好. 所以对于随机变量, 除了研究它的均值以外, 还应该研究随机变量离开它的期望值的偏离程度, 这就是本节所要讨论的方差问题.

设 X 是要讨论的随机变量, $E(X)$ 是它的数学期望, 这时 $|X - E(X)|$ 就衡量了随机变量 X 和它的期望 $E(X)$ 之间偏差的大小. 但绝对值运算有不便之处, 所以人们用 $[X - E(X)]^2$ 去衡量这个偏差. 而 $[X - E(X)]^2$ 仍是一个随机变量, 应该用它的均值, 即用 $E\{[X - E(X)]^2\}$ 这个数来衡量 X 离开它的均值 $E(X)$ 的平均偏离程度. 为此引入下述定义.

定义 4.3 设 X 是一个随机变量, 若 $E\{[X-E(X)]^2\}$ 存在, 则称 $E\{[X-E(X)]^2\}$ 为 X 的**方差**, 记为 $D(X)$ 或 $Var(X)$, 即

$$D(X) = E\{[X-E(X)]^2\}, \tag{4.7}$$

而称 $\sqrt{D(X)}$ 为**标准差**, 记为 $\sigma(X)$, 即

$$\sigma(X) = \sqrt{D(X)}.$$

由定义知, 方差实际上就是随机变量 X 的函数 $g(X) = [X-E(X)]^2$ 的数学期望. 于是对于离散型随机变量, 按 (4.3) 式有

$$D(X) = \sum_{i=1}^{\infty}[x_i - E(X)]^2 p_i, \tag{4.8}$$

其中 $P\{X = x_i\} = p_i, i = 1, 2, \cdots$ 是 X 的分布律.

对于连续型随机变量, 按 (4.4) 式有

$$D(X) = \int_{-\infty}^{+\infty}[x - E(X)]^2 f(x)\mathrm{d}x, \tag{4.9}$$

其中 $f(x)$ 是 X 的概率密度.

为了方便计算, 我们进一步得到如下公式

$$D(X) = E(X^2) - [E(X)]^2. \tag{4.10}$$

事实上

$$\begin{aligned}
D(X) &= E\{[X-E(X)]^2\} \\
&= E\{X^2 - 2XE(X) + [E(X)]^2\} \\
&= E(X^2) - 2E(X)E(X) + [E(X)]^2 \\
&= E(X^2) - [E(X)]^2.
\end{aligned}$$

现在我们来计算一些常用分布的方差.

例 4.14 设随机变量 X 服从参数为 p 的 $0-1$ 分布, 其分布律为

$$P(X = 0) = 1 - p, \qquad P(X = 1) = p.$$

求 $D(X)$.

解 $E(X) = 0 \cdot (1-p) + 1 \cdot p = p$, $E(X^2) = 0^2 \cdot (1-p) + 1^2 \cdot p = p$, 由 (4.10) 式有

$$D(X) = E(X^2) - [E(X)]^2 = p - p^2 = p(1-p).$$

例 4.15 设随机变量 $X \sim \pi(\lambda)$, 即 $P(X = i) = \dfrac{\lambda^i \mathrm{e}^{-\lambda}}{i!}, i = 0, 1, \cdots$. 求 $D(X)$.

解 由例 4.2 知 $E(X) = \lambda$, 而

$$
\begin{aligned}
E(X^2) &= \sum_{i=0}^{\infty} i^2 \frac{\lambda^i \mathrm{e}^{-\lambda}}{i!} = \sum_{i=1}^{\infty} i \frac{\lambda^i \mathrm{e}^{-\lambda}}{(i-1)!} \\
&= \sum_{i=1}^{\infty} (i-1) \frac{\lambda^i \mathrm{e}^{-\lambda}}{(i-1)!} + \sum_{i=1}^{\infty} \frac{\lambda^{i-1}}{(i-1)!} \lambda \mathrm{e}^{-\lambda} \\
&= \lambda^2 \mathrm{e}^{-\lambda} \cdot \mathrm{e}^{\lambda} + \lambda \mathrm{e}^{-\lambda} \cdot \mathrm{e}^{\lambda} = \lambda^2 + \lambda.
\end{aligned}
$$

于是 $D(X) = \lambda^2 + \lambda - \lambda^2 = \lambda$.

例 4.16 设随机变量 X 在 (a, b) 上服从均匀分布, 求 $D(X)$.

解 由例 4.3 知 $E(X) = \dfrac{a+b}{2}$, 而

$$
\begin{aligned}
E(X^2) &= \int_{-\infty}^{+\infty} x^2 f(x) \mathrm{d}x = \int_a^b x^2 \frac{1}{b-a} \mathrm{d}x = \frac{1}{b-a} \left(\frac{b^3}{3} - \frac{a^3}{3} \right) \\
&= \frac{1}{3}(b^2 + ab + a^2).
\end{aligned}
$$

于是 $D(X) = E(X^2) - [E(X)]^2 = \dfrac{1}{12}(b-a)^2$.

例 4.17 设随机变量 X 是服从参数为 λ 的指数分布, 求 $D(X)$.

解 由例 4.5 知 $E(X) = \dfrac{1}{\lambda}$, 而

$$
E(X^2) = \int_0^{+\infty} x^2 \lambda \mathrm{e}^{-\lambda x} \mathrm{d}x = -\int_0^{+\infty} x^2 \mathrm{d}\mathrm{e}^{-\lambda x} = \int_0^{+\infty} 2x \mathrm{e}^{-\lambda x} \mathrm{d}x = \frac{2}{\lambda^2},
$$

故

$$
D(X) = E(X^2) - [E(X)]^2 = \frac{2}{\lambda^2} - \left(\frac{1}{\lambda} \right)^2 = \frac{1}{\lambda^2}.
$$

例 4.18 设随机变量 $X \sim N(\mu, \sigma^2)$, 求 $D(X)$.

解 由例 4.4 知 $E(X) = \mu$. 则由方差的定义

$$
\begin{aligned}
D(X) &= E\{[X - E(X)]^2\} = E[(X - \mu)^2] \\
&= \int_{-\infty}^{+\infty} (x - \mu)^2 \frac{1}{\sqrt{2\pi}\sigma} \mathrm{e}^{-\frac{(x-\mu)^2}{2\sigma^2}} \mathrm{d}x \\
&= \frac{1}{\sqrt{2\pi}\sigma} \int_{-\infty}^{+\infty} (x - \mu)^2 \mathrm{e}^{-\frac{(x-\mu)^2}{2\sigma^2}} \mathrm{d}(x - \mu),
\end{aligned}
$$

令 $\dfrac{x-\mu}{\sigma}=t$,

$$D(X) = \frac{\sigma^2}{\sqrt{2\pi}} \int_{-\infty}^{+\infty} t^2 \mathrm{e}^{-\frac{t^2}{2}} \mathrm{d}t$$

$$= \frac{\sigma^2}{\sqrt{2\pi}} \left[(-t\mathrm{e}^{-\frac{t^2}{2}})|_{-\infty}^{+\infty} + \int_{-\infty}^{+\infty} \mathrm{e}^{-\frac{t^2}{2}} \mathrm{d}t \right]$$

$$= \frac{\sigma^2}{\sqrt{2\pi}} \sqrt{2\pi} = \sigma^2.$$

现在我们阐明了正态分布中第二个参数 σ 的概率意义: 它就是标准差. 显然正态分布由它的数学期望及标准差唯一确定.

由于方差本身也是一个数学期望, 所以由数学期望的性质可以推出方差的简单性质:

(1) 设 C 是常数, 则有 $D(C)=0$;

(2) 设 X 是随机变量, C 是常数, 则有 $D(CX)=C^2 D(X)$;

(3) 设 X,Y 是两个相互独立的随机变量, 且 $D(X),D(Y)$ 存在, 则有 $D(X+Y)=D(X)+D(Y)$;

(4) $D(X)=0$ 的充要条件是 X 以概率 1 取常数 C, 即 $P\{X=C\}=1$, 显然, 这里 $C=E(X)$.

我们只给出性质 (3) 的证明, (1)、(2) 的证明读者自己考虑, (4) 的证明请看例 5.2.

证明 $D(X+Y) = E\{[(X+Y)-E(X+Y)]^2\}$

$$= E\{[(X-E(X))+(Y-E(Y))]^2\}$$

$$= E\{[X-E(X)]^2\} + E\{[Y-E(Y)]^2\}+$$

$$2E\{[X-E(X)][Y-E(Y)]\}.$$

由于 X 和 Y 相互独立, $X-E(X)$ 和 $Y-E(Y)$ 也相互独立, 由数学期望的性质 (4) 得

$$E\{[X-E(X)][Y-E(Y)]\} = E[X-E(X)]\,E[Y-E(Y)] = 0,$$

于是可得

$$D(X+Y) = D(X) + D(Y).$$

这一性质可以推广到任意有限多个相互独立的随机变量之和的情况, 同时这一性质在求方差时也是很有用的.

例 4.19 设随机变量 $X \sim B(n,p)$, 求 $D(X)$.

解 由例 4.9 知, 引入的随机变量 $X_i, i=1,2,\cdots,n$ 相互独立, 且

$$P(X_i=0)=1-p, P(X_i=1)=p, i=1,2,\cdots,n,$$

又由于

$$X = X_1 + X_2 + \cdots + X_n,$$

因此, 按方差的性质 (3) 得

$$D(X) = D(X_1) + D(X_2) + \cdots + D(X_n) = nD(X_i),$$

而
$$D(X_i) = E(X_i{}^2) - [E(X_i)]^2 = p - p^2 = (1-p)p,$$

故
$$D(X) = np(1-p).$$

方差在经济学问题中体现为风险, 下面再举一例.

例 4.20　设有 A, B 两种不相关的证券, 它们的收益与概率如下表:

类型	收益/元	概率
证券 A	-30	$\dfrac{1}{3}$
	30	$\dfrac{2}{3}$

类型	收益/元	概率
证券 B	-20	$\dfrac{1}{2}$
	40	$\dfrac{1}{2}$

问如何投资这两种证券才能使效益最佳 (即收益越大越好, 风险越小越好)?

解　证券 A 的平均收益 $E(A) = -30 \times \dfrac{1}{3} + 30 \times \dfrac{2}{3} = 10(\text{元})$.

证券 A 的风险 $D(A) = (-30 - 10)^2 \times \dfrac{1}{3} + (30 - 10)^2 \times \dfrac{2}{3} = 800$.

证券 B 的平均收益 $E(B) = -20 \times \dfrac{1}{2} + 40 \times \dfrac{1}{2} = 10(\text{元})$.

证券 B 的风险 $D(B) = (-20 - 10)^2 \times \dfrac{1}{2} + (40 - 10)^2 \times \dfrac{1}{2} = 900$.

若单独投资于一种证券, 则显然我们会选择证券 A, 因为在平均收益相同的情况下, 风险越低越好. 若两种证券均投资, 则我们构造一个投资组合 $C = \lambda A + (1-\lambda)B$, 其中 λ 指一份 C 中 A 占的比例 $(0 < \lambda < 1)$. 此时

$$E(C) = E[\lambda A + (1-\lambda)B] = \lambda E(A) + (1-\lambda)E(B) = 10(\text{元}).$$
$$D(C) = D[\lambda A + (1-\lambda)B] = \lambda^2 D(A) + (1-\lambda)^2 D(B) = 800\lambda^2 + 900(1-\lambda)^2.$$

我们要选择适当的 λ, 使 $D(C)$ 最小, 经过简单配方计算可得当 $\lambda = \dfrac{9}{17}$ 时, $D(C)$ 达到最小值为 423.53, 则当 A 与 B 按 9:8 比例构造 C 时, 平均收益仍为 10 元, 但风险比单独投资 A 低.

故采用上述投资策略进行投资时效益最佳.

为了便于查找, 我们将常用分布的期望与方差列表如表 4.1.

表 4.1 六种常用分布的期望、方差表

分布	参数	分布律或概率密度	期望	方差
0–1 分布	$0 < p < 1$	$P(X=1) = p,\ P(X=0) = 1-p \overset{\text{def}}{=\!=} q$	p	pq
二项分布	$n \geqslant 1,$ $0 < p < 1$	$P(X = k) = \binom{n}{k} p^k q^{n-k},$ $k = 0, 1, \cdots, n, q = 1-p$	np	npq
泊松分布	$\lambda > 0$	$P(X = k) = \dfrac{\lambda^k \mathrm{e}^{-\lambda}}{k!},\ k = 0, 1, 2, \cdots$	λ	λ
均匀分布	$a < b$	$f(x) = \begin{cases} \dfrac{1}{b-a}, & a < x < b, \\ 0, & \text{其他} \end{cases}$	$\dfrac{a+b}{2}$	$\dfrac{(b-a)^2}{12}$
正态分布	$\mu, \sigma > 0$	$f(x) = \dfrac{1}{\sqrt{2\pi}\sigma} \mathrm{e}^{\frac{-(x-\mu)^2}{2\sigma^2}},\ -\infty < x < +\infty$	μ	σ^2
指数分布	$\lambda > 0$	$f(x) = \begin{cases} \lambda\mathrm{e}^{-\lambda x}, & x > 0, \\ 0, & \text{其他} \end{cases}$	$\dfrac{1}{\lambda}$	$\dfrac{1}{\lambda^2}$

§4.3 协方差、相关系数及矩

对于二维随机向量 (X, Y) 来说, 数学期望 $E(X), E(Y)$ 只反映了 X 与 Y 各自的均值. 方差 $D(X), D(Y)$ 只反映了 X 与 Y 各自取值的分散程度. 它们对 X 与 Y 之间的相互联系不提供任何信息. 前面已经指出, 二维随机向量 (X, Y) 的概率密度 (或分布律) 全面地描述了 (X, Y) 的统计规律性, 其中包含有 X 与 Y 相互联系的内容. 如同数学期望和方差一样, 当然也希望有一个数字特征能够在一定程度上反映这种联系. 现在我们已经发现当 X 与 Y 相互独立时, 有

$$E\{[X - E(X)][Y - E(Y)]\} = 0,$$

也就是说, 当 $E\{[X - E(X)][Y - E(Y)]\} \neq 0$ 时, X 与 Y 肯定不独立. 这就说明 $E\{[X - E(X)][Y - E(Y)]\}$ 这个值在一定程度上反映了 X 与 Y 之间的相互联系, 因而我们引入下述定义.

4.3.1 协方差

定义 4.4 若 (X, Y) 是一个二维随机向量, 如果 $E\{[X - E(X)][Y - E(Y)]\}$ 存在, 则称它为随机变量 X 与 Y 的**协方差**, 记为 $Cov(X, Y)$, 即

$$Cov(X, Y) = E\{[X - E(X)][Y - E(Y)]\}. \tag{4.11}$$

由协方差的定义可以看出, 对于任意随机变量 X, Y, 都有

$$D(X + Y) = D(X) + D(Y) + 2Cov(X, Y).$$

另外, 若将 $Cov(X, Y)$ 的定义式 (4.11) 展开, 则得

$$Cov(X, Y) = E(XY) - E(X)E(Y). \tag{4.12}$$

我们常常利用 (4.12) 式计算协方差.

例 4.21　设 (X, Y) 的联合概率密度是

$$f(x, y) = \begin{cases} \dfrac{1}{\pi}, & x^2 + y^2 \leqslant 1, \\ 0, & \text{其他.} \end{cases}$$

求 $Cov(X, Y)$.

解　$E(X) = \displaystyle\int_{-\infty}^{+\infty} \int_{-\infty}^{+\infty} x f(x, y) \mathrm{d}x\mathrm{d}y = \iint_{x^2 + y^2 \leqslant 1} x \dfrac{1}{\pi} \mathrm{d}x\mathrm{d}y = 0,$

同样有 $E(Y) = 0$, 而 $E(XY) = 0$(见例 4.8), 故由 (4.12) 式得

$$Cov(X, Y) = 0.$$

例 4.22　根据下面的信息, 计算股票 A, B 收益的期望 $E(A), E(B)$ 及两只股票收益的协方差 $Cov(A, B)$.

经济状况	经济状况发生的概率	股票 A 的收益/元	股票 B 的收益/元
熊市	0.25	-0.020	0.050
正常	0.6	0.092	0.062
牛市	0.15	0.154	0.074

解　股票 A 的收益的期望

$$E(A) = 0.25 \times (-0.020) + 0.6 \times 0.092 + 0.15 \times 0.154 = 0.073\,3.$$

股票 B 的收益的期望

$$E(B) = 0.25 \times (0.050) + 0.6 \times 0.062 + 0.15 \times 0.074 = 0.060\,8.$$

两只股票的协方差

$$\begin{aligned} Cov(A, B) &= E\{[A - E(A)][B - E(B)]\} \\ &= 0.25 \times (-0.020 - 0.073\,3) \times (0.050 - 0.060\,8) + \\ &\quad 0.6 \times (0.092\,0 - 0.073\,3) \times (0.062 - 0.060\,8) + \\ &\quad 0.15 \times (0.154 - 0.073\,3) \times (0.074 - 0.060\,8) \\ &= 0.000\,425. \end{aligned}$$

或由于

$$E(AB) = 0.25 \times (-0.020) \times 0.050 + 0.6 \times 0.092 \times 0.062 + 0.15 \times 0.154 \times 0.074$$

$$= 0.004\,881\,8(\text{元}),$$

故

$$Cov(A, B) = E(AB) - E(A)E(B) = 0.004\,881\,8 - 0.073\,3 \times 0.060\,8 = 0.000\,425.$$

协方差具有下述性质:

(1) $Cov(X, Y) = Cov(Y, X)$;

(2) $Cov(aX, bY) = abCov(X, Y)$ $(a, b$ 是常数$)$;

(3) $Cov(X_1 + X_2, Y) = Cov(X_1, Y) + Cov(X_2, Y)$.

上述三条性质读者自己证明.

4.3.2 相关系数

协方差的数值虽然在一定程度上反映了 X 与 Y 相互间的联系, 但它还受 X 与 Y 本身数值大小的影响, 譬如说, 令 X 与 Y 各自增至 k 倍, 即 $X_1 = kX, Y_1 = kY$, 这时 X_1 与 Y_1 间的相互联系和 X 与 Y 之间的相互联系应该是一样的, 可是反映这种联系的协方差却增至 k^2 倍. 即有

$$Cov(X_1, Y_1) = k^2\, Cov(X, Y).$$

为了克服这一缺点, 我们引入相关系数的定义.

定义 4.5 若 (X, Y) 是二维随机向量, 且 $D(X) > 0, D(Y) > 0$, 称 $\dfrac{Cov(X, Y)}{\sqrt{D(X)}\,\sqrt{D(Y)}}$

为 X 与 Y 的**相关系数**, 记为 ρ_{XY}, 即

$$\rho_{XY} = \frac{Cov(X, Y)}{\sqrt{D(X)}\,\sqrt{D(Y)}}. \tag{4.13}$$

由协方差的性质 (2), 我们可以看出, 相关系数就是标准化随机变量 $\dfrac{X - E(X)}{\sqrt{D(X)}}$ 与

$\dfrac{Y - E(Y)}{\sqrt{D(Y)}}$ 的协方差. ρ_{XY} 与 $Cov(X, Y)$ 只差一个常数倍.

下面讨论相关系数的性质, 并说明 ρ_{XY} 的含义.

定理 4.2 (1) $|\rho_{XY}| \leqslant 1$;

(2) $|\rho_{XY}| = 1$ 的充要条件是: 存在常数 a, b 使

$$P(Y = a + bX) = 1.$$

证明 因为对任意的实数 λ, 有

$$
\begin{aligned}
D(Y - \lambda X) &= E\{[Y - \lambda X - E(Y - \lambda X)]^2\} \\
&= E\{[(Y - E(Y)) - \lambda(X - E(X))]^2\} \\
&= E\{[Y - E(Y)]^2\} + \lambda^2 E\{[X - E(X)]^2\} - \\
&\quad 2\lambda E\{[Y - E(Y)][X - E(X)]\}
\end{aligned}
$$

$$=\lambda^2 D(X) - 2\lambda Cov(X,Y) + D(Y),$$

在上式中令 $\lambda = b = \dfrac{Cov(X,Y)}{D(X)}$, 则有

$$D(Y - bX) = D(Y)\left[1 - \frac{Cov^2(X,Y)}{D(X)D(Y)}\right] = D(Y)(1 - \rho_{XY}^2).$$

由于方差是非负的, 故 $(1 - \rho_{XY}^2) \geqslant 0$, 所以 $|\rho_{XY}| \leqslant 1$. 这是 (1) 的证明. 我们还看到, $|\rho_{XY}| = 1$ 的充要条件是

$$D(Y - bX) = 0.$$

由方差的性质 (4) 知, $D(Y - bX) = 0$ 的充要条件是存在常数 a, 使得 $P\{Y - bX = a\} = 1$, 即 $|\rho_{XY}| = 1$ 的充要条件是存在常数 a, 使得 $P(Y = a + bX) = 1$.

相关系数只是随机变量间线性关系强弱的一个度量, 因而说得更确切些, 应该把它称作**线性相关系数**. 一般说来, $|\rho_{XY}|$ 越接近 1, X 与 Y 越近似地**有线性关系**. 特别当 $|\rho_{XY}| = 1$ 时, 由定理 4.2 中的 (2) 知, X, Y 之间以概率 1 存在着线性关系. 当 $\rho_{XY} = 0$ 时, 称 X 与 Y **不相关**. 当 X 与 Y 相互独立时, 若 ρ_{XY} 存在, 必有 $\rho_{XY} = 0$, 即 X 与 Y 不相关. 但是当 $\rho_{XY} = 0$ 时, 只说明 X, Y 之间不存在线性关系, 它们之间还可能存在着非线性关系, 从而不一定是相互独立的. 换一种说法由 X, Y 相互独立可得 $Cov(X,Y) = 0$, 但反之不一定成立.

例 4.23 设随机变量 X 的分布律如下表

X	-1	0	1
P	$\dfrac{1}{3}$	$\dfrac{1}{3}$	$\dfrac{1}{3}$

令 $Y = X^2$. 试证随机变量 X 与 Y 不相关但不相互独立.

证明 X 与 Y 不相互独立是显然的, 因为 X 与 Y 具有关系: $Y = X^2$, Y 的值完全由 X 的值所确定.

又易知 $E(X) = 0, E(Y) = \dfrac{2}{3}, E(XY) = E(X^3) = 0, D(X) = \dfrac{2}{3}, D(Y) = \dfrac{2}{9}$, 所以

$$\rho_{XY} = \frac{Cov(X,Y)}{\sqrt{D(X)}\sqrt{D(Y)}} = \frac{E(XY) - E(X)E(Y)}{\sqrt{D(X)}\sqrt{D(Y)}} = 0.$$

故 X 与 Y 不相关.

由上述讨论可知, 不相关性和独立性是两个不同的概念, 在一般情形下并不能从不相关性推出独立性. 不过对于常用的正态分布来说, 不相关性和独立性是等价的.

例 4.24 设 (X, Y) 服从二维正态分布, 它的联合概率密度为

$$f(x, y) = \frac{1}{2\pi\sigma_1\sigma_2\sqrt{1 - \rho^2}} \exp\left\{\frac{-1}{2(1 - \rho^2)}\right.$$

$$\left[\frac{(x-\mu_1)^2}{\sigma_1^2} - 2\rho\frac{(x-\mu_1)(y-\mu_2)}{\sigma_1\sigma_2} + \frac{(y-\mu_2)^2}{\sigma_2^2}\right]\right\}, \quad -\infty < x, y < +\infty,$$

其中 $\mu_1, \mu_2, \sigma_1, \sigma_2, \rho$ 均为常数, 且 $\sigma_1 > 0, \sigma_2 > 0, |\rho| < 1$. 求 X 与 Y 的相关系数.

解 易得 (X, Y) 的边缘概率密度为

$$f_X(x) = \frac{1}{\sqrt{2\pi}\sigma_1}\mathrm{e}^{-\frac{(x-\mu_1)^2}{2\sigma_1^2}}, \qquad -\infty < x < +\infty,$$

$$f_Y(y) = \frac{1}{\sqrt{2\pi}\sigma_2}\mathrm{e}^{-\frac{(y-\mu_2)^2}{2\sigma_2^2}}, \qquad -\infty < y < +\infty,$$

故知 $E(X) = \mu_1$, $E(Y) = \mu_2$, $D(X) = \sigma_1^2$, $D(Y) = \sigma_2^2$. 而

$$\begin{aligned}
Cov(X,Y) =& E\{[X - E(X)][Y - E(Y)]\} = \int_{-\infty}^{+\infty}\int_{-\infty}^{+\infty}(x-\mu_1)(y-\mu_2)f(x,y)\mathrm{d}x\mathrm{d}y \\
=& \frac{1}{2\pi\sigma_1\sigma_2\sqrt{1-\rho^2}}\int_{-\infty}^{+\infty}\int_{-\infty}^{+\infty}(x-\mu_1)(y-\mu_2)\cdot \\
& \exp\left\{\frac{-1}{2(1-\rho^2)}\cdot\left[\left(\frac{x-\mu_1}{\sigma_1}\right)^2 - 2\rho\left(\frac{x-\mu_1}{\sigma_1}\right)\left(\frac{y-\mu_2}{\sigma_2}\right) + \left(\frac{y-\mu_2}{\sigma_2}\right)^2\right]\right\}\mathrm{d}x\mathrm{d}y \\
=& \frac{1}{2\pi\sigma_1\sigma_2\sqrt{1-\rho^2}}\int_{-\infty}^{+\infty}\int_{-\infty}^{+\infty}(x-\mu_1)(y-\mu_2)\cdot \\
& \exp\left\{\frac{-1}{2(1-\rho^2)}\left(\frac{x-\mu_1}{\sigma_1} - \rho\frac{y-\mu_2}{\sigma_2}\right)^2 - \frac{1}{2}\left(\frac{y-\mu_2}{\sigma_2}\right)^2\right\}\mathrm{d}x\mathrm{d}y \\
=& \frac{1}{2\pi\sigma_1\sigma_2\sqrt{1-\rho^2}}\int_{-\infty}^{+\infty}(y-\mu_2)\exp\left[-\frac{1}{2}\left(\frac{y-\mu_2}{\sigma_2}\right)^2\right]\cdot \\
& \int_{-\infty}^{+\infty}(x-\mu_1)\exp\left[\frac{-1}{2(1-\rho^2)}\left(\frac{x-\mu_1}{\sigma_1} - \rho\frac{y-\mu_2}{\sigma_2}\right)^2\right]\mathrm{d}x\mathrm{d}y,
\end{aligned}$$

令 $u = \dfrac{1}{\sqrt{1-\rho^2}}\left(\dfrac{x-\mu_1}{\sigma_1} - \rho\dfrac{y-\mu_2}{\sigma_2}\right)$, $v = \dfrac{y-\mu_2}{\sigma_2}$, 得

$$\begin{aligned}
Cov(X,Y) =& \frac{\sigma_1\sigma_2}{2\pi}\int_{-\infty}^{+\infty}v\mathrm{e}^{-\frac{v^2}{2}}\left\{\int_{-\infty}^{+\infty}(\rho v + u\sqrt{1-\rho^2})\mathrm{e}^{-\frac{u^2}{2}}\mathrm{d}u\right\}\mathrm{d}v \\
=& \frac{\sigma_1\sigma_2}{2\pi}\int_{-\infty}^{+\infty}v\mathrm{e}^{-\frac{v^2}{2}}(\rho v\sqrt{2\pi} + 0)\mathrm{d}v \\
=& \frac{\sigma_1\sigma_2}{\sqrt{2\pi}}\rho\int_{-\infty}^{+\infty}v^2\mathrm{e}^{-\frac{v^2}{2}}\mathrm{d}v = \sigma_1\sigma_2\rho,
\end{aligned}$$

于是 $\rho_{XY} = \rho$.

这就是说二维正态随机向量 (X, Y) 的联合概率密度中的参数 ρ 就是 X 与 Y 的相关系数. 因而二维正态随机向量的分布完全可由 X, Y 各自的数学期望、方差以及它们的相关系数所确定.

由第三章知, 若 (X,Y) 服从二维正态分布, 那么 X 和 Y 相互独立的充要条件是 $\rho = 0$. 现知道 $\rho = \rho_{XY}$, 故知对于二维正态随机向量 (X,Y) 来说, X 和 Y 不相关与 X 和 Y 相互独立是等价的.

4.3.3　矩、协方差矩阵*

数学期望、方差、协方差是随机变量最常用的数字特征, 它们都是某种矩. 矩是最广泛的一种数字特征, 在概率论和数理统计中占有重要地位, 下面给出定义.

定义 4.6　设 X,Y 是随机变量, 若 $E(X^k)\,(k=1,2,\cdots)$ 存在, 则称它为 X 的 k 阶**原点矩**, 简称 k 阶矩;

若 $E[X-E(X)]^k, k=1,2,\cdots$ 存在, 则称它为 X 的 k 阶**中心矩**;

若 $E[X^kY^l], k,l=1,2,\cdots$ 存在, 则称它为 X 和 Y 的 $k+l$ 阶**混合原点矩**.

若 $E\{[X-E(X)]^k[Y-E(Y)]^l\}, k,l=1,2,\cdots$ 存在, 则称它为 X 和 Y 的 $k+l$ 阶**混合中心矩**.

显然, X 的数学期望 $E(X)$ 是 X 的一阶原点矩, 方差 $D(X)$ 是 X 的二阶中心矩, (X,Y) 的协方差 $Cov(X,Y)$ 是 X 和 Y 的二阶混合中心矩.

下面介绍二维随机向量的协方差矩阵, 二维随机向量 (X_1, X_2) 有四个二阶中心矩 (设它们存在), 分别记为

$$C_{11} = E\{[X_1 - E(X_1)]^2\},$$

$$C_{12} = E\{[X_1 - E(X_1)][X_2 - E(X_2)]\},$$

$$C_{21} = E\{[X_2 - E(X_2)][X_1 - E(X_1)]\},$$

$$C_{22} = E\{[X_2 - E(X_2)]^2\}.$$

将它们排成矩阵的形式:

$$\begin{pmatrix} C_{11} & C_{12} \\ C_{21} & C_{22} \end{pmatrix},$$

这个矩阵称为二维随机向量 (X_1, X_2) 的**协方差矩阵**.

设 n 维随机向量 $(X_1, X_2, \cdots, X_n)$ 的二阶混合中心矩

$$C_{ij} = Cov(X_i, X_j) = E\{[X_i - E(X_i)][X_j - E(X_j)]\}\ (i,j = 1,2,\cdots, n)$$

都存在, 则称矩阵

$$\begin{pmatrix} C_{11} & C_{12} & \cdots & C_{1n} \\ C_{21} & C_{22} & \cdots & C_{2n} \\ \vdots & \vdots & & \vdots \\ C_{n1} & C_{2n} & \cdots & C_{nn} \end{pmatrix}$$

为 n 维随机向量 $(X_1, X_2, \cdots, X_n)$ 的**协方差矩阵**. 它是对称矩阵.

一般地, n 维随机向量的分布是不知道的, 或太复杂, 以致在数学上不易处理, 因此在实际应用中协方差矩阵就显得很重要了.

习 题 四

1. 设随机变量 X 的分布律如下

X	-2	0	2
P	0.4	0.3	0.3

求 $E(X), E(X^2), E(3X^2 + 5)$.

2. 设随机变量 X 的分布律为 $P\left\{X = (-1)^{j+1}\dfrac{3^j}{j}\right\} = \dfrac{2}{3^j}$, $j = 1, 2, \cdots$, 证明 X 的数学期望不存在.

3. 某车间生产的圆盘直径在区间 $[a, b]$ 上服从均匀分布, 求圆盘面积的期望.

4. 设随机变量 X 的概率密度为

$$f(x) = \begin{cases} \mathrm{e}^{-x}, & x > 0, \\ 0, & x \leqslant 0. \end{cases}$$

且 $Y = X + \mathrm{e}^{-2X}$, 求 $E(Y)$.

5. 一袋中装有 a 只白球, b 只黑球, 从中摸出 c 只 $(c \leqslant a + b)$, 求摸出白球数 X 的数学期望.

6. 设 15 000 件产品中有 1 000 件废品, 从中抽取 150 件进行检查, 求查的废品数的数学期望.

7. 将 n 只球 (1—n 号) 随机地放进 n 只盒子 (1—n 号) 中去, 一只盒子装一只球, 若一只球装入与球同号的盒子中, 称为一个配对, 记 X 为总的配对数, 求 $E(X)$.

8. 某产品的次品率为 0.1, 检验员每天检验 4 次, 每次随机地取 10 件产品进行检验. 如发现其中的次品数多于 1, 就去调整设备. 以 X 表示 1 天中调整设备的次数, 求 $E(X)$.

9. 设随机变量 X 的分布函数为

$$F(x) = \begin{cases} 0, & x \leqslant 0, \\ \dfrac{x}{4}, & 0 < x \leqslant 4, \\ 1, & x > 4. \end{cases}$$

求 $E(X)$.

10. 设二维离散随机变量 (X, Y) 的分布律为

X	Y		
	-1	0	1
1	0.2	0.1	0.1
2	0.1	0	0.1
3	0	0.3	0.1

求 $E(X), E(Y)$.

11. 设 (X, Y) 的概率密度为

$$f(x, y) = \begin{cases} 12y^2, & 0 \leqslant y \leqslant x \leqslant 1, \\ 0, & \text{其他}. \end{cases}$$

求 $E(X), E(Y), E(XY), E(X^2 + Y^2)$.

12. 设随机变量 X_1, X_2 的概率密度分别为

$$f_1(x) = \begin{cases} 2\mathrm{e}^{-2x}, & x > 0, \\ 0, & x \leqslant 0. \end{cases} \qquad f_2(x) = \begin{cases} 4\mathrm{e}^{-4x}, & x > 0, \\ 0, & x \leqslant 0. \end{cases}$$

(1) 求 $E(X_1 + X_2)$, $E(2X_1 - 3X_2^2)$;

(2) 又设 X_1, X_2 相互独立, 求 $E(X_1 X_2)$.

13. 随机变量 X 只取非负整数值 n, 即 $n \geqslant 0$, 概率为 $P_n = \dfrac{AB^n}{n!}$, 已知 $E(X) = a$, 试确定 A 与 B.

14. 地下铁道列车的运行间隔时间为 5 min, 一名旅客在任意时刻进入月台, 求候车时间的数学期望与方差.

15. 一工厂生产的某种设备的寿命 X(单位: 年) 服从指数分布, 概率密度为

$$f(x) = \begin{cases} \dfrac{1}{4}\mathrm{e}^{-x/4}, & x > 0, \\ 0, & x \leqslant 0. \end{cases}$$

工厂规定, 出售的设备若在售出一年之内损坏予以调换, 若工厂售出一台设备盈利 100 元, 调换一台设备厂方需花费 300 元, 试求厂方出售一台设备净盈利的数学期望.

16. 某保险公司规定, 如果在一年内顾客的投保事件 A 发生, 该公司就赔偿顾客 a 元. 若一年内事件 A 发生的概率为 p, 为使公司收益的期望值等于 a 的 10%. 该公司应该要求顾客交多少保险费?

17. 已知一批零件中有 9 件合格品与 3 件废品, 安装机器时, 从这批零件中任取一件, 取出的废品不再放回去, 求在取得合格品以前, 已取出的废品数的数学期望与方差.

18. 一次掷 4 枚硬币, 设 X 是出现正面的枚数, 求 X 的期望与方差.

19. 箱内有 5 个零件, 其中 2 个是废品, 假设每次从箱中任意取出一个检验. 检验后不再放回去, 直到查出全部废品为止, 求所需检验次数的数学期望与方差.

20. (1) 设随机变量 X 的数学期望为 $E(X)$, 方差为 $D(X)$, 引入新的随机变量

$$X^* = \frac{X - E(X)}{\sqrt{D(X)}},$$

则 X^* 称为 X 的标准化随机变量, 验证 $E(X^*) = 0, D(X^*) = 1$;

(2) 已知随机变量 X 的概率密度为

$$f(x) = \begin{cases} 1 - |1 - x|, & 0 < x < 2, \\ 0, & \text{其他}. \end{cases}$$

求 X^*.

21. 设 X, Y 是两个相互独立的随机变量, 其概率密度分别为

$$f_X(x) = \begin{cases} 2x, & 0 \leqslant x \leqslant 1, \\ 0, & \text{其他}, \end{cases}$$

$$f_Y(y) = \begin{cases} \mathrm{e}^{-(y-5)}, & y > 5, \\ 0, & y \leqslant 5. \end{cases}$$

求 $E(XY), D(XY)$.

22. 设随机变量 X 具有概率密度

$$f(x) = \begin{cases} 1+x, & -1 \leqslant x < 0, \\ 1-x, & 0 \leqslant x < 1, \\ 0, & \text{其他.} \end{cases}$$

求 $D(X)$.

23. 设随机变量 X 的分布函数为

$$F(x) = \begin{cases} 1 - \dfrac{a^3}{x^3}, & x \geqslant a, \\ 0, & \text{其他.} \end{cases}$$

求 $E(X)$ 及 $D(X)$.

24. 一随机变量 X 满足: $E[(X-1)^2] = 10$, $E[(X-2)^2] = 6$. 求 X 的期望与方差.

25. 若随机变量 X 与 Y 有 $D(X) = 5, D(Y) = 3, Cov(X,Y) = 1$. 求 $D(-2X + 4Y + 3)$.

26. 设随机变量 (X, Y) 的分布律为

Y	X		
	-1	0	1
-1	$\frac{1}{8}$	$\frac{1}{8}$	$\frac{1}{8}$
0	$\frac{1}{8}$	0	$\frac{1}{8}$
1	$\frac{1}{8}$	$\frac{1}{8}$	$\frac{1}{8}$

验证 X 和 Y 是不相关的, 但 X 和 Y 也不是相互独立的.

27. 设二维随机变量 (X, Y) 在 $G = \{(x,y) | 0 < x < y < 1\}$ 内服从均匀分布, 试求 X 与 Y 的相关系数, 并说明 X 与 Y 是否相互独立.

28. 设二维随机变量 (X, Y) 服从二维正态分布, $E(X) = E(Y) = 0, D(X) = a^2, D(Y) = b^2, \rho_{XY} = 0$, 求 (X, Y) 落在区域 $D = \{(x,y) | \dfrac{x^2}{a^2} + \dfrac{y^2}{b^2} \leqslant k^2\}$ 中的概率.

29. 设随机变量 (X, Y) 具有概率密度

$$f(x,y) = \begin{cases} \dfrac{1}{8}(x+y), & 0 \leqslant x \leqslant 2, 0 \leqslant y \leqslant 2, \\ 0, & \text{其他.} \end{cases}$$

求 $E(X), E(Y), Cov(X,Y), \rho_{XY}, D(X+Y)$.

30. 若 $Y = a + bX$, 证明:

$$\rho_{XY} = \begin{cases} 1, & b > 0, \\ -1, & b < 0. \end{cases}$$

31. 设随机变量 $X \sim N(\mu, \sigma^2), Y \sim N(\mu, \sigma^2)$, 且设 X, Y 相互独立, 试求 $Z_1 = aX + bY$ 和 $Z_2 = aX - bY$ 的相关系数 (其中 a, b 是不为零的常数).

*32. 设两个随机变量 X, Y 相互独立, 且都服从均值为 0, 方差为 $\dfrac{1}{2}$ 的正态分布, 求随机变量 $|X - Y|$ 的方差.

*33. 在长度为 l 的线段上任取两点, 求两点间距离的数学期望与标准差.

34.(投资组合问题) 小王打算采用分散投资的方式来降低投资风险, 计划同时购买甲、乙两种股票, 据长期观察研究, 小王发现这两种股票的月利率 (按每单位金额计算)X 与 Y 为随机的, 且具有以下特点:$E(X) = E(Y) = 0.05, D(X) = 0.0016, D(Y) = 0.0009, \rho_{XY} = -0.5.$ 试问小王应采用何种投资比例购买这两种股票, 才能使风险降到最小.

35. 假设股票 A 和股票 B 的收益是随机变量 X, Y, 它们收益的期望和标准差分别是

$$E(X) = 0.15, E(Y) = 0.25, \sigma(X) = 0.40, \sigma(Y) = 0.65.$$

(1) 当 A 收益和 B 收益的相关系数为 0.5 时, 计算由 40% 股票 A 和 60% 股票 B 组成的投资组合的收益的期望和标准差.

(2) 当 A 收益和 B 收益的相关系数为 −0.5 时, 计算由 40% 股票 A 和 60% 股票 B 组成的投资组合的收益的期望和标准差.

自 测 题 四

一、填空题

1. 已知离散型随机变量 X 服从参数为 2 的泊松分布, 即 $P(X = k) = \dfrac{2^2 e^{-2}}{k!}, k = 1, 2, \cdots$, 则随机变量 $Y = 3X - 2$ 的数学期望 $E(Y) =$ _____.

2. 设 X_1, X_2, X_3 相互独立, 其中 $X_1 \sim U(0, 6)$, $X_2 \sim N(0, 4)$, X_3 服从参数 $\lambda = 3$ 的泊松分布, 记 $Y = X_1 - 2X_2 + 3X_3$, 则 $D(Y) =$ _____.

3. 设 X 为随机变量, 且 $E(X) = -1, D(X) = 3$, 则 $E(2X^2 - 3) =$ _____.

4. 设随机变量 X, Y 独立且同分布. 记 $U = X + Y, V = X - Y$, 则 $\rho_{UV} =$ _____.

二、选择题

1. 设随机变量 $X, E(X) = \mu, D(X) = \sigma^2$, 则对任意常数 C, 必有 (   ).

(A) $E(X - C)^2 = E(X^2) - C^2$ 　　　　　(B) $E(X - C)^2 = E(X - \mu)^2$

(C) $E(X - C)^2 < E(X - \mu)^2$ 　　　　　(D) $E(X - C)^2 \geqslant E(X - \mu)^2$

2. 随机变量不相关与独立的关系是 (   ).

(A) 若随机变量 X 与 Y 不是不相关的, 则随机变量 X 与 Y 必然不独立

(B) 若随机变量 X 与 Y 不独立, 则随机变量 X 与 Y 不相关

(C) 若随机变量 X 与 Y 不相关, 则随机变量 X 与 Y 独立

(D) 以上都对

3. 对于任意两个随机变量 X 和 Y, 若 $E(XY) = E(X)E(Y)$, 则 (   ).

(A) $D(XY) = D(X)D(Y)$ 　　　　　(B) $D(X + Y) = D(X) + D(Y)$

(C) X 和 Y 独立 　　　　　(D) X 和 Y 不独立

4. 设随机变量 $X \sim N(1, 2), Y \sim U(0, 4)$, 且 X, Y 独立, 则 $D(2X - 3Y)$ 等于 (   ).

(A) 8 　　　　(B) 16 　　　　(C) 24 　　　　(D) 20

三、计算题

1. 已知随机变量 X, Y 分别服从正态分布 $N(1, 9)$ 和 $N(0, 16)$, 且 X 与 Y 的相关系数 $\rho_{XY} = -\dfrac{1}{2}$, 设 $Z = \dfrac{X}{3} + \dfrac{Y}{2}$.

(1) 求 Z 的数学期望和方差;

(2) 求 X 与 Z 的相关系数 ρ_{XZ};

2. 游客乘电梯从底层到电视塔顶层观光, 电梯于每个整时的 5 分、25 分和 55 分从底层起行, 假设一游客在早八点的第 X 分钟到达底层候电梯处, 且 X 在 $[0,60]$ 上服从均匀分布, 求该游客等候时间的数学期望.

3. 把数字 $1, 2, \cdots, n$ 任意地排成一列, 如果数字 k 恰好出现在第 k 个位置上, 则称为一个恰好. 求恰好数 X 的数学期望.

习题参考答案或提示四

第五章　大数定律与中心极限定理

大数定律和中心极限定理是概率论的重要内容, 也是数理统计的基石之一, 而且是现代概率论重要研究方向之一.

在有些情况下, 随机变量的精确分布比较复杂而不便于具体使用, 或者精确分布很难得到. 在类似情况下人们成功地应用极限分布. 大数定律讨论的是随机变量和的平均结果的收敛情况, 是数理统计中参数估计的理论基础. 中心极限定理是概率论中讨论随机变量和的分布以正态分布为极限的定理, 是数理统计学和误差分析的理论基础. 中心极限定理指出了大量随机变量的和近似服从正态分布的条件. 我们只介绍实际中常用的大数定律和中心极限定理.

【导引 1: 产品的认可度调查问题】 某咨询公司接受委托, 调查某项产品在某地的认可度 p, 咨询公司将所有调查对象中使用此产品的频率作为 p 的估计 $\hat{p}$. 现要保证有 90% 的把握, 使得调查所得认可度 $\hat{p}$ 与真实认可度 p 之间的差异不大于 5%. 问至少要调查多少对象?

§5.1　大　数　定　律

在第一章, 我们曾提到过事件发生的频率具有稳定性, 即随着试验次数的增加, 事件发生的频率在某一个固定值附近摆动, 逐渐稳定于某个常数. 在实践中人们还认识到大量随机现象的平均结果一般也具有稳定性. 这种稳定性就是本节所要讨论的大数定律的客观背景. 概率论中关于大量随机现象平均结果稳定性的定理称为大数定律.

在介绍大数定律之前, 我们先介绍一个重要不等式 —— 切比雪夫不等式, 它是大数定律的基础.

5.1.1　切比雪夫 (Chebyshev) 不等式

定理 5.1 (切比雪夫不等式)　设随机变量 X 具有数学期望 $E(X) = \mu$, 方差 $D(X) = \sigma^2$, 则对任意正数 ε, 不等式

$$P(|X - \mu| \geqslant \varepsilon) \leqslant \frac{\sigma^2}{\varepsilon^2}$$

成立.

证明　我们只对连续型随机变量的情形加以证明. 设 X 的概率密度为 $f(x)$, 则有

$$P(|X - \mu| \geqslant \varepsilon) = \int_{|x-\mu| \geqslant \varepsilon} f(x)\mathrm{d}x$$

$$\leqslant \int_{|x-\mu| \geqslant \varepsilon} \frac{|x - \mu|^2}{\varepsilon^2} f(x)\mathrm{d}x$$

$$\leqslant \frac{1}{\varepsilon^2} \int_{-\infty}^{+\infty} (x-\mu)^2 f(x)\mathrm{d}x = \frac{\sigma^2}{\varepsilon^2}.$$

切比雪夫不等式也可以写成如下形式:

$$P(|X-\mu| < \varepsilon) \geqslant 1 - \frac{\sigma^2}{\varepsilon^2}.$$

由切比雪夫不等式易知, 方差 σ^2 越小, 则随机变量 X 的取值越集中在数学期望 μ 的附近. 由此进一步说明了方差的概率含义 —— 它刻画了随机变量取值的分散程度. 不仅如此, 在只知道随机变量 X 的数学期望与方差的条件下, 可以用切比雪夫不等式粗略地估计事件的概率.

例 5.1 在每次试验中, 事件 A 发生的概率为 0.5, 利用切比雪夫不等式估计, 在 1 000 次试验中事件 A 发生的次数在 450 到 550 之间的概率.

解 设随机变量 X 表示事件 A 在 1 000 次试验中发生的次数, 则 $X \sim B(1\,000, 0.5)$, 易知

$$E(X) = 500, \ D(X) = 250.$$

由切比雪夫不等式得

$$P(450 < X < 550) = P(|X-500| < 50) \geqslant 1 - \frac{250}{50^2} = 0.9.$$

例 5.2 证明: $D(X) = 0$ 的充要条件是 X 以概率 1 取常数 C, 即 $P(X=C) = 1$, 显然, 这里 $C = E(X)$.

证明 必要性. 设 $D(X) = 0$, 要证 $P\{X = E(X)\} = 1$.

反证法 假设 $P(X = E(X)) < 1$, 则对于任意正数 ε, 有 $P(|X - E(X)| \geqslant \varepsilon) > 0$. 但由切比雪夫不等式, 对任意 $\varepsilon > 0$, $\sigma^2 = 0$, 有

$$P(|X - E(X)| \geqslant \varepsilon) \leqslant 0,$$

即

$$P(|X - E(X)| \geqslant \varepsilon) = 0,$$

矛盾, 于是 $P(X = E(X)) = 1$.

充分性. 设 $P(X = C) = 1$, 则有 $P(X^2 = C^2) = 1$, 于是

$$D(X) = E(X^2) - [E(X)]^2 = C^2 \cdot 1 - (C \cdot 1)^2 = 0.$$

例 5.3 某车间生产一种电子器件, 月平均产量为 9 500 个, 标准差为 100 个, 利用切比雪夫不等式估计, 该车间月产量为 9 000~10 000 个的概率.

解 设随机变量 X 表示车间的月产量, 则 $E(X) = 9\,500$, $D(X) = 10\,000$, 由切比雪夫不等式有

$$P(9\,500 < X < 10\,000) = P(|X - 9\,500| < 500) \geqslant 1 - \frac{10\,000}{500^2} = 0.96.$$

5.1.2   大数定律

定理 5.2 (切比雪夫大数定律)   设 $X_1, X_2, \cdots, X_n, \cdots$ 是相互独立的随机变量序列. 又设它们的方差有界, 即存在常数 $C > 0$, 使

$$D(X_i) \leqslant C, \ i = 1, 2, \cdots$$

成立, 则对任意的 $\varepsilon > 0$, 有

$$\lim_{n \to \infty} P\left(\left| \frac{1}{n} \sum_{i=1}^{n} X_i - \frac{1}{n} \sum_{i=1}^{n} E(X_i) \right| < \varepsilon \right) = 1.$$

证明   利用切比雪夫不等式, 有

$$P\left(\left| \frac{1}{n} \sum_{i=1}^{n} X_i - \frac{1}{n} \sum_{i=1}^{n} E(X_i) \right| \geqslant \varepsilon \right) \leqslant \frac{D\left(\frac{1}{n} \sum\limits_{i=1}^{n} X_i \right)}{\varepsilon^2} = \frac{D\left(\sum\limits_{i=1}^{n} X_i \right)}{n^2 \varepsilon^2}.$$

由于 $X_i, \ i = 1, 2, \cdots$ 相互独立, 且它们的方差有界, 即得

$$D\left(\sum_{i=1}^{n} X_i \right) = \sum_{i=1}^{n} D(X_i) \leqslant nC,$$

从而有

$$P\left(\left| \frac{1}{n} \sum_{i=1}^{n} X_i - \frac{1}{n} \sum_{i=1}^{n} E(X_i) \right| \geqslant \varepsilon \right) \leqslant \frac{C}{n \varepsilon^2}.$$

令 $n \longrightarrow \infty$, 即得

$$\lim_{n \to \infty} P\left(\left| \frac{1}{n} \sum_{i=1}^{n} X_i - \frac{1}{n} \sum_{i=1}^{n} E(X_i) \right| \geqslant \varepsilon \right) = 0,$$

从而命题成立.

作为定理 5.2 的特殊情况, 有下面的推论.

推论   设 $X_1, X_2, \cdots, X_n, \cdots$ 是相互独立的随机变量序列, 且具有相同的期望和方差, 即 $E(X_i) = \mu$, $D(X_i) = \sigma^2$, $i = 1, 2, \cdots$, 则对任意的 $\varepsilon > 0$, 有

$$\lim_{n \to \infty} P\left(\left| \frac{1}{n} \sum_{i=1}^{n} X_i - \mu \right| < \varepsilon \right) = 1.$$

定理 5.3 (伯努利大数定律)   设 n_A 是 n 次独立重复试验中事件 A 发生的次数, p 是事件 A 在每次试验中发生的概率, 则对任意 $\varepsilon > 0$, 有

$$\lim_{n \to \infty} P\left(\left| \frac{n_A}{n} - p \right| < \varepsilon \right) = 1 \ \text{或} \ \lim_{n \to \infty} P\left(\left| \frac{n_A}{n} - p \right| \geqslant \varepsilon \right) = 0.$$

证明 由于 $n_A \sim B(n,p)$, 故 $E(n_A) = np, D(n_A) = np(1-p)$, 所以

$$E\left(\frac{n_A}{n}\right) = p, \quad D\left(\frac{n_A}{n}\right) = \frac{p(1-p)}{n}.$$

再由切比雪夫不等式得

$$P\left(\left|\frac{n_A}{n} - p\right| \geqslant \varepsilon\right) \leqslant \frac{p(1-p)}{n}/\varepsilon^2 = \frac{p(1-p)}{n\varepsilon^2}.$$

令 $n \to \infty$, 得

$$\lim_{n\to\infty} P\left(\left|\frac{n_A}{n} - p\right| \geqslant \varepsilon\right) = 0.$$

又 $P\left(\left|\frac{n_A}{n} - p\right| < \varepsilon\right) = 1 - P\left(\left|\frac{n_A}{n} - p\right| \geqslant \varepsilon\right)$, 显然有

$$\lim_{n\to\infty} P\left(\left|\frac{n_A}{n} - p\right| < \varepsilon\right) = 1.$$

伯努利大数定律中, $\frac{n_A}{n}$ 是事件 A 发生的频率, 该定理表明, 当试验的次数足够大时, 事件 A 发生的频率与概率之差的绝对值小于任一指定正数 ε 几乎是必然的, 这就是频率稳定性的含义. 因此在实际应用中, 当试验次数很大时, 可以用事件的频率来代替事件的概率. 上述定理的结论称频率 $\frac{n_A}{n}$ 依概率收敛于 p, 依概率收敛的一般定义如下.

定义 5.1 设 $Y_1, Y_2, \cdots, Y_n, \cdots$ 是一个随机变量序列, a 是一个常数. 若对于任意正数 ε, 有

$$\lim_{n\to\infty} P(|Y_n - a| < \varepsilon) = 1,$$

则称序列 $Y_1, Y_2, \cdots, Y_n, \cdots$ **依概率收敛于** a. 记为 $Y_n \xrightarrow{P} a \quad (n \to \infty)$.

注意依概率收敛与极限的差别.

容易看出, 伯努利大数定律是切比雪夫大数定律的特例, 它们的证明都是以切比雪夫不等式为基础, 所以要求随机变量具有方差. 但是进一步研究表明, 在随机变量服从相同分布的情况下, 并不需要方差存在, 现不加证明地介绍以下定理.

定理 5.4 (辛钦 (Khintchine) 大数定律) 设随机变量序列 $X_1, X_2, \cdots, X_n, \cdots$ 相互独立, 服从同一分布, 且数学期望存在, $E(X_i) = \mu, i = 1, 2, \cdots$, 则对任意 $\varepsilon > 0$, 有

$$\lim_{n\to\infty} P\left(\left|\frac{1}{n}\sum_{i=1}^{n} X_i - \mu\right| < \varepsilon\right) = 1.$$

该定理表示, 随机变量在 n 次观察中的算术平均值 $\frac{1}{n}(X_1 + X_2 + \cdots + X_n)$ 依概率收敛于它的期望值. 换一种说法, 当 n 充分大时, $\frac{1}{n}(X_1 + X_2 + \cdots + X_n)$ 几乎退化成一个常数——期望值, 这为寻找随机变量的期望提供了一条实际可行的途径.

§5.2　中心极限定理

在客观实际中有许多随机变量, 它们是大量相互独立的随机因素综合影响的结果, 其中每一个因素在总的影响中所起的作用都是微小的. 这种随机变量往往近似地服从正态分布. 这种现象就是中心极限定理的客观背景. 概率论中有关独立随机变量和的分布的极限是正态分布的定理称为中心极限定理.

【导引 2: 承保业务量与偿付能力的问题】　某保险公司开展某项保险业务, 其保险金额为 10 000 元, 每份保单发生索赔的概率为 0.01, 安全附加系数以 0.1 计算. 假如保险公司希望以 95% 的把握保证偿付能力, 它必须扩展此项业务到多少份保单?

本节介绍两个常用的中心极限定理.

定理 5.5 (独立同分布中心极限定理)　设随机变量序列 $X_1, X_2, \cdots, X_n, \cdots$ 相互独立, 服从同一分布, 且具有相同期望和方差:

$$E(X_i) = \mu, \ D(X_i) = \sigma^2 > 0, \ i = 1, 2, \cdots,$$

则随机变量

$$Y_n = \frac{\sum_{i=1}^{n} X_i - E\left(\sum_{i=1}^{n} X_i\right)}{\sqrt{D\left(\sum_{i=1}^{n} X_i\right)}} = \frac{\sum_{i=1}^{n} X_i - n\mu}{\sqrt{n}\sigma}$$

的分布函数 $F_n(x)$ 对于任意 x 满足

$$\lim_{n \to \infty} F_n(x) = \lim_{n \to \infty} P\left(\frac{\sum_{i=1}^{n} X_i - n\mu}{\sqrt{n}\sigma} \leqslant x\right) = \int_{-\infty}^{x} \frac{1}{\sqrt{2\pi}} \mathrm{e}^{-\frac{t^2}{2}} \mathrm{d}t = \Phi(x).$$

该定理的证明略去. 定理的意义在于, 不管我们讨论的随机变量 $X_i \ (i = 1, 2, \cdots)$ 服从什么分布, 只要 n 足够大, 随机变量的和 $\sum_{i=1}^{n} X_i$ 近似服从正态分布, 它的标准化随机变量 $\dfrac{\sum_{i=1}^{n} X_i - n\mu}{\sqrt{n}\sigma}$ 近似服从 $N(0, 1)$. 这样就可以利用正态分布对随机变量 $\sum_{i=1}^{n} X_i$ 作相关的统计分析. 下面给出由中心极限定理求解导引 2 的过程.

设保险公司承保保单数目为 n, 每单保险公司赔付额为 X, 其分布为

X	0	10 000
P	0.99	0.01

计算可知 $E(X) = 100, D(X) = 990\,000$. n 份保单的总赔付为 $S = X_1 + X_2 + \cdots + X_n$, 则 $E(S) = 100n, D(S) = 990\,000n$.

由 $P(S \leqslant (1+\lambda)E(S)) = 0.95$, 可得

$$P\left(\frac{S - E(S)}{\sqrt{D(S)}} \leqslant \frac{\lambda E(S)}{\sqrt{D(S)}}\right) = 0.95,$$

其中 $\lambda = 0.1$. 查标准正态分布函数值表, 则有

$$\frac{\lambda E(S)}{\sqrt{D(S)}} = \frac{0.1 \times 100n}{\sqrt{990\,000n}} = \frac{\sqrt{n}}{10\sqrt{99}} = 1.645,$$

解得 $n = 1.645^2 \times 100 \times 99 = 26\,789.65$. 因此, 若保险公司希望以 0.95 的概率确保它的偿付能力, 那么保险业务应扩展到 $26\,790$ 份保单以上.

例 5.4 设有 20 个噪声电压 $V_i(i = 1, 2, \cdots, 20)$, 它们是相互独立的随机变量, 且都在区间 $(0,10)$ 上服从均匀分布, 记 $V = \sum_{i=1}^{20} V_i$, 求 $P(V > 105)$ 的近似值.

解 易知 $E(V_i) = 5, D(V_i) = \dfrac{100}{12}\ (i = 1, 2, \cdots, 20)$. 这里 $n = 20$ 较大, 可以用定理 5.5, 所以随机变量

$$Z = \frac{\sum\limits_{i=1}^{20} V_i - 20 \times 5}{\sqrt{100/12} \cdot \sqrt{20}} = \frac{V - 20 \times 5}{\sqrt{100/12} \cdot \sqrt{20}}$$

近似服从正态分布 $N(0,1)$, 于是

$$\begin{aligned}
P(V > 105) &= P\left(\frac{V - 20 \times 5}{\sqrt{100/12} \cdot \sqrt{20}} > \frac{105 - 20 \times 5}{\sqrt{100/12} \cdot \sqrt{20}}\right) \\
&= 1 - P\left(\frac{V - 100}{\sqrt{100/12} \cdot \sqrt{20}} \leqslant 0.387\right) \\
&\approx 1 - \int_{-\infty}^{0.387} \frac{1}{\sqrt{2\pi}} \mathrm{e}^{-\frac{t^2}{2}} \,\mathrm{d}t \\
&= 1 - \Phi(0.387) = 0.348,
\end{aligned}$$

即有 $P(V > 105) \approx 0.348$.

例 5.5 一个螺丝钉的质量是一个随机变量, 期望值是 $100\,\mathrm{g}$, 标准差是 $10\,\mathrm{g}$, 求一盒 (100 个) 同型号螺丝钉的质量超过 $10.2\,\mathrm{kg}$ 的概率.

解 设一盒的质量为 X, 盒中第 i 个螺丝钉的质量为 $X_i(i = 1, 2, \cdots, 100)$. $X_1, X_2, \cdots, X_{100}$ 相互独立, $E(X_i) = 100, \sqrt{D(X_i)} = 10$, 则有 $X = \sum_{i=1}^{100} X_i$, 且这里 $n = 100$ 较大, 可以用定理 5.5, 所以随机变量

$$Z = \frac{X - 100 \times 100}{100} = \frac{X - 10\,000}{100}$$

近似地服从正态分布 $N(0,1)$, 于是

$$
\begin{aligned}
P(X > 10\,200) &= P\left(\frac{X - 10\,000}{100} > \frac{10\,200 - 10\,000}{100}\right) \\
&= 1 - P\left(\frac{X - 10\,000}{100} \leqslant \frac{10\,200 - 10\,000}{100}\right) \\
&\approx 1 - \int_{-\infty}^{2} \frac{1}{\sqrt{2\pi}} \mathrm{e}^{-\frac{t^2}{2}} \mathrm{d}t \\
&= 1 - \Phi(2) = 0.022\,8.
\end{aligned}
$$

例 5.6   某市有 50 个电话局每个电话局在每分钟内收到的电话呼叫次数服从参数为 $\lambda = 0.05$ 的泊松分布. 求该市电话局一分钟内的呼叫次数总和大于 3 的概率.

解   设随机变量 $X_i(i = 1, 2, \cdots, 50)$ 表示第 i 个电话局在给定一分钟内收到的呼叫次数, 则该市电话局在给定一分钟内的呼叫总次数为 $X = \sum_{i=1}^{50} X_i$. 由题意可知, $X_1, X_2, \cdots, X_{50}$ 相互独立, $E(X_i) = 0.05, D(X_i) = 0.05, i = 1, 2, \cdots, 50$. 这里 $n = 50$ 较大, 可以用定理 5.5, 所以随机变量 X 近似服从正态分布 $N(n\lambda, n\lambda)$, 即 $X \sim N(2.5, 2.5)$. 于是

$$
\begin{aligned}
P(X > 3) &= P\left(\frac{X - 2.5}{\sqrt{2.5}} > \frac{3 - 2.5}{\sqrt{2.5}}\right) \\
&= 1 - P\left(\frac{X - 2.5}{\sqrt{2.5}} \leqslant \frac{3 - 2.5}{\sqrt{2.5}}\right) \\
&\approx 1 - \int_{-\infty}^{0.3162} \frac{1}{\sqrt{2\pi}} \mathrm{e}^{-\frac{t^2}{2}} \mathrm{d}t \\
&= 1 - \Phi(0.316\,2) = 0.374\,5.
\end{aligned}
$$

即该市电话局一分钟内的呼叫次数总和大于 3 的概率约为 $0.374\,5$.

定理 5.6 (棣莫弗—拉普拉斯 (De Moivre-Laplace) 中心极限定理)   设随机变量 $Y_n(n = 1, 2, \cdots)$ 服从参数为 $n, p\,(0 < p < 1)$ 的二项分布, 则对于任意 x, 有

$$
\lim_{n \to \infty} P\left(\frac{Y_n - np}{\sqrt{np(1-p)}} \leqslant x\right) = \int_{-\infty}^{x} \frac{1}{\sqrt{2\pi}} \mathrm{e}^{-\frac{t^2}{2}} \mathrm{d}t = \Phi(x).
$$

证明   我们知道 Y_n 可以看成 n 个相互独立、同服从 (0–1) 分布的随机变量 $X_1, X_2, \cdots, X_n$ 之和, 即

$$
Y_n = \sum_{i=1}^{n} X_i,
$$

其中 $X_i(i = 1, 2, \cdots, n)$ 概率分布为

$$
P(X_i = k) = p^k (1-p)^{1-k},\ k = 0, 1.
$$

由于 $E(X_i) = p$, $D(X_i) = p(1-p)$ $(i = 1, 2, \cdots, n)$, 由定理 5.5 得

$$\lim_{n \to \infty} P\left(\frac{Y_n - np}{\sqrt{np(1-p)}} \leqslant x\right) = \lim_{n \to \infty} P\left(\frac{\sum\limits_{i=1}^{n} X_i - np}{\sqrt{np(1-p)}} \leqslant x\right)$$

$$= \int_{-\infty}^{x} \frac{1}{\sqrt{2\pi}} \mathrm{e}^{-\frac{t^2}{2}} \mathrm{d}t = \Phi(x).$$

定理 5.6 表明, 二项分布以正态分布为极限分布, 即若 $Y_n \sim B(n, p)$, 当 n 充分大时, Y_n 近似服从 $N(np, np(1-p))$, 这样可以查标准正态分布表, 得到二项分布的概率.

例 5.7 某计算机系统有 120 个终端, 每个终端有 5% 的时间在使用, 若近似认为各个终端使用与否相互独立, 试求有 10 个或更多终端在使用的概率.

解 设 X 表示在某时刻同时使用的终端数, 则 $X \sim B(120, 0.05)$, $E(X) = 6$, $D(X) = 5.7$, 由定理 5.6 有

$$P(X \geqslant 10) = 1 - P(X < 10)$$

$$= 1 - P\left(\frac{X - 6}{\sqrt{5.7}} < \frac{10 - 6}{\sqrt{5.7}}\right)$$

$$\approx 1 - \Phi(1.675) = 0.047,$$

即有 10 个以上终端在使用的概率为 0.047.

上题若按二项分布概率计算, 所求概率为

$$P\{X \geqslant 10\} = \sum_{i=10}^{120} \binom{120}{i} (0.05)^i (0.95)^{120-i},$$

显然直接计算很麻烦.

例 5.8 设有同类仪器 1 000 台, 各仪器的工作相互独立, 每台仪器发生故障的概率都是 0.01, 且假定 1 台仪器的故障只能由 1 个人来排除. 问至少需要配备多少名维修工人, 才能保证仪器发生故障时不能及时排除的概率小于 0.05.

解 设 X 表示出现故障的仪器个数, 则 $X \sim B(1\,000, 0.01)$, $E(X) = 10$, $D(X) = 9.9$. 设需要配备维修人员 m 名. 由定理 5.6, 有

$$P(X > m) = 1 - P(0 \leqslant X \leqslant m)$$

$$= 1 - P\left(\frac{0 - 10}{\sqrt{9.9}} \leqslant \frac{X - 10}{\sqrt{9.9}} \leqslant \frac{m - 10}{\sqrt{9.9}}\right)$$

$$\approx 1 - \Phi\left(\frac{m - 10}{\sqrt{9.9}}\right) + \Phi\left(\frac{-10}{\sqrt{9.9}}\right).$$

由于 $\Phi\left(-\dfrac{10}{\sqrt{9.9}}\right) = \Phi(-3.18) = 0$, 所以

$$P\{X > m\} \approx 1 - \Phi\left(\frac{m - 10}{\sqrt{9.9}}\right).$$

由题意, $P(X > m) < 0.05$, 即

$$1 - \Phi\left(\frac{m-10}{\sqrt{9.9}}\right) < 0.05.$$

于是有 $\Phi\left(\frac{m-10}{\sqrt{9.9}}\right) > 0.95$, 查表得 $\Phi(1.645) = 0.95$, 所以 $\frac{m-10}{\sqrt{9.9}} > 1.645$, 解得 $m > 15.17$, 因此得 $m = 16$.

例 5.9 据统计, 某城市市民在一年内遭遇交通事故的概率达到 0.001. 为此, 一家保险公司决定在这个城市新开一种交通事故险, 每个投保人每年缴保费 16 元, 一旦发生事故, 投保人将获得 1 万元赔偿. 经调查, 预计有 10 万人购买这种保险. 假设保险公司其他成本共 40 万元, 问保险公司亏本的概率有多大.

解 设 X 表示该城市购买这种保险的市民在一年内遭遇交通事故的人数, 则 $X \sim B(100\,000, 0.001)$, $E(X) = 100, D(X) = 99.9$. 由定理 5.6 有

$$P(X > 16 \times 10 - 40) = 1 - P(X < 120)$$
$$= 1 - P\left(\frac{X-100}{\sqrt{99.9}} < \frac{120-100}{\sqrt{99.9}}\right)$$
$$\approx 1 - \Phi(2) = 0.022\,8.$$

即保险公司亏本的概率为 0.022 8.

例 5.10 用切比雪夫不等式确定, 投掷一枚均匀铜币时, 需投多少次, 才能保证正面出现的频率在 0.4 与 0.6 之间的概率不少于 90%, 并用正态分布近似计算同一问题.

解 设需要投掷 n 次, 引入随机变量

$$X_i = \begin{cases} 1, & 投掷第 i 次时出现正面, \\ 0, & 投掷第 i 次时出现反面, \end{cases} i = 1, 2, \cdots, n,$$

则 $X_1, X_2, \cdots, X_n$ 相互独立. 由于铜币均匀, 故

$$P\{X_i = 1\} = \frac{1}{2}, \ P\{X_i = 0\} = \frac{1}{2}, \ E(X_i) = \frac{1}{2}, \ D(X_i) = \frac{1}{4}.$$

而 $Y = \frac{X_1 + X_2 + \cdots + X_n}{n}$ 表示 n 次试验中正面出现的频率, 且

$$E(Y) = \frac{1}{2}, \ D(Y) = \frac{1}{4n}.$$

由切比雪夫不等式有

$$P(0.4 < Y < 0.6) = P(|Y - 0.5| < 0.1)$$
$$\geq 1 - \frac{D(Y)}{0.1^2} = 1 - \frac{1}{0.04n},$$

要使 $P(0.4 < Y < 0.6) \geqslant 0.9$, 只要 $1 - \dfrac{1}{0.04n} \geqslant 0.9$, 即 $n \geqslant \dfrac{1\,000}{4} = 250.$

用正态分布近似计算得

$$P(0.4 < Y < 0.6) = P(|Y - 0.5| < 0.1)$$

$$= P\left(\frac{|\,Y - 0.5\,|}{\sqrt{1/4n}} < \frac{0.1}{\sqrt{1/4n}} \right) = P\left(\frac{|\,Y - 0.5\,|}{\sqrt{1/4n}} < 0.2\sqrt{n} \right)$$

$$\approx \Phi(0.2\sqrt{n}) - \Phi(-0.2\sqrt{n}) = 2\Phi(0.2\sqrt{n}) - 1 \geqslant 0.9.$$

即 $\Phi(0.2\sqrt{n}) \geqslant 0.95$, 查表得 $0.2\sqrt{n} \geqslant 1.645$, 故 $n \geqslant 68.$

两种结果比较可看出, 用切比雪夫不等式估计要多做 182 次试验. 因此切比雪夫不等式只是一种粗略的估计.

总之, 独立同分布的随机变量之和, 只要和式中加项的个数充分大, 其分布就可以用正态分布近似, 这在应用上是重要的. 事实上, 在相当一般的条件下, 当独立随机变量 (可以不同分布) 的个数不断增加时, 其和的分布就趋于正态分布, 关于这种情况这里不做介绍, 但这阐明了正态分布的重要性及适用的普遍性.

人物传记二
雅可比·伯努利

人物传记三
切比雪夫

习 题 五

1. 随机变量 X 的期望 $E(X) = 10$, 方差 $D(X) = 4$. 利用切比雪夫不等式, 估计:
(1) $P\{|X - 10| \geqslant 3\}$;　　　(2) $P\{|X - 10| < 3\}$;　　　(3) $P\{5 < X < 15\}$.

2. 设独立同分布随机变量序列 $X_1, X_2, \cdots, X_n, \cdots$, 其中 X_i 的分布律为

X_i	$-\sqrt{3}$	0	$\sqrt{3}$
P	$\dfrac{1}{3}$	$\dfrac{1}{3}$	$\dfrac{1}{3}$

(1) 计算 $E(X_i), D(X_i), i = 1, 2, \cdots$;

(2) 当 $n = 200, \varepsilon = 0.01$ 时, 用中心极限定理估计 $P(|Y - \mu| < \varepsilon)$, 其中 $Y = \dfrac{1}{n}\sum\limits_{i=1}^{n} X_i$, $\mu = E(X_i)$.

3. 设在 n 次伯努利试验中, 每次试验事件 A 出现的概率为 0.7. 要使事件 A 出现的频率在 0.68 到 0.72 之间的概率至少为 0.9, 问至少要做多少次试验?
(1) 用切比雪夫不等式估计;

(2) 用中心极限定理计算.

4. 设电站供电网有 10 000 盏电灯. 夜晚每一盏灯开灯的概率都是 0.7, 假定开、关时间彼此独立, 用切比雪夫不等式估计夜晚同时开灯数在 6 800 与 7 200 之间的概率.

5. 某车间有 100 台同类型的机床, 彼此独立工作, 每台机床实际工作时间占全部工作时间的 80%.

(1) 求任一时刻有 70 台至 85 台机床在工作的概率;

(2) 如果每台机床需要的电功率是 θ (kW), 则应当供应的电功率是多少才能以 95% 的概率保证各台机床能够正常工作?

6. 计算机在进行加法时, 每个加数取整数 (最接近于它的整数), 设所有的取整误差相互独立, 且它们都在 $[-0.5, 0.5]$ 上服从均匀分布.

(1) 将 1 500 个数相加, 误差总和的绝对值超过 15 的概率是多少?

(2) 最多几个数加在一起, 可使误差总和的绝对值小于 10 的概率不小于 90%.

7. (1) 一个复杂的系统由 100 个相互独立工作的部件组成. 在整个运行期间每个部件损坏的概率为 0.10. 为使整个系统正常运行, 至少有 85 个部件正常工作, 求整个系统正常运行的概率.

(2) 一个复杂的系统由 n 个相互独立工作的部件组成. 每个部件的可靠性 (即部件正常工作的概率) 为 0.90, 且至少有 80% 的部件工作才能使整个系统工作, 问 n 至少为多大才能使系统的可靠性不低于 0.95.

8. 有一大批种子, 其中良种占 $\dfrac{1}{6}$. 今在其中任选 6 000 粒, 试问在这些种子中, 良种所占比例与 $\dfrac{1}{6}$ 之差小于 1% 的概率是多少?

9. 一公寓有 200 户住户, 每一住户拥有汽车辆数 X 的分布律为

X	0	1	2
P	0.1	0.6	0.3

问需要多少车位, 才能使每辆汽车都有一个车位的概率至少为 0.95.

自 测 题 五

一、填空题

1. 设随机变量 X 服从参数为 2 的泊松分布, 试利用切比雪夫不等式估计 $P(|X-2| \leqslant 3)$ ＿＿＿＿＿＿.

2. 设随机变量 X 和 Y 的数学期望分别为 -2 和 2, 方差分别为 1 和 4, X 和 Y 相互独立, 则根据切比雪夫不等式有 $P(|X+Y| \geqslant 6) \leqslant$ ＿＿＿＿＿＿.

3. 设 $X_1, X_2, \cdots$ 是独立同分布的随机变量序列, 且 $X_i \sim U(-2, 2), i = 1, 2, \cdots$, 那么 $\dfrac{1}{n}\sum\limits_{i=1}^{n} X_i{}^2$ 依概率收敛于＿＿＿＿＿＿.

4. 设 $X_1, X_2, \cdots, X_{100}$ 为独立同分布的随机变量序列, 且 $E(X_i) = 1, D(X_i) = 2.4$ $(i = 1, 2, \cdots, 100)$, 则 $P\left(\sum\limits_{i=1}^{100} X_i \geqslant 90\right) \approx$ ＿＿＿＿＿＿.

二、计算题

1. 随机地掷 6 个骰子, 利用切比雪夫不等式估计 6 个骰子出现点数之和在 15 点到 27 点之间的概率.

2. 有一本 200 页的杂志, 每页中错误的个数服从参数 $\lambda = 0.1$ 的泊松分布. 利用中心极限定理计算这本杂志中错误总数不超过 25 的概率.

3. 假设某种化学产品在任一批次中所含特定杂质的量为随机变量 X, 其数学期望为 4 g, 标准差为 1.5 g, 各批次之间相互独立.

(1) 随机检查 50 批次, 求杂质的平均值 $\overline{X}$ 在 3.5 g 到 3.8 g 之间的概率.

(2) 随机检查 100 批次, 求杂质的总量 T 不超过 425 g 的概率.

三、证明题

证明泊松定理: 若事件 A 在第 i 次试验中发生的概率等于 p_i $(i = 1, 2, \cdots, n)$. m 表示在 n 次独立试验中事件 A 发生的次数. 则对任意 $\varepsilon > 0$, 有

$$\lim_{n \to \infty} P\left(\left| \frac{m}{n} - \frac{1}{n}\sum_{i=1}^{n} p_i \right| < \varepsilon \right) = 1$$

(提示: 用切比雪夫不等式).

习题参考答案或提示五

第六章　抽样分布

前面的五章介绍了概率论的基本内容, 从本章开始将介绍一些数理统计的基本知识和一些常用的数理统计方法.

概率论与数理统计都是研究大量随机现象统计规律性的数学学科. 二者有密切的联系, 也有其不同的侧重点. 概率论中许多问题的讨论, 常常是从已知的随机变量 X 出发来研究 X 的种种性质, 但是在实际问题中, 一般来说, 人们事先并不知道随机事件的概率、随机变量的概率分布和数字特征, 那么如何判断它服从某种分布? 如果知道了它服从某种分布, 又该如何确定它的各个参数? 这些问题都是数理统计所要研究的内容. 在数理统计中, 往往通过进行多次独立重复试验来获取数据, 然后利用这些数据来研究随机变量的分布类型及其参数, 对其分布函数、数字特征等进行估计和推断, 从而对所考察的问题做出推断和预测, 为进一步的决策和行动提供依据和建议.

【导引: 质量控制问题】 某食盐厂用包装机包装的食盐, 每袋净含量为 500 g, 通常在包装机正常的情况下, 袋装食盐的重量 X 服从正态分布, 均值为 500 g, 标准差为 25 g. 为进行生产质量控制, 厂家每天从当天的产品中随机抽出 30 袋食盐进行严格称重, 以检验包装机工作是否正常. 某日, 该厂随机抽取 30 袋食盐的净含量分别为

475	500	485	454	504	439	492	501	463	461
464	494	512	451	434	511	513	490	521	514
449	467	499	484	508	478	479	499	529	480

从这些数据看, 包装机的工作正常吗?

§6.1　数理统计的基本概念

为了研究方便, 我们先介绍数理统计常用的几个基本概念.

1. 总体和个体

在数理统计中, 我们常关心研究对象的某项数量指标. 其中, 我们把研究对象的某项数量指标值的全体称为**总体** (或**母体**), 总体中的每个元素称为个体. 在实际问题的研究中, 总体和个体往往只是研究对象的某一方面的数量指标. 例如, 有一批钢筋, 我们要研究这批钢筋的强度是否符合标准, 这批钢筋强度的全体就是一个总体, 而每根钢筋的强度就是一个个体. 对总体来说, 我们关心的并不是组成总体的各个个体本身, 而主要是考察与它们相联系的某个特征的分布状况. 例如, 研究显像管的质量, 关心的是显像管的寿命而不是显像管本身. 由于各显像管的寿命不完全相同, 我们不可能逐个地指出每个显像管的寿命, 而只需了解全体显像管的寿命 (总体) 的分布状况. 由于任一个显像管的寿命事先是不能确定的, 但是每个显像管都确实对应着一个寿命值, 所以我们可以认为显像管的寿命 (总体) 是一个随机变量, 而我们关心的正是这个随机变量的概率分布. 一般来说, 我们都

可以把所考察的总体用一个随机变量来表示, 这样, 总体就是一个具有确定概率分布的随机变量, 而一个个体则是随机变量的一次观测值. 以后, 我们说总体 $F(x)$ 或总体 X 是指, 一个以 $F(x)$ 为分布函数的随机变量 X, 且不区分总体和相应的随机变量. 如果一个总体 X 服从正态分布, 即 $X \sim N(\mu, \sigma^2)$, 则 X 称为正态总体, 它是一种十分重要的总体.

2. 样本

要将一个总体的性质了解得十分清楚, 初看起来, 最理想的办法是对个体逐个进行观察, 但实际上这样做往往是不现实的. 例如, 要研究灯泡寿命, 由于寿命试验具有破坏性, 一旦我们获得试验的所有结果, 这批灯泡也全烧毁了. 因此我们只能从整批灯泡中抽取部分灯泡做寿命试验, 并记录结果, 然后根据获取的数据来推断整批灯泡的寿命情况. 即使一些试验不具有破坏性, 但逐一检验需花费大量人力、物力和时间, 我们仍然只能抽取少量个体进行检测.

一般, 我们都是从总体中抽取一部分个体进行观察, 然后根据所得数据来推断总体的性质. 这种从总体中抽取若干个体来观察总体的某项数量指标的过程称为**抽样**. 被抽出的部分个体称为总体 X 的一个**样本**, 用 $(X_1, X_2, \cdots, X_n)$ 来表示, 样本中包含的个体数目 n 称为**样本容量**. 由于每个 $X_i(i = 1, 2, \cdots, n)$ 是由总体 X 中随机取出的, 它的取值就在总体可能取值的范围内随机取得. 因此, 每个 X_i 也是一个随机变量, 而样本 $(X_1, X_2, \cdots, X_n)$ 则是一个 n 维随机向量. 一旦 n 次抽取完成就得到 n 个具体的数据 $(x_1, x_2 \cdots, x_n)$, 称为 $(X_1, X_2, \cdots, X_n)$ 的一组观测值, 简称**样本观测值**, 由样本推断总体是数理统计的基本任务, 为使样本能很好地反映总体, 样本中每个个体都应从总体 X 中随机抽取, 且各次抽样的结果互不影响. 因此, 样本应满足下列条件:

(1) **代表性**: 总体中每个个体被抽到的机会均等, 个体的分布能代表总体的分布, 即每个 $X_i(i = 1, 2, \cdots, n)$ 与总体 X 具有相同的分布函数 $F(\cdot)$.

(2) **独立性**: $X_1, X_2, \cdots, X_n$ 相互独立. 我们称这样的样本为简单随机样本, 以后如无特别说明, 所提到的样本都是简单随机样本.

在实际中如何才能得到简单随机样本呢? 办法很简单. 当样本容量 n 相对于总体中的个体数 N 很小时 (一般是 $\dfrac{N}{n} \geqslant 10$), 则连续抽取的 n 个个体就可看成是一个简单随机样本. 如果是有放回抽样, 则不必要求 n 相对很小, 就能得到简单随机样本.

综上所述, 给出下面的定义和定理.

定义 6.1 设 X 是具有分布函数 $F(x)$ 的随机变量, 若 $X_1, X_2, \cdots, X_n$ 是具有同一分布函数 $F(x)$ 的相互独立的随机变量, 则称 $X_1, X_2, \cdots, X_n$ 为从总体 $F(x)$(或总体 X) 中抽取的容量为 n 的**简单随机样本**, 简称**样本**, 它们的观测值 $x_1, x_2 \cdots, x_n$ 称为**样本值**.

由多维随机向量的分布性质可得到下面定理:

定理 6.1 若 $X_1, X_2, \cdots, X_n$ 为总体 $F(x)$ 的一个样本, 则 $X_1, X_2, \cdots, X_n$ 的联合分布函数为

$$F(x_1, x_2, \cdots, x_n) = F(x_1)F(x_2) \cdots F(x_n) = \prod_{i=1}^{n} F(x_i).$$

又若总体具有概率密度 $f(x)$, 则 $X_1, X_2, \cdots, X_n$ 的联合概率密度为

$$f^*(x_1, x_2, \cdots, x_n) = f(x_1)f(x_2) \cdots f(x_n) = \prod_{i=1}^{n} f(x_i).$$

§6.2 抽 样 分 布

6.2.1 统计量

样本是统计推断的依据, 在总体 X 中抽取的样本 $X_1, X_2, \cdots, X_n$ 在一定程度上代表了总体, 包含了总体的各种信息. 在实际解决问题时, 并不是直接使用样本, 而是针对不同的问题把它加工成不同的量. 在数理统计中, 通常是构造各种不同的样本函数.

定义 6.2 设 $X_1, X_2, \cdots, X_n$ 是来自总体 X 的一个样本, $g(x_1, x_2, \cdots, x_n)$ 是一个函数, 如果 g 中不含任何未知参数, 则称 $g(X_1, X_2, \cdots, X_n)$ 是一个**统计量**.

设 $x_1, x_2, \cdots, x_n$ 是相应于样本 $X_1, X_2, \cdots, X_n$ 的观测值, 则称 $g(x_1, x_2, \cdots, x_n)$ 是 $g(X_1, X_2, \cdots, X_n)$ 的观测值.

例如, 总体 $X \sim N(\mu, \sigma^2)$, 且 μ 已知, σ^2 未知, 则 $\dfrac{X_1 + X_2}{2}$, $\max\{X_1, X_2, \cdots, X_n\}$, $\sum\limits_{i=1}^{n}(X_i - \mu)^2$ 等都是统计量, 而 $\dfrac{\sum\limits_{i=1}^{n} X_i^2}{\sigma^2}$ 不是统计量, 其中 $X_1, X_2, \cdots, X_n$ 为 X 的样本.

下面列出数理统计中常用的几个统计量.

设 $X_1, X_2, \cdots, X_n$ 是来自总体 X 的一个样本, $x_1, x_2, \cdots, x_n$ 是样本观测值, 定义

样本均值

$$\overline{X} = \frac{1}{n} \sum_{i=1}^{n} X_i; \tag{6.1}$$

样本方差

$$S^2 = \frac{1}{n-1} \sum_{i=1}^{n} (X_i - \overline{X})^2 = \frac{1}{n-1} \left(\sum_{i=1}^{n} X_i^2 - n\overline{X}^2 \right); \tag{6.2}$$

样本标准差

$$S = \sqrt{\frac{1}{n-1} \sum_{i=1}^{n} (X_i - \overline{X})^2}; \tag{6.3}$$

样本 k 阶 (原点) 矩

$$A_k = \frac{1}{n} \sum_{i=1}^{n} X_i^k, \quad k = 1, 2, \cdots; \tag{6.4}$$

样本 k 阶中心矩

$$B_k = \frac{1}{n} \sum_{i=1}^{n} (X_i - \overline{X})^k, \quad k = 2, 3, \cdots. \tag{6.5}$$

它们的观测值分别为

$$\bar{x} = \frac{1}{n} \sum_{i=1}^{n} x_i; \tag{6.6}$$

$$s^2 = \frac{1}{n-1} \sum_{i=1}^{n} (x_i - \bar{x})^2 = \frac{1}{n-1} \left(\sum_{i=1}^{n} x_i^2 - n\bar{x}^2 \right); \tag{6.7}$$

$$s = \sqrt{\frac{1}{n-1} \sum_{i=1}^{n} (x_i - \bar{x})^2}; \tag{6.8}$$

$$a_k = \frac{1}{n} \sum_{i=1}^{n} x_i^k, \quad k = 1, 2, \cdots; \tag{6.9}$$

$$b_k = \frac{1}{n} \sum_{i=1}^{n} (x_i - \bar{x})^k, \quad k = 2, 3, \cdots. \tag{6.10}$$

这些观测值分别称为样本均值、样本方差、样本标准差、样本 k 阶矩、样本 k 阶中心矩.

顺便指出, 若总体 X 的 k 阶矩 $E(X^k) \stackrel{\text{def}}{=\!=} \mu_k$ 存在, 由辛钦大数定律及随机变量序列依概率收敛的性质可以证明:

$$A_k \stackrel{P}{\longrightarrow} \mu_k, \ n \to \infty, \ k = 1, 2, \cdots;$$

$$g(A_1, A_2, \cdots, A_k) \stackrel{P}{\longrightarrow} g(\mu_1, \mu_2, \cdots, \mu_k), \ n \to \infty, \ k = 1, 2, \cdots,$$

其中 g 为连续函数, 这是下一章所要介绍的矩估计法的理论依据.

6.2.2 抽样分布

统计量是样本的函数, 它是一个随机变量, 统计量的分布称为**抽样分布**, 使用统计量进行推断时需知道它的分布. 当总体的分布函数已知时, 抽样分布是确定的, 然而求出统计量的精确分布一般来说是困难的. 本节介绍来自正态总体下几个常用统计量的分布.

1. χ^2 分布

定义 6.3 设总体 $X \sim N(0,1)$, $X_1, X_2, \cdots, X_n$ 是 X 的样本, 则称统计量

$$\chi^2 = X_1^2 + X_2^2 + \cdots + X_n^2$$

服从**自由度为** n **的** χ^2 **分布**, 记为 $\chi^2 \sim \chi^2(n)$.

可以证明统计量 χ^2 的概率密度为

$$f(x) = \begin{cases} \dfrac{1}{2^{\frac{n}{2}}\Gamma\left(\dfrac{n}{2}\right)} x^{\frac{n}{2}-1}\mathrm{e}^{-\frac{x}{2}}, & x > 0, \\ 0, & x \leqslant 0. \end{cases} \tag{6.11}$$

其中 $\Gamma(s) = \displaystyle\int_0^{+\infty} t^{s-1}\mathrm{e}^{-t}\mathrm{d}t$ 为 Γ 函数 (其中 $s > 0$).

图 6.1 描绘了 χ^2 分布概率密度当 $n = 1, 5, 15$ 时所对应的图像曲线, 可以看出, 随着 n 的增大, 概率密度所对应的曲线趋于 "平缓".

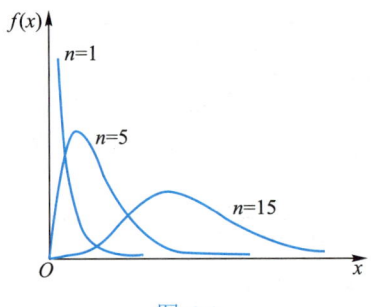

图 6.1

例 6.1 设 $X_1, X_2, \cdots, X_n$ 是来自正态总体 $X \sim N(\mu, \sigma^2)$ 的样本, 求随机变量 $Y = \dfrac{1}{\sigma^2} \displaystyle\sum_{i=1}^{n}(X_i - \mu)^2$ 的概率分布.

解 由于 $X_1, X_2, \cdots, X_n$ 是来自正态总体 $X \sim N(\mu, \sigma^2)$ 的样本, 所以 $X_1, X_2, \cdots, X_n$ 相互独立, 且 $X_i \sim N(\mu, \sigma^2), i = 1, 2, \cdots, n$, 则 $\dfrac{X_i - \mu}{\sigma}$ 相互独立, 且 $\dfrac{X_i - \mu}{\sigma} \sim N(0,1)$, $i = 1, 2, \cdots, n$.

由 χ^2 分布定义可知, $Y = \dfrac{1}{\sigma^2} \displaystyle\sum_{i=1}^{n}(X_i - \mu)^2 \sim \chi^2(n)$.

例 6.2 设 X_1, X_2, X_3, X_4 是来自正态总体 $X \sim N(0,4)$ 的样本, 已知 $a(X_1 - 2X_2)^2 + b(3X_3 - 4X_4)^2$ 服从自由度为 n 的 χ^2 分布, 其中 a, b 均为不等于 0 的常数, 试求常数 a, b 以及自由度 n.

解 由已知条件可知 X_1, X_2, X_3, X_4 相互独立, 且都服从正态分布 $X \sim N(0,4)$, 因此 $X_1 - 2X_2, 3X_3 - 4X_4$ 均服从正态分布. 由于

$$E(X_1 - 2X_2) = E(X_1) - 2E(X_2) = 0 - 2 \times 0 = 0,$$

$$D(X_1 - 2X_2) = D(X_1) + 4D(X_2) = 4 + 4 \times 4 = 20,$$

$$E(3X_3 - 4X_4) = 3E(X_3) - 4E(X_4) = 3 \times 0 - 4 \times 0 = 0,$$

$$D(3X_3 - 4X_4) = 9D(X_3) + 16D(X_4) = 9 \times 4 + 16 \times 4 = 100,$$

所以 $\qquad\qquad X_1 - 2X_2 \sim N(0, 20), \quad 3X_3 - 4X_4 \sim N(0, 100),$

即有
$$\frac{X_1 - 2X_2}{\sqrt{20}} \sim N(0,1), \quad \frac{3X_3 - 4X_4}{10} \sim N(0,1).$$

显然 $\dfrac{X_1 - 2X_2}{\sqrt{20}}$ 与 $\dfrac{3X_3 - 4X_4}{10}$ 相互独立, 由 χ^2 分布定义可知

$$\frac{(X_1 - 2X_2)^2}{20} + \frac{(3X_3 - 4X_4)^2}{100} \sim \chi^2(2).$$

而由题设, $a(X_1 - 2X_2)^2 + b(3X_3 - 4X_4)^2$ 服从自由度为 n 的 χ^2 分布, 因此, $a = \dfrac{1}{20}$, $b = \dfrac{1}{100}$, $n = 2$.

χ^2 分布具有如下性质:

性质 6.1　设 $\chi^2 \sim \chi^2(n)$, 则 $E(\chi^2) = n, D(\chi^2) = 2n$.

证明　由于 $X_i \sim N(0,1)$, 因而 $E(X_i) = 0, D(X_i) = 1$, 且

$$E(X_i^2) = D(X_i) + [E(X_i)]^2 = 1, E(X_i^4) = \frac{1}{\sqrt{2\pi}} \int_{-\infty}^{+\infty} x^4 \mathrm{e}^{-\frac{x^2}{2}} \mathrm{d}x = 3.$$

因此
$$D(X_i^2) = E(X_i^4) - [E(X_i^2)]^2 = 3 - 1 = 2, i = 1, 2, \cdots, n.$$

又由于 $X_1, X_2, \cdots, X_n$ 相互独立, 所以 $X_1^2, X_2^2, \cdots, X_n^2$ 也相互独立, 故

$$E(\chi^2) = \sum_{i=1}^{n} E(X_i^2) = n, D(\chi^2) = \sum_{i=1}^{n} D(X_i^2) = 2n.$$

性质 6.2　设 $\chi_1^2 \sim \chi^2(n_1), \chi_2^2 \sim \chi^2(n_2)$, 且 χ_1^2 与 χ_2^2 相互独立, 则有 $\chi_1^2 + \chi_2^2 \sim \chi^2(n_1 + n_2)$.

这个性质叫做 χ^2 分布的可加性, 它由 χ^2 分布的定义立即可得到.

定义 6.4　设 $\chi^2 \sim \chi^2(n)$, 对于给定的 $\alpha, 0 < \alpha < 1$, 称满足条件

$$P(\chi^2 > \chi_\alpha^2(n)) = \alpha$$

的点 $\chi_\alpha^2(n)$ 为 $\chi^2(n)$ **分布的上 α 分位点**, 如图 6.2 所示.

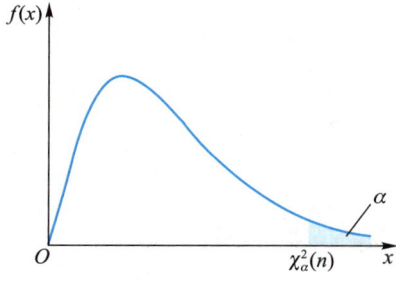

图 6.2

对于不同的 α, n, 上 α 分位点的值已制成表格供查用 (见附表 4). 例如对于 $\alpha = 0.1$, $n = 25$, 查表得 $\chi^2_{0.1}(25) = 34.382$. 但该表只详列到 $n = 45$ 为止, 费希尔 (Fisher) 曾证明, 当 n 充分大时, $\sqrt{2\chi^2(n)}$ 近似服从 $N(\sqrt{2n-1}, 1)$, 因此当 n 充分大时, 近似地有

$$\chi^2_\alpha(n) \approx \frac{1}{2}(u_\alpha + \sqrt{2n-1})^2,$$

其中 u_α 是标准正态分布的上 α 分位点. 例如

$$\chi^2_{0.05}(50) \approx \frac{1}{2}(1.645 + \sqrt{99})^2 = 67.221.$$

2. t 分布

定义 6.5　设随机变量 $X \sim N(0,1)$, $Y \sim \chi^2(n)$, 且 X 与 Y 相互独立, 则称随机变量

$$T = \frac{X}{\sqrt{Y/n}}$$

服从**自由度为 n 的 t 分布**, 又称为 "**学生氏 (Student)**" 分布. 记为 $T \sim t(n)$.

可以证明 T 的概率密度函数为

$$f(t) = \frac{\Gamma\left(\dfrac{n+1}{2}\right)}{\sqrt{\pi n}\,\Gamma\left(\dfrac{n}{2}\right)}\left(1 + \frac{t^2}{n}\right)^{-\frac{n+1}{2}}, \quad -\infty < t < +\infty. \tag{6.12}$$

图 6.3 画出了当 $n = 1, 10, \infty$ 时 t 分布的概率密度的图像曲线, 不同于 χ^2 分布的概率密度图像曲线的非对称性, t 分布的概率密度图像曲线相似于 $N(0,1)$ 的概率密度图像曲线, 呈对称性. 事实上利用 Γ 函数的性质可得

$$\lim_{n \to \infty} f(t) = \frac{1}{\sqrt{2\pi}} e^{-\frac{t^2}{2}}, -\infty < t < +\infty.$$

故当 n 足够大时, t 分布近似于 $N(0,1)$ 分布, 但对于较小的 n, t 分布与标准正态分布相差很大.

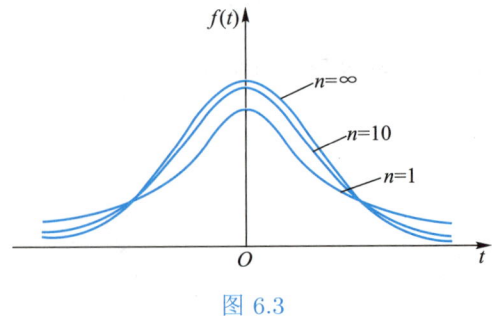

图 6.3

例 6.3　设 X_1, X_2, X_3, X_4 是来自正态总体 $X \sim N(0,1)$ 的样本, 试证明 $Y = \dfrac{X_1 + X_2}{\sqrt{X_3^2 + X_4^2}} \sim t(2)$.

证明 由已知可知,X_1, X_2, X_3, X_4 相互独立且均服从 $X \sim N(0,1)$, 故

$$X_3^2 + X_4^2 \sim \chi^2(2), \quad X_1 + X_2 \sim N(0,2).$$

则有

$$\frac{X_1 + X_2}{\sqrt{2}} \sim N(0,1).$$

显然, $\dfrac{X_1 + X_2}{\sqrt{2}}$ 与 $X_3^2 + X_4^2$ 相互独立, 由 t 分布定义可知

$$\frac{(X_1 + X_2)/\sqrt{2}}{\sqrt{(X_3^2 + X_4^2)/2}} \sim t(2),$$

即 $Y = \dfrac{X_1 + X_2}{\sqrt{X_3^2 + X_4^2}} \sim t(2)$.

定义 6.6 设随机变量 $T \sim t(n)$, 对于给定的 α, $0 < \alpha < 1$, 称满足条件

$$P(T > t_\alpha(n)) = \alpha$$

的点 $t_\alpha(n)$ 为$t(n)$ **分布的上 α 分位点**. 如图 6.4.

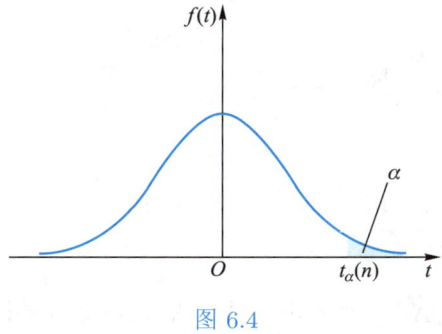

图 6.4

由分位点的定义及 t 分布的概率密度图像曲线的对称性知

$$t_{1-\alpha}(n) = -t_\alpha(n).$$

t 分布的上 α 分位点可在附表 3 中查得, 在 $n > 45$ 时,$t_\alpha(n) \approx u_\alpha$.

例 6.4 设 $T \sim t(50)$, 求满足 $P(|T| \leqslant c) = 0.80$ 的 c 值.

解 由 $P(|T| \leqslant c) = 0.80$ 得 $P(|T| > c) = 0.20$, 再由 t 分布的对称性知

$$P(T < -c) = P(T > c) = 0.10,$$

于是 $c = t_{0.1}(50) \approx u_{0.10} = 1.282$.

3. F 分布

定义 6.7   设随机变量 $X \sim \chi^2(n_1), Y \sim \chi^2(n_2)$, 且 X 与 Y 相互独立, 则称随机变量

$$F = \frac{X/n_1}{Y/n_2}$$

服从**自由度为** (n_1, n_2) **的** F **分布**, 记为 $F \sim F(n_1, n_2)$, 其中 n_1 称为**第一自由度**, n_2 称为**第二自由度**.

自由度为 (n_1, n_2) 的 F 分布的概率密度函数为

$$f(y) = \begin{cases} \dfrac{\Gamma\left(\dfrac{n_1 + n_2}{2}\right)\left(\dfrac{n_1}{n_2}\right)^{\frac{n_1}{2}} y^{\frac{n_1}{2} - 1}}{\Gamma\left(\dfrac{n_1}{2}\right) \cdot \Gamma\left(\dfrac{n_2}{2}\right)\left(1 + \dfrac{n_1 y}{n_2}\right)^{\frac{n_1 + n_2}{2}}}, & y > 0, \\ 0, & y \leqslant 0. \end{cases} \tag{6.13}$$

图 6.5 给出了不同自由度的 F 分布的概率密度图像曲线.

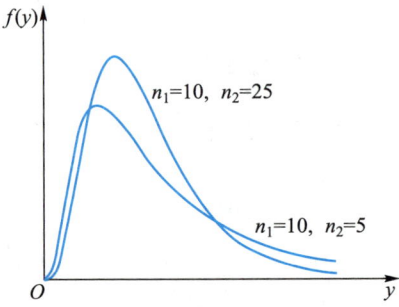

图 6.5

由定义可知, 若 $F \sim F(n_1, n_2)$, 则 $\dfrac{1}{F} \sim F(n_2, n_1)$.

例 6.5   设 $X_1, X_2, \cdots, X_n$ 是来自正态总体 $X \sim N(0,1)$ 的样本, 则统计量 $\dfrac{(n-3)\sum\limits_{i=1}^{3} X_i^2}{3\sum\limits_{i=4}^{n} X_i^2}$

服从什么分布?

解   由于 $X_1, X_2, \cdots, X_n$ 是来自正态总体 $X \sim N(0,1)$ 的样本, 所以

$$\sum_{i=1}^{3} X_i^2 \sim \chi^2(3), \quad \sum_{i=4}^{n} X_i^2 \sim \chi^2(n-3),$$

且二者相互独立, 所以

$$\frac{(n-3)\sum\limits_{i=1}^{3} X_i^2}{3\sum\limits_{i=4}^{n} X_i^2} = \frac{\sum\limits_{i=1}^{3} X_i^2 / 3}{\sum\limits_{i=4}^{n} X_i^2 / (n-3)} \sim F(3, n-3).$$

定义 6.8　设随机变量 $F \sim F(n_1, n_2)$, 对于给定的 α, $0 < \alpha < 1$, 称满足条件

$$P\{F > F_\alpha(n_1, n_2)\} = \alpha$$

的点 $F_\alpha(n_1, n_2)$ 为 $F(n_1, n_2)$ **分布的上 α 分位点**. 如图 6.6 所示. F 分布的上 α 分位点可在附表 5 中查得.

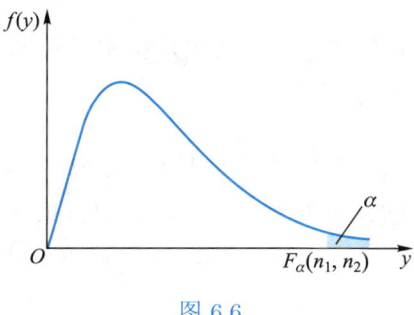

图 6.6

F 分布的上 α 分位点有如下性质:

$$F_{1-\alpha}(n_1, n_2) = \frac{1}{F_\alpha(n_2, n_1)}.$$

事实上, 若 $F \sim F(n_1, n_2)$, 按定义

$$
\begin{aligned}
1 - \alpha &= P(F > F_{1-\alpha}(n_1, n_2)) \\
&= P\left(\frac{1}{F} < \frac{1}{F_{1-\alpha}(n_1, n_2)}\right) \\
&= 1 - P\left(\frac{1}{F} \geqslant \frac{1}{F_{1-\alpha}(n_1, n_2)}\right) \\
&= 1 - P\left(\frac{1}{F} > \frac{1}{F_{1-\alpha}(n_1, n_2)}\right),
\end{aligned}
$$

于是 $P\left\{\dfrac{1}{F} > \dfrac{1}{F_{1-\alpha}(n_1, n_2)}\right\} = \alpha$. 再由 $\dfrac{1}{F} \sim F(n_2, n_1)$ 知, $P\left\{\dfrac{1}{F} > F_\alpha(n_2, n_1)\right\} = \alpha$, 可得 $F_\alpha(n_2, n_1) = \dfrac{1}{F_{1-\alpha}(n_1, n_2)}$, 即 $F_{1-\alpha}(n_1, n_2) = \dfrac{1}{F_\alpha(n_2, n_1)}$.

这一性质常用来求 F 分布表中未列出的一些上 α 分位点. 例如

$$F_{0.95}(12, 9) = \frac{1}{F_{0.05}(9, 12)} = \frac{1}{2.80} \approx 0.357.$$

6.2.3　正态总体的样本均值与样本方差的分布

在概率统计中, 正态分布占据十分重要的位置, 这是因为在应用问题中许多随机变量的概率分布是正态分布, 或者是近似正态分布. 另外, 正态分布有许多优良的性质, 便于理

论研究. 如总体服从正态分布时, 某些统计量的精确分布容易得到并有较简单的结果. 因此, 本节主要介绍正态总体下某些统计量的抽样分布.

定理 6.2 设 $X_1, X_2, \cdots, X_n$ 是来自正态总体 $N(\mu, \sigma^2)$ 的一个样本, $\overline{X}$ 为样本均值, 则

$$\overline{X} \sim N\left(\mu, \frac{\sigma^2}{n}\right). \tag{6.14}$$

证明 从 §3.3 知道, 有限个相互独立的服从正态分布的随机变量的线性组合仍然服从正态分布, 因此, $\overline{X}$ 服从正态分布.

又知, $E(\overline{X}) = \mu$, $D(\overline{X}) = \dfrac{\sigma^2}{n}$, 于是 $\overline{X} \sim N\left(\mu, \dfrac{\sigma^2}{n}\right)$.

对于正态总体 $N(\mu, \sigma^2)$ 的样本方差 S^2, 我们有以下的定理.

定理 6.3 设 $X_1, X_2, \cdots, X_n$ 是来自正态总体 $N(\mu, \sigma^2)$ 的一个样本, $\overline{X}, S^2$ 分别为样本均值和样本方差, 则有

(1) $\dfrac{(n-1)S^2}{\sigma^2} \sim \chi^2(n-1)$;

(2) $\overline{X}$ 与 S^2 相互独立.

这个定理的证明从略. 我们仅对自由度做一些说明: 由样本方差 S^2 的定义易知

$$(n-1)S^2 = \sum_{i=1}^{n} (X_i - \overline{X})^2,$$

所以统计量

$$\chi^2 = \frac{(n-1)S^2}{\sigma^2} = \frac{1}{\sigma^2} \sum_{i=1}^{n} (X_i - \overline{X})^2 = \sum_{i=1}^{n} \left(\frac{X_i - \overline{X}}{\sigma}\right)^2.$$

虽然是 n 个随机变量的平方和, 但是这些随机变量不是相互独立的, 因为它们的和恒等于零:

$$\sum_{i=1}^{n} \left(\frac{X_i - \overline{X}}{\sigma}\right) = \frac{1}{\sigma}\left(\sum_{i=1}^{n} X_i - n\overline{X}\right) \equiv 0.$$

由于受到一个条件的约束, 所以自由度为 $n-1$.

根据这一定理容易得到下面两个定理.

定理 6.4 设 $X_1, X_2, \cdots, X_n$ 是来自正态总体 $N(\mu, \sigma^2)$ 的一个样本, $\overline{X}, S^2$ 分别为样本均值和样本方差, 则有

$$\frac{\overline{X} - \mu}{S/\sqrt{n}} \sim t(n-1).$$

证明 因为 $\dfrac{\overline{X} - \mu}{\sigma/\sqrt{n}} \sim N(0,1)$, $\dfrac{(n-1)S^2}{\sigma^2} \sim \chi^2(n-1)$, 且两者相互独立, 由 t 分布的定义知

$$\frac{\overline{X} - \mu}{\sigma/\sqrt{n}} \bigg/ \sqrt{\frac{(n-1)S^2}{\sigma^2(n-1)}} \sim t(n-1),$$

即
$$\frac{\overline{X} - \mu}{S/\sqrt{n}} \sim t(n-1).$$

定理 6.5　设 $X_1, X_2, \cdots, X_{n_1}$ 和 $Y_1, Y_2, \cdots, Y_{n_2}$ 分别是来自正态总体 $N(\mu_1, \sigma_1^2)$ 和 $N(\mu_2, \sigma_2^2)$ 的两个样本, 且两样本相互独立. $\overline{X}$, $\overline{Y}$ 和 S_1^2, S_2^2 分别为两样本的样本均值和样本方差, 则有

(1) $\overline{X} - \overline{Y} \sim N(\mu_1 - \mu_2, \frac{\sigma_1^2}{n_1} + \frac{\sigma_2^2}{n_2})$;

(2) $\dfrac{S_1^2/\sigma_1^2}{S_2^2/\sigma_2^2} \sim F(n_1 - 1, n_2 - 1)$;

(3) 当 $\sigma_1^2 = \sigma_2^2 \stackrel{\text{def}}{=\!=} \sigma^2$ 时,

$$T = \frac{(\overline{X} - \overline{Y}) - (\mu_1 - \mu_2)}{S_w \sqrt{\dfrac{1}{n_1} + \dfrac{1}{n_2}}} \sim t(n_1 + n_2 - 2),$$

其中 $S_w^2 = \dfrac{(n_1 - 1)S_1^2 + (n_2 - 1)S_2^2}{n_1 + n_2 - 2}$.

证明　(1), (2) 的证明简单, 读者自己完成. 只证 (3).

由 (1) 知 $U \stackrel{\text{def}}{=\!=} \dfrac{(\overline{X} - \overline{Y}) - (\mu_1 - \mu_2)}{\sigma \sqrt{\dfrac{1}{n_1} + \dfrac{1}{n_2}}} \sim N(0, 1)$. 又知

$$\frac{(n_1 - 1)S_1^2}{\sigma^2} \sim \chi^2(n_1 - 1),$$

$$\frac{(n_2 - 1)S_2^2}{\sigma^2} \sim \chi^2(n_2 - 1),$$

并且它们相互独立, 从而由 χ^2 分布的可加性知

$$V \stackrel{\text{def}}{=\!=} \frac{(n_1 - 1)S_1^2 + (n_2 - 1)S_2^2}{\sigma^2} \sim \chi^2(n_1 + n_2 - 2),$$

故由 t 分布的定义可得

$$T = \frac{U}{\sqrt{V/(n_1 + n_2 - 2)}} = \frac{(\overline{X} - \overline{Y}) - (\mu_1 - \mu_2)}{S_w \sqrt{\dfrac{1}{n_1} + \dfrac{1}{n_2}}} \sim t(n_1 + n_2 - 2).$$

上面所介绍的四个定理, 在下面的各章中都起到重要的作用. 应注意, 它们都是在正态总体这一基本假定下得到的.

例 6.6　在总体 $X \sim N(80, 20^2)$ 中, 随机抽取一容量为 100 的样本, 问样本均值和总体均值的差的绝对值大于 3 的概率是多少?

解　由定理 6.2 知, 样本均值 $\overline{X} \sim N(80, 2^2)$, 所以

$$\frac{\overline{X} - 80}{2} \sim N(0, 1).$$

故所求概率

$$
\begin{aligned}
P(|\overline{X} - 80| > 3) &= P\left(\left|\frac{\overline{X} - 80}{2}\right| > 1.5\right) \\
&= 1 - P\left(\left|\frac{\overline{X} - 80}{2}\right| \leqslant 1.5\right) = 1 - [2\varPhi(1.5) - 1] \\
&= 2[1 - \varPhi(1.5)] = 2(1 - 0.933\,2) = 0.133\,6.
\end{aligned}
$$

例 6.7　某半导体厂生产的某种零件厚度 $X \sim N(\mu, \sigma^2)$, 为保证质量, 规定当 $\sigma \leqslant 0.60$ 时, 认为生产过程处于良好控制状态. 为此, 每隔一定时间抽一个零件测量它的厚度, 共抽取 20 个零件作为一个样本, 并计算样本方差 S^2. 若 $P(S^2 \geqslant c) > 0.01$(此时用 $\sigma = 0.60$), 则认为生产过程失去控制, 必须停产检查, 问 c 为何值时, $S^2 \geqslant c$ 的概率才不超过 0.01?

解　由定理 6.3 得

$$
\frac{(n-1)S^2}{\sigma^2} \sim \chi^2(n-1),
$$

即

$$
\frac{19S^2}{(0.60)^2} \sim \chi^2(19).
$$

而

$$
P(S^2 \geqslant c) = P\left\{\frac{19S^2}{(0.60)^2} > 52.78c\right\} \leqslant 0.01,
$$

所以 $52.78c \geqslant \chi_{0.01}^2(19) = 36.191$, 故　$c \geqslant 0.686$.

例 6.8　设 $X_1, X_2, \cdots, X_n$ 是来自总体 $X \sim N(0,1)$ 的一个样本, 求统计量 $Y = \frac{1}{n}\left(\sum\limits_{i=1}^{n} X_i\right)^2$ 及 $Z = \dfrac{Y}{S^2}$ 的分布, 其中 S^2 是样本方差.

解　由定理 6.2 知, $\overline{X} \sim N\left(0, \dfrac{1}{n}\right)$, 所以

$$
\sqrt{n}\,\overline{X} \sim N(0,1),
$$

从而 $Y = \dfrac{1}{n}\left(\sum\limits_{i=1}^{n} X_i\right)^2 = (\sqrt{n}\,\overline{X})^2 \sim \chi^2(1)$.

又由定理 6.3 知

$$
(n-1)S^2 \sim \chi^2(n-1),
$$

且由 $\overline{X}$ 与 S^2 相互独立知 Y 与 S^2 相互独立, 故

$$
Z = \frac{Y}{S^2} = \frac{Y/1}{(n-1)S^2/(n-1)} \sim F(1, n-1).
$$

例 6.9　设 $X_1, X_2, \cdots, X_{25}$ 和 $Y_1, Y_2, \cdots, Y_{25}$ 分别为来自两个独立总体 $N(0,16)$ 和 $N(1,9)$ 的样本, $\overline{X}$ 与 $\overline{Y}$ 分别表示相应的样本均值, 求 $P(\overline{X} > \overline{Y})$.

解 计算可得 $E(\overline{X}) = 0, D(\overline{X}) = \dfrac{16}{25}, E(\overline{Y}) = 1, D(\overline{Y}) = \dfrac{9}{25}$, 进一步由定理 6.5 知

$$\overline{X} - \overline{Y} \sim N(-1, 1).$$

故所求概率

$$P(\overline{X} > \overline{Y}) = P(\overline{X} - \overline{Y} > 0) = 1 - P(\overline{X} - \overline{Y} \leqslant 0)$$

$$= 1 - P\left(\frac{\overline{X} - \overline{Y} - (-1)}{1} \leqslant \frac{0 - (-1)}{1}\right)$$

$$= 1 - \Phi(1) = 1 - 0.841\,3 = 0.158\,7.$$

例 6.10 从正态总体 $N(\mu, 0.5^2)$ 中抽得样本 $X_1, X_2, \cdots, X_{10}$, 且 μ 未知, 计算

$$P\left(\sum_{i=1}^{10} (X_i - \mu)^2 \geqslant 1.68\right).$$

解 因为样本独立且同分布于总体分布, 所以 $X_i \sim N(\mu, 0.5^2)$, 即

$$\frac{X_i - \mu}{0.5} \sim N(0, 1), \quad i = 1, 2, \cdots, 10,$$

且相互独立. 根据 χ^2 分布的定义, 可得

$$\sum_{i=1}^{10} \left(\frac{X_i - \mu}{0.5}\right)^2 = 4 \sum_{i=1}^{10} (X_i - \mu)^2 \sim \chi^2(10).$$

于是

$$P\left(\sum_{i=1}^{10} (X_i - \mu)^2 \geqslant 1.68\right) = P\left(4 \sum_{i=1}^{10} (X_i - \mu)^2 \geqslant 6.72\right),$$

查附表 4, 得 $\chi^2_{0.75} \approx 6.737$, 故

$$P\left(\sum_{i=1}^{10} (X_i - \mu)^2 \geqslant 1.68\right) \approx 0.75.$$

例 6.11 设 $X_1, X_2, \cdots, X_6$ 是来自正态总体 $N(1, 2)$ 的样本, 求统计量

$$Y = \frac{\sqrt{2}(X_1 + X_2 - 2)}{\sqrt{(X_3 + X_4 - 2)^2 + (X_5 + X_6 - 2)^2}}$$

所服从的分布.

解 因为 $X_1, X_2, \cdots, X_6$ 相互独立, 且都服从正态分布 $N(1, 2)$, 所以有

$$X_1 + X_2 - 2 \sim N(0,4), \quad 即 \quad Y_1 = \frac{X_1 + X_2 - 2}{2} \sim N(0,1).$$

同理　　$Y_2 = \dfrac{X_3 + X_4 - 2}{2} \sim N(0,1), \qquad Y_3 = \dfrac{X_5 + X_6 - 2}{2} \sim N(0,1).$

于是, 由 Y_2 与 Y_3 相互独立得 $Y_2^2 + Y_3^2 \sim \chi^2(2)$, 由 Y_1 与 $Y_2^2 + Y_3^2$ 相互独立得

$$Y = \frac{\sqrt{2}(X_1 + X_2 - 2)}{\sqrt{(X_3 + X_4 - 2)^2 + (X_5 + X_6 - 2)^2}} = \frac{2\sqrt{2}Y_1}{2\sqrt{2}\sqrt{(Y_2^2 + Y_3^2)/2}}$$

$$= \frac{Y_1}{\sqrt{(Y_2^2 + Y_3^2)/2}} \sim t(2).$$

人物传记四
卡尔·皮尔逊

人物传记五
戈塞特

习　题　六

1. 在总体 $N(52, 6.3^2)$ 中随机抽一容量为 36 的样本, 求样本均值 $\bar{X}$ 落在 50.8 到 53.8 之间的概率.

2. 从正态总体 $N(3.4, 6^2)$ 中抽取容量为 n 的样本, 如果要求样本均值位于区间 $(1.4, 5.4)$ 内的概率不小于 0.95, 问样本容量 n 至少应多大?

3. 求总体 $N(20, 3)$ 的容量分别为 10, 15 的两独立样本均值差的绝对值大于 0.3 的概率.

4. 设 $X_1, X_2, \cdots, X_{10}$ 是来自正态总体 $N(0, 0.3^2)$ 的一个样本, 求 $P(\sum\limits_{i=1}^{10} X_i^2 > 1.14)$.

5. 设 $X_1, X_2, \cdots, X_n$ 是来自具有 $\chi^2(m)$ 分布总体的样本, 求样本均值 $\overline{X}$ 的数学期望和方差.

6. 设 $X_1, X_2, \cdots, X_n$ 是来自泊松分布 $\pi(\lambda)$ 总体的一个样本, $\overline{X}, S^2$ 分别为样本均值和样本方差, 求 $E(\overline{X}), D(\overline{X})$ 和 $E(S^2)$.

7. 设随机变量 $X \sim N(0,1), X_1, X_2, \cdots, X_6$ 为其一样本, 令

$$Y = (X_1 + X_2 + X_3)^2 + (X_4 + X_5 + X_6)^2.$$

试求常数 C, 使得随机变量 CY 服从 χ^2 分布.

8. 设随机变量 $X \sim N(\mu, 4), X_1, X_2, \cdots, X_n$ 是取自总体 X 的一个样本, $\overline{X}$ 为样本均值, 试问样本容量 n 应分别取多大, 才能使以下各式成立:

(1) $E(|\overline{X} - \mu|^2) \leqslant 0.1$;

(2) $E(|\overline{X} - \mu|) \leqslant 0.1$;

(3) $P(|\overline{X} - \mu| \leqslant 0.1) \geqslant 0.95$.

9. 已知随机变量 $X \sim N(10, \sigma^2), \sigma^2$ 未知, X_1, X_2, X_3, X_4 是取自 X 的一个样本, $\overline{X}, S^2$ 分别为样本均值和样本方差.

(1) 构造一个含 $\overline{X}$ 的统计量 Y, 使 $Y \sim t(3)$;

(2) 若样本标准差 $S = 1.92$, 求使 $P(-\theta < \overline{X} - 10 < \theta) = 0.95$ 的 θ 值.

10. 设在总体 $N(\mu, \sigma^2)$ 中抽取一容量为 16 的样本, 这里 μ, σ^2 均未知, 试求:

(1) $P\left(\dfrac{S^2}{\sigma^2} \leqslant 2.041\right)$, 其中 S^2 为样本方差;

(2) $D(S^2)$.

11. 试证:

(1) $\sum\limits_{i=1}^{n} (X_i - \overline{X})^2 = \sum\limits_{i=1}^{n} X_i^2 - n\overline{X}^2$;

(2) $\sum\limits_{i=1}^{n} (X_i - \overline{X})^2 = \sum\limits_{i=1}^{n} (X_i - a)^2 - n(\overline{X} - a)^2$ 对任何常数 a 成立.

12. 设 $X_1, X_2, \cdots, X_n, X_{n+1}, \cdots, X_{n+m}$ 是取自分布 $N(0, \sigma^2)$ 的容量为 $(n+m)$ 的样本, 试求下列统计量的分布:

(1) $Y_1 = \dfrac{\sqrt{m} \sum\limits_{i=1}^{n} X_i}{\sqrt{n} \sqrt{\sum\limits_{i=n+1}^{n+m} X_i^2}}$;

(2) $Y_2 = \dfrac{m \sum\limits_{i=1}^{n} X_i^2}{n \sum\limits_{i=n+1}^{n+m} X_i^2}$.

13. 已知随机变量 $X \sim t(n)$, 求证: $X^2 \sim F(1, n)$.

自 测 题 六

一、填空题

1. 设随机变量 X 和 Y 相互独立且都服从正态分布 $N(0, 4^2)$, 而 $X_1, X_2, \cdots, X_{16}$ 和 $Y_1, Y_2, \cdots, Y_{16}$ 分别是来自总体 X 和 Y 的简单随机样本. 则统计量 $U = \dfrac{X_1 + X_2 + \cdots + X_{16}}{Y_1^2 + Y_2^2 + \cdots + Y_{16}^2}$ 服从_____ 分布, 自由度参数为_____.

2. 设 X_1, X_2, X_3, X_4 是来自正态总体 $N(0, 3^2)$ 的简单随机样本. $X = a(X_1 - 2X_2)^2 + b(3X_3 - 4X_4)^2$. 当则 $a = $_____, $b = $_____ 时, 统计量 X 服从 χ^2 分布, 其自由度为_____.

3. 设总体 $X \sim N(0, 2^2)$, 而 $X_1, X_2, \cdots, X_{15}$ 是来自总体 X 的简单随机样本, 则随机变量

$$Y = \frac{X_1^2 + X_2^2 + \cdots + X_{10}^2}{2(X_{11}^2 + X_{12}^2 + \cdots + X_{15}^2)}$$

服从_____ 分布.

4. 设 $X_1, X_2, \cdots, X_n$ 是来自总体 $N(\mu, \sigma^2), \sigma > 0$ 的简单随机样本, 记统计量 $T = \dfrac{1}{n} \sum\limits_{i=1}^{n} X_i^2$, 则 $E(T) = $_____.

5. 设 X_1, X_2, X_3, X_4, X_5 为来自正态总体 $N(0, 1)$ 的简单随机样本, 则 $\dfrac{2X_5}{\sqrt{\sum\limits_{i=1}^{4} X_i^2}} \sim$ _____.

6. 设 $X \sim N(0, 1)$, 若 $u_{\frac{\alpha}{2}}$ 为上 $\dfrac{\alpha}{2}$ 分位数, 则 $P(|X| < u_{\frac{\alpha}{2}}) = $ _____.

7. 设 $X_1, X_2, \cdots, X_n$ 为来自正态总体 $N(0, 1)$ 的简单随机样本, $\overline{X}, S$ 分别为样本均值和样本标准差, 则 $\dfrac{\sqrt{n}}{S} \cdot \overline{X} \sim$ _____.

二、选择题

1. 设随机变量 $X \sim N(1, 36)$, 则容量为 6 的简单随机样本的样本均值 $\overline{X}$ 服从的分布是 (　　).

(A) $N(0,1)$ (B) $N(1,1)$

(C) $N(1,36)$ (D) $N(1,6)$

2. 设 $X_1, X_2, \cdots, X_n$ 是来自正态总体 $N(\mu, \sigma^2)$ 的简单随机样本, $\overline{X}$ 是样本均值, 记

$$S_1^2 = \frac{1}{n-1} \sum_{i=1}^{n} (X_i - \overline{X})^2, \quad S_2^2 = \frac{1}{n} \sum_{i=1}^{n} (X_i - \overline{X})^2,$$

$$S_3^2 = \frac{1}{n-1} \sum_{i=1}^{n} (X_i - \mu)^2, \quad S_4^2 = \frac{1}{n} \sum_{i=1}^{n} (X_i - \mu)^2,$$

则服从自由度为 $n-1$ 的 t 分布的随机变量是 (　　).

(A) $t = \dfrac{\overline{X} - \mu}{S_1/\sqrt{n-1}}$ (B) $t = \dfrac{\overline{X} - \mu}{S_2/\sqrt{n-1}}$

(C) $t = \dfrac{\overline{X} - \mu}{S_3/\sqrt{n}}$ (D) $t = \dfrac{\overline{X} - \mu}{S_4/\sqrt{n}}$

3. 设随机变量 $X_1, X_2, \cdots, X_n (n \geqslant 2)$ 为来自总体 $N(\mu, 1)$ 的简单随机样本, 记 $\overline{X} = \sum_{i=1}^{n} X_i$, 则下列结论中不正确的是 (　　).

(A) $\sum_{i=1}^{n} (X_i - \mu)^2$ 服从 χ^2 分布   (B) $2(X_n - X_1)^2$ 服从 χ^2 分布

(C) $\sum_{i=1}^{n} (X_i - \overline{X})^2$ 服从 χ^2 分布   (D) $n(\overline{X} - \mu)^2$ 服从 χ^2 分布

4. 设 $X_1, X_2, \cdots, X_n$ 是来自正态总体 $N(0,1)$ 的简单随机样本, $\overline{X}$ 为样本均值, S^2 为样本方差, 则 (　　).

(A) $n\overline{X} \sim N(0,1)$ (B) $nS^2 \sim \chi^2(n)$

(C) $\dfrac{(n-1)\overline{X}}{S} \sim t(n-1)$ (D) $\dfrac{(n-1)X_1^2}{\sum_{i=2}^{n} X_i^2} \sim F(1, n-1)$

5. 设总体 $X \sim B(m, \theta)$, $X_1, X_2, \cdots, X_n$ 是来自该总体的简单随机样本, $\overline{X}$ 为样本均值, 则 $E[\sum_{i=1}^{n} (X_i - \overline{X})^2] = $ (　　).

(A) $(m-1)n\theta(1-\theta)$ (B) $m(n-1)\theta(1-\theta)$

(C) $(m-1)(n-1)\theta(1-\theta)$ (D) $mn\theta(1-\theta)$

6. 设 $X_1, X_2, \cdots, X_{16}$ 是来自总体 $N(0,1)$ 的一个样本, 设 $Z = X_1^2 + X_2^2 + \cdots + X_8^2$, $Y = X_9^2 + X_{10}^2 + \cdots + X_{16}^2$, 则 $\dfrac{Z}{Y}$ 服从的分布是 (　　).

(A) $N(0,1)$ (B) $t(16)$

(C) $\chi^2(16)$ (D) $F(8,8)$

三、计算题

1. 设总体 $X \sim N(40, 5^2)$, 求:

(1) 样本容量为 36, $P(38 \leqslant \overline{X} \leqslant 43)$;

(2) 样本容量 n 多大时, 才能使 $P(|\overline{X} - 40| \leqslant 1) = 0.95$?

2. 设 $X_1, X_2, \cdots, X_{16}$ 是从正态总体 $N(\mu, \sigma^2)$ 中抽取的样本, $\overline{X}$ 是样本均值, S^2 是样本方差, 如 $P(\overline{X} > \mu + aS) = 0.95$, 求 a 的值.

3. 设总体 $X \sim N(\mu, \sigma^2) (\sigma > 0)$, 从该总体中抽取简单随机样本 $X_1, X_2, \cdots, X_{2n} (n \geqslant 2)$, 其样本的均值 $\overline{X} = \dfrac{1}{2n} \sum_{i=1}^{2n} X_i$, 求统计量 $Y = \sum_{i=1}^{n} (X_i + X_{n+i} - 2\overline{X})^2$ 的数学期望 $E(Y)$.

4. 设总体 X 服从正态分布 $N(1, 2^2)$, X_1, X_2, X_3, X_4 为其样本, 记 $Y = k \left(\sum_{i=1}^{4} X_i - 4 \right)^2$, 试问 k 取何值, 使得 Y 服从 $\chi^2(m)$ 分布, 自由度 m 是何值?

四、证明题

设 $X_1, X_2, \cdots, X_9$ 是来自正态总体 X 的简单随机样本,

$$Y_1 = \frac{1}{6}(X_1 + \cdots + X_6), \quad Y_2 = \frac{1}{3}(X_7 + X_8 + X_9),$$

$$S^2 = \frac{1}{2} \sum_{i=1}^{9} (X_i - Y_2)^2, \quad Z = \frac{\sqrt{2}(Y_1 - Y_2)}{S},$$

证明统计量 Z 服从自由度为 2 的 t 分布.

习题参考答案或提示六

第七章 参数估计

从本章开始, 将讨论数理统计的核心部分——统计推断问题, 例如保险公司为寿险制定合理的保费时, 就必须对不同年龄段不同地区人群的寿命统计特性 (如我国 30 岁到 40 岁的人死亡的可能性有多大, 50 岁到 60 岁的人死亡的可能性有多大, 我国各地区人的平均寿命有多大, 等等) 做出推断; 又如企业在进行全面质量管理时, 就必须对该企业不同产品的误差分布、平均误差及废品率等统计特性做出推断, 等等. 所谓统计推断是指由样本推断总体, 即根据所掌握的不完全数据 (样本) 对总体进行一种归纳性推理. 由于是部分推断总体, 不能保证得到的结论是完全精确和完全可靠的. 因此, 统计推断的任务就是要尽可能充分挖掘包含在样本数据中的信息, 对总体做出尽可能精确和可靠的推断. 从统计推断所研究的问题和内容来看, 统计推断的最基本问题可以分为两类, 一类是参数估计问题, 一类是假设检验问题. 本章将介绍参数估计问题.

【导引: 德军坦克问题】 第二次世界大战期间为了准确掌握德军的坦克产量, 盟军情报部门最初通过传统的情报窃取方式收集信息, 得出的结论是从 1940 年 6 月到 1942 年 9 月期间每月生产 1 400 辆坦克, 然而这个数字显然与事实不符. 后来, 盟军发现每辆被俘获或被击毁的坦克上都有一个独一无二的序列号, 那么, 根据这些序列号如何估计德军坦克的总数?

在实际问题中, 若已知所研究的总体分布类型, 但分布中含有一个或多个未知参数, 则根据样本数据去估计未知参数的问题就是参数估计问题. 参数估计问题分为点估计问题与区间估计问题两类.

参数估计问题的一般提法:

设总体 X 的分布函数为 $F(x; \theta)$, 其中 θ 为未知参数 (或未知参数向量). 首先从该总体中随机抽取一个样本 $X_1, X_2, \cdots, X_n$, 然后依据该样本对总体中的未知参数 θ 或 θ 的某个已知函数 $g(\theta)$ 做出估计.

§7.1 点 估 计

定义 7.1 设 $X_1, X_2, \cdots, X_n$ 为总体 X 的一个样本, $x_1, x_2, \cdots, x_n$ 为相应的样本观测值, θ 为总体 X 中的一个未知参数, 构造一适当统计量

$$\hat{\theta}(X_1, X_2, \cdots, X_n),$$

作为未知参数 θ 的**估计量**, 称对应的观测值

$$\hat{\theta}(x_1, x_2, \cdots, x_n)$$

为 θ 的**估计值**, θ 的估计量和估计值统称为 θ 的**点估计**, 记为 $\hat{\theta}$.

注 估计量 $\hat{\theta}(X_1, X_2, \cdots, X_n)$ 是随机变量, 是由样本构成的函数. 因此, 对于不同的样本观测值, 未知参数 θ 的估计值 $\hat{\theta}$ 一般是不相同的.

例 7.1　设 X 表示某种型号电子元件的使用寿命 (单位: h), 服从指数分布, 概率密度函数为

$$f(x;\theta) = \begin{cases} \dfrac{1}{\theta}\mathrm{e}^{-x/\theta}, & x > 0, \\ 0, & x \leqslant 0, \end{cases}$$

其中 $\theta(>0)$ 为未知参数. 现得一组样本观测值为

$$168,\quad 130,\quad 169,\quad 143,\quad 174,\quad 198,\quad 108,\quad 212,\quad 252,$$

试估计未知参数 θ.

解　由已知可得 $E(X) = \theta$, 即总体 X 的均值为 θ. 因此, 根据第六章的知识, 用样本均值 $\overline{X}$ 估计总体均值 θ 看起来是最自然的. 对给定的样本数据, 计算样本均值的观测值为

$$\overline{x} = \frac{1}{9}(168 + 130 + \cdots + 252) = 172.7,$$

故 $\hat{\theta} = \overline{X}$ 与 $\hat{\theta} = \overline{x} = 172.7$ 分别为参数 θ 的估计量和估计值.

点估计就是寻求未知参数的估计量和估计值. 由于抽样的随机性, 人们不能单靠一次抽样结果所确定的估计值去评价这个估计的好坏, 应该寻求统计量 $\hat{\theta}(X_1, X_2, \cdots, X_n)$ 作为 θ 的估计量, 考虑到抽样的一切可能结果, 使得在某种统计意义下 $\hat{\theta}$ 是 θ 的好的估计. 有了 θ 的一个好的估计量与样本值, 只要经过计算就可以得到 θ 的估计值. 因此, 目前的主要问题是建立求估计量的方法和鉴定估计量好坏的标准.

7.1.1　矩估计法

1900 年皮尔逊提出了替换原理, 后来人们称此方法为矩法.

替换原理常指如下内容:

(1) 用样本矩替换总体矩, 这里的矩可以是原点矩也可以是中心距.

(2) 用样本矩的函数去替换相应的总体矩的函数.

由大数定律可知, 若总体 X 的 k 阶矩 $E(X^k)$ 存在, 则样本矩的连续函数依概率收敛于相应总体矩的连续函数 (见第六章). 由第四章可知, 随机变量的矩是描述随机变量统计规律的最简单、最基本的数字特征. 随机变量概率分布中的一些参数往往本身就是随机变量的矩或者是某些矩的函数. 因此, 在进行点估计时, 人们自然想到, 如果可以把未知参数 θ 表示成总体矩 $\mu_k = E(X^k)$, $k = 1, 2, \cdots, m$ 的函数, 即 $\theta = h(\mu_1, \mu_2, \cdots, \mu_m)$, 那么可以用样本矩 $A_k = \dfrac{1}{n}\sum\limits_{i=1}^{n} X_i^k$ 估计总体矩 μ_k, 进而用样本矩的函数 $\hat{\theta} = h(A_1, A_2, \cdots, A_m)$ 作为未知参数 θ 的估计, 这就是所谓的**矩估计方法**, 简称**矩法**.

矩估计法的步骤如下:

设总体 X 的分布函数 $F(x;\theta_1, \theta_2, \cdots, \theta_k)$ 中含有 k 个未知参数 $\theta_1, \theta_2, \cdots, \theta_k$, 则

(1) 求总体 X 的前 k 阶矩 $\mu_1, \mu_2, \cdots, \mu_k$, 一般情况下, 它们都是总体中的 k 个未知参数的函数, 记为

$$\mu_i = g_i(\theta_1, \theta_2, \cdots, \theta_k), \quad i = 1, 2, \cdots, k.$$

(2) 令 $\mu_i = A_i(i = 1, 2, \cdots, k)$ 得到一个方程组.

(3) 再解上述方程组得到 θ_j $(j = 1, 2, \cdots, k)$ 的**矩估计量 (moment estimation, ME)**:

$$\hat{\theta}_j = h_j(A_1, A_2, \cdots, A_k), \quad j = 1, 2, \cdots, k.$$

矩估计量的观测值称为**矩估计值**.

例 7.2 设总体 X 的概率密度函数为

$$f(x; \theta) = \frac{1}{2\theta}\mathrm{e}^{-\frac{|x|}{\theta}}, \quad -\infty < x < +\infty,$$

$\theta > 0$ 为未知参数, $X_1, X_2, \cdots, X_n$ 为 X 的样本, 试求未知参数 θ 的矩估计.

解 由于总体仅含有一个未知参数, 通常情况下只需计算 $E(X)$ 即可得出参数 θ 的矩估计量, 然而

$$E(X) = \int_{-\infty}^{+\infty} x \cdot \frac{1}{2\theta}\mathrm{e}^{-\frac{|x|}{\theta}}\,\mathrm{d}x = 0$$

中不含有未知参数 θ. 因此, 根据这个总体矩无法求出未知参数 θ 的估计量. 为此需要求总体更高阶的矩, 即求

$$E(X^2) = \int_{-\infty}^{+\infty} x^2 \cdot \frac{1}{2\theta}\mathrm{e}^{-\frac{|x|}{\theta}}\,\mathrm{d}x = 2\theta^2,$$

然后用样本的二阶原点矩来替换总体的二阶原点矩, 即 $2\theta^2 = \frac{1}{n}\sum\limits_{i=1}^{n} X_i^2$, 求得参数 θ 的矩估计量为

$$\hat{\theta}_{\mathrm{ME}} = \sqrt{\frac{1}{2n}\sum_{i=1}^{n} X_i^2}.$$

例 7.3 设总体 X 的均值 μ 及方差 σ^2 均存在但未知, 且有 $\sigma^2 > 0$, 又设 $X_1, X_2, \cdots, X_n$ 是一个样本, 试求 μ, σ^2 的矩估计量.

解 由于 $\mu_1 = E(X) = \mu,$

$$\mu_2 = E(X^2) = D(X) + [E(X)]^2 = \sigma^2 + \mu^2,$$

于是令

$$\begin{cases} \mu = A_1, \\ \sigma^2 + \mu^2 = A_2, \end{cases}$$

即

$$\begin{cases} \mu = \dfrac{1}{n}\sum\limits_{i=1}^{n} X_i, \\ \sigma^2 + \mu^2 = \dfrac{1}{n}\sum\limits_{i=1}^{n} X_i^2. \end{cases}$$

解上述方程组得到 μ 和 σ^2 的矩估计量分别为

$$\hat{\mu}_{\mathrm{ME}} = A_1 = \overline{X},$$

$$\hat{\sigma}^2_{\mathrm{ME}} = A_2 - A_1^2$$

$$= \frac{1}{n}\sum_{i=1}^{n} X_i^2 - \left(\frac{1}{n}\sum_{i=1}^{n} X_i\right)^2$$

$$= \frac{1}{n}\sum_{i=1}^{n} (X_i - \overline{X})^2.$$

所得结果表明: **总体均值与方差的矩估计量表达式不因总体的不同分布而异.**

例如 $X \sim N(\mu, \sigma^2), \mu, \sigma^2$ 未知, 即得 μ, σ^2 的矩估计量仍为

$$\hat{\mu}_{\mathrm{ME}} = \overline{X},$$

$$\hat{\sigma}^2_{\mathrm{ME}} = \frac{1}{n}\sum_{i=1}^{n} (X_i - \overline{X})^2.$$

例 7.4 设总体的概率分布为

X	1	2	3
p	θ^2	$2\theta(1-\theta)$	$(1-\theta)^2$

其中 θ 为未知参数. 现抽取一组样本值为 $x_1 = 1, x_2 = 2, x_3 = 1, x_4 = 2, x_5 = 3$, 求参数 θ 的矩估计值.

解 计算总体的一阶矩为

$$E(X) = 1 \times \theta^2 + 2 \times 2\theta(1-\theta) + 3 \times (1-\theta)^2 = 3 - 2\theta,$$

样本的一阶矩为

$$\overline{x} = \frac{1}{5}(1 + 2 + 1 + 2 + 3) = \frac{9}{5}.$$

根据矩估计思想, 由 $E(X) = \overline{x}$, 得 $3 - 2\theta = \dfrac{9}{5}$, 从中解出未知参数的矩估计值为 $\hat{\theta}_{\mathrm{ME}} = 0.6$.

矩估计法是一种古老的估计方法, 此方法直观而简单, 适用性广, 特别是对总体的数字特征 (如期望, 方差等) 做估计时, 并不一定要知道分布的具体形式, 使用起来尤其方便. 但矩估计法也有缺点: 首先矩估计法要求总体的矩存在, 若总体的矩不存在 (如柯西分布), 就不能用矩估计法了; 其次对某些总体的参数, 矩估计量可能不唯一, 如对泊松分布的参数 $\lambda, \overline{X}$ 和 S^2 都是 λ 的矩估计量, 这在应用时是不利的; 最后矩估计法只是利用了矩的信息, 而没有充分利用总体分布函数 $F(x; \theta)$ 对参数 θ 所提供的信息. 尽管如此, 矩估计法还是一种很常用且很有效的点估计方法.

7.1.2 最大似然估计法

已知总体 X 的分布函数为 $F(x; \theta)$, 其中参数 θ 未知. 如果能同时利用总体分布类型的信息与样本提供的信息, 那么人们就可以获得参数估计更充分的信息. 1821 年德国数学家高斯 (Gauss) 首先提出了该思想, 1912 年英国统计学家费希尔重新提出, 并证明了其优良性质, 首次将这种估计方法命名为**最大似然估计法**. 这种方法在理论上具有优良性质, 在实际中具有非常广泛的应用. 当然, 应用这种方法的前提是总体 X 的分布类型必须已知. 下面结合例子来介绍最大似然估计方法的基本思想.

例如, 陕西人大部分喜欢吃面, 湖南人大部分喜欢吃米, 这里假设陕西人爱吃面的比例为 90%, 湖南人爱吃面的比例为 30%, 现发现一个人爱吃面, 请推断这个人所在的省份? 我们自然推断这个人是来自陕西省的, 因为陕西人爱吃面的比例高. 又如, 甲 (国家级射手)、乙 (普通射手) 两人射击同一目标, 每人各打一发, 结果有一人击中目标, 此时我们当然推测目标是甲射手击中的. 关于这两个问题的推断都符合人们的经验事实, 这种经验事实常称为 “最大似然原理”.

最大似然估计的直观想法是: 一个随机试验如果有若干个可能结果 $A_1, A_2, \cdots$, 在一次试验中结果 A_1 出现了, 则一般说来对参数做出的估计应该使 A_1 出现的概率最大. **最大似然估计法的基本思想是**: 设总体中含有待估参数 θ, 它可以取很多值. 现已经知道了样本观测值 (上例中为已经知道这个人爱吃面和目标被击中), 从 θ 的一切可能值中 (上例中为陕西人和湖南人, 甲射手和乙射手) 选出一个使样本观测值出现的概率最大, 作为 θ 的估计值, 称为最大似然估计值 (最大似然: 顾名思义, 就是看上去最大可能的意思).

例 7.5 设有一批产品, 根据以往的经验知道它的次品率 p 可能是 0.1 或 0.3. 生产这批产品的厂家认为该批产品质量很好, 次品率大约为 0.1, 而收购产品的商业部门认为产品质量有问题, 次品率可能为 0.3. 现从这批产品中随机抽取 15 件, 发现有 5 件次品. 问: 生产厂家与收购部门谁的估计更可靠些?

解 设 X 表示次品数, 则 $X \sim B(15, p)$, 这里次品率 p 为待估参数.

若次品率 p 取 0.1, 则随机试验结果 $(X = 5)$ 发生的概率为

$$P(X = 5) = \binom{15}{5} p^5 (1-p)^{10} = \binom{15}{5} 0.1^5 0.9^{10} = 0.010\,5.$$

若次品率 p 取 0.3, 则随机试验结果 $(X = 5)$ 发生的概率为

$$P(X = 5) = \binom{15}{5} p^5 (1-p)^{10} = \binom{15}{5} 0.3^5 0.7^{10} = 0.206\,1.$$

后一概率明显大于前一概率, 因此用 0.3 作为次品率 p 的估计值更为可靠一些.

下面分别就离散型总体和连续型总体情形具体讨论.

1. 离散型总体

设总体 X 的概率分布为

$$P(X = x) = p(x; \theta) \quad (\theta \text{为未知参数}).$$

$X_1, X_2, \cdots, X_n$ 是来自总体 X 的样本, 样本的观测值为 $x_1, x_2, \cdots, x_n$, 则样本的联合分布律为

$$P(X_1 = x_1, X_2 = x_2, \cdots, X_n = x_n) = \prod_{i=1}^{n} p(x_i; \theta),$$

对于确定的样本观测值 $x_1, x_2, \cdots, x_n$, 这是未知参数 θ 的函数, 记为

$$L(\theta) = L(\theta; x_1, x_2, \cdots, x_n) = \prod_{i=1}^{n} p(x_i; \theta), \tag{7.1}$$

并称其为**似然函数**.

似然函数 $L(\theta)$ 值的大小体现了该样本观测值出现的可能性大小. 根据最大似然估计法的基本思想, 就是固定样本观测值 $x_1, x_2, \cdots, x_n$, 在 θ 的可能取值范围 Θ 内挑选使概率 $L(\theta; x_1, x_2, \cdots, x_n)$ 达到最大的参数 $\hat{\theta}$ 作为参数 θ 的估计值, 即取 $\hat{\theta}$ 使

$$L(\hat{\theta}; x_1, x_2, \cdots, x_n) = \max_{\theta \in \Theta} L(\theta; x_1, x_2, \cdots, x_n).$$

这样得到的 $\hat{\theta}$ 与样本值 $x_1, x_2, \cdots, x_n$ 有关, 常记为 $\hat{\theta}(x_1, x_2, \cdots, x_n)$, 称为参数 θ 的**最大似然估计值**, 而相应的统计量 $\hat{\theta}(X_1, X_2, \cdots, X_n)$ 称为参数 θ 的**最大似然估计量 (maximum likelihood estimation)**. 它们统称为 θ 的**最大似然估计 (MLE)**.

2. 连续型总体

设总体 X 的概率密度为 $f(x; \theta)$, 其中 $\theta \in \Theta$ 为未知参数, 设 $X_1, X_2, \cdots, X_n$ 是来自 X 的样本, $x_1, x_2, \cdots, x_n$ 是 $X_1, X_2, \cdots, X_n$ 的观测值, 则样本 $X_1, X_2, \cdots, X_n$ 落在点 $(x_1, x_2, \cdots, x_n)$ 的邻域 (边长为 $\mathrm{d}x_1, \mathrm{d}x_2, \cdots, \mathrm{d}x_n$ 的 n 维立体) 内的概率近似为

$$\prod_{i=1}^{n} f(x_i; \theta) \mathrm{d}x_i \tag{7.2}$$

其值随 θ 的取值而变化, 与离散型的情况一样, 我们取 θ 的估计值 $\hat{\theta}$ 使概率 (7.2) 达到最大, 由于因子 $\prod_{i=1}^{n} \mathrm{d}x_i$ 不随 θ 而改变, 故此时定义**似然函数**为

$$L(\theta) = L(\theta; x_1, x_2, \cdots, x_n) = \prod_{i=1}^{n} f(x_i; \theta). \tag{7.3}$$

若

$$L(\hat{\theta}; x_1, x_2, \cdots, x_n) = \max_{\theta \in \Theta} L(x_1, x_2, \cdots, x_n; \theta),$$

则称 $\hat{\theta}(x_1, x_2, \cdots, x_n)$ 为 θ 的**最大似然估计值**, 称 $\hat{\theta}(X_1, X_2, \cdots, X_n)$ 为 θ 的**最大似然估计量**.

最大似然估计法的步骤如下:

求未知参数 θ 的最大似然估计问题, 归结为求似然函数 $L(\theta)$ 的最大值点问题. 当似然函数关于未知参数可微时, 可利用微分学中求最大值的方法求之. 其步骤如下:

(1) 根据总体类型写出似然函数 $L(\theta) = L(\theta; x_1, x_2, \cdots, x_n)$;

(2) 建立**似然方程** $\dfrac{\mathrm{d}L(\theta)}{\mathrm{d}\theta} = 0$ 或 $\dfrac{\mathrm{d}\ln L(\theta)}{\mathrm{d}\theta} = 0$, 求出驻点;

注 由于函数 $\ln L$ 是 L 的单调增加函数, 且函数 $\ln L(\theta)$ 与函数 $L(\theta)$ 有相同的极值点, 故常转化为求函数 $\ln L(\theta)$ 的最大值点, 这样在求导时较方便.

(3) 判断并求出最大值点, 在最大值点的表达式中, 用样本值代入即得参数的最大似然估计值.

注 ① 当似然函数关于未知参数不可微或似然方程无解时, 只能按最大似然估计法的基本思想求出极大值点 (见例 7.8).

② 上述方法可推广到多个未知参数的情形, 此时导数用偏导数代替.

例 7.6 求例 7.4 中未知参数 θ 的最大似然估计.

解 根据总体的概率分布可写出似然函数为

$$L(\theta) = P(X_1 = x_1)P(X_2 = x_2)P(X_3 = x_3)P(X_4 = x_4)P(X_5 = x_5)$$

$$= \theta^4 \cdot 4\theta^2(1-\theta)^2 \cdot (1-\theta)^2 = 4\theta^6(1-\theta)^4$$

而 $\ln L(\theta) = \ln 4 + 6\ln\theta + 4\ln(1-\theta)$, 令

$$\frac{\mathrm{d}\ln L(\theta)}{\mathrm{d}\theta} = \frac{6}{\theta} - \frac{4}{1-\theta} = 0,$$

解得 θ 的最大似然估计值

$$\hat{\theta}_{\mathrm{MLE}} = 0.6.$$

我们看到这一最大似然估计值与矩估计值是相同的.

例 7.7 设总体 $X \sim N(\mu, \sigma^2)$, μ, σ^2 为未知参数, $x_1, x_2, \cdots, x_n$ 是来自总体 X 的一个样本值, 试求 μ, σ^2 的最大似然估计量.

解 已知 X 的概率密度为

$$f(x; \mu, \sigma^2) = \frac{1}{\sqrt{2\pi}\sigma} \exp\left[-\frac{1}{2\sigma^2}(x-\mu)^2\right],$$

似然函数为

$$L(\mu, \sigma^2) = \prod_{i=1}^{n} \frac{1}{\sqrt{2\pi}\sigma} \exp\left[-\frac{1}{2\sigma^2}(x_i-\mu)^2\right].$$

而 $\ln L(\mu, \sigma^2) = -\dfrac{n}{2}\ln(2\pi) - \dfrac{n}{2}\ln\sigma^2 - \dfrac{1}{2\sigma^2}\sum_{i=1}^{n}(x_i-\mu)^2$. 令

$$\begin{cases} \dfrac{\partial \ln L}{\partial \mu} = \dfrac{1}{\sigma^2}\left(\sum_{i=1}^{n} x_i - n\mu\right) = 0, \\ \dfrac{\partial \ln L}{\partial \sigma^2} = -\dfrac{n}{2\sigma^2} + \dfrac{1}{2(\sigma^2)^2}\sum_{i=1}^{n}(x_i-\mu)^2 = 0. \end{cases}$$

解得

$$\hat{\mu} = \frac{1}{n}\sum_{i=1}^{n} x_i = \overline{x},$$

$$\hat{\sigma}^2 = \frac{1}{n}\sum_{i=1}^{n}(x_i-\overline{x})^2.$$

因此得 μ, σ^2 的最大似然估计量分别为

$$\hat{\mu}_{\mathrm{MLE}} = \frac{1}{n}\sum_{i=1}^{n} X_i = \overline{X}, \qquad \hat{\sigma}^2_{\mathrm{MLE}} = \frac{1}{n}\sum_{i=1}^{n}(X_i-\overline{X})^2.$$

它们与相应的矩估计量相同.

例 7.8　设总体 X 的概率密度为

$$f(x;\theta) = \begin{cases} \dfrac{1}{\theta}, & 0 \leqslant x \leqslant \theta, \\ 0, & \text{其他,} \end{cases} \qquad \theta > 0,$$

$x_1, x_2, \cdots, x_n$ 是一组样本观测值, 试求未知参数 θ 的最大似然估计量.

解　由总体 X 的概率密度 $f(x;\theta)$ 可得似然函数为

$$L(\theta) = \begin{cases} \dfrac{1}{\theta^n}, & 0 \leqslant x_1, x_2, \cdots, x_n \leqslant \theta, \\ 0, & \text{其他.} \end{cases}$$

显然似然方程 $\dfrac{\mathrm{d}\ln L(\theta)}{\mathrm{d}\theta} = 0$ 无解, 只能直接根据最大似然估计法的思想寻找使 $L(\theta)$ 达到最大的 $\hat{\theta}$ 作为 θ 的最大似然估计. 由

$$L(\theta) = \frac{1}{\theta^n}, \quad 0 \leqslant x_1, x_2, \cdots, x_n \leqslant \theta$$

得

$$\frac{\mathrm{d}L(\theta)}{\mathrm{d}\theta} = \frac{-n}{\theta^{n+1}} < 0,$$

知 $L(\theta)$ 关于 θ 是减函数, 因此要使 $L(\theta)$ 取得最大值, θ 要尽量地小, 而由条件 $0 \leqslant x_1, x_2, \cdots, x_n \leqslant \theta$ 知道, 应有 $\theta \geqslant \max\{x_1, x_2, \cdots, x_n\}$, 故取

$$\hat{\theta}_{\mathrm{MLE}} = \max\{x_1, x_2, \cdots, x_n\}$$

作为 θ 的最大似然估计值, θ 的最大似然估计量为

$$\hat{\theta}_{\mathrm{MLE}} = \max\{X_1, X_2, \cdots, X_n\}.$$

这与 θ 的矩估计量 $(\hat{\theta}_{\mathrm{ME}} = 2\overline{X})$ 是不同的.

最大似然估计还有一个简单且非常有用的性质.

性质　设 $\hat{\theta}$ 是参数 θ 的最大似然估计, 并且函数 $\mu = \mu(\theta)$ 具有单值反函数 $\theta = \theta(\mu), \mu \in \Lambda$, 则 $\hat{\mu} = \mu(\hat{\theta})$ 是 $\mu(\theta)$ 的最大似然估计, 这里 $\theta \in \Theta, \Lambda$ 为 $\mu(\theta)$ 的值域. 该性质称为最大似然估计的**不变性**.

证明　因为 $\hat{\theta}$ 是 θ 的最大似然估计, 于是有

$$L(\hat{\theta}; x_1, x_2, \cdots, x_n) = \max_{\theta \in \Theta} L(\theta; x_1, x_2, \cdots, x_n),$$

考虑到 $\hat{\mu} = \mu(\hat{\theta})$ 和单值反函数 $\theta = \theta(\mu)$ 存在, 故 $\hat{\theta} = \theta(\hat{\mu})$, 从而

$$L(\theta(\hat{\mu}); x_1, x_2, \cdots, x_n) = \max_{\mu \in \Lambda} L(\theta(\mu); x_1, x_2, \cdots, x_n).$$

这就证明了 $\hat{\mu} = \mu(\hat{\theta})$ 是 $\mu(\theta)$ 的最大似然估计.

当总体的分布中含有多个未知参数时, 也具有上述性质, 例如, 在例 7.7 中已得到 σ^2 的最大似然估计量为

$$\hat{\sigma}^2 = \frac{1}{n} \sum_{i=1}^{n} (X_i - \overline{X})^2.$$

则标准差 σ 的最大似然估计量为

$$\hat{\sigma} = \sqrt{\hat{\sigma}^2} = \sqrt{\frac{1}{n} \sum_{i=1}^{n} (X_i - \overline{X})^2}.$$

最大似然估计法充分利用了总体分布函数所提供的信息, 其统计思想符合人们的认识和经验.

上面介绍了未知参数的两种估计方法, 用矩估计法估计未知参数通常比较方便, 便于实际应用, 但所得估计的优良性有时较差. 使用最大似然估计法时常常要进行比较复杂的计算, 然而得到的估计在许多情形下具有各种优良性, 该法目前仍然是一种得到广泛应用的点估计方法.

§7.2   估计量的评选标准

对同一未知参数用不同的估计方法得到的估计量可能是不同的 (例 7.8), 甚至都用矩估计法或都用最大似然估计法也可能得到不同的估计量. 例如总体 X 服从参数为 λ 的泊松分布, 由于参数 λ 可以用总体矩的不同函数来表示: $\lambda = E(X)$ 以及 $\lambda = D(X) = E\{[X - E(X)]^2\}$, 因而用矩估计法也可能得到两种不同的估计量: $\hat{\lambda} = \overline{X}$ 及 $\hat{\lambda} = \frac{1}{n} \sum_{i=1}^{n} (X_i - \overline{X})^2$. 既然对同一未知参数可以找到种种不同的估计量 (事实上, 根据估计量的定义, 原则上样本的任何不含未知参数的函数都可以作为未知参数的估计量), 那么它们中哪一个是较好的估计量呢? 好的标准又是什么呢? 下面介绍几个常用的标准.

1. 无偏性

估计量是随机变量, 对于不同的样本值就会得到不同的估计值. 在评价估计量的好坏时一般总是希望估计量 $\hat{\theta}$ 与被估计参数 θ 越接近越好, 由于估计量 $\hat{\theta}$ 总是有波动的, 因此只能要求在平均意义下 $\hat{\theta}$ 的值离 θ 越近越好, 最好 $E(\hat{\theta}) = \theta$, 这就是无偏性的要求.

定义 7.2   设 $\hat{\theta} = \hat{\theta}(X_1, X_2, \cdots, X_n)$ 是 θ 的一个估计量, 若对任意的 $\theta \in \Theta$ 都有

$$E(\hat{\theta}) = \theta, \tag{7.4}$$

则称 $\hat{\theta}$ 是 θ 的**无偏估计量**.

在科学技术中 $E(\hat{\theta}) - \theta$ 称为以 $\hat{\theta}$ 作为 θ 的估计的系统误差. 无偏性的实际意义就是无系统误差.

例 7.9 设总体 X 的 k 阶矩 $\mu_k = E(X^k)(k \geqslant 1)$ 存在, 又设 $X_1, X_2, \cdots, X_n$ 是 X 的一个样本. 试证明不论总体服从什么分布, k 阶样本矩 $A_k = \frac{1}{n}\sum\limits_{i=1}^{n} X_i^k$ 都是 k 阶总体矩 μ_k 的无偏估计量.

证明 由于 $X_1, X_2, \cdots, X_n$ 与 X 同分布, 故有

$$E(X_i^k) = E(X^k) = \mu_k \quad (i = 1, 2, \cdots, n) \ .$$

即有

$$E(A_k) = E\left(\frac{1}{n}\sum_{i=1}^{n} X_i^k\right) = \frac{1}{n}\sum_{i=1}^{n} \mu_k = \mu_k. \tag{7.5}$$

注 特别地, 不论总体 X 服从什么分布, 只要它的均值存在, **样本均值总是总体均值的无偏估计量**.

例 7.10 对于均值 μ 和方差 $\sigma^2(> 0)$ 都存在的总体, 若 μ, σ^2 均为未知, 则估计量 $\hat{\sigma}^2 = \frac{1}{n}\sum\limits_{i=1}^{n}(X_i - \bar{X})^2$ 是 σ^2 的有偏估计 (即不是无偏估计).

证明 $\hat{\sigma}^2 = \frac{1}{n}\sum\limits_{i=1}^{n} X_i^2 - \overline{X}^2 = A_2 - \overline{X}^2$, 由 (7.5) 式有

$$E(A_2) = \mu_2 = \sigma^2 + \mu^2,$$

又 $E(\overline{X}^2) = D(\overline{X}) + [E(\overline{X})]^2 = \dfrac{\sigma^2}{n} + \mu^2$, 故

$$E(\hat{\sigma}^2) = E(A_2) - E(\overline{X}^2) = \frac{n-1}{n}\sigma^2 \neq \sigma^2,$$

所以 $\hat{\sigma}^2$ 是有偏的.

但若以样本方差 $S^2 = \dfrac{1}{n-1}\sum\limits_{i=1}^{n}(X_i - \overline{X})^2$ 作为总体方差 σ^2 的估计, 由于 $S^2 = \dfrac{n}{n-1}\hat{\sigma}^2$, 故

$$E(S^2) = \sigma^2.$$

这就是说 S^2 是 σ^2 的无偏估计量. 因此, 一般都是用 S^2 作为方差 σ^2 的估计量.

例 7.11 设总体 X 的均值为 $\mu, X_1, X_2, \cdots, X_n, n \geqslant 3$ 为来自总体 X 的样本, 试判断下列统计量是否为 μ 的无偏估计量.

(1) $X_i, i = 1, 2, \cdots, n$;

(2) $\overline{X} = \frac{1}{n}\sum\limits_{i=1}^{n} X_i$;

(3) $\frac{1}{2}X_1 + \frac{1}{3}X_2 + \frac{1}{4}X_3$.

解 (1) 因为 $E(X_i) = E(X) = \mu$, 所以, $X_i(i = 1, 2, \cdots, n)$ 是 μ 的无偏估计量.

(2) 由于 $E(\overline{X}) = E\left(\dfrac{1}{n}\sum\limits_{i=1}^{n}X_i\right) = \dfrac{1}{n}\sum\limits_{i=1}^{n}E(X_i) = \dfrac{1}{n}n\mu = \mu$, 所以, $\overline{X}$ 是 μ 的无偏估计.

(3) 因为 $E\left(\dfrac{1}{2}X_1 + \dfrac{1}{3}X_2 + \dfrac{1}{4}X_3\right) = \dfrac{1}{2}E(X_1) + \dfrac{1}{3}E(X_2) + \dfrac{1}{4}E(X_3) = \dfrac{13}{12}\mu \neq \mu$, 所以,

$\dfrac{1}{2}X_1 + \dfrac{1}{3}X_2 + \dfrac{1}{4}X_3$ 不是 μ 的无偏估计量.

由此例可知一个未知参数可以有不同的无偏估计量.

2. 有效性

尽管无偏性表示的是估计量与待估参数的平均误差为零, 但从实际应用的角度看, 无偏估计的意义还在于, 如果使用这一估计量 $\hat{\theta}(X_1, X_2, \cdots, X_n)$ 反复计算出 N 个估计值 $\hat{\theta}_1, \hat{\theta}_2, \cdots, \hat{\theta}_N$, 则根据大数定律, 当 N 很大时, 这些估计值的平均值 $\sum\limits_{i=1}^{N}\hat{\theta}_i/N$ 可以给出非常接近于真值的估计. 从这一意义上说, 无偏性是衡量估计量好坏的一个重要标准. 但在实际应用问题中, 并不是都能进行反复抽样的. 通常只是由一组样本观测值, 根据估计量来计算一个参数估计值, 并以此作为未知参数的估计. 这样, 要想得到更准确的估计值, 自然要在无偏估计量中选择方差较小的估计量作为未知参数的估计.

定义 7.3　设 $\hat{\theta}_1 = \hat{\theta}_1(X_1, X_2, \cdots, X_n)$ 与 $\hat{\theta}_2 = \hat{\theta}_2(X_1, X_2, \cdots, X_n)$ 都是 θ 的无偏估计量, 若有

$$D(\hat{\theta}_1) < D(\hat{\theta}_2),$$

则称估计量 $\hat{\theta}_1$ 比估计量 $\hat{\theta}_2$ 有效.

由上面的定义可以看出, 在无偏估计的条件下, 方差越小的估计量越有效, 例如, X_1, $X_2, \cdots, X_n$ 是总体 X 的样本, 如果 X 的期望与方差都存在, 那么 X_1 与 $\overline{X}$ 都是 $E(X) = \mu$ 的无偏估计量, 但它们的方差分别为

$$D(X_1) = D(X), \quad D(\overline{X}) = \dfrac{D(X)}{n}.$$

可见, 当 $n \geqslant 2$ 时, $\overline{X}$ 比 X_1 有效.

注　在判断参数估计量的有效性时, 必须在估计量为无偏估计量的前提下, 再判断其方差的大小.

例 7.12　设总体 X 服从正态分布 $N(m, 1)$, X_1, X_2 是总体 X 的样本, 试验证

$$\hat{m}_1 = \dfrac{2}{3}X_1 + \dfrac{1}{3}X_2, \quad \hat{m}_2 = \dfrac{1}{4}X_1 + \dfrac{3}{4}X_2, \quad \hat{m}_3 = \dfrac{1}{2}X_1 + \dfrac{1}{2}X_2$$

都是 m 的无偏估计量; 并问哪一个估计量的方差最小?

解　由 $E(\hat{m}_1) = \dfrac{2}{3}E(X_1) + \dfrac{1}{3}E(X_2) = m$, 可知 $\hat{m}_1$ 是 m 的无偏估计量. 同理可得 $\hat{m}_2$ 和 $\hat{m}_3$ 也是 m 的无偏估计量. 下面计算这三个无偏估计量的方差.

$$D(\hat{m}_1) = \dfrac{4}{9}D(X_1) + \dfrac{1}{9}D(X_2) = \dfrac{4}{9} + \dfrac{1}{9} = \dfrac{5}{9},$$

$$D(\hat{m}_2) = \frac{1}{16}D(X_1) + \frac{9}{16}D(X_2) = \frac{1}{16} + \frac{9}{16} = \frac{5}{8},$$

$$D(\hat{m}_3) = \frac{1}{4}D(X_1) + \frac{1}{4}D(X_2) = \frac{1}{4} + \frac{1}{4} = \frac{1}{2}.$$

由三个估计量的计算结果可得:$D(\hat{m}_3) < D(\hat{m}_1) < D(\hat{m}_2)$, 因此, 估计量 $\hat{m}_3$ 为有效估计.

3. 一致性

估计量的无偏性与有效性是在固定样本容量 n 时估计量的性质, 当样本容量 n 越大时, 自然希望估计量对未知参数的估计越精确, $\hat{\theta}$ 应按某种概率意义收敛于 θ, 这就是一致性的概念.

定义 7.4 设对每个正数 n, $\hat{\theta}_n = \hat{\theta}_n(X_1, X_2, \cdots, X_n)$ 是 θ 的一个估计量, 如果 $\hat{\theta}_n$ 依概率收敛于 θ, 即对任意 $\varepsilon > 0$, 对一切 $\theta \in \Theta$ 都有

$$\lim_{n \to \infty} P\{|\hat{\theta}_n - \theta| < \varepsilon\} = 1,$$

则称 $\hat{\theta}_n$ 是 θ 的**一致估计量**.

估计量的一致性是对大样本问题提出的一个起码要求, 由于有大数定律, 因而一般情况下, 一致性是容易满足的. 下面讨论矩估计量和最大似然估计量的一致性问题.

由辛钦大数定律知道, 若总体 X 的 r 阶矩存在, 则样本的 k 阶矩 $(1 \leqslant k \leqslant r)$

$$A_k = \frac{1}{n}\sum_{i=1}^{n} X_i^k$$

依概率收敛于总体的 k 阶矩 $E(X^k)$, 即样本的 k 阶矩是总体的 k 阶矩的一致估计量. 由此可以证明: 样本的 k 阶中心矩是总体的 k 阶中心矩的一致估计量. 更一般地, 当矩估计量 $\hat{\theta}$ 是样本原点矩的连续函数时, 则它一定是一致估计量.

最大似然估计量的一致性问题, 引起了统计学者的兴趣, 直到现在都不能说已经彻底解决, 但研究表明, 在非常广泛的条件下, 最大似然估计量也是一致估计量.

§7.3 区 间 估 计

参数的点估计给出了参数的一个具体数值, 方便计算和使用, 但是这个数值的估计精度如何, 点估计本身是不能回答的, 需要通过其分布来反映. 而在实际中, 度量一个点估计精度最直观的方法就是给出未知参数的一个区间, 即本节要介绍的区间估计的概念. 区间估计是一种重要的统计推断形式, 由奈曼 (Neyman) 在 1934 年引进, 其统计思想受到了众多统计学家的重视.

7.3.1 区间估计的基本思想

定义 7.5 设总体 X 的分布函数 $F(x;\theta)$ 含有一个未知参数 θ, 对于给定值 α $(0 < \alpha < 1)$, 若由样本 $X_1, X_2, \cdots, X_n$ 确定的两个统计量 $\theta_L = \theta_L(X_1, X_2, \cdots, X_n)$ 和 $\theta_U = \theta_U(X_1, X_2, \cdots, X_n)$ 满足

$$P(\theta_L < \theta < \theta_U) = 1 - \alpha, \tag{7.6}$$

则称

(1) 随机区间 (θ_L, θ_U) 是 θ 的置信水平为 $1 - \alpha$ 的**置信区间**;

(2) θ_L 为**置信下限**;

(3) θ_U 为**置信上限**;

(4) $1 - \alpha$ 为**置信水平**或**置信度**;

(5) α 称为**显著性水平**.

注 ① 置信水平 $1 - \alpha$ 的含义: 由于 θ_L 和 θ_U 都是统计量, 因此由它们所构成的置信区间 (θ_L, θ_U) 是随机区间, 而 θ 是一个完全确定的未知常数. 因此, **(7.6) 式的正确含义为随机区间 (θ_L, θ_U) 包含未知参数 θ 的概率是 $1 - \alpha$.** 在随机抽样中, 若重复抽样 m 次, 得到样本 $X_1, X_2, \cdots, X_n$ 的 m 组样本观测值 $x_1, x_2, \cdots, x_n$, 对应于每组观测值都确定一个置信区间的观测值 (θ_L, θ_U), 每个这样的区间要么包含了参数 θ 的真值, 要么不包含参数 θ 的真值. 由第五章伯努利大数定律, 当随机抽样次数 m 充分大时, 这些区间中包含参数 θ 真值的频率接近于包含参数 θ 真值的概率 $1 - \alpha$. 即平均而言, 在大量的区间估计观测中, 至少有 $100(1 - \theta)\%$ 包含了真值 θ. 图 7.1 直观地反映了这种频率意义.

例如, 用随机模拟方法基于 $X \sim N(15, 4)$ 产生容量为 $10(n = 10)$ 的样本 $40\,(m = 40)$ 个, 如图 7.1 所示, 得到 40 个均值 μ 的置信水平为 0.90 的观测区间 (θ_L, θ_U), 其中, 40 个观测区间中有 34 个包含了参数真值 15, 另外 6 个不包含参数真值.

② 置信区间 (θ_L, θ_U) 也是对未知参数 θ 的一种估计, 区间长度意味着估计误差, 因此区间估计和点估计是互补的两种参数估计方法.

③ 在固定样本容量的情形下, 区间估计的精度和置信水平是一对矛盾关系. 估计精度可以用区间的长度 $\theta_U - \theta_L$ 来衡量. 估计的精度越高, 置信区间 (θ_L, θ_U) 的长度越小, (θ_L, θ_U) 包含参数 θ 真值的概率就越低, 置信水平 $1 - \alpha$ 越小. 反之, 置信水平 $1 - \alpha$ 越大, 置信区间 (θ_L, θ_U) 包含参数 θ 真值的概率就越大, 区间 (θ_L, θ_U) 的长度也就越大, 对未知参数 θ 的估计精度就越低. 一般原则是: 在保证置信水平的条件下尽可能提高估计精度.

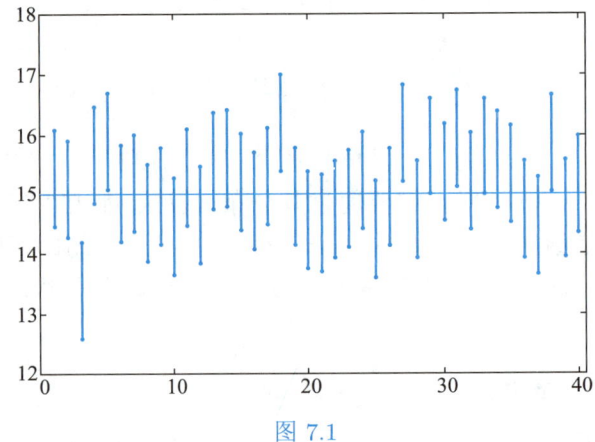

图 7.1

构造置信区间的一般方法

构造置信区间的基本思想是: 在未知参数点估计的基础上, 构造合适的包含样本及待估参数的函数 $T(X_1, X_2, \cdots, X_n; \theta)$, 且函数 $T(X_1, X_2, \cdots, X_n; \theta)$ 的分布已知, 针对给定

的置信水平导出未知参数的置信区间. 步骤如下:

(1) 根据点估计理论, 取未知参数 θ 的一个较优估计量 $\hat{\theta}$;

(2) 以估计量 $\hat{\theta}$ 为基础构造一个含有未知参数 θ 但不包含其他未知参数的随机变量 $T = T(X_1, X_2, \cdots, X_n; \theta)$, 其分布或近似分布已知;

(3) 对给定的置信水平 $1 - \alpha$, 根据 $T(X_1, X_2, \cdots, X_n; \theta)$ 的概率分布, 按精度最高的原则确定出分位点 b_1 和 b_2, 使得

$$P(b_1 < T(X_1, X_2, \cdots, X_n; \theta) < b_2) = 1 - \alpha,$$

通常情况下, 选取满足

$$P(T(X_1, X_2, \cdots, X_n; \theta) \leqslant b_1) = P(T(X_1, X_2, \cdots, X_n; \theta) \geqslant b_2) = \alpha/2$$

的 b_1 和 b_2, 在常用分布情形下, 这可由分位数表查得;

(4) 从不等式 $b_1 < T(X_1, X_2, \cdots, X_n; \theta) < b_2$ 中解出未知参数 θ, 得

$$P(\theta_L(X_1, X_2, \cdots, X_n) < \theta < \theta_U(X_1, X_2, \cdots, X_n)) = 1 - \alpha,$$

于是参数 θ 的置信水平为 $1 - \alpha$ 的置信区间为

$$(\theta_L, \theta_U) = (\theta_L(X_1, X_2, \cdots, X_n), \theta_U(X_1, X_2, \cdots, X_n)).$$

由于正态总体广泛存在, 特别是很多产品的指标服从或近似服从正态分布. 在实际问题中, 最常见的参数估计问题是估计总体的均值和方差. 因此, 这里我们重点讨论正态总体的均值和方差的区间估计.

7.3.2 单个正态总体参数的区间估计

设总体 $X \sim N(\mu, \sigma^2)$, $X_1, X_2, \cdots, X_n$ 为 X 的样本, $\overline{X}$, S^2 分别是样本均值和样本方差, 给定置信水平 $1 - \alpha$, 求参数 μ 及 σ^2 的区间估计. 下面分几种情况讨论:

1. σ^2 已知, 求 μ 的置信区间

由于 $\overline{X}$ 是 μ 的无偏估计量, 根据第六章的抽样分布定理有

$$\frac{\overline{X} - \mu}{\sigma/\sqrt{n}} \sim N(0, 1), \tag{7.7}$$

对于给定的置信水平 $1 - \alpha$, 按标准正态分布上 $\alpha/2$ 分位点的定义 (图 7.2), 依据精度最高原则, 有

$$P\left(\left|\frac{\overline{X} - \mu}{\sigma/\sqrt{n}}\right| < u_{\alpha/2}\right) = 1 - \alpha,$$

即 $P\left(\overline{X} - \dfrac{\sigma}{\sqrt{n}}u_{\alpha/2} < \mu < \overline{X} + \dfrac{\sigma}{\sqrt{n}}u_{\alpha/2}\right) = 1 - \alpha.$

则 μ 的置信水平为 $1 - \alpha$ 的置信区间为

$$\left(\overline{X} - \frac{\sigma}{\sqrt{n}}u_{\alpha/2}, \quad \overline{X} + \frac{\sigma}{\sqrt{n}}u_{\alpha/2}\right). \tag{7.8}$$

为了简便, 对称置信区间常写成

$$\left(\overline{X} \pm \frac{\sigma}{\sqrt{n}} u_{\alpha/2}\right).\tag{7.9}$$

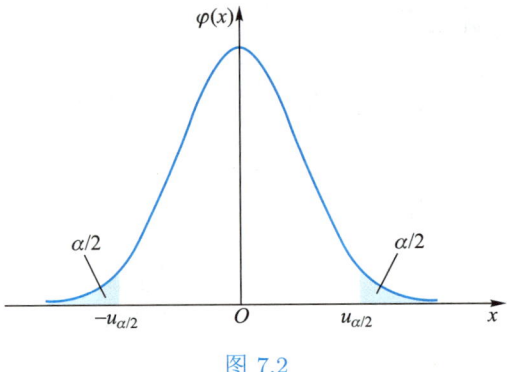

图 7.2

例如, 取 $\alpha = 0.05$, 即 $1 - \alpha = 0.95$, $\sigma = 1, n = 16$. 查表得 $u_{\alpha/2} = u_{0.025} = 1.96$, 设样本均值的观测值为 $\overline{x} = 5.20$, 则 μ 的置信水平为 95% 置信区间为 (5.20 ± 0.49), 即 $(4.71, 5.69)$.

注　置信水平为 $1 - \alpha$ 的置信区间并不是唯一的, 以上面求 μ 的置信区间为例, 若给定 $\alpha = 0.05$, 则还可构造

$$P\left(-u_{0.04} < \frac{\overline{X} - \mu}{\sigma/\sqrt{n}} < u_{0.01}\right) = 0.95.$$

即

$$\left(\overline{X} - \frac{\sigma}{\sqrt{n}} u_{0.01}, \quad \overline{X} + \frac{\sigma}{\sqrt{n}} u_{0.04}\right),\tag{7.10}$$

也是 μ 的置信水平为 0.95 的置信区间. 我们将它与 (7.8) 式中令 $\alpha = 0.05$ 所得的置信水平 0.95 的置信区间相比较, (7.8) 式所确定的区间长度为 $2 \times \frac{\sigma}{\sqrt{n}} u_{0.025} = 3.92 \times \frac{\sigma}{\sqrt{n}}$, 这一长度比 (7.10) 式确定的区间长度 $\frac{\sigma}{\sqrt{n}}(u_{0.01} + u_{0.04}) = 4.08 \times \frac{\sigma}{\sqrt{n}}$ 短. 相同的置信水平下, 长度越短的置信区间代表越高的估计精度. 故由 (7.8) 式给出的区间较 (7.10) 式的优. 事实上, 像 $N(0,1)$ 分布那样, 其概率密度的图形是单峰且对称的情况, 以 (7.8) 式那样的对称区间长度最短.

求 μ 的置信区间, 我们以 L 记置信区间 (7.8) 的长度, 即有

$$L = \frac{2\sigma}{\sqrt{n}} u_{\alpha/2}.\tag{7.11}$$

我们看到区间长度 L 随 n 的增加而缩短 (当 α 给定时), 于是我们可以确定样本容量 n, 使置信区间具有预先给定的长度. 若希望区间长度短, n 就必须取得大.

2. σ^2 未知, 求 μ 的置信区间

由于 σ^2 未知, 此时不能使用 (7.8) 式或 (7.9) 式给出 μ 的置信区间, 由参数的点估计理论易知, 样本方差 S^2 是总体方差 σ^2 的无偏估计, 将 (7.7) 式中的 σ 换成 S, 由第六章抽样分布定理可知

$$\frac{\overline{X} - \mu}{S/\sqrt{n}} \sim t(n-1), \tag{7.12}$$

它含有待估参数 μ, 其分布已知且不含其他未知参数.

根据 t 分布上 $\alpha/2$ 分位点的定义 (图 7.3) 有

$$P\left(-t_{\alpha/2}(n-1) < \frac{\overline{X} - \mu}{S/\sqrt{n}} < t_{\alpha/2}(n-1)\right) = 1 - \alpha,$$

即
$$P\left(\overline{X} - \frac{S}{\sqrt{n}}t_{\alpha/2}(n-1) < \mu < \overline{X} + \frac{S}{\sqrt{n}}t_{\alpha/2}(n-1)\right) = 1 - \alpha,$$

则 μ 的置信水平为 $1 - \alpha$ 的置信区间为

$$\left(\overline{X} \pm \frac{S}{\sqrt{n}}t_{\alpha/2}(n-1)\right). \tag{7.13}$$

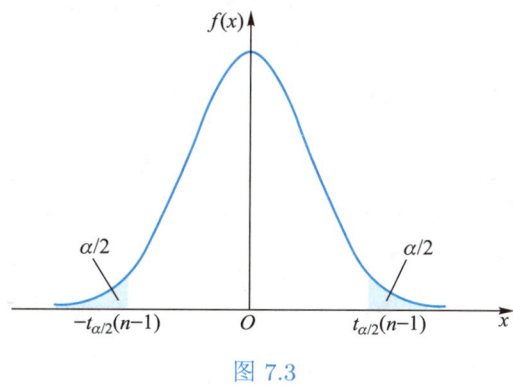

图 7.3

例 7.13　正常条件下, 某机床加工的小孔的孔径 X(单位: cm) 服从 $N(\mu, \sigma^2)$ 分布. 长期积累资料表明 $\sigma = 0.048$. 今从加工的小孔中, 测得 10 个孔径的平均值为 $\overline{x} = 1.416$. 试求 μ 的置信区间 (置信水平为 0.95).

解　这里 σ^2 已知, 可由 (7.9) 式计算 μ 的置信区间. 由已知, $\overline{x} = 1.416, \sigma = 0.048, n = 10, \alpha = 0.05, u_{\alpha/2} = u_{0.025} = 1.96$, 代入 (7.9) 式可得 μ 的置信水平为 0.95 的置信区间为 $(1.386, 1.446)$.

例 7.14　某胶合板厂以新的工艺生产胶合板以增强抗压强度, 现抽取 10 个试件, 做抗压力试验, 获得数据 (单位: kg/cm²) 如下:

$$48.2, \quad 49.3, \quad 51.0, \quad 44.6, \quad 43.5, \quad 41.8, \quad 39.4, \quad 46.9, \quad 45.7, \quad 47.1,$$

试求该胶合板平均抗压强度 μ 的置信水平为 0.95 的置信区间 (该胶合板抗压强度服从正态分布).

解 由于这里 σ^2 未知, 由 (7.13) 式可计算总体胶合板抗压强度 μ 的置信区间. 由于

$$\overline{x} = 45.75, s = \sqrt{\frac{1}{10-1}\sum_{i=1}^{10}(x_i - \overline{x})^2} = 3.522, n = 10, \alpha = 0.05, t_{\alpha/2}(n-1) = t_{0.025}(9) =$$

2.262, 代入 (7.13) 式, 得 μ 的置信水平为 0.95 的置信区间为 $(43.23, 48.27)$.

在实际问题中, 总体方差 σ^2 未知的情况居多, 故 (7.13) 式较 (7.9) 式有更大的应用价值.

3. 求 σ^2 的置信区间

在实际问题中, 不仅要对总体某项指标的平均水平进行估计, 还要考虑估计的精度和稳定性问题, 这时就需要对总体的方差进行估计. 例如评价某种品牌产品 (如电脑、电视、手机等电子产品) 质量的优劣问题, 不仅要估计出产品的平均寿命, 还要了解寿命指标的方差, 产品的平均寿命长且方差小, 才能认为该品牌的质量高.

由点估计理论可知, 样本方差 S^2 是总体方差 σ^2 的无偏估计, 又由抽样分布定理 6.3, 有

$$\chi^2 = \frac{(n-1)S^2}{\sigma^2} \sim \chi^2(n-1), \tag{7.14}$$

它包含待估参数 σ^2, 其分布已知且不包含其他未知参数. 由于 χ^2 分布的概率密度的图像是单峰非对称的, 因此不能像本节 (7.8) 式中那样比较容易求得区间长度最短的置信区间, 习惯上取 b_1, b_2 使

$$P(\chi^2 \leqslant b_1) = P(\chi^2 \geqslant b_2) = \frac{\alpha}{2},$$

则 $P(b_1 < \chi^2 < b_2) = 1 - \alpha$.

由 χ^2 分布上 $\alpha/2$ 分位点的定义 (图 7.4) 有

$$P\left(\chi^2_{1-\alpha/2}(n-1) < \frac{(n-1)S^2}{\sigma^2} < \chi^2_{\alpha/2}(n-1)\right) = 1 - \alpha, \tag{7.15}$$

即得

$$P\left(\frac{(n-1)S^2}{\chi^2_{\alpha/2}(n-1)} < \sigma^2 < \frac{(n-1)S^2}{\chi^2_{1-\alpha/2}(n-1)}\right) = 1 - \alpha.$$

因此, σ^2 的置信水平为 $1-\alpha$ 的置信区间为

$$\left(\frac{(n-1)S^2}{\chi^2_{\alpha/2}(n-1)}, \frac{(n-1)S^2}{\chi^2_{1-\alpha/2}(n-1)}\right). \tag{7.16}$$

由 (7.16) 式还可以得到标准差 σ 的置信水平为 $1-\alpha$ 的置信区间

$$\left(\frac{\sqrt{(n-1)}S}{\sqrt{\chi^2_{\alpha/2}(n-1)}}, \frac{\sqrt{(n-1)}S}{\sqrt{\chi^2_{1-\alpha/2}(n-1)}}\right). \tag{7.17}$$

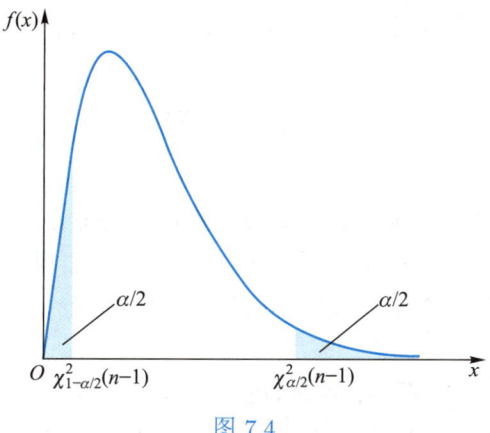

图 7.4

例 7.15 试求例 7.14 中总体方差 σ^2 和总体标准差 σ 的置信水平为 0.95 的置信区间.

解 由已知有 $\overline{x} = 45.75, s = 3.522, s^2 = 12.40, n = 10, \alpha = 0.05, \chi^2_{\alpha/2}(n-1) = \chi^2_{0.025}(9) = 19.023, \chi^2_{1-\alpha/2}(n-1) = \chi^2_{0.975}(9) = 2.70$. 根据 (7.16) 式和 (7.17) 式, 可得 σ^2 的置信区间为

$$\left(\frac{9 \times 12.40}{19.023}, \frac{9 \times 12.40}{2.70} \right) = (5.867, 41.333),$$

σ 的置信区间为

$$\left(\sqrt{\frac{9 \times 12.40}{19.023}}, \sqrt{\frac{9 \times 12.40}{2.70}} \right) = (2.422, 6.429).$$

7.3.3 两个正态总体参数的区间估计

在实际中常遇到下面的问题: 已知产品的某一项指标服从正态分布, 但由于原料、设备条件、操作人员不同, 或工艺过程的改变等因素, 引起总体均值、总体方差有所改变, 我们需要知道这些变化有多大, 这就需要考虑两个正态总体均值差或方差比的估计问题.

给定置信水平为 $1 - \alpha$, 设 $X_1, X_2, \cdots, X_{n_1}$ 是来自第一个正态总体 $N(\mu_1, \sigma_1^2)$ 的样本, $Y_1, Y_2, \cdots, Y_{n_2}$ 是来自第二个正态总体 $N(\mu_2, \sigma_2^2)$ 的样本, 两样本相互独立, $\overline{X}, \overline{Y}$ 分别为第一、第二个总体的样本均值, S_1^2, S_2^2 分别为第一、第二个总体的样本方差. 以下分几种情况讨论两个正态总体参数的区间估计问题.

1. σ_1^2, σ_2^2 已知, 求 $\mu_1 - \mu_2$ 的置信区间

由于 $\overline{X}, \overline{Y}$ 分别为 μ_1, μ_2 的无偏估计量, 故 $\overline{X} - \overline{Y}$ 是 $\mu_1 - \mu_2$ 的无偏估计量, 由 $\overline{X}$, $\overline{Y}$ 的独立性以及 $\overline{X} \sim N\left(\mu_1, \frac{\sigma_1^2}{n_1}\right), \overline{Y} \sim N\left(\mu_2, \frac{\sigma_2^2}{n_2}\right)$ 知

$$\frac{(\overline{X} - \overline{Y}) - (\mu_1 - \mu_2)}{\sqrt{\frac{\sigma_1^2}{n_1} + \frac{\sigma_2^2}{n_2}}} \sim N(0, 1),$$

根据单正态总体均值的置信区间公式 (7.9) 得 $\mu_1 - \mu_2$ 的置信水平为 $1 - \alpha$ 的置信区间为

$$\left((\overline{X} - \overline{Y}) \pm u_{\alpha/2} \sqrt{\frac{\sigma_1^2}{n_1} + \frac{\sigma_2^2}{n_2}} \right). \tag{7.18}$$

例 7.16　为研究某地农业家庭和非农业家庭的人口状况, 独立、随机调查 50 户农业家庭, 60 户非农业家庭. 经计算知农业家庭平均每户 4.5 人, 非农业家庭平均每户 3.75 人. 已知农业家庭人口分布服从 $N(\mu_1, 1.8^2)$, 非农业家庭人口分布服从 $N(\mu_2, 2.1^2)$, 试求两总体均值差的置信区间 (取 $\alpha = 0.01$).

解　由于 $\overline{x} = 4.5, \overline{y} = 3.75, n_1 = 50, n_2 = 60, \sigma_1^2 = 1.8^2, \sigma_2^2 = 2.1^2, u_{\alpha/2} = u_{0.005} = 2.575$, 根据两个总体均值差的置信区间计算公式 (7.18) 可得 $\mu_1 - \mu_2$ 的置信水平为 0.99 的置信区间为

$$\left((\overline{X} - \overline{Y}) \pm u_{\alpha/2} \sqrt{\frac{\sigma_1^2}{n_1} + \frac{\sigma_2^2}{n_2}} \right) = (-0.208, 1.708).$$

2. $\sigma_1^2 = \sigma_2^2 = \sigma^2$ 未知, 求 $\mu_1 - \mu_2$ 的置信区间

由于 $\sigma_1^2 = \sigma_2^2 = \sigma^2$ 未知, 所以此时不能用 (7.18) 式作为两个总体均值差的置信区间. 根据第六章定理 6.5 知

$$\frac{(\overline{X} - \overline{Y}) - (\mu_1 - \mu_2)}{S_w \sqrt{\dfrac{1}{n_1} + \dfrac{1}{n_2}}} \sim t(n_1 + n_2 - 2),$$

再由单正态总体均值的置信区间公式 (7.13) 可得 $\mu_1 - \mu_2$ 的置信水平为 $1 - \alpha$ 的置信区间为

$$\left((\overline{X} - \overline{Y}) \pm t_{\alpha/2}(n_1 + n_2 - 2) S_w \sqrt{\frac{1}{n_1} + \frac{1}{n_2}} \right), \tag{7.19}$$

其中 $S_w^2 = \dfrac{(n_1 - 1)S_1^2 + (n_2 - 1)S_2^2}{n_1 + n_2 - 2}$.

例 7.17　随机地从甲、乙两厂生产的蓄电池中抽取一些样本, 测得蓄电池的电容量 (单位:Ah) 如下:

甲厂: 144, 141, 138, 142, 141, 143, 138, 137;

乙厂: 142, 143, 139, 140, 138, 141, 140, 138, 142, 136.

设两厂生产的蓄电池电容量分别服从正态分布 $N(\mu_1, \sigma_1^2), N(\mu_2, \sigma_2^2)$, 两样本相互独立, $\sigma_1^2 = \sigma_2^2 = \sigma^2$, 但 σ^2 未知. 求 $\mu_1 - \mu_2$ 的置信水平为 0.95 的置信区间.

解　$n_1 = 8, n_2 = 10$, 由已知数据计算得

$$\overline{x} = 140.5, \overline{y} = 139.9, s_1^2 = 6.57, s_2^2 = 4.77,$$

又 $s_w = \sqrt{\dfrac{(n_1 - 1)s_1^2 + (n_2 - 1)s_2^2}{n_1 + n_2 - 2}} = \sqrt{\dfrac{7s_1^2 + 9s_2^2}{16}} = 2.36, t_{\alpha/2}(16) = t_{0.025}(16) = 2.120$, 根据置信区间公式 (7.19) 计算得 $\mu_1 - \mu_2$ 的置信水平为 0.95 的置信区间为 $(-1.77, 2.97)$.

注 若 $\mu_1 - \mu_2$ 的置信区间 (θ_L, θ_U) 的下限 $\theta_L > 0$, 则认为 $\mu_1 > \mu_2$; 若 $\theta_U < 0$, 则认为 $\mu_1 < \mu_2$; 若 $\theta_L < 0$ 而 $\theta_U > 0$, 则认为 μ_1 与 μ_2 没有显著差别.

3. 方差比 σ_1^2/σ_2^2 的置信区间

设 S_1^2 为总体 $N(\mu_1, \sigma_1^2)$ 容量为 n_1 的样本方差, S_2^2 为总体 $N(\mu_2, \sigma_2^2)$ 容量为 n_2 的样本方差, 且两样本相互独立, 其中 $\mu_1, \sigma_1^2, \mu_2, \sigma_2^2$ 均未知. 由点估计理论知 S_1^2 和 S_2^2 分别是 σ_1^2 和 σ_2^2 的无偏估计量, 由第六章定理 6.5 知

$$\frac{S_1^2/\sigma_1^2}{S_2^2/\sigma_2^2} \sim F(n_1 - 1, n_2 - 1),$$

并且分布 $F(n_1 - 1, n_2 - 1)$ 不含其他未知参数. 根据 F 分布的上 $\alpha/2$ 分位点的定义 (图 7.5), 类似于前面求单总体方差置信区间的处理方法, 有

$$P\left(F_{1-\alpha/2}(n_1 - 1, n_2 - 1) < \frac{S_1^2/\sigma_1^2}{S_2^2/\sigma_2^2} < F_{\alpha/2}(n_1 - 1, n_2 - 1)\right) = 1 - \alpha,$$

即 $$P\left(\frac{S_1^2/S_2^2}{F_{\alpha/2}(n_1 - 1, n_2 - 1)} < \frac{\sigma_1^2}{\sigma_2^2} < \frac{S_1^2/S_2^2}{F_{1-\alpha/2}(n_1 - 1, n_2 - 1)}\right) = 1 - \alpha,$$ 从中导出方差比 σ_1^2/σ_2^2 的置信水平为 $1 - \alpha$ 的置信区间为

$$\left(\frac{S_1^2/S_2^2}{F_{\alpha/2}(n_1 - 1, n_2 - 1)}, \quad \frac{S_1^2/S_2^2}{F_{1-\alpha/2}(n_1 - 1, n_2 - 1)}\right). \tag{7.20}$$

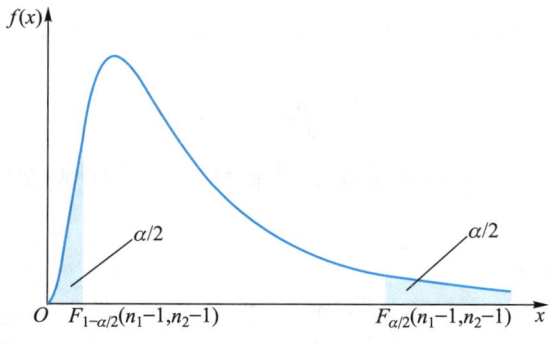

图 7.5

例 7.18 两种不同型号的电阻分别服从参数均未知的正态总体分布 $N(\mu_1, \sigma_1^2)$ 和 $N(\mu_2, \sigma_2^2)$, 依次独立抽取容量分别为 25 和 15 的样本, 测得电阻样本方差为 6.38 和 5.15, 试求两总体方差比 σ_1^2/σ_2^2 的置信水平为 0.90 的置信区间.

解 已知 $n_1 = 25, n_2 = 15, \alpha = 0.1$, 查表可得

$$F_{\alpha/2}(n_1 - 1, n_2 - 1) = F_{0.05}(24, 14) = 2.35,$$

$$F_{1-\alpha/2}(n_1 - 1, n_2 - 1) = F_{0.95}(24, 14) = \frac{1}{F_{0.05}(14, 24)} = \frac{1}{2.13},$$

且 $s_1^2 = 6.38$ 和 $s_2^2 = 5.15$, 则由 (7.20) 式可得 σ_1^2/σ_2^2 的置信水平为 0.90 的置信区间为

$$\left(\frac{6.38}{5.15 \times 2.35}, \frac{6.38 \times 2.13}{5.15} \right) = (0.527, 2.639).$$

由于 σ_1^2/σ_2^2 的置信区间包含 1, 在实际中我们就认为 σ_1^2, σ_2^2 两者没有显著差别.

注　若 σ_1^2/σ_2^2 的置信区间 (θ_L, θ_U) 的下限 $\theta_L > 1$, 则认为 $\sigma_1^2 > \sigma_2^2$; 若 $\theta_U < 1$, 则认为 $\sigma_1^2 < \sigma_2^2$; 若 $\theta_L < 1$ 而 $\theta_U > 1$, 则认为 σ_1^2 与 σ_2^2 之间没有显著差别.

7.3.4　单侧置信区间

上述讨论中, 对于未知参数 θ, 我们给出两个统计量 θ_L, θ_U, 得到 θ 的双侧置信区间 (θ_L, θ_U). 但在某些实际问题中, 例如, 对于设备、元件的寿命来说, 平均寿命越长越好, 因此我们只关心这些设备或元件的平均寿命最低是多少, 即我们关心的是平均寿命 θ 的 "下限"; 与之相反, 在考虑产品的废品率 p 时, 废品率越低越好, 于是我们只关心参数 p 的 "上限", 这就引出了单侧置信区间的概念.

定义 7.6　设 $X_1, X_2, \cdots, X_n$ 为来自总体 X 的样本, θ 为总体中的未知参数, 对于给定的 $\alpha(0 < \alpha < 1)$

(1) 若存在样本的不包含未知参数的函数 $\theta_L = \theta_L(X_1, X_2, \cdots, X_n)$, 使得

$$P(\theta > \theta_L) = 1 - \alpha$$

成立, 则称随机区间 $(\theta_L, +\infty)$ 是 θ 的置信水平为 $1 - \alpha$ 的**单侧置信区间**, θ_L 称为**单侧置信下限**.

(2) 若存在样本的不包含未知参数的函数 $\theta_U = \theta_U(X_1, X_2, \cdots, X_n)$, 使得

$$P(\theta < \theta_U) = 1 - \alpha$$

成立, 则称随机区间 $(-\infty, \theta_U)$ 是 θ 的置信水平为 $1 - \alpha$ 的**单侧置信区间**, θ_U 称为**单侧置信上限**.

注　对于单侧区间估计问题的讨论与双侧区间估计的方法相同, 需要注意的是: 单侧区间估计对于精度的标准不再像双侧区间估计一样利用区间的长度来刻画, 而是对于给定的置信水平 $1 - \alpha$, 选择置信下限 θ_L, 使 $E(\theta_L)$ 越大越好; 选择置信上限 θ_U, 使 $E(\theta_U)$ 越小越好.

例如, 对于正态总体 X, 若均值 μ、方差 σ^2 均为未知, 设 $X_1, X_2, \cdots, X_n$ 是一个样本, 由 $\dfrac{\overline{X} - \mu}{S/\sqrt{n}} \sim t(n-1)$ 和图 7.6 有

$$P\left(\frac{\overline{X} - \mu}{S/\sqrt{n}} < t_\alpha(n-1) \right) = 1 - \alpha,$$

即

$$P\left(\mu > \overline{X} - \frac{S}{\sqrt{n}} t_\alpha(n-1) \right) = 1 - \alpha.$$

于是得到 μ 的一个置信水平为 $1-\alpha$ 的单侧置信区间为

$$\left(\overline{X}-\frac{S}{\sqrt{n}}t_\alpha(n-1),+\infty\right).\tag{7.21}$$

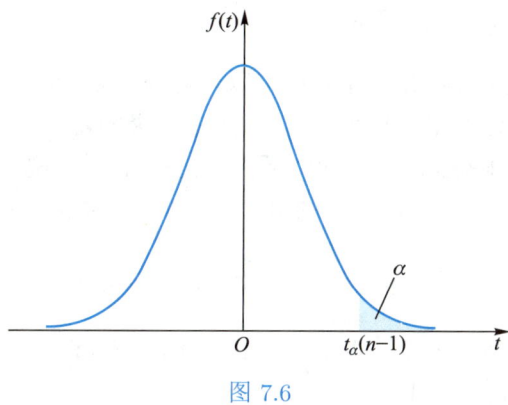

图 7.6

又由 $\dfrac{(n-1)S^2}{\sigma^2}\sim\chi^2(n-1)$ 和图 7.7 有

$$P\left\{\frac{(n-1)S^2}{\sigma^2}>\chi^2_{1-\alpha}(n-1)\right\}=1-\alpha,$$

即

$$P\left\{\sigma^2<\frac{(n-1)S^2}{\chi^2_{1-\alpha}(n-1)}\right\}=1-\alpha.$$

于是得 σ^2 的一个置信水平为 $1-\alpha$ 的单侧置信区间为

$$\left(0,\frac{(n-1)S^2}{\chi^2_{1-\alpha}(n-1)}\right).\tag{7.22}$$

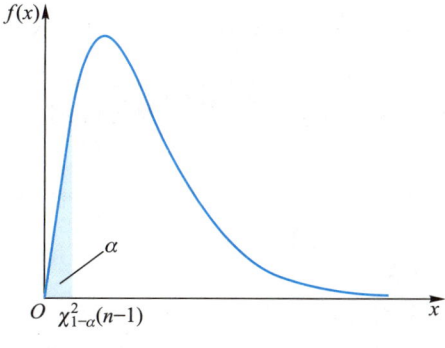

图 7.7

例 7.19 从一批灯泡中随机抽取 5 只做寿命试验, 测得寿命 (单位: h) 为 1 050, 1 100, 1 120, 1 250, 1 280. 设灯泡的寿命服从正态分布, 求灯泡寿命平均值的置信水平为 0.95 的单侧置信下限.

解 由于 $1 - \alpha = 0.95, n = 5, t_\alpha(n-1) = t_{0.05}(4) = 2.132, \overline{x} = 1\,160, s^2 = 9\,950$, 因此, 由 (7.21) 式得所求单侧置信下限为

$$\mu_L = \overline{x} - \frac{s}{\sqrt{n}} t_\alpha(n-1) = 1\,065.$$

7.3.5 非正态总体参数的区间估计

对于非正态总体, 因其精确的抽样分布难以计算, 很难寻求一个已知分布的统计量, 以便做参数的区间估计, 但对大样本问题, 可以利用中心极限定理, 求出某些统计量的近似分布, 这样又将问题转化为正态总体的情形, 下面通过一个例子说明.

例 7.20 设总体 X 服从参数为 p 的 $0-1$ 分布, X 的概率分布为

$$f(x;p) = p^x(1-p)^{1-x}, x = 0, 1,$$

其中 p 未知, 在 X 中取得样本 $X_1, X_2, \cdots, X_n$, 当 n 较大时 (不妨设 $n > 50$), 求参数 p 的置信水平为 $1 - \alpha$ 的置信区间.

解 已知 $E(X) = p, D(X) = p(1-p)$, 因为 n 较大, 由中心极限定理知近似有

$$\frac{\sum\limits_{i=1}^{n} X_i - np}{\sqrt{np(1-p)}} = \frac{n\overline{X} - np}{\sqrt{np(1-p)}} \sim N(0, 1),$$

于是有

$$P\left(\left| \frac{n\overline{X} - np}{\sqrt{np(1-p)}} \right| < u_{\alpha/2} \right) \approx 1 - \alpha.$$

不等式 $\left| \dfrac{n\overline{X} - np}{\sqrt{np(1-p)}} \right| < u_{\alpha/2}$ 等价于 $(n + u_{\alpha/2}^2)p^2 - (2n\overline{X} + u_{\alpha/2}^2)p + n\overline{X}^2 < 0$. 记

$$p_1 = \frac{1}{2a}(-b - \sqrt{b^2 - 4ac}), p_2 = \frac{1}{2a}(-b + \sqrt{b^2 - 4ac}),$$

此处, $a = n + u_{\alpha/2}^2, b = -(2n\overline{X} + u_{\alpha/2}^2), c = n\overline{X}^2$. 于是得到 p 的置信水平为 $1 - \alpha$ 的近似置信区间为 (p_1, p_2).

习 题 七

1. 随机地取 8 只活塞环, 测得它们的直径 (单位: mm) 为

74.001,   74.005,   74.003,   74.001,   74.000,   73.993,   74.006,   74.002,

试求总体均值 μ 及方差 σ^2 的矩估计值, 并求样本方差 s^2.

2. 设 $X_1, X_2, \cdots, X_n$ 为总体的一个样本, 求下列各总体的密度函数或分布律中的未知参数的矩估计和最大似然估计.

(1)
$$f(x) = \begin{cases} \theta c^\theta x^{-(\theta+1)}, & x > c, \\ 0, & x \leqslant c, \end{cases}$$

其中 $c > 0$ 为已知, $\theta > 1$ 为未知参数;

(2)
$$f(x) = \begin{cases} \sqrt{\theta} x^{\sqrt{\theta}-1}, & 0 \leqslant x \leqslant 1, \\ 0, & \text{其他}, \end{cases}$$

其中 $\theta > 0$ 为未知参数;

(3)
$$f(x) = \begin{cases} \dfrac{x}{\theta^2} e^{-x^2/(2\theta^2)}, & x > 0, \\ 0, & \text{其他}, \end{cases}$$

其中 $\theta > 0$ 为未知参数;

(4)
$$f(x) = \begin{cases} \dfrac{1}{\theta} e^{-\frac{x-\mu}{\theta}}, & x \geqslant \mu, \\ 0, & \text{其他}, \end{cases}$$

其中 $\theta > 0, \theta, \mu$ 为未知参数;

(5) $P(X = x) = \binom{x}{m} p^x (1-p)^{m-x}, x = 0, 1, 2, \cdots, m, 0 < p < 1, p$ 为未知参数.

3. 设 $X_1, X_2, \cdots, X_n$ 是来自参数为 λ 的泊松分布总体的一个样本. 试求 λ 的最大似然估计量和矩估计量.

4. 为了检验某种自来水消毒设备的效果, 现从消毒后的水中随机抽取 50 L 化验每升水中大肠杆菌的个数. (1 L 水中大肠杆菌个数服从泊松分布), 化验结果如下:

每升水中大肠杆菌数/个	0	1	2	3	4
水的容量/L	17	20	10	2	1

试问平均每升水中大肠杆菌个数为多少时, 才能使上述情况出现的概率为最大?

5. (1) 设 $X_1, X_2, \cdots, X_n$ 是来自总体 X 的一个样本, 且 $X \sim \pi(\lambda)$, 求 $P(X = 0)$ 的最大似然估计;

(2) 某铁路局证实一个扳道员在 5 年内所引起的严重事故的次数服从泊松分布. 求一个扳道员在 5 年内未引起严重事故的概率 p 的最大似然估计. (使用下表, 其中 r 表示扳道员某 5 年内引起的严重事故的次数, S 表示观察到的扳道员的人数.)

r	0	1	2	3	4	5
S	44	42	21	9	4	2

6. (1) 设随机变量 $Z = \ln X \sim N(\mu, \sigma^2)$, 称 X 服从对数正态分布, 验证 $E(X) = \exp\left\{\mu + \dfrac{1}{2}\sigma^2\right\}$.

(2) 设自 (1) 中的总体 X 中取一容量为 n 的样本 $X_1, X_2, \cdots, X_n$. 求 $E(X)$ 的最大似然估计, 此处设 μ, σ^2 均未知.

7. 设 $X_1, X_2, \cdots, X_n$ 为总体 X 的样本, 欲使

$$\hat{\sigma}^2 = k \sum_{i=1}^{n-1} (X_{i+1} - X_i)^2$$

为 σ^2 的无偏估计, 问 k 应取什么值?

8. 设 $X_1, X_2, \cdots, X_n$ 为总体 X 的样本, 试证: 统计量

$$\Phi_1(X_1, X_2, X_3) = \frac{1}{3}X_1 + \frac{1}{3}X_2 + \frac{1}{3}X_3,$$

$$\Phi_2(X_1, X_2, X_3) = \frac{1}{6}X_1 + \frac{1}{3}X_2 + \frac{1}{2}X_3,$$

$$\Phi_3(X_1, X_2, X_3) = \frac{1}{5}X_1 + \frac{2}{5}X_2 + \frac{2}{5}X_3$$

都是总体均值的无偏估计量, 并问哪一个方差最小?

9. 设 $\hat\theta_1$ 及 $\hat\theta_2$ 为参数 θ 的两个独立的无偏估计量, 且假定 $\hat\theta_1$ 的方差为 $\hat\theta_2$ 的方差的两倍, 求常数 c_1 及 c_2, 使 $\hat\theta = c_1\hat\theta_1 + c_2\hat\theta_2$ 为 θ 的无偏估计, 且使 $\hat\theta$ 方差尽可能小.

10. 设从均值 μ, 方差为 $\sigma^2 > 0$ 的总体中, 分别抽取容量为 n_1, n_2 的两个独立样本, $\overline{X}_1, \overline{X}_2$ 分别是两样本的均值. 试证: 对于任意常数 $a, b\ (a + b = 1)$, $Y = a\overline{X}_1 + b\overline{X}_2$ 都是 μ 的无偏估计, 并确定常数 a, b, 使 $D(Y)$ 达到最小.

11. 设分别自总体 $N(\mu_1, \sigma^2)$ 和 $N(\mu_2, \sigma^2)$ 中抽取容量为 n_1, n_2 的两个独立样本, 其样本方差分别为 S_1^2 和 S_2^2. 试证: 对于任意常数 $a, b\ (a + b = 1)$, $Z = aS_1^2 + bS_2^2$ 都是 σ^2 的无偏估计, 并确定常数 a, b, 使 $D(Z)$ 达到最小.

12. 已知一批产品的长度指标 $X \sim N(\mu, 0.5^2)$, 问至少应抽取多大容量的样本, 才能使样本均值与总体均值的绝对误差在置信水平为 0.95 的条件下小于 $\dfrac{1}{10}$.

13. 对方差 σ^2 为已知的正态总体来说, 问需取容量 n 为多大的样本, 才能使总体均值 μ 的置信水平为 $1 - \alpha$ 的置信区间平均长度不大于 L?

14. 在稳定生产的情况下, 某工厂生产的灯泡的使用寿命 (单位: h) X 可认为服从 $N(\mu, \sigma^2)$, 现观察 20 个灯泡的使用寿命, 计算得 $\overline{x} = 1\,832, s = 510$, 试求:

(1) 灯泡使用寿命的均值 μ 的置信水平为 0.95 的置信区间;

(2) 灯泡使用寿命的方差 σ^2 的置信水平为 0.90 的置信区间.

15. 随机地抽取某种炮弹 9 发做试验, 得炮口速度的样本标准差 s 为 11(m/s), 设炮口速度服从正态分布, 求这种炮弹炮口速度的标准差 σ 的置信水平为 0.95 的置信区间.

16. 研究两种固体燃料火箭推进器的燃烧率, 设两者都服从正态分布, 并且已知燃烧率的标准差近似地为 0.05 cm/s, 取样本容量为 $n_1 = n_2 = 20$, 得燃烧率的样本均值分别为 $\overline{x}_1 = 18$ cm/s, $\overline{x}_2 = 24$ cm/s, 求两燃烧率总体均值差 $\mu_1 - \mu_2$ 的置信水平为 0.99 的置信区间.

17. 随机地从 A 批导线中抽取 4 根, 又从 B 批导线中抽取 5 根, 测得电阻 (单位: Ω) 为

A 批导线　　0.143, 0.142, 0.143, 0.137;

B 批导线　　0.140, 0.142, 0.136, 0.138, 0.140.

设测定数据分别来自分布 $N(\mu_1, \sigma^2), N(\mu_2, \sigma^2)$, 且两样本相互独立. 又 μ_1, μ_2, σ^2 均未知, 试求 $\mu_1 - \mu_2$ 的置信水平为 0.95 的置信区间.

18. 两位化验员 A, B 独立地对某种聚合物含氯量用相同的方法各做 10 次测定, 其测定值的样本方差分别为 $s_A^2 = 0.541\,9, s_B^2 = 0.606\,5$, 设 σ_A^2, σ_B^2 分别为 A, B 所测定值总体的方差, 设两总体均服从正态分布, 求方差比 σ_A^2/σ_B^2 的置信水平为 0.95 的置信区间.

19. (1) 求 14 题中 μ 的置信水平为 0.95 的单侧置信下限;

(2) 求 17 题中 $\mu_1 - \mu_2$ 的置信水平为 0.95 的单侧置信下限.

20. 在一批货物的容量为 100 的样本中, 经检验发现有 16 只次品, 求这批货物次品率的置信水平为 0.95 的置信区间.

21. 对于某总体的大样本 $(n \geqslant 50)$, 样本标准差 S 近似服从正态分布 $N\left(\sigma, \dfrac{\sigma^2}{2n}\right)$, 其中 σ 为总体的标准差, 试求 σ 的置信水平为 0.95 的置信区间.

自 测 题 七

一、填空题

1. 设 $X_1, X_2, \cdots, X_6$ 是来自总体 $X \sim N(0, 2^2)$ 的简单随机样本, 则 $P\left(\sum\limits_{i=1}^{6} X_i^2 > 6.54\right) =$ _____, $P(S^2 > 5.3) =$ _____.

2. 设样本 $X_1, X_2, \cdots, X_n$ 来自总体 $X \sim N(\mu, \sigma^2)$, 用 $2X_2 - X_1$, $\overline{X}$, X_1 作为总体参数 μ 的估计量时, 其中最有效的是 _____.

3. 设样本总体 $X \sim N(\mu, 0.9^2)$, 现有容量为 9 的来自该总体的样本, 样本均值为 $\overline{x} = 5$, 则 μ 的置信水平为 0.95 的置信区间为 _____.

二、选择题

1. 对参数的一种区间估计及一组样本观测数据 $(x_1, x_2, \cdots, x_n)$ 来说, 下列结论中正确的是 (　　).

(A) 置信水平越大, 对参数取值范围估计越准确

(B) 置信水平越大, 置信区间越长

(C) 置信水平越大, 置信区间越短

(D) 置信水平大小与置信区间的长度无关

2. 设 (θ_1, θ_2) 是参数 θ 的置信水平为 $1 - \alpha$ 的区间估计, 则以下结论正确的是 (　　).

(A) 参数 θ 落在区间 (θ_1, θ_2) 之内的概率为 $1 - \alpha$

(B) 参数 θ 落在区间 (θ_1, θ_2) 之外的概率为 $1 - \alpha$

(C) 区间 (θ_1, θ_2) 包含参数 θ 的概率是 $1 - \alpha$

(D) 对不同的样本观测值, 区间 (θ_1, θ_2) 的长度相同

3. 设总体 $X \sim N(0, 1)$, $X_1, X_2, \cdots, X_n$ 是 X 的一个样本, $\overline{X}, S^2$ 分别是样本均值和样本方差, 则下列结论正确的是 (　　).

(A) $n\overline{X} \sim N(0, 1)$　　　　　　　　　　(B) $\overline{X} \sim N(0, 1)$

(C) $\overline{X}/S \sim t(n-1)$　　　　　　　　　　(D) $\sum\limits_{i=1}^{n} (X_i - \overline{X})^2 \sim \chi^2(n-1)$

4. 设 $X \sim t(n)$ $(n > 1)$, $Y = 1/X^2$, 则下列结论正确的是 (　　).

(A) $Y \sim \chi^2(n)$　　　　(B) $Y \sim \chi^2(n-1)$　　　　(C) $Y \sim F(n, 1)$　　　　(D) $Y \sim F(1, n)$

三、计算和证明题

1. 设样本 $X_1, X_2, \cdots, X_n$ 取自参数为 λ 的泊松分布.

(1) 试证样本均值 $\overline{X}$ 与样本方差 $S^2 = \dfrac{1}{n-1} \sum\limits_{i=1}^{n} (X_i - \overline{X})^2$ 都是 λ 的无偏估计, 且对任一 a 值, $0 \leqslant a \leqslant 1$, $a\overline{X} + (1-a)S^2$ 也是 λ 的无偏估计;

(2) 求 λ^2 的无偏估计.

2. 设总体 X 的密度函数为

$$f(x) = \begin{cases} \dfrac{2}{a^2}(a-x), & 0 < x < a, \\ 0, & \text{其他}, \end{cases}$$

其中 a 是未知参数, $X_1, X_2, \cdots, X_n$ 是样本, 求参数 a 的矩估计量.

3. 设有两个总体 $X \sim N(\mu_1, 1)$, $Y \sim N(\mu_2, 4)$, $X_1, X_2, \cdots, X_{n_1}$ 是来自总体 X 的样本, $Y_1, Y_2, \cdots$, Y_{n_2} 是来自总体 Y 的样本, 且两个样本独立.

(1) 求 $\mu = \mu_1 - \mu_2$ 的矩估计量 $\hat{\mu}$;

(2) 如果 $n_1 + n_2 = n$ 固定, 试问 n_1 与 n_2 如何配置才能使 $\hat{\mu}$ 的方差达到最小?

4. 设总体 X 的密度函数为

$$f(x;\sigma) = \frac{1}{2\sigma}\mathrm{e}^{-\frac{|x|}{\sigma}}, \qquad -\infty < x < +\infty,$$

$X_1, X_2, \cdots, X_n$ 是样本, 求参数 σ 的最大似然估计量.

5. 为考察某大学成年男性的胆固醇水平, 现抽取容量为 25 的一个样本, 并测得样本均值 $\bar{x} = 186$, 样本标准差 $s = 12$. 假定所论胆固醇水平 $X \sim N(\mu, \sigma^2)$, μ 与 σ^2 均未知. 试分别求出 μ 以及 σ 的置信水平为 90% 的置信区间.

习题参考答案或提示七

第八章 假设检验

这一章我们将介绍统计推断的另一类重要问题——假设检验问题. 当总体的分布类型未知或虽已知其分布类型但其中含有未知参数的时候, 为推断总体的某些特性, 对总体提出某些假设, 然后根据样本提供的信息对所提出的假设作出 "接受" 或 "拒绝" 的决策, 假设检验即为这一决策过程. 假设检验包括两类: 一类是参数假设检验, 一类是非参数假设检验.

参数假设检验是对总体分布函数中的未知参数提出假设并进行检验. **非参数假设检验**是对总体的分布类型等问题提出假设并进行检验. 本章我们主要讨论参数假设检验问题.

【导引: 女士品茶问题】一种奶茶由牛奶与茶按一定比例混合而成, 可以先倒茶后倒奶 (记为 TM), 也可以反过来先倒奶后倒茶 (记为 MT). 某女士声称她可以鉴别是 TM 还是 MT, 周围品茶的人对此产生了议论, "这怎么可能呢?" "她在胡言乱语." "不可想象." 在场的费希尔也在思索这个问题, 他提议做一项试验来检验如下假设是否可以接受:

假设 H: 该女士无此种鉴别能力.

他准备了 10 杯调制好的奶茶, TM 与 MT 均有. 服务员一杯一杯地奉上, 请该女士品鉴, 说出是 TM 还是 MT, 结果该女士竟然正确地分辨出 10 杯奶茶中的每一杯. 此时该如何对此做出判断?

费希尔的想法是: 假如假设 H 是正确的, 即该女士无此种品鉴能力, 她只能猜, 每次猜对的概率为 $\frac{1}{2}$, 则 10 次都猜对的概率为 $2^{-10} < 0.001$, 这是一个很小的概率, 在一次试验中几乎不会发生, 如今该事件竟然发生了, 只能说明原假设 H 是不当的, 应予以拒绝, 而认为该女士确有鉴别奶茶是 TM 或 MT 的能力. 费希尔用试验结果对假设 H 的对错进行判断, 这种思维方式可归结为:

假如试验结果与假设 H 发生矛盾就拒绝原假设 H, 否则就接受原假设 H.

当然实际操作远非这么简单, 假如该女士说对了 9 杯 (或 8 杯等), 又该如何对 H 进行判断呢? 判断会发生错误吗? 发生错误的概率是多少? 发生错误的概率能被控制吗? 等等, 还有很多细节需要研究, 费希尔对这些细节做了周密的研究, 提出一些新的概念, 建立一套可行的方法, 形成假设检验理论, 为进一步发展假设检验理论与方法打下了牢固基础.

§8.1 假设检验的基本概念

8.1.1 假设检验的基本原理

下面再通过一个实例引出假设检验的一些基本概念.

引例 8.1 为考察某高校 2022 级学生对高等代数两个学期课程的掌握情况是否存在显著差异, 现随机抽取 13 名学生, 分别统计这些学生的高等代数 (一) 和高等代数 (二) 期

末考试成绩如下 (单位: 分)

　　　高等代数 (一) 成绩　　69, 69, 51, 76, 60, 80, 53, 54, 86, 80, 71, 48, 71;

　　　高等代数 (二) 成绩　　68, 77, 80, 27, 80, 82, 29, 62, 70, 75, 52, 48, 51.

假定成绩服从正态分布, 且方差相同.

　　用 X 与 Y 分别表示高等代数 (一) 和高等代数 (二) 的考试成绩. 已知它们分别服从 $N(\mu_1, \sigma^2)$ 与 $N(\mu_2, \sigma^2)$ 分布, 则引例 8.1 就是要检验假设 "$\mu_1 = \mu_2$" 是否成立.

　　分析这个例子得出: 这不是一个参数估计问题; 这是在给定总体与样本下, 要求对命题 "$\mu_1 = \mu_2$" 做出 "接受" 或 "拒绝" 的统计推断. 今后, 把对总体所做的假设 (包括对未知参数的假设和总体分布类型的假设) 用 H_0 表示, 通常称为**原假设**或**零假设**. 在对原假设 H_0 进行检验时, 需从样本出发, 建立一个**检验法则**, 当样本值确定后, 利用事先制定的检验法则, 做出是接受还是拒绝 H_0 的决策. 当拒绝原假设 H_0 时, 要接受另一个假设 H_1, 可理解为当拒绝原假设 H_0 时, 准备选择的假设, 通常称为**备择假设**或**对立假设**.

　　人们在长期的生产实践中总结得到 "概率很小的事件在一次试验中实际上几乎是不发生的"(称之为**实际推断原理**). 由大数定律可知, 在大量重复试验中, 某事件 A 发生的频率依概率收敛于事件 A 发生的概率. 因此, 若事件 A 发生的概率 α 很小, 则在大量重复试验中, 该事件发生的频率也应很小. 例如, $\alpha = 0.001$, 则大约在 $1\,000$ 次重复试验中, 事件 A 仅发生 1 次. 因此, 小概率事件在一次试验中几乎不可能发生. 人们也把小概率事件称为**实际不可能事件**. 在小概率事件的实际应用中, 人们根据所研究的具体问题, 规定一个概率 α $(0 < \alpha < 1)$ 的界限, 把概率不超过 α 的事件看成是实际不可能事件, 并认为这样的事件在一次试验中是不会发生的. 这就是所谓的 "小概率原理".

　　假设检验的基本原理是以小概率原理作为拒绝原假设 H_0 的依据. 下面通过一个例子进一步说明.

　　例 8.1　由于工业排水引起附近水质污染, 测得某类鱼样本的蛋白质中含汞的浓度 (单位: 10^{-6}) 为

$$0.037, \quad 0.213, \quad 0.266, \quad 0.228, \quad 0.135, \quad 0.167, \quad 0.095, \quad 0.101, \quad 0.766, \quad 0.054,$$

设测量值服从正态分布 $N(\mu, 0.21^2)$, 从工艺过程分析, 推算出理论上污水中汞的浓度为 0.1, 问从这组测量数据上看, 实测值与理论值是否符合?

　　用 X 表示鱼样本的蛋白质中含汞的浓度, 则随机变量 X 服从 $N(\mu, 0.21^2)$, 而问题即为检验假设 "$\mu = 0.1$" 是否成立. 为此对汞的浓度作出假设:

$$H_0 : \mu = 0.1$$

现要根据这些样本观测值, 判断这一假设是否成立.

　　这项检验需选用一个合适的统计量, 称为**检验统计量**. 依此统计量制定一法则, 并根据获得的样本观测值利用所制定的法则做出拒绝或接受原假设 H_0 的决策. 由于要检验的假设 H_0 是关于总体均值 μ 的假设, 而样本均值 $\overline{X}$ 是总体均值 μ 的无偏估计量. 因此, 在假设 H_0 成立时, 直观上, 当样本观测值的均值 $\overline{x}$ 比 0.1 大很多或小很多时, 就有理由拒绝 $H_0 : \mu = 0.1$, 而接受 $H_1 : \mu \neq 0.1$. 也就是说, 对于某个指定的足够大的正数 k_1, 如果 $|\overline{x} - 0.1| > k_1$, 就拒绝 H_0.

样本均值 $\overline{X}$ 是样本 $X_1, X_2, \cdots, X_{10}$ 的函数, 因此 $\overline{X}$ 是随机变量, $E(\overline{X}) = \mu$, 构造检验统计量

$$U = \frac{\overline{X} - \mu}{\sigma/\sqrt{n}} \xrightarrow{H_0\text{为真时}} \frac{\overline{X} - 0.1}{0.21/\sqrt{10}} \sim N(0,1).$$

给定一个小的正数 $\alpha\ (0 < \alpha < 1)$, 找到一个 k, 使事件 $A = \left\{ \left| \dfrac{\overline{X} - 0.1}{0.21/\sqrt{10}} \right| > k \right\}$ 发生的概率不超过 α, 如果经过一次试验 (即实测的 10 个鱼样本数据), 这个小概率事件 A 发生了, 则自然怀疑原假设 H_0 的正确性, 因而拒绝假设 H_0. 如果事件 A 不发生, 则表明假设 H_0 与这次试验结果不矛盾, 因而不能拒绝 H_0.

由于 $U = \dfrac{\overline{X} - 0.1}{0.21/\sqrt{10}} \sim N(0,1)$, 取 $k = u_{\alpha/2}$, 有

$$P\left(\left| \frac{\overline{X} - 0.1}{0.21/\sqrt{10}} \right| > u_{\alpha/2} \right) = \alpha.$$

记 $W = \left\{ (x_1, x_2, \cdots, x_{10}) : \left| \dfrac{\overline{x} - 0.1}{0.21/\sqrt{10}} \right| > u_{\alpha/2} \right\}$, 当样本观测值 $(x_1, x_2, \cdots, x_{10}) \in W$, 即 $\left| \dfrac{\overline{x} - 0.1}{0.21/\sqrt{10}} \right| > u_{\alpha/2}$ 时, 拒绝 H_0. 在此例中, 取 $\alpha = 0.05$, 查表得 $u_{\alpha/2} = u_{0.025} = 1.96$, 统计量 U 的观测值 $|u| = \left| \dfrac{\overline{x} - 0.1}{0.21/\sqrt{10}} \right| = 1.599$, 由于 $1.599 < 1.96$, 即 $|u| < k = u_{\alpha/2}$, 也就是说一次试验的样本观测值 $(x_1, x_2, \cdots, x_{10}) \notin W$, 因此, 没有理由拒绝假设 H_0, 即认为实测值与理论值是相符合的.

当样本观测值落入某个区域 W 时, 就拒绝 H_0, 区域 W 称为原假设 H_0 的**拒绝域**或**否定域**. 由检验统计量确定的拒绝域的边界点称为**临界点**或**临界值**.

在例 8.1 中, 拒绝域 $W = \left\{ (x_1, x_2, \cdots, x_{10}) : \left| \dfrac{\overline{x} - 0.1}{0.21/\sqrt{10}} \right| > 1.96 \right\}$, 临界值为 $\pm u_{0.025} = \pm 1.96$.

注 ① 概率小到什么程度才能认为是小概率事件, 通常是根据实际问题事先给定一个值 $\alpha(0 < \alpha < 1)$, 当事件的概率不超过 α 时, 就认为是一个小概率事件. 显然, α 值越小, 小概率事件在一次抽样中越不容易发生, 也就越不容易拒绝假设 H_0. 因此, α 越小, 拒绝假设 H_0 就越有说服力. 一般给定 α 值为 0.05, 0.01, 0.1 等值.

② 小概率事件是不唯一的, 所构造的小概率事件必须和直观分析相一致, 否则得出的检验法是没有说服力的. 如在例 8.1 中, 当 H_0 成立时, 由标准正态分布可构造出许多小概率事件. 比如事件 $\{|U| \leqslant 0.06\}$ 发生的概率为 0.05, 可以认为是一个小概率事件, 但是如果根据此小概率事件运用实际推断原理获得如下检验法: 在一次抽样后, 如果 $|u| \leqslant 0.06$, 则拒绝假设 H_0, 即认为实测值与理论值不符; 如果 $|u| > 0.06$, 则接受 H_0, 即认为实测值与理论值相符. 显然这与直观分析 $|u| > k$ 时拒绝 H_0, $|u| < k$ 时接受 H_0 相矛盾. 这种检验法是不可取的.

8.1.2 两类错误

假设检验所采用的原则是小概率事件在一次试验中几乎不会发生. 据此原则来确定假设 H_0 的拒绝域 W, 即在假设 H_0 成立的前提下, 判断一次抽样后的样本观测值 $(x_1, x_2, \cdots, x_n)$ 是否落入拒绝域 W. 检验的判断准则是:

(1) 若 $(x_1, x_2, \cdots, x_n) \in W$, 则认为 H_0 不成立, 进而做出拒绝 H_0 的决策;

(2) 若 $(x_1, x_2, \cdots, x_n) \notin W$, 则没有理由拒绝 H_0, 进而做出接受 H_0 的决策.

由于样本带有随机性, 因此可能会发生所做出的判断与真实情况不符而产生错误的情况. 实际上, 数理统计的任务是由局部推断总体, 因此有可能犯错误. 在假设检验中, 可能出现的情况如表 8.1 所示.

表 8.1 假设检验中可能出现的情况

样本观测值情况	决策	总体情况	
		H_0 为真	H_1 为真
$(x_1, x_2, \cdots, x_n) \in W$	拒绝 H_0	决策错误	决策正确
$(x_1, x_2, \cdots, x_n) \notin W$	接受 H_0	决策正确	决策错误

定义 8.1 当原假设 H_0 成立时, 如果一次抽样的样本观测值 $(x_1, x_2, \cdots, x_n) \in W$, 做出的判断是拒绝 H_0, 则这样的决策是错误的, 这种错误称为**第一类错误**或**拒真错误**; 当原假设 H_0 不成立时, 如果一次抽样的样本观测值 $(x_1, x_2, \cdots, x_n) \notin W$, 做出的判断是接受 H_0, 则这样的决策是错误的, 这种错误称为**第二类错误**或**取伪错误**.

假设检验中要求犯第一类错误的概率等于或小于 α, 即

$$P(拒绝H_0|H_0为真) = P((x_1, x_2, \cdots, x_n) \in W | H_0为真) \leqslant \alpha.$$

定义 8.2 用来控制犯第一类错误的概率 α 称为检验的**显著性水平**.

α 值的大小反映了判断时拒绝 H_0 的说服力. 犯第二类错误的概率通常记为 β, 即

$$P(接受H_0|H_1为真) = P((x_1, x_2, \cdots, x_n) \notin W | H_1为真) = \beta.$$

一种好的检验方法应使检验结果犯这两类错误的概率都尽可能地小. 然而, 犯两类错误的概率往往是相互关联的. 当样本容量 n 固定时, 一类错误概率的减少必将导致另一类错误概率的增加 (图 8.1). 通常在样本容量固定的情况下, 只对犯第一类错误的概率加以控制 (不超过显著性水平 α) 而不考虑犯第二类错误的检验问题称为**显著性检验**, 或称为显著性水平为 α 的检验法. 要同时降低犯两类错误的概率, 需要增加样本量 n. 下面通过例子说明犯这两类错误的概率之间的关系.

例 8.2 设总体 X 服从正态分布 $N(\mu, \sigma^2)$, σ^2 已知, 而 μ 只可能取两个值 μ_0 和 μ_1 $(\mu_0 < \mu_1)$, 设

$$H_0: \mu = \mu_0, \qquad\qquad H_1: \mu = \mu_1.$$

从总体中抽取容量为 n 的样本. 如图 8.1所示, 当 H_0 成立时, 样本 $(x_1, x_2, \cdots, x_n)$ 来自左边总体; 当 H_1 成立时, 样本来自右边总体. 取检验统计量的观测值 $u = \dfrac{\overline{x} - \mu_0}{\sigma/\sqrt{n}}$, 由

题设, 如果 H_0 不成立, 则样本来自右边总体, 因而 u 有偏大的趋势, 应取拒绝域为 $W = \{(x_1, x_2, \cdots, x_n) : u > u_\alpha\}$, 记 $C = \mu_0 + u_\alpha \sigma / \sqrt{n}$, 则重写 $W = \{(x_1, x_2, \cdots, x_n) : \overline{x} > \mu_0 + u_\alpha \sigma / \sqrt{n}\} = \{\overline{x} > C\}$.

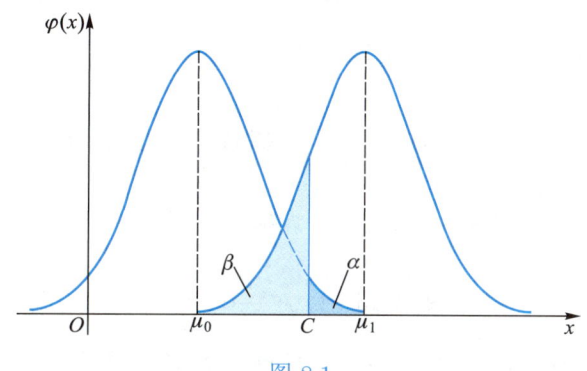

图 8.1

在 H_0 成立时, $\overline{X} \sim N\left(\mu_0, \dfrac{\sigma^2}{n}\right)$; 在 H_1 成立时, $\overline{X} \sim N\left(\mu_1, \dfrac{\sigma^2}{n}\right)$.

由图 8.1可知: 当 H_0 为真时, 若 $\overline{x} > C$, 则要拒绝 H_0, 这时犯了第一类错误, 其概率是 C 点右边阴影部分的面积, 犯第一类错误的概率为 α(α 为显著性水平). 当 H_1 为真时, 若 $\overline{x} \leqslant C$, 则要接受 H_0, 犯了第二类错误, 其概率是 C 点左边阴影部分的面积, 犯第二类错误的概率为 $\beta = P(\text{接受 } H_0 | H_1 \text{ 为真}) = P(\overline{X} \leqslant C) = P\left(\dfrac{\overline{X} - \mu_1}{\sigma/\sqrt{n}} \leqslant u_\alpha - \dfrac{\mu_1 - \mu_0}{\sigma/\sqrt{n}}\right) = \Phi\left(u_\alpha - \dfrac{\mu_1 - \mu_0}{\sigma/\sqrt{n}}\right)$. 当 C 点向右移动时, 犯第一类错误的概率将会变小, 而与此同时, 犯第二类错误的概率就会变大; 而 C 点向左移动时, 犯第二类错误的概率会变小, 但犯第一类错误的概率会变大. 当样本容量 n 增加时, 因为 $\dfrac{\sigma^2}{n}$ 变小, 此时 $\overline{X}$ 的概率密度的图像将变得陡峭, 犯两类错误的概率同时减少.

8.1.3 假设检验的基本步骤

根据以上的讨论和分析, 可将假设检验的基本步骤概括如下:

(1) 根据问题实际提出原假设 H_0 及备择假设 H_1, 这里要求 H_0 与 H_1 有且只有一个为真;

(2) 选取适当的检验统计量, 并在原假设 H_0 成立的条件下确定该检验统计量的分布, 要求该分布不含有任何未知参数. 在对正态总体的参数进行假设检验时, 可依据前面已学过的抽样分布来选取适当的检验统计量;

(3) 确定拒绝域, 即依据直观分析先确定拒绝域的形式, 按问题的具体要求, 选取适当的显著性水平 α, 然后根据给定的水平 α 和检验统计量的分布, 由 $P(\text{拒绝 } H_0 | H_0 \text{ 为真}) = \alpha$ 确定拒绝域的临界值, 从而确定拒绝域 W;

(4) 做一次具体的抽样, 根据检验统计量的样本观测值和上面确定的拒绝域 W 对 H_0 做出拒绝或接受的决策.

结束本节之前, 关于假设检验, 我们作几点补充说明:

① 在假设检验中, "接受 H_0" 和 "拒绝 H_0" 这种用语, 只是反映了在所面对的样本证据下, 对假设 H_0 所采取的一种态度倾向性, 是我们必须或自愿采取的行动, 而绝不是在逻辑上 "证明" 了该假设正确或不正确. 如在例 8.1 中, 我们提出另外的假设

$$H_0 : \mu = 0.1 + a, H_1 : \mu \neq 0.1 + a (a \text{ 为已知}).$$

基于同一显著性水平 $\alpha = 0.05$ 和同一样本观测值下, 选统计量 $U_1 = \dfrac{\overline{X} - (0.1 + a)}{\sigma/\sqrt{n}} = \dfrac{\overline{X} - (0.1 + a)}{0.21/\sqrt{10}}$, 在 H_0 成立下服从 $N(0, 1)$, 由拒绝域 $W = \{(x_1, x_2, \cdots, x_{10}) : |u_1| > 1.96\}$ 知, 当 $|u_1| = \left| \dfrac{0.206 - (0.1 + a)}{0.21/\sqrt{10}} \right| \leqslant 1.96$ 时, 即 $-0.024 \leqslant a \leqslant 0.236$ 时, 我们也只能接受 $H_0 : \mu = 0.1 + a$ 的假设, 而没有理由拒绝它. 但从理论上考虑, 汞的浓度 X 服从正态分布 $N(\mu, \sigma^2)$, 其中 μ 值是一个确定不变的数值, 不应该有多种选择. 因此决策者在例 8.1 中做出接受 "$H_0 : \mu = 0.1$" 的判断, 只是一个不得已的选择, 而非逻辑上的严格证明.

② 若假设检验的结果是 "拒绝 H_0", 做这种判断犯错误的风险 (即犯第一类错误的概率) 不会超过显著性水平 α, 因此 "拒绝 H_0" 是具有说服力的. 若假设检验的结果是 "接受 H_0", 则没有足够的说服力, 也就是说 "接受 H_0" 意味着 "没有理由拒绝 H_0".

③ 显著性水平 α 的选取是非常重要的. 通常取 $\alpha = 0.05$, 但取 $\alpha = 0.01$ 时, "拒绝 H_0" 比取 $\alpha = 0.05$ 时 "拒绝 H_0" 更具说服力; 这是因为当 $\alpha = 0.01$ 时, "拒绝 H_0" 的结论犯第一类错误的概率不超过 0.01, 而当 $\alpha = 0.05$ 时, "拒绝 H_0" 犯第一类错误的概率不超过 0.05. 通常我们把在 $\alpha = 0.05$ 下拒绝 H_0 称为 "显著"(实际情况显著异于 H_0), 而把 $\alpha = 0.01$ 时拒绝 H_0 称为 "高度显著". 但是并非 α 取得越小越好. 根据前面的计算, 对固定的样本容量, α 的减少必将导致犯第二类错误的概率 β 的增加. 所以, 必须根据实际问题的需要来确定 α. 对犯第一类错误后果严重的问题, 如在检验大批工业产品过程中拒收会导致严重经济损失, 此时 α 可取得小一些; 但对于犯第二类错误后果严重的问题, 如药品生产过程中, 漏检 (取伪) 产品会导致严重的后果, α 可选得大一些, 以期犯第二类错误的概率 β 减少.

④ 在显著性假设检验问题中, 由于我们控制的是犯第一类错误的概率, 因此原假设 H_0 与备择假设 H_1 的地位是不平等的, 它们不能随意交换, 在实际问题中如何确定 H_0 与 H_1 是非常重要的. 一般 H_0 要取那个在长期实践中受到保护的论断, 这个论断不能轻易否定, 要否定, 必须具有充分的说服力.

§8.2   正态总体均值和方差的假设检验

在实际问题中, 常常有理由假定总体服从正态分布. 这一节我们讨论正态总体参数的假设检验问题. 根据所用的检验统计量服从 $N(0, 1)$, χ^2, t 与 F 分布的类型不同, 分别称为 u 检验法、χ^2 检验法、t 检验法和 F 检验法.

8.2.1 单个正态总体参数的检验

设 $X_1, X_2, \cdots, X_n$ 为来自正态总体 $N(\mu, \sigma^2)$ 的样本, $x_1, x_2, \cdots, x_n$ 为样本观测值, $\overline{X}$ 与 S^2 分别为样本均值和样本方差, $\overline{x}$ 与 s^2 分别为相应的观测值. μ_0, σ_0^2 是两个已知的常数, 其中 $\sigma_0 > 0$. 下面我们分别讨论关于正态总体参数 μ, σ^2 的各种检验方法.

1. $\sigma^2 = \sigma_0^2$ 已知时, 正态总体均值的检验 (u 检验法)

提出假设:

$$H_0 : \mu = \mu_0, \qquad\qquad H_1 : \mu \neq \mu_0.$$

在假设 H_0 成立的前提下, 根据抽样分布以及点估计理论选检验统计量

$$U = \frac{\overline{X} - \mu_0}{\sigma_0/\sqrt{n}} \sim N(0, 1).$$

给定显著性水平 α, 由图 8.2 有, $P(|U| > u_{\alpha/2}) = \alpha$, 进而得拒绝域为

$$W = \{(x_1, x_2, \cdots, x_n) : \; |u| > u_{\alpha/2}\}.$$

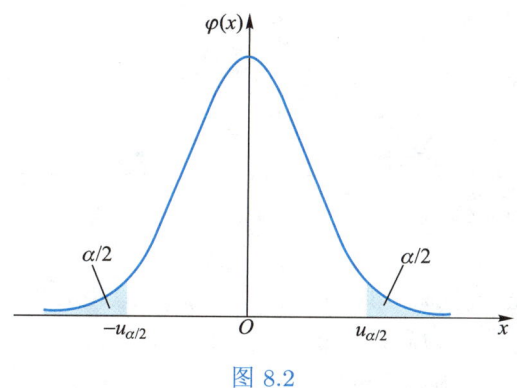

图 8.2

根据一次抽样获得的样本观测值 $x_1, x_2, \cdots, x_n$, 计算 U 的观测值, 若 $|u| > u_{\alpha/2}$, 则拒绝 H_0, 即认为总体均值与 μ_0 有显著差异; 若 $|u| \leqslant u_{\alpha/2}$, 则接受 H_0, 即认为总体均值与 μ_0 无显著差异.

例 8.3 下面根据假设检验基本步骤写出例 8.1 问题的检验过程, 设 $\alpha = 0.1$.

解 (1) 提出假设:

$$H_0 : \mu = 0.1, \qquad\qquad H_1 : \mu \neq 0.1.$$

(2) 在假设 H_0 成立的前提下, 确定检验 H_0 的检验统计量及其分布.

$$U = \frac{\overline{X} - \mu}{\sigma/\sqrt{n}} = \frac{\overline{X} - 0.1}{0.21/\sqrt{10}} \sim N(0, 1).$$

(3) 对给定的显著性水平 $\alpha = 0.1$, 假设 H_0 的拒绝域 W 为

$$W = \{(x_1, x_2, \cdots, x_{10}) : \; |u| > 1.645\}.$$

(4) 一次抽样, 检验统计量 U 的观测值为 $|u| = 1.599$, 由于 $|u| < 1.645 = u_{\alpha/2}$, 故作出接受原假设 H_0 的决策, 即认为实测值与理论值无显著差异.

2. σ^2 未知时, 正态总体均值的检验 (t 检验法)

提出假设:

$$H_0: \mu = \mu_0, \qquad\qquad H_1: \mu \neq \mu_0.$$

由于 σ^2 未知, 因此 u 检验法不能使用. 根据抽样分布理论, 当 H_0 为真时, 选取检验统计量为

$$T = \frac{\overline{X} - \mu_0}{S/\sqrt{n}} \sim t(n-1).$$

给定显著性水平 α, 由图 8.3有, $P(|T| > t_{\alpha/2}(n-1)) = \alpha$, 进而得假设 H_0 的拒绝域为

$$W = \{(x_1, x_2, \cdots, x_n): |t| > t_{\alpha/2}(n-1)\}.$$

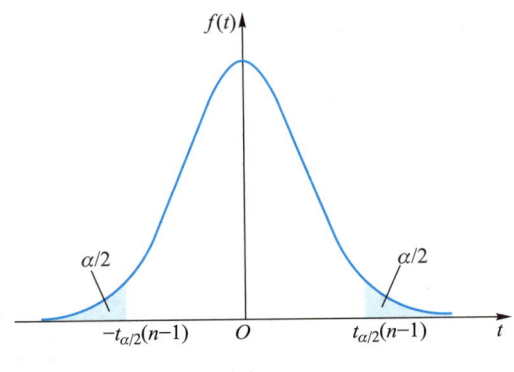

图 8.3

根据一次抽样获得的样本观测值 $x_1, x_2, \cdots, x_n$, 计算检验统计量 T 的观测值, 若 $|t| > t_{\alpha/2}(n-1)$, 则拒绝 H_0, 即认为总体均值与 μ_0 有显著差异; 若 $|t| \leqslant t_{\alpha/2}(n-1)$, 则接受 H_0, 即认为总体均值与 μ_0 无显著差异.

例 8.4　为提高可靠性和测量的精度, 飞机上通常会安装多个高度仪来测量飞行高度. 设当飞机的真实飞行高度为 μ 时, 各个高度仪的高度测量值 X 服从正态分布 $N(\mu, \sigma^2)$, 飞机仪表盘上显示的飞行高度是所有高度仪高度测量值的平均值. 一架装有 4 个高度仪的飞机, 在一次飞行途中, 飞行仪表上显示的飞行高度是 9 800 m, 高度仪高度测量值的标准差为 4 m. 在给定显著性水平 $\alpha = 0.01$ 下, 问: 是否可以认为飞机的实际飞行高度是 9 793 m?

解　(1) 依据题意, 待检验的假设是

$$H_0: \mu = 9\,793, \qquad\qquad H_1: \mu \neq 9\,793.$$

(2) 由于 σ^2 未知, 当 H_0 为真时, 检验统计量及其分布为

$$T = \frac{\overline{X} - \mu}{S/\sqrt{n}} = \frac{\overline{X} - 9\,793}{S/\sqrt{n}} \sim t(n-1).$$

(3) 对给定的显著性水平 $\alpha = 0.01$, 假设检验的拒绝域 W 为

$$W = \{(x_1, x_2, x_3, x_4): |t| > t_{\alpha/2}(4-1)\} = \{(x_1, x_2, x_3, x_4): |t| > 5.841\}.$$

(4) 一次抽样, $\overline{x} = 9\,800$, $s^2 = 16$, 检验统计量 T 的观测值为 $|t| = 3.5$, 由于 $|t| <$ $5.841 = t_{\alpha/2}(n-1)$, 故做出接受原假设 H_0 的决策, 即认为飞机的实际飞行高度是 $9\,793$ m.

3. 正态总体方差的检验 (χ^2 检验法)

提出假设:

$$H_0 : \sigma^2 = \sigma_0^2, \qquad\qquad H_1 : \sigma^2 \neq \sigma_0^2.$$

由点估计理论, 样本方差 S^2 是总体方差 σ^2 的无偏估计量, 再由抽样分布理论有, 当假设 H_0 为真时, $\chi^2 = \dfrac{(n-1)S^2}{\sigma^2} = \dfrac{(n-1)S^2}{\sigma_0^2} \sim \chi^2(n-1)$. 因此我们选检验假设 H_0 的检验统计量为

$$\chi^2 = \frac{(n-1)S^2}{\sigma_0^2}.$$

当 H_0 为真时, 样本方差 S^2 的观测值 s^2 应很接近总体方差 σ_0^2, 即比值 $\dfrac{s^2}{\sigma_0^2}$ 与 1 相差不会太大, 如果偏差太大, 就有理由怀疑 H_0 的正确性, 进而拒绝 H_0. 也就是说, 对于指定的正数 k_1 和 k_2, 如果 $\dfrac{(n-1)s^2}{\sigma_0^2} < k_1$ 或 $\dfrac{(n-1)s^2}{\sigma_0^2} > k_2$, 就拒绝 H_0.

根据假设检验的小概率原理, 选取 k_1 和 k_2 使 $P(\chi^2 < k_1$ 或 $\chi^2 > k_2 | H_0$ 为真$) = \alpha$. 显然满足此式的 k_1, k_2 有许多, 为了方便起见, 习惯上取 k_1, k_2 满足 $P(\chi^2 < k_1 | H_0$ 为真$)=P(\chi^2 > k_2 | H_0$ 为真$)=\alpha/2$, 根据 $\chi^2(n-1)$ 分布性质 (图 8.4) 得

$$k_1 = \chi_{1-\alpha/2}^2(n-1), \qquad k_2 = \chi_{\alpha/2}^2(n-1).$$

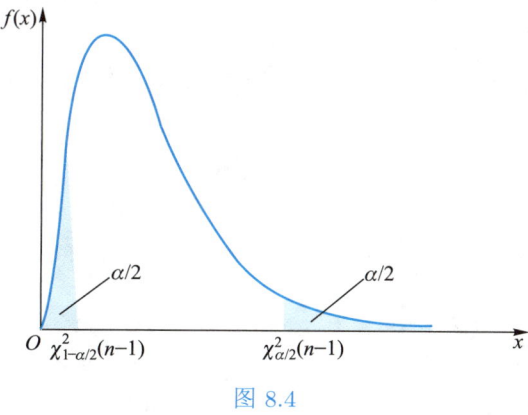

图 8.4

确定假设 H_0 的拒绝域为

$$W = \{(x_1, x_2, \cdots, x_n) : \chi^2 < \chi_{1-\alpha/2}^2(n-1) \text{或} \chi^2 > \chi_{\alpha/2}^2(n-1)\}.$$

根据一次抽样所得的样本观测值 $x_1, x_2, \cdots, x_n$, 计算统计量 χ^2 的观测值, 若 $\chi^2 < \chi_{1-\alpha/2}^2(n-1)$ 或 $\chi^2 > \chi_{\alpha/2}^2(n-1)$, 则拒绝 H_0, 即认为总体方差与 σ_0^2 有显著差异. 否则, 接受 H_0.

例 8.5 已知维尼纶纤度在正常条件下服从正态分布 $N(\mu, 0.048^2)$, 某日抽取 5 根纤维, 测得其纤度为 $1.32, 1.55, 1.36, 1.40, 1.44$, 问这一天生产的维尼纶的纤度的总体标准差是否正常 $(\alpha = 0.05)$?

解 设 X 为这一天生产的维尼纶的纤度, 则有 $X \sim N(\mu, \sigma^2)$. 由题意,

(1) 提出检验假设问题

$$H_0 : \sigma^2 = 0.048^2, \qquad\qquad H_1 : \sigma^2 \neq 0.048^2.$$

(2) 当 H_0 为真时, 检验统计量及其分布为

$$\chi^2 = \frac{(n-1)S^2}{\sigma^2} = \frac{4S^2}{0.048^2} \sim \chi^2(4).$$

(3) 对于给定的显著性水平 $\alpha = 0.05$, 假设 H_0 的拒绝域为

$$W = \{(x_1, x_2, \cdots, x_n) : \chi^2 < 0.484 \text{或} \chi^2 > 11.143\}.$$

(4) 一次抽样, $\overline{x} = 1.414$, $s^2 = 0.00778$, 检验统计量 χ^2 的观测值为 $\chi^2 = 13.507$. 由于 $\chi^2 > 11.143 = \chi_{\alpha/2}^2(n-1)$, 即 $\chi^2 \in W$, 故做出拒绝 H_0 的决策, 认为这一天生产的维尼纶的纤度的总体标准差不正常.

8.2.2 两个正态总体参数的检验

设有相互独立的两个总体 $X \sim N(\mu_1, \sigma_1^2)$ 和 $Y \sim N(\mu_2, \sigma_2^2)$, 从两总体中分别抽取容量为 n_1 和 n_2 的简单随机样本: $X_1, X_2, \cdots, X_{n_1}$ 与 $Y_1, Y_2, \cdots, Y_{n_2}$, 对应的样本均值和样本方差分别为 $\overline{X}$ 和 S_1^2 与 $\overline{Y}$ 和 S_2^2, 样本观测值为 $x_1, x_2, \cdots, x_{n_1}$ 与 $y_1, y_2, \cdots, y_{n_2}$. 下面考虑两个正态总体参数的各种假设检验问题.

1. 两个正态总体均值差的检验 (t 检验法)

我们可以用 t 检验法检验具有相同未知方差 $\sigma_1^2 = \sigma_2^2 = \sigma^2$ 的两个正态总体关于均值差的假设.

提出假设

$$H_0 : \mu_1 - \mu_2 = \delta, \qquad\qquad H_1 : \mu_1 - \mu_2 \neq \delta,$$

δ 为已知常数. 由抽样分布理论, 选取假设 H_0 的检验统计量为

$$T = \frac{(\overline{X} - \overline{Y}) - (\mu_1 - \mu_2)}{S_w \sqrt{\dfrac{1}{n_1} + \dfrac{1}{n_2}}} \xrightarrow{H_0 \text{为真时}} \frac{(\overline{X} - \overline{Y}) - \delta}{S_w \sqrt{\dfrac{1}{n_1} + \dfrac{1}{n_2}}} \sim t(n_1 + n_2 - 2),$$

其中 $S_w^2 = \dfrac{(n_1 - 1)S_1^2 + (n_2 - 1)S_2^2}{n_1 + n_2 - 2}$. 由于 S_1^2 和 S_2^2 都是 σ^2 的无偏估计量. 所以 S_w^2 是 σ^2 的无偏估计量 (即 $E(S_w^2) = \sigma^2$). 又 $\overline{X}$ 是 μ_1 的无偏估计量, $\overline{Y}$ 是 μ_2 的无偏估计量, 所以 $\overline{X} - \overline{Y}$ 是 $\mu_1 - \mu_2$ 的无偏估计量. 故当 H_0 为真时, $|t| = \left| \dfrac{(\overline{x} - \overline{y}) - \delta}{s_w \sqrt{\dfrac{1}{n_1} + \dfrac{1}{n_2}}} \right|$ 不应太大, 即

若 $|t|$ 有偏大的趋势, 则应拒绝 H_0, 因此拒绝域 W 形式为

$$|t| = \left| \frac{(\overline{x} - \overline{y}) - \delta}{s_w \sqrt{\dfrac{1}{n_1} + \dfrac{1}{n_2}}} \right| > k \quad (k 待定).$$

对给定的显著性水平 α, 取 $k = t_{\alpha/2}(n_1 + n_2 - 2)$ 使 $P(|T| > t_{\alpha/2}(n_1 + n_2 - 2)|H_0$ 为真$)=\alpha$, 从而拒绝域为

$$W = \{(x_1, x_2, \cdots, x_{n_1}; y_1, y_2, \cdots, y_{n_2}) : |t| > t_{\alpha/2}(n_1 + n_2 - 2)\},$$

根据一次具体抽样所得的样本观测值 $x_1, x_2, \cdots, x_{n_1}$ 和 $y_1, y_2, \cdots, y_{n_2}$, 计算出 t 的观测值, 若 $|t| > t_{\alpha/2}(n_1 + n_2 - 2)$, 则拒绝 H_0, 否则接受 H_0.

特别地, 当 $\delta = 0$ 时, 假设检验 $H_0 : \mu_1 = \mu_2$, $H_1 : \mu_1 \neq \mu_2$ 是经常遇到的情况.

例 8.6　试解决引例 8.1 提出的检验问题, 设 $\alpha = 0.05$.

解　(1) 提出假设:

$$H_0 : \mu_1 = \mu_2, \qquad\qquad H_1 : \mu_1 \neq \mu_2.$$

(2) 在假设 H_0 成立的前提下, 确定检验 H_0 的检验统计量及其分布.

$$T = \frac{(\overline{X} - \overline{Y}) - (\mu_1 - \mu_2)}{S_w \sqrt{\dfrac{1}{n_1} + \dfrac{1}{n_2}}} = \frac{\overline{X} - \overline{Y}}{S_w \sqrt{\dfrac{1}{n_1} + \dfrac{1}{n_2}}} \sim t(n_1 + n_2 - 2).$$

(3) 对给定的显著性水平 $\alpha = 0.05$, 假设 H_0 的拒绝域 W 为

$$W = \{(x_1, x_2, \cdots, x_{n_1}; y_1, y_2, \cdots, y_{n_2}) : |t| > t_{0.025}(24)\}.$$

(4) 一次抽样, $n_1 = 13$, $n_2 = 13$, $\overline{x} = 66.77$, $\overline{y} = 61.62$, $s_1^2 = 154.19$, $s_2^2 = 355.92$, 进而算出 $s_w = \sqrt{\dfrac{(n_1 - 1)s_1^2 + (n_2 - 1)s_2^2}{n_1 + n_2 - 2}} = 15.97$. 检验统计量 T 的观测值为 $|t| = 0.823$, $t_{0.025}(24) = 2.064$. 由于 $|t| < 2.064 = t_{0.025}(24)$, 故做出不拒绝原假设 H_0 的决策, 即认为该高校 2022 级学生对高等代数 (一) 和 (二) 课程内容的掌握程度没有显著差异.

2. 基于成对数据的检验 (t 检验法)

在许多场合需要比较两种产品、两种状态、两种方法等的差异, 我们常需要在相同条件下做对比试验, 得到一批成对的观测值, 然后由此做出统计推断. 注意此时通常不能按两个正态总体均值差的检验方法处理, 因为两种状态下得到的样本常常是不相互独立的. 为进一步说明, 设两种状态下得到的样本为

状态	个体			
	1	2	$\cdots$	n
I	X_1	X_2	$\cdots$	X_n
II	Y_1	Y_2	$\cdots$	Y_n

个体 i 的两个数值 X_i 和 Y_i 是相关的 (如比较人的身高与坐高, 两者是高度相关的), 这样就不能保证 $X_1, X_2, \cdots, X_n$ 与 $Y_1, Y_2, \cdots, Y_n$ 这两个样本的独立性. 但由抽样本身可知 $X_1 - Y_1, X_2 - Y_2, \cdots, X_n - Y_n$ 是相互独立的. 在许多问题中, 我们有理由假定两指标的差服从正态分布. 令 $D_i = X_i - Y_i, i = 1, 2, \cdots, n$, 认为 $D_1, D_2, \cdots, D_n$ 是来自正态总体 $N(\mu_d, \sigma^2)$ 的样本, 对应的样本观测值为 $d_1, d_2, \cdots, d_n$. μ_d, σ^2 均为未知, 问题化为要检验假设

$$H_0 : \mu_d = c, \qquad\qquad H_1 : \mu_d \neq c,$$

(其中 c 为已知常数) 的问题, 这在前面已经讨论过, 其拒绝域为

$$W = \left\{ (d_1, d_2, \cdots, d_n) : |t| = \left| \frac{\overline{d} - c}{s_d / \sqrt{n}} \right| > t_{\alpha/2}(n-1) \right\},$$

其中 $s_d^2 = \dfrac{1}{n-1} \sum\limits_{i=1}^{n} (d_i - \overline{d})^2$.

例 8.7　为了比较成年男子在紧张和松弛两种状态下膝关节反射强度 (单位: rad), 在人群中任取 26 名成年男子在紧张和松弛两种状态下做试验, 测得数据如下:

单位: rad

个体 i	1	2	3	4	5	6	7	8	9	10	11	12	13
紧张时强度 X	31	19	22	26	36	30	29	36	33	34	19	19	26
松弛时强度 Y	35	14	19	29	34	26	19	37	27	24	14	19	30
差 $X - Y$	-4	5	3	-3	2	4	10	-1	6	10	5	0	-4
个体 i	14	15	16	17	18	19	20	21	22	23	24	25	26
紧张时强度 X	15	18	30	18	30	26	28	22	8	16	21	35	26
松弛时强度 Y	7	13	20	1	29	18	21	29	4	11	28	31	31
差 $X - Y$	8	5	10	17	1	8	7	-7	4	5	-7	4	-5

假定可以认为 $X - Y$ 服从正态分布 $N(\mu_d, \sigma^2)$, μ_d, σ^2 均未知, 试问可否认为紧张时膝关节的反射强度比松弛时膝关节的反射强度多 4 rad (显著性水平 $\alpha = 0.05$)?

解　依题意, $D = X - Y$ 服从正态分布 $N(\mu_d, \sigma^2)$, $d_1, d_2, \cdots, d_n$ 是它的样本观测值.

(1) 需检验假设

$$H_0 : \mu_d = 4, \qquad\qquad H_1 : \mu_d \neq 4.$$

(2) 当 H_0 为真时, 选取检验统计量为

$$T = \frac{\overline{D} - \mu_d}{S_d / \sqrt{n}} = \frac{\overline{D} - 4}{S_d / \sqrt{n}} \sim t(n-1).$$

(3) 对于给定的显著性水平 α, 假设 H_0 的拒绝域为

$$W = \{ (d_1, d_2, \cdots, d_n) : |t| > t_{0.025}(25) \}.$$

(4) 一次抽样计算可得 $\overline{d} = 3.192, s_d = 5.879$, T 的观测值为 $t = \dfrac{3.192 - 4}{5.879 / \sqrt{26}} = -0.701$,

查自由度为 25 的 t 分布表可得 $t_{0.025}(25) = 2.060$, 由于 $|t| = 0.701 < t_{0.025}(25) = 2.060$, 故接受 H_0, 即可以认为成年男子在紧张状态下膝关节的反射强度比松弛状态下大 4 rad.

3. 两个正态总体方差齐性的检验 (F 检验法)

这里我们给出两个正态总体方差齐性的假设检验. 提出假设

$$H_0 : \sigma_1^2 = \sigma_2^2, \qquad\qquad H_1 : \sigma_1^2 \neq \sigma_2^2.$$

注   这是一类很重要的假设检验问题, 如前段我们讨论两个正态总体均值差的检验问题时, 使用的检验统计量的前提是 $\sigma_1^2 = \sigma_2^2$. 实际上, 这时需要先做 "$H_0 : \sigma_1^2 = \sigma_2^2$" 的统计推断, 在得到接受这一假设的基础上, 才可以进一步做 "$H_0 : \mu_1 - \mu_2 = \delta$" 的统计推断.

由于 S_1^2 和 S_2^2 分别是总体方差 σ_1^2 和 σ_2^2 的无偏估计量, 根据抽样分布理论, 有 $F = \dfrac{S_1^2/\sigma_1^2}{S_2^2/\sigma_2^2} \sim F(n_1 - 1, n_2 - 1)$, 当 H_0 成立时, 选择假设 H_0 的检验统计量为

$$F = \frac{S_1^2}{S_2^2} \sim F(n_1 - 1, n_2 - 1).$$

而且, 当 H_0 为真时, 检验统计量 F 的观测值 f 应集中在 1 附近, 如果 f 值过分地偏小或偏大 (相对于 1 而言), 我们就有理由怀疑 H_0 的正确性, 因此, 假设 H_0 的拒绝域形式为

$$f = \frac{s_1^2}{s_2^2} < k_1 \text{ 或 } f = \frac{s_1^2}{s_2^2} > k_2 \quad (k_1, k_2 待定).$$

根据假设检验的小概率原理, 选取待定常数 k_1, k_2 使得 $P(F < k_1 \mid H_0 为真) = P(F > k_2 \mid H_0 为真) = \alpha/2$, 根据 $F(n_1 - 1, n_2 - 1)$ 的分布性质 (图 8.5), 取

$$k_1 = F_{1-\alpha/2}(n_1 - 1, n_2 - 1), \qquad k_2 = F_{\alpha/2}(n_1 - 1, n_2 - 1).$$

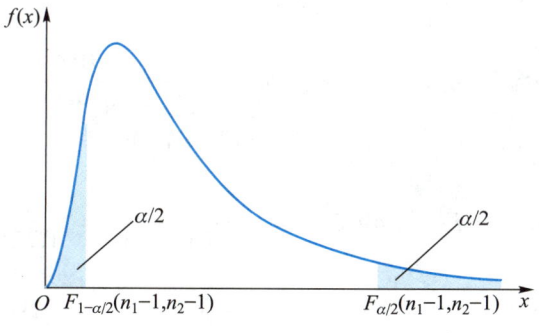

图 8.5

从而得到 $H_0 : \sigma_1^2 = \sigma_2^2$ 的拒绝域为

$$W = \left\{ (x_1, \cdots, x_{n_1}; y_1, \cdots, y_{n_2}) : f < F_{1-\alpha/2}(n_1 - 1, n_2 - 1) 或 f > F_{\alpha/2}(n_1 - 1, n_2 - 1) \right\}.$$

根据对两总体的一次抽样所得的样本观测值 $x_1, x_2, \cdots, x_{n_1}$ 和 $y_1, y_2, \cdots, y_{n_2}$, 计算 F 的观测值, 若 $f < F_{1-\alpha/2}(n_1 - 1, n_2 - 1)$ 或 $f > F_{\alpha/2}(n_1 - 1, n_2 - 1)$, 则拒绝 H_0, 否则接受 H_0.

一般情况, 两个正态总体方差齐性 (相等) 的假设检验问题, 可一般化为两个正态总体方差比值为一常数的假设检验问题:

$$H_0 : \frac{\sigma_1^2}{\sigma_2^2} = c, \qquad H_1 : \frac{\sigma_1^2}{\sigma_2^2} \neq c.$$

这时取检验统计量为 $F = \dfrac{S_1^2}{cS_2^2}$, 对给定的显著性水平 α, 类似地可得出拒绝域为

$$W = \left\{ (x_1, \cdots, x_{n_1}; y_1, \cdots, y_{n_2}) : \frac{s_1^2}{cs_2^2} < F_{1-\frac{\alpha}{2}}(n_1-1, n_2-1) \text{或} \frac{s_1^2}{cs_2^2} > F_{\frac{\alpha}{2}}(n_1-1, n_2-1) \right\}.$$

详细过程请读者自己完成.

例 8.8 在甲、乙两地段各取 50 块和 52 块岩心进行磁化率测定, 算得样本方差分别为 $s_1^2 = 0.0142$ 和 $s_2^2 = 0.0054$. 已知磁化率服从正态分布, 试问甲、乙两地段磁化率的方差是否有显著差异 $(\alpha = 0.05)$?

解 (1) 提出假设检验问题

$$H_0 : \sigma_1^2 = \sigma_2^2, \qquad\qquad H_1 : \sigma_1^2 \neq \sigma_2^2.$$

(2) 当假设 H_0 为真时, 选取的检验统计量及其分布为

$$F = \frac{S_1^2/\sigma_1^2}{S_2^2/\sigma_2^2} = \frac{S_1^2}{S_2^2} \sim F(49, 51).$$

(3) 对于给定的显著性水平 α, 假设 H_0 的拒绝域为

$$W = \left\{ (x_1, x_2, \cdots, x_{50}; y_1, y_2, \cdots, y_{52}) : f < F_{1-\alpha/2}(49, 51) \text{或} f > F_{\alpha/2}(49, 51) \right\}.$$

(4) 一次抽样, 检验统计量 F 的观测值为 $f = \dfrac{s_1^2}{s_2^2} = \dfrac{0.0142}{0.0054} = 2.63$, 给定显著性水平 $\alpha = 0.05$, 查表可得 $F_{\alpha/2}(49, 51) = F_{0.025}(49, 51) = 1.749$,

$$F_{1-\alpha/2}(49, 51) = F_{0.975}(49, 51) = \frac{1}{F_{0.025}(51, 49)} = \frac{1}{1.7549} = 0.570.$$

由于 $f = 2.63 > F_{\alpha/2}(49, 51) = F_{0.025}(49, 51) = 1.749$, 即 $f \in W$, 所以做出的决策是拒绝 H_0, 即认为甲、乙两地段岩心磁化率测定的数据方差在显著性水平 $\alpha = 0.05$ 下有显著差异.

§8.3   单侧假设检验

在 §8.2 的假设检验问题中, 在构造小概率事件时, 利用的是检验统计量概率密度图像两侧的尾部面积 (图 8.2至图 8.5). 这样的检验称为**双侧假设检验**. 双侧假设检验的提法如下:

$$H_0 : \mu = \mu_0, \qquad\qquad H_1 : \mu \neq \mu_0;$$
$$H_0 : \sigma^2 = \sigma_0^2, \qquad\qquad H_1 : \sigma^2 \neq \sigma_0^2;$$
$$H_0 : \mu_1 - \mu_2 = \delta, \qquad\qquad H_1 : \mu_1 - \mu_2 \neq \delta;$$
$$H_0 : \sigma_1^2 = \sigma_2^2, \qquad\qquad H_1 : \sigma_1^2 \neq \sigma_2^2.$$

双侧假设检验的特点是备择假设 H_1 的参数域在原假设 H_0 参数域的两边.

为了引出单侧假设检验问题, 先来看一个例子.

引例 8.2　一台机床加工轴承的椭圆度 X(单位: mm) 服从正态分布 $N(0.095, 0.02^2)$, 为了提高生产轴承的质量, 对这台机床进行了改进. 现在从改进后生产的轴承中随机抽取 20 个测量其椭圆度, 并计算得 $\bar{x} = 0.081$ mm, 假定机床的改进对椭圆度方差无显著影响, 问改进后机床生产的轴承平均椭圆度有无明显降低 (显著性水平 $\alpha = 0.05$)?

一般而言, 对机床进行改进, 其结果有两种可能: 一是改进后机床生产产品的质量无明显提高 (保持在原水平上), 二是改进后机床生产产品的质量有了显著提高. 机床改进后, 若产品质量无显著提高, 可认为保持在原水平上, 即 $\mu = 0.095$; 若改进后机床生产的产品质量显著提高了, 则 $\mu < 0.095$. 因此, 在引例 8.2 中, 我们需要解决的问题是在假设 $\mu = 0.095$ 和假设 $\mu < 0.095$ 中选择其一, 即需要检验假设

$$H_0 : \mu = 0.095, \qquad\qquad H_1 : \mu < 0.095.$$

当 H_0 为真时, 取检验统计量 $U = \dfrac{\overline{X} - \mu_0}{\sigma/\sqrt{n}} = \dfrac{\overline{X} - 0.095}{0.02/\sqrt{20}} \sim N(0,1)$. 由于 $\overline{X}$ 是 μ 的无偏估计量, 所以当 H_0 为真时, 样本均值观测值 $\bar{x}$ 与 0.095 的差值不会太大; 当 H_1 为真时, $\bar{x}$ 与 0.095 的差别有偏大的趋势, **并由 H_1 的形式**, 一般只可能从负的方向增大, 因此拒绝域形式为

$$u = \frac{\bar{x} - 0.095}{0.02/\sqrt{20}} < k \quad (k\text{为负值, 待定})$$

由 P(拒绝 H_0|H_0 为真)=$P(U < k$|H_0 为真)=α 知 $k = -u_\alpha$, 对于给定 $\alpha = 0.05$, 查标准正态分布表得 $u_\alpha = 1.645$, 计算 U 的观测值 u 为 -3.131. 因为 $u = -3.131 < -u_\alpha = -1.645$, 所以拒绝 H_0, 接受 H_1, 即认为改进后机床加工轴承的质量有了显著提高.

在引例 8.2 的检验中, 构造小概率事件采用的是检验统计量概率密度图像的单侧的尾部面积 (图 8.6), 这样的检验称为**单侧假设检验**.

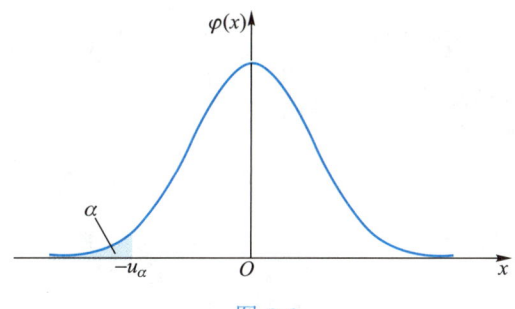

图 8.6

在许多实际问题中, 需要检验类似于引例 8.2 中指出的假设. 这时, 我们只关心总体均值 (或方差) 是否增大或减少. 比如, 经过工艺改革后, 考虑产品的质量是否比以前提高了, 机器的稳定性 (方差来衡量) 比改革前是否有所改善等问题, 需要检验的假设与上节我们检验的假设不同. 一般地, 单侧假设检验的提法如下:

$$H_0 : \mu = \mu_0, \qquad\qquad H_1 : \mu > \mu_0;$$
$$H_0 : \mu = \mu_0, \qquad\qquad H_1 : \mu < \mu_0;$$
$$H_0 : \mu \leqslant \mu_0, \qquad\qquad H_1 : \mu > \mu_0;$$
$$H_0 : \mu \geqslant \mu_0, \qquad\qquad H_1 : \mu < \mu_0;$$
$$H_0 : \sigma_1^2 \leqslant \sigma_2^2, \qquad\qquad H_1 : \sigma_1^2 > \sigma_2^2.$$

单侧检验的特点是备择假设 H_1 的参数域都在原假设 H_0 参数域的一边.

注 确定单侧假设检验的拒绝域 W 形式依赖于备则假设 H_1 的形式.

单侧假设检验方法和步骤基本同双侧假设检验的方法和步骤相同: 根据问题提出单侧假设, 选用和对应双侧检验相同的检验统计量, 确定拒绝域的形式时不同于双侧假设检验, **此时拒绝域为单侧的形式**, 然后根据抽样得到的样本观测值计算统计量的观测值, 对给定的显著性水平 α 查分布表得出临界值, 最后比较统计量的观测值和临界值, 做出统计推断. 下面只通过几个正态总体参数假设检验问题来说明单侧假设检验的方法. 读者容易自行补充不完整的内容.

设 $X_1, X_2, \cdots, X_{n_1}$ 和 $Y_1, Y_2, \cdots, Y_{n_2}$ 是分别来自总体 $N(\mu_1, \sigma_1^2)$ 和 $N(\mu_2, \sigma_2^2)$ 的样本, $\mu_1, \mu_2, \sigma_1^2, \sigma_2^2$ 未知. 欲检验假设

$$H_0 : \sigma_1^2 = \sigma_2^2, \qquad\qquad H_1 : \sigma_1^2 < \sigma_2^2.$$

这样的假设意味着 σ_1^2 不会大于 σ_2^2, 我们仍取 $F = \dfrac{S_1^2}{S_2^2}$ 作为检验统计量. 由于 S_1^2 是 σ_1^2 的无偏估计量, S_2^2 是 σ_2^2 的无偏估计量, 所以当 H_0 为真时, F 的观测值 f 与 1 的差别不应太大, 当 H_1 为真时, f 与 1 的差别有增大的趋势, 并且从比 1 小的方向增大, 因此拒绝域的形式为

$$f = \frac{s_1^2}{s_2^2} < k \quad (k \text{为待定系数}).$$

因为 H_0 为真时, $F = \dfrac{S_1^2}{S_2^2} \sim F(n_1-1, n_2-1)$, 所以, 对给定的水平 α, 由 $F(n_2-1, n_1-1)$ 分布的性质 (图 8.7), 取 $k = F_{1-\alpha}(n_1 - 1, n_2 - 1) = 1/F_\alpha(n_2 - 1, n_1 - 1)$. 由于 H_0 为真时, $\dfrac{1}{F} \sim F(n_2 - 1, n_1 - 1)$, 故 $P\left(F < \dfrac{1}{F_\alpha(n_2 - 1, n_1 - 1)} \middle| H_0 \text{为真}\right) = P\left(\dfrac{1}{F} > F_\alpha(n_2 - 1, n_1 - 1) \middle| H_0 \text{为真}\right) = \alpha.$

于是得 H_0 的拒绝域为

$$W = \{(x_1, x_2, \cdots, x_{n_1}; y_1, y_2, \cdots, y_{n_2}) : f < F_{1-\alpha}(n_1 - 1, n_2 - 1)\}.$$

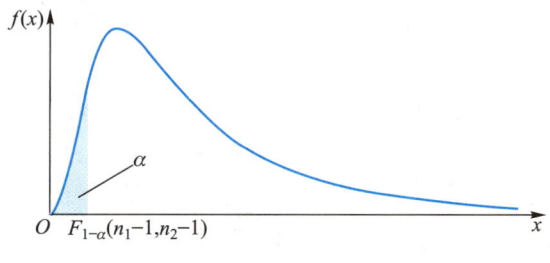

图 8.7

类似地, 若要检验假设

$$H_0 : \sigma_1^2 = \sigma_2^2, \qquad\qquad H_1 : \sigma_1^2 > \sigma_2^2,$$

这一单侧假设意味着 σ_1^2 不会小于 σ_2^2, 其拒绝域形式应为

$$f = \frac{s_1^2}{s_2^2} > k \quad (k待定).$$

由 $F(n_1-1, n_2-1)$ 分布的性质可取 $k = F_\alpha(n_1-1, n_2-1)$, 使得 $P(F > F_\alpha(n_1-1, n_2-1)|H_0$ 为真$)=\alpha$, 故拒绝域为

$$W = \{(x_1, x_2, \cdots, x_{n_1}; y_1, y_2, \cdots, y_{n_2}) : f > F_\alpha(n_1 - 1, n_2 - 1)\}.$$

下面讨论在实际中更为多见的另一类型单侧检验.

设 $X_1, X_2, \cdots, X_n$ 是来自正态总体 $N(\mu, \sigma^2)$ 的样本, μ, σ^2 未知. 欲检验假设

$$H_0 : \mu \leqslant \mu_0, \qquad\qquad H_1 : \mu > \mu_0.$$

这里 μ_0 为已知常数, 显著性水平为 α.

我们仍取 $T = \dfrac{\sqrt{n}(\overline{X} - \mu_0)}{S}$ 作为检验统计量. 由于 $\overline{X}$ 是 μ 的无偏估计量, S^2 是 σ^2 的无偏估计量, 所以当 H_0 为真时, T 的观测值 $t = \dfrac{\sqrt{n}(\overline{x} - \mu_0)}{s}$ 应偏小或从负的一侧偏大; 当 H_1 为真时, t 的值有偏大的趋势, 而且是从正的一侧增大. 因此拒绝域形式为

$$t = \frac{\sqrt{n}(\overline{x} - \mu_0)}{s} > k \quad (k待定).$$

由于 $T_1 = \dfrac{\sqrt{n}(\overline{X} - \mu)}{S} \sim t(n - 1)$, 且 H_0 为真时, 由 t 分布的性质可得 $P(T > t_\alpha(n-1)) \leqslant P(T_1 > t_\alpha(n-1)) = \alpha$, 因此取 $k = t_\alpha(n-1)$. 进而得拒绝域为

$$W = \{(x_1, x_2, \cdots, x_n) : t > t_\alpha(n - 1)\}.$$

注 尽管假设 $H_0 : \mu = \mu_0$, $H_1 : \mu > \mu_0$ 与假设 $H_0 : \mu \leqslant \mu_0$, $H_1 : \mu > \mu_0$ 中原假设 H_0 的形式不同, 实际意义也不一样, 但对于相同的显著性水平 α, 两者的拒绝域有相同的形式. 一般地, 对正态总体参数的单边假设检验问题都有类似的结果, 即形如

$H_0 : \mu \leqslant \mu_0$, $\quad H_1 : \mu > \mu_0$ 的假设检验问题可直接化为形如 $H_0 : \mu = \mu_0$, $\quad H_1 : \mu > \mu_0$ 来讨论. 读者可自行推导.

例 8.9　在平炉上进行一项试验以确定改变操作方法是否会增加钢的得率 (单位: %). 试验在同一平炉上进行, 每炼一炉钢时除操作方法外, 其他条件都尽可能做到相同, 先用标准方法炼一炉, 然后用新方法炼一炉, 以后交替进行, 各炼了 10 炉, 其得率分别为

标准方法, 78.1, 72.4, 76.2, 74.3, 77.4, 78.4, 76.0, 75.5, 76.7, 77.3,

新方法, 79.1, 81.0, 77.3, 79.1, 80.0, 79.1, 79.1, 77.3, 80.2, 82.1.

设两样本相互独立, 且分别来自正态总体 $N(\mu_1, \sigma^2)$ 和 $N(\mu_2, \sigma^2)$, μ_1, μ_2, σ^2 均未知, 问新方法能否提高得率 (取 $\alpha = 0.05$)?

解　(1) 依题意, 需要检验假设

$$H_0 : \mu_1 - \mu_2 = 0, \qquad\qquad H_1 : \mu_1 - \mu_2 < 0.$$

(2) 当假设 H_0 为真时, 选取 $T = \dfrac{\overline{X} - \overline{Y}}{S_w\sqrt{\dfrac{1}{n_1} + \dfrac{1}{n_2}}}$ 作为检验统计量, 其服从自由度为 $n_1 + n_2 - 2$ 的 t 分布. 由于 $\overline{X}$ 是 μ_1 的无偏估计量, $\overline{Y}$ 是 μ_2 的无偏估计量, S_1^2 是 σ^2 的无偏估计量, S_2^2 是 σ^2 的无偏估计量, 进而 S_w^2 是 σ^2 的无偏估计量. 所以当 H_1 为真时, t 的取值有向负向偏大的趋势, 因此拒绝域的形式为

$$t = \frac{\overline{x} - \overline{y}}{s_w\sqrt{\dfrac{1}{n_1} + \dfrac{1}{n_2}}} < k \quad (k < 0待定).$$

(3) 对给定的显著性水平 α, 由 $t(n_1 + n_2 - 2)$ 分布的性质 (图 8.8), 取 $k = -t_\alpha(n_1 + n_2 - 2)$. 因此, 拒绝域为

$$W = \{(x_1, x_2, \cdots, x_{10}; y_1, y_2, \cdots, y_{10}) : t < -t_\alpha(18)\}.$$

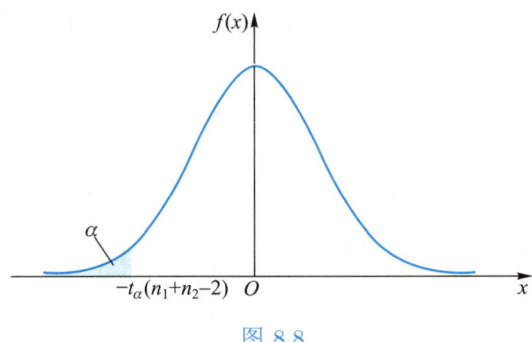

图 8.8

(4) 分别计算两种方法下的样本均值和样本方差如下:

$$n_1 = 10, \overline{x} = 76.23, s_1^2 = 3.325, n_2 = 10, \overline{y} = 79.43, s_2^2 = 2.225,$$

又 $s_w^2 = 2.775$, t 的观测值为 -4.2954, 查 t 分布表得 $t_{0.05}(18) = 1.7341$. 由于 $t = -4.2954 < -t_{0.05}(18) = -1.7341$, 所以拒绝 H_0, 即认为新方法较原来的方法优.

例 8.10　根据长期积累的经验, 某电池厂所生产的电池寿命 X(单位: h) 服从正态分布 $N(80, 4^2)$, 某日随机抽取 5 节电池做寿命试验, 测得寿命为

$$85.30, \quad 78.00, \quad 90.00, \quad 77.80, \quad 79.00.$$

问该日所生产的电池寿命的标准差是否显著增大 (取 $\alpha = 0.05$)?

解　(1) 依题意, 这是一个单侧检验问题:

$$H_0 : \sigma^2 \leqslant 4^2, \qquad\qquad H_1 : \sigma^2 > 4^2.$$

(2) 对给定的显著性水平, 拒绝域同假设检验问题

$$H_0 : \sigma^2 = 4^2, \qquad\qquad H_1 : \sigma^2 > 4^2$$

的拒绝域相同. 当 H_0 为真时, 取检验统计量 $\chi^2 = \dfrac{(n-1)S^2}{\sigma_0^2} = \dfrac{S^2}{4} \sim \chi^2(4)$. 由于 S^2 是 σ^2 的无偏估计量, 因此, 当备则假设 H_1 为真时, 检验统计量的观测值 $\chi^2 = \dfrac{(n-1)s^2}{\sigma_0^2} = \dfrac{(n-1)s^2}{4^2} > k$.

(3) 对给定的显著性水平 α, 由 $\chi^2(n-1)$ 分布性质 (图 8.9), 有 $P\left(\chi^2 = \dfrac{(n-1)S^2}{\sigma_0^2} > \chi_\alpha^2(n-1)\right) = \alpha$, 所以取 $k = \chi_\alpha^2(n-1)$, 得假设 H_0 的拒绝域形式为:

$$W = \{(x_1, x_2, \cdots, x_n) : \dfrac{(n-1)s^2}{\sigma_0^2} > \chi_\alpha^2(n-1)\}.$$

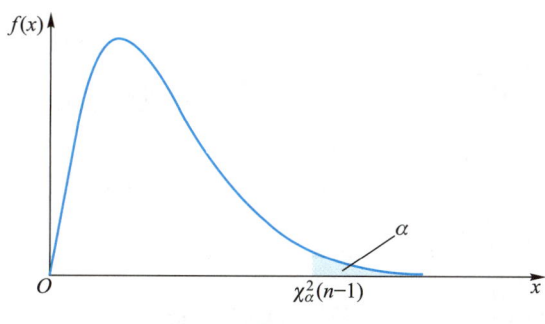

图 8.9

(4) 经计算 $s^2 = 29.382$, $\chi^2 = \dfrac{29.382}{4} = 7.346$, 查自由度为 4 的 χ^2 分布表得 $\chi_{0.05}^2(4) = 9.488$, 因为 $\chi^2 = 7.346 < \chi_{0.05}^2(4) = 9.488$, 所以接受 H_0, 认为该日所生产的电池的标准差没有显著变大, 即该天生产是稳定的.

最后, 我们将关于正态总体均值、方差的检验法汇总成表 8.2 至表 8.5, 以便查用.

表 8.2　正态总体均值的假设检验

条件	H_0	H_1	检验统计量及其分布	拒绝域
方差 $\sigma^2 = \sigma_0^2$ 已知	$\mu = \mu_0$	$\mu \neq \mu_0$	$U = \dfrac{\overline{X} - \mu_0}{\sigma_0/\sqrt{n}} \sim N(0,1)$	$|u| > u_{\alpha/2}$
	$\mu = \mu_0$	$\mu > \mu_0$		$u > u_\alpha$
	$\mu = \mu_0$	$\mu < \mu_0$		$u < -u_\alpha$
方差 σ^2 未知	$\mu = \mu_0$	$\mu \neq \mu_0$	$T = \dfrac{\overline{X} - \mu_0}{S/\sqrt{n}} \sim t(n-1)$	$|t| > t_{\alpha/2}(n-1)$
	$\mu = \mu_0$	$\mu > \mu_0$		$t > t_\alpha(n-1)$
	$\mu = \mu_0$	$\mu < \mu_0$		$t < -t_\alpha(n-1)$

表 8.3　正态总体方差的假设检验

条件	H_0	H_1	检验统计量及其分布	拒绝域
均值 μ 未知	$\sigma^2 = \sigma_0^2$	$\sigma^2 \neq \sigma_0^2$	$\chi^2 = \dfrac{(n-1)S^2}{\sigma_0^2} \sim \chi^2(n-1)$	$\chi^2 < \chi^2_{1-\alpha/2}(n-1)$ 或 $\chi^2 > \chi^2_{\alpha/2}(n-1)$
	$\sigma^2 = \sigma_0^2$	$\sigma^2 > \sigma_0^2$		$\chi^2 > \chi^2_\alpha(n-1)$
	$\sigma^2 = \sigma_0^2$	$\sigma^2 < \sigma_0^2$		$\chi^2 < \chi^2_{1-\alpha}(n-1)$

表 8.4　两个正态总体均值的假设检验

条件	H_0	H_1	检验统计量及其分布	拒绝域
σ_1^2, σ_2^2 已知	$\mu_1 = \mu_2$	$\mu_1 \neq \mu_2$	$U = \dfrac{\overline{X} - \overline{Y}}{\sqrt{\dfrac{\sigma_1^2}{n_1} + \dfrac{\sigma_2^2}{n_2}}} \sim N(0,1)$	$|u| > u_{\alpha/2}$
	$\mu_1 = \mu_2$	$\mu_1 > \mu_2$		$u > u_\alpha$
	$\mu_1 = \mu_2$	$\mu_1 < \mu_2$		$u < -u_\alpha$
$\sigma_1^2 = \sigma_2^2$ 未知	$\mu_1 = \mu_2$	$\mu_1 \neq \mu_2$	$T = \dfrac{\overline{X} - \overline{Y}}{S_w\sqrt{\dfrac{1}{n_1} + \dfrac{1}{n_2}}} \sim t(n_1 + n_2 - 2)$	$|t| > t_{\alpha/2}(n_1 + n_2 - 2)$
	$\mu_1 = \mu_2$	$\mu_1 > \mu_2$		$t > t_\alpha(n_1 + n_2 - 2)$
	$\mu_1 = \mu_2$	$\mu_1 < \mu_2$		$t < -t_\alpha(n_1 + n_2 - 2)$
成对数据	$\mu_1 = \mu_2$	$\mu_1 \neq \mu_2$	$T = \dfrac{\overline{D}}{S_D/\sqrt{n}} \sim t(n-1)$	$|t| > t_{\alpha/2}(n-1)$
	$\mu_1 = \mu_2$	$\mu_1 > \mu_2$		$t > t_\alpha(n-1)$
	$\mu_1 = \mu_2$	$\mu_1 < \mu_2$		$t < -t_\alpha(n-1)$

表 8.5　两个正态总体方差的假设检验

条件	H_0	H_1	检验统计量及其分布	拒绝域
μ_1, μ_2 未知	$\sigma_1^2 = \sigma_2^2$	$\sigma_1^2 \neq \sigma_2^2$	$F = \dfrac{S_1^2}{S_2^2} \sim F(n_1 - 1, n_2 - 1)$	$F < F_{1-\alpha/2}(n_1 - 1, n_2 - 1)$ 或 $F > F_{\alpha/2}(n_1 - 1, n_2 - 1)$
	$\sigma_1^2 = \sigma_2^2$	$\sigma_1^2 > \sigma_2^2$		$F > F_\alpha(n_1 - 1, n_2 - 1)$
	$\sigma_1^2 = \sigma_2^2$	$\sigma_1^2 < \sigma_2^2$		$F < F_{1-\alpha}(n_1 - 1, n_2 - 1)$

§8.4　假设检验的 p 值

　　假设检验得出结论依据的逻辑是: 在原假设 H_0 为真的前提下, 检验统计量落入拒绝域 W 是一个小概率事件. 如果一次抽样检验统计量的观测值落入了拒绝域 W, 即在原假设 H_0 成立的前提下小概率事件发生了, 则认为原假设 H_0 不可信进而拒绝原假设, 反之, 则不能拒绝原假设 H_0. 在数理统计中, 把这个小概率称为显著性水平, 记为 α. 通常显著

性水平 α 是事先给定的, 比如 $\alpha = 0.1, 0.05$ 或 0.01. 在给定的显著性水平下, 假设检验的结论通常是简单的: 拒绝原假设 H_0 或接受原假设 H_0. 然而, 得出拒绝原假设或接受原假设结论的可能性有多大, 常不易表达清楚. 例如, 在一个较大的显著性水平下 (如 $\alpha = 0.05$) 结论是拒绝原假设, 而在一个较小的显著性水平下 (如 $\alpha = 0.01$) 却得出接受原假设的结论. 下面给出的方法可以计算获得检验结论的可能性大小.

定义 8.3 在一个假设检验问题中, 利用检验统计量 T 的观测值 t 做出拒绝原假设的最小显著性水平称为假设检验的**p 值**, 它为决策时犯第一类错误的真实概率, 可称其为真实的显著性水平.

如果假设检验的 p 值满足 $p \leqslant \alpha$, 则在显著性水平 α 下拒绝原假设 H_0.

如果假设检验的 p 值满足 $p > \alpha$, 则在显著性水平 α 下接受原假设 H_0.

常用的检验问题的 p 值可根据检验统计量的观测值以及基于原假设 H_0 下检验统计量的概率分布进行计算. 例如, 设有一个原假设 H_0, 其拒绝域为 $W = \{|T| > c\}$, T 是检验统计量. 对一组具体的样本, 检验统计量 T 的观测值为 t, 则该组样本的 p 值为

$$p = P_{H_0}(|T| > t).$$

此概率 p 值的含义为: 如果原假设 H_0 是正确的, 则一次抽样随机事件 $|T| > t$ 的概率有多大? 如果这个概率小 (不超过给定的显著性水平 α), 则给出拒绝原假设 H_0 的决策; 反之, 如果这个概率大于 α, 则不能拒绝原假设 H_0.

类似地, 如果检验问题的拒绝域为 $W = \{T > c\}$, 则

$$p = P_{H_0}(T > t).$$

如果检验问题的拒绝域为 $W = \{T < c\}$, 则

$$p = P_{H_0}(T < t).$$

例 8.11 一支香烟中的尼古丁含量 X(单位: mg) 服从正态分布 $N(\mu, 1)$, 质量标准 μ 规定不能超过 1.5 mg. 现从某厂生产的香烟中随机抽取 20 支, 测得平均每支香烟的尼古丁含量为 $\overline{x} = 1.97$ mg, 试问该厂生产的香烟尼古丁含量是否符合质量标准的规定?

解 提出假设检验问题

$$H_0 : \mu \leqslant 1.5, \qquad\qquad H_1 : \mu > 1.5.$$

根据问题描述, 选择检验统计量为 $U = \dfrac{\overline{X} - 1.5}{\sigma/\sqrt{n}}$, 拒绝域为 $W = \{U > u_\alpha\}$. 计算得检验统计量的观测值为 $u = \dfrac{1.97 - 1.5}{1/\sqrt{20}} = 2.10$, 则检验的 p 值为

$$p = P_{H_0}(U > u) = 0.018.$$

注 p 值是目前统计软件中广泛采用的一个概念. 在统计软件中, 一般都是给出检验的 p 值, 并不给出拒绝域或临界值. 关于 p 值的计算在第十章有进一步的阐述.

§8.5　非正态总体分布参数的假设检验

前面详细地讨论了正态总体均值与方差的假设检验问题. 在实际问题中, 常常会遇到非正态总体的参数假设检验问题, 这时, 在假设 H_0 为真的条件下, 检验统计量的分布有时难以求得或过于复杂不便使用, 因此需考虑使用检验统计量的近似分布, 而确定近似分布的理论基础是中心极限定理, 所以本节讨论的是大样本假设检验问题. 这时, 对给定的显著性水平 α 得到的检验法, 其犯第一类错误的概率不是确切等于 α, 而是近似等于 α, 即 $P(\text{拒绝 } H_0 | H_0 \text{ 为真}) \approx \alpha$.

8.5.1　概率 p 的假设检验

这种检验法常用在产品质量检验等问题中, 设生产某种产品允许的废品率为 p_0, 现在从生产的一批产品中随机抽取 n 个检验, 发现其中有 m 个次品. 假定 n 充分大, 在显著性水平 α 下判断这批产品是否合乎规定. 这类问题就属于概率 p 的假设检验问题. 解决该问题需要检验假设

$$H_0 : p \leqslant p_0, \qquad\qquad H_1 : p > p_0.$$

由于容量为 n 的样本可认为是从总体 $X \sim B(1, p)$ 中抽取的, 设为 $X_1, X_2, \cdots, X_n$, 满足

$$P(X_i = 1) = p, \quad P(X_i = 0) = 1 - p = q.$$

要检验的参数是总体均值 $p = E(X)$, 自然想到利用样本均值 $\overline{x} = \dfrac{1}{n}\sum_{i=1}^{n} x_i = \dfrac{m}{n}$ 来检验, 取检验统计量 U 的观测值

$$u = \frac{\overline{x} - p_0}{\sqrt{\dfrac{1}{n}p_0(1 - p_0)}} = \frac{m - np_0}{\sqrt{np_0(1 - p_0)}}.$$

由于 $\overline{X}$ 是 p 的无偏估计, 所以当 H_0 为真时, u 的取值不应太大或者即使偏大也偏向负的一侧; 当 H_1 为真时, u 的值有向正的一侧偏大的趋势. 故拒绝域形式为

$$u = \frac{\overline{x} - p_0}{\sqrt{\dfrac{1}{n}p_0(1 - p_0)}} > k \quad (k\text{待定}).$$

对于给定的水平 α, 要确定临界值 k, 需在 $p = p_0$ 的前提下导出 U 的分布, 此分布虽可求出, 但不便应用. 由中心极限定理知, 当 n 很大时, U 近似服从标准正态分布 $N(0, 1)$, 查标准正态分布表得 $k = u_\alpha$ 使 $P(U > u_\alpha | H_0 \text{ 为真}) \approx \alpha$. 因此拒绝域

$$W = \left\{ (x_1, x_2, \cdots, x_n) : u = \frac{m - np_0}{\sqrt{np_0(1 - p_0)}} > u_\alpha \right\}.$$

当 $u = \dfrac{m - np_0}{\sqrt{np_0(1 - p_0)}} \leqslant u_\alpha$ 时, 这批产品就合乎规定.

类似地, 可得出假设检验 $H_0 : p = p_0$, $H_1 : p \neq p_0$ 的拒绝域为

$$W = \left\{ (x_1, x_2, \cdots, x_n) : |u| = \left| \frac{m - np_0}{\sqrt{np_0(1 - p_0)}} \right| > u_{\alpha/2} \right\};$$

假设检验 $H_0 : p \geqslant p_0$, $H_1 : p < p_0$ 的拒绝域为

$$W = \left\{ u = \frac{m - np_0}{\sqrt{np_0(1 - p_0)}} < -u_\alpha \right\}.$$

例 8.12 根据以往统计, 某种产品的次品率不小于 5%. 工艺革新后, 从此种产品中随机地取 200 件, 发现有 6 件次品, 问可否认为此种产品的废品率降低了 ($\alpha = 0.05$)?

解 依题意, 需检验假设

$$H_0 : p \geqslant 0.05, \qquad\qquad H_1 : p < 0.05.$$

计算可知 $u = \dfrac{m - np_0}{\sqrt{np_0(1 - p_0)}} = \dfrac{6 - 200 \times 0.05}{\sqrt{200 \times 0.05(1 - 0.05)}} = -1.298$, 对 $\alpha = 0.05$, 查正态分布表得 $u_\alpha = 1.645$, 因为 $u = -1.298 > -1.645$, 故接受 H_0, 认为次品率没有降低.

8.5.2 非正态总体均值的大样本检验

1. 单个总体情形

设总体 X 的分布是任意的, 其均值为 $E(X) = \mu$, 方差 $D(X) = \sigma^2$, $X_1, X_2, \cdots, X_n$ 是来自总体的大样本 ($n \geqslant 50$). 今欲检验假设

$$H_0 : \mu = \mu_0, \qquad\qquad H_1 : \mu \neq \mu_0.$$

如果 $\sigma^2 = \sigma_0^2$ 为已知, 选 $U = \dfrac{\overline{X} - \mu_0}{\sigma_0}\sqrt{n}$ 作为检验统计量, 根据中心极限定理, 当 H_0 为真时, $U = \dfrac{\overline{X} - \mu_0}{\sigma_0}\sqrt{n}$ 近似服从 $N(0, 1)$ 分布. 对给定的显著性水平 α, 查标准正态分布表得 $u_{\alpha/2}$, 使 $P(|U| > u_{\alpha/2}|H_0$ 为真$) \approx \alpha$, 即可得出拒绝域

$$W = \left\{ (x_1, x_2, \cdots, x_n) : |u| = \frac{|\overline{x} - \mu_0|}{\sigma_0/\sqrt{n}} > u_{\alpha/2} \right\}.$$

如果 σ^2 未知, 选 $U = \dfrac{\overline{X} - \mu_0}{S/\sqrt{n}}$ 作为检验统计量, 理论上可以证明[①]: 当 H_0 为真时, $U = \dfrac{\overline{X} - \mu_0}{S/\sqrt{n}}$ 也近似服从 $N(0, 1)$ 分布. 同样对于给定的显著性水平 α, 查标准正态分布

---

① 根据定理: 若 $X_n \xrightarrow{P} X, Y_n \xrightarrow{P} Y, g(u, v)$ 为连续函数, 则 $g(X_n, Y_n) \xrightarrow{P} g(X, Y)$. 因 $u = \dfrac{\overline{x} - \mu_0}{s/\sqrt{n}} = \dfrac{\overline{x} - \mu_0}{\sigma/\sqrt{n}} \cdot \dfrac{\sigma}{s}$, 再由 $\dfrac{\overline{x} - \mu_0}{\sigma/\sqrt{n}} \xrightarrow{P} N(0, 1), S \xrightarrow{P} \sigma$, 从而有 $U = \dfrac{\overline{X} - \mu_0}{S/\sqrt{n}} \sim N(0, 1)$.

表得 $u_{\alpha/2}$, 使 $P\left(|U| = \dfrac{|\overline{X} - \mu_0|}{S/\sqrt{n}} > u_{\alpha/2}|H_0 \text{ 为真}\right) = \alpha$, 即可得出拒绝域

$$W = \left\{|u| = \frac{|\overline{x} - \mu_0|}{s/\sqrt{n}} > u_{\alpha/2}\right\}.$$

不难得出对应的单侧假设检验的拒绝域 (请读者自己补充).

2. 两个总体的情形

设有两个总体 X 和 Y, 它们的分布是任意的, 均值和方差存在, 且 $E(X) = \mu_1, E(Y) = \mu_2, D(X) = \sigma_1^2, D(Y) = \sigma_2^2, X_1, X_2, \cdots, X_{n_1}$ 是来自总体 X 的样本, $Y_1, Y_2, \cdots, Y_{n_2}$ 是来自总体 Y 的样本, 且两样本相互独立, n_1, n_2 都比较大, 今欲检验假设

$$H_0 : \mu_1 = \mu_2, \qquad\qquad H_1 : \mu_1 \neq \mu_2.$$

如果 σ_1^2, σ_2^2 已知, 选 $U = \dfrac{\overline{X} - \overline{Y}}{\sqrt{\dfrac{\sigma_1^2}{n_1} + \dfrac{\sigma_2^2}{n_2}}}$ 作为检验统计量. 由于 $\overline{X}$ 是 μ_1 的无偏估计量,

$\overline{Y}$ 是 μ_2 的无偏估计量, 所以当 H_0 为真时, $|u|$ 的值应偏小, 而 H_1 为真时, $|u|$ 的值往往有

增大的趋势, 因此拒绝域形式为 $|u| = \dfrac{|\overline{x} - \overline{y}|}{\sqrt{\dfrac{\sigma_1^2}{n_1} + \dfrac{\sigma_2^2}{n_2}}} > k.$ (k 待定).

对给定的显著性水平 α 要确定 k, 就需要确定 U 的分布, 这时 U 的确切分布很难求得. 但从理论上我们可以证明: 当 H_0 为真时, 且 n_1, n_2 都充分大, U 近似服从标准正态分布 $N(0,1)$. 查标准正态分布表得 $u_{\alpha/2}$, 使

$$P(|U| > u_{\alpha/2}|H_0 \text{为真}) \approx \alpha.$$

从而得出拒绝域为

$$W = \left\{(x_1, x_2, \cdots, x_{n_1}; y_1, y_2, \cdots, y_{n_2}) : |u| = \frac{|\overline{x} - \overline{y}|}{\sqrt{\dfrac{\sigma_1^2}{n_1} + \dfrac{\sigma_2^2}{n_2}}} > u_{\alpha/2}\right\}.$$

如果 σ_1^2, σ_2^2 均为未知, 这时在上面过程中用 s_1^2 代替 σ_1^2, s_2^2 代替 σ_2^2, 结论也成立, 从而得出相应的拒绝域为

$$W = \left\{(x_1, x_2, \cdots, x_{n_1}; y_1, y_2, \cdots, y_{n_2}) : |u| = \frac{|\overline{x} - \overline{y}|}{\sqrt{\dfrac{s_1^2}{n_1} + \dfrac{s_2^2}{n_2}}} > u_{\alpha/2}\right\}.$$

不难得出对应的单侧检验的拒绝域 (读者自己完成).

例 8.13　甲、乙两台机床生产同一型号的滚珠, 从甲、乙两机床生产的滚珠中分别抽取 50 个与 60 个测量直径 (单位: mm), 得样本均值为 $\overline{x} = 15.01$, $\overline{y} = 14.87$, 样本方差为 $s_1^2 = 0.31^2$, $s_2^2 = 0.17^2$, 问两台机床生产的产品的直径可否认为是相同的 ($\alpha = 0.05$)?

解 依题意, 两总体 X 和 Y 的分布是未知的, 需检验假设

$$H_0 : \mu_1 = \mu_2, \qquad\qquad H_1 : \mu_1 \neq \mu_2.$$

取检验统计量 $U = \dfrac{\overline{X} - \overline{Y}}{\sqrt{\dfrac{S_1^2}{n_1} + \dfrac{S_2^2}{n_2}}}$, U 的观测值为 $u = 2.856$, 查标准正态分布表得 $u_{\alpha/2} = u_{0.025} = 1.96$, 因为 $|u| = 2.856 > u_{\alpha/2} = 1.96$, 所以拒绝 H_0. 即认为甲、乙两台机床生产的滚珠是有差别的.

结束本节之前, 还需说明一点, 在许多问题中, 可能根据经验或其他相关知识得知分布的类型, 如指数分布、泊松分布, 等等. 若相应的分布只含有一个未知参数, 一般地 $E(X) = \mu$, $D(X) = f^2(\mu) > 0$, 这时检验假设 $H_0 : \mu = \mu_0$, $H_1 : \mu \neq \mu_0$ 时选取的检验统计量应为

$$U = \frac{\overline{X} - \mu_0}{f(\mu_0)} \sqrt{n},$$

当 H_0 为真时, 由中心极限定理, U 近似服从标准正态分布 $N(0,1)$, 因此拒绝域为

$$W = \left\{ (x_1, x_2, \cdots, x_n) : |u| = \frac{|\overline{x} - \mu_0|}{f(\mu_0)} \sqrt{n} > u_{\alpha/2} \right\}.$$

例 8.14 某城市每天因交通事故而死亡的人数 X 服从泊松分布, 根据长期的统计资料, 死亡人数均值为 3 人. 近一年来通过交通建设和加强交通管理措施, 据 300 天的统计, 每天平均死亡人数减为 2.7 人, 问能否认为现在每天因交通事故而死亡的人数显著减少 $(\alpha = 0.05)$?

解 依题意, 每天因交通事故而死亡的人数总体 X 服从泊松分布, 设其参数为 λ, 所以 $E(X) = \lambda$, $D(X) = \lambda$, 需检验假设

$$H_0 : \lambda = \lambda_0 = 3, \qquad\qquad H_1 : \lambda < \lambda_0 = 3.$$

取检验统计量 $U = \dfrac{\overline{X} - \lambda_0}{\sqrt{\lambda_0}/\sqrt{n}}$, 当 H_0 为真时, U 近似服从标准正态分布, 故拒绝域为 $W = \left\{ (x_1, x_2, \cdots, x_n) : u = \dfrac{\overline{x} - \lambda_0}{\sqrt{\lambda_0}} \sqrt{n} < -u_\alpha \right\}$, U 的观测值为 $u = \dfrac{2.7 - 3}{\sqrt{3}} \sqrt{300} = -3$, 查标准正态分布表得 $u_\alpha = u_{0.05} = 1.645$, 因 $u = -3 < -u_\alpha = -1.645$, 故拒绝 H_0. 即认为每天死于交通事故的人数显著地减少了.

§8.6 总体分布假设的 χ^2 检验法

我们在前面着重介绍了参数假设的检验问题, 本节考虑一种非参数假设 (总体分布假设) 的检验问题.

所谓非参数假设, 即在不确切了解总体分布之数学形式的情况下, 关于总体的各种一般性论断. 例如, "X 服从正态分布""X 与 Y 相互独立" 等都是非参数假设. 本节只讨论关

于总体分布的假设检验问题, 这在实际中经常会遇到. 如我们经常假定的 "电子元件的寿命服从指数分布""纤维长度服从正态分布""电话交换台一定时间间隔内的呼唤次数服从泊松分布", 等等, 都需要根据样本数据资料进行检验. 该问题的一般提法为: 设 $x_1, x_2, \cdots, x_n$ 是来自总体 X 的样本观测值, 据此样本需要检验假设

$$H_0: X \text{ 的分布函数为 } F_0(x), \qquad H_1: X \text{ 的分布函数不是 } F_0(x).$$

其中 $F_0(x)$ 是一个已知的分布函数, 或者分布函数形式已知但含有未知参数, 通常称为理论分布. 有关分布的假设检验有许多方法, 这里我们只介绍其中最重要的 χ^2 检验法, 为此, 先介绍一个重要定理.

定理 8.1　假设一随机试验有 r 种不同的结果 $A_1, A_2, \cdots, A_r$, 它们出现的概率分别为 $p_1, p_2, \cdots, p_r$, 其中 $\sum_{i=1}^{r} p_i = 1$, 以 m_i 表示事件 $A_i(i = 1, 2, \cdots, r)$ 在 n 次独立重复试验中出现的次数, 则当 $n \to \infty$ 时, 随机变量 $\chi^2 = \sum_{i=1}^{r} \dfrac{(m_i - np_i)^2}{np_i}$ 的极限分布是 χ^2 分布, 自由度为 $r - 1$.

这个定理称为皮尔逊定理, 其证明较繁, 从略.

现在, 我们转到总体 X 分布的 χ^2 检验法上. 设 $X_1, X_2, \cdots, X_n$ 是总体 X 的一个样本, $F(x)$ 为 X 的分布函数, $F_0(x)$ 为一完全已知的分布函数, 今要检验假设

$$H_0: F(x) = F_0(x), \qquad H_1: F(x) \neq F_0(x).$$

我们利用定理 8.1 做出检验, 方法如下:

(1) 将总体 X 的一切可能值的集合 Ω 划分成 r 个互不相交的子集 $\Omega_1, \Omega_2, \cdots, \Omega_r$, 即 $\Omega_i \bigcap \Omega_j = \varnothing, i \neq j, \bigcup_{i=1}^{r} \Omega_i = \Omega$. 记 $A_i = \{X \in \Omega_i\}$, $i = 1, 2, \cdots, r$, 则 $A_i\ (i = 1, 2, \cdots, r)$ 为完备事件组.

(2) 在 H_0 为真时, 计算事件 A_i 的概率 $P(A_i | H_0 \text{ 为真}) = p_i$, $i = 1, 2, \cdots, r$. 显然 $\sum_{i=1}^{r} p_i = 1$, 且 $p_i > 0$ (否则, 可适当合并划分). 再计算对总体 X 的 n 次观测中, 事件 A_i 发生的理论频数 np_i, $i = 1, 2, \cdots, r$, 即

事件	A_1	A_2	$\cdots$	A_r
理论频数	np_1	np_2	$\cdots$	np_r

(3) 确定出样本观测值 $x_1, x_2, \cdots, x_n$ 落入 Ω_i 的频数, 即事件 A_i 发生的实际频数 m_i, $i = 1, 2, \cdots, r$, 即

事件	A_1	A_2	$\cdots$	A_r
实际频数	m_1	m_2	$\cdots$	m_r

(4) 选取统计量 $\chi^2 = \sum_{i=1}^{r} \dfrac{(m_i - np_i)^2}{np_i}$, 由于当 H_0 为真时, n 充分大后, 事件 A_i 发生的理论频数 np_i 与实际频数 m_i 相差不应太大, $i = 1, 2, \cdots, r$. 因此, 当 H_0 为真时,

$\chi^2 = \sum_{i=1}^{r} \dfrac{(m_i - np_i)^2}{np_i}$ 不应太大, 而当 H_1 为真时, 这个值应有增大的趋势. 因此拒绝域的形式为

$$\chi^2 = \sum_{i=1}^{r} \frac{(m_i - np_i)^2}{np_i} > k \ (k\text{待定}).$$

检验统计量 χ^2 在 H_0 为真时的精确分布很难求得, 但由定理 8.1 知, n 充分大后, H_0 为真时, 统计量 χ^2 近似服从自由度为 $r-1$ 的 χ^2 分布. 对给定 α, 由 $\chi^2(r-1)$ 分布表取 $k = \chi_\alpha^2(r-1)$ 使 $P(\chi^2 > \chi_\alpha^2(r-1)|H_0 \text{ 为真}) \approx \alpha$, 于是得到假设检验问题的拒绝域

$$W = \left\{ (x_1, x_2, \cdots, x_n) : \chi^2 = \sum_{i=1}^{r} \frac{(m_i - np_i)^2}{np_i} > \chi_\alpha^2(r-1) \right\}.$$

注 ① 若 $F_0(x)$ 含有未知参数, 假定有 l 个. 这时, 这 l 个未知参数由其最大似然估计量代替, 上面检验统计量中的 p_i 替换为 $\hat{p}_i$. 实际上, 设 $\theta_1, \theta_2, \cdots, \theta_l$ 为 l 个未知参数, $p_i = p_i(\theta_1, \theta_2, \cdots, \theta_l)$, $\hat{\theta}_1, \hat{\theta}_2, \cdots, \hat{\theta}_l$ 为 $\theta_1, \theta_2, \cdots, \theta_l$ 的最大似然估计量, $\hat{p}_i = p_i(\hat{\theta}_1, \hat{\theta}_2, \cdots, \hat{\theta}_l)$, 则 $\chi^2 = \sum_{i=1}^{r} \dfrac{(m_i - n\hat{p}_i)^2}{n\hat{p}_i}$, 当 n 充分大后, χ^2 近似服从分布 $\chi^2(r-l-1)$.

② 在划分 Ω 时, 每一事件 $A_i = \{X \in \Omega_i\}$ 的理论频数 np_i 不宜太小 (一般 $np_i \geqslant 5$, 但有时控制 $np_i \geqslant 5$ 不易实现, 所以通常代之为控制 $m_i \geqslant 5$). 这可以通过合并 Ω_i 实现. 另外, 在分布检验时, 备择假设可以不写出来.

例 8.15 掷一颗骰子 240 次, 得点数出现的频数如下:

点数	1	2	3	4	5	6
出现的频数	45	36	31	48	42	38

根据试验结果检验这颗骰子是否均匀 (取 $\alpha = 0.05$)?

解 设 X 表示掷这颗骰子一次所出现的点数, 它有 6 个可能取值, 即 $\Omega = \{1, 2, 3, 4, 5, 6\}$, 需要检验假设

$$H_0 : P(X = i) = \frac{1}{6}, \qquad i = 1, 2, \cdots, 6.$$

划分 Ω 为 $\Omega_1, \Omega_2, \cdots, \Omega_6$, 其中 $\Omega_i = \{i\}$. $A_i = \{X = i\}$, $i = 1, 2, \cdots, 6$ 构成一完备事件组, 在 H_0 为真时, $P(A_i) = p_i = \dfrac{1}{6}$, $i = 1, 2, \cdots, 6$. 计算 χ^2:

$$\chi^2 = \sum_{i=1}^{6} \frac{(m_i - np_i)^2}{np_i}$$

$$= \frac{\left(45 - 240 \times \dfrac{1}{6}\right)^2}{240 \times \dfrac{1}{6}} + \frac{\left(36 - 240 \times \dfrac{1}{6}\right)^2}{240 \times \dfrac{1}{6}} + \frac{\left(31 - 240 \times \dfrac{1}{6}\right)^2}{240 \times \dfrac{1}{6}} +$$

$$\frac{\left(48 - 240 \times \frac{1}{6}\right)^2}{240 \times \frac{1}{6}} + \frac{\left(42 - 240 \times \frac{1}{6}\right)^2}{240 \times \frac{1}{6}} + \frac{\left(38 - 240 \times \frac{1}{6}\right)^2}{240 \times \frac{1}{6}}$$

$$= 4.85.$$

对 $\alpha = 0.05$, 查自由度 $r - 1 = 5$ 的 χ^2 分布表得 $\chi^2_{0.05}(5) = 11.07$, 因为 $\chi^2 = 4.85 < \chi^2_{0.05}(5) = 11.07$, 所以接受 H_0, 即可认为骰子是均匀的.

例 8.16 从某种型号的一批电子管中随机抽取 50 个, 测试其使用寿命 (单位: h) 如下:

1 280	310	740	1 590	910	1 220	1 730	1 160	220	370
220	490	1 280	20	1 620	910	60	1 750	890	790
1 280	570	760	50	1 530	1 860	610	1 270	510	70
3 410	3 650	1 410	40	560	530	500	240	1 280	50
190	290	2 020	160	550	1 220	1 450	860	900	2 330

问这批产品的寿命 X 可否认为服从指数分布 (取 $\alpha = 0.05$)?

解 设 X 表示这批产品的使用寿命, 依题意, 需检验假设 $H_0 : X$ 服从指数分布, 即

$$H_0 : X \text{ 具有概率密度 } f(x) = \begin{cases} \theta \mathrm{e}^{-\theta x}, & x > 0, \\ 0, & x \leqslant 0, \end{cases}$$

这里 θ 是未知参数, 其最大似然估计值为

$$\hat{\theta} = \frac{1}{\bar{x}} = 0.001\,047.$$

把 X 可能取值集合 $(0, +\infty)$ 分为 5 个区间, 分别计算各组的理论频数 $n\hat{p}_i$ 和实际频数 m_i, 计算结果列表如下:

组号 i	1	2	3	4	5
分组	$(0, 110]$	$(110, 790]$	$(790, 1\,470]$	$(1\,470, 2\,150]$	$(2\,150, +\infty)$
$\hat{p}_i$	0.108 9	0.454 2	0.222 7	0.109 2	0.105 0
$n\hat{p}_i$	5.445	22.71	11.135	5.46	5.25
m_i	6	19	15	7	3

其中 $\hat{p}_1 = \int_0^{110} 0.001\,047 \mathrm{e}^{-0.001\,047x} \mathrm{d}x = 0.108\,9$, $\hat{p}_2, \cdots, \hat{p}_5$ 可类似计算. 再计算

$$\chi^2 = \sum_{i=1}^{5} \frac{(m_i - n\hat{p}_i)^2}{n\hat{p}_i} = 3.403,$$

自由度为 $r - l - 1 = 5 - 1 - 1 = 3$, 对给定的 $\alpha = 0.05$, 查 $\chi^2(3)$ 分布表得 $\chi^2_{0.05}(3) = 7.815$, 由于 $\chi^2 = 3.403 < \chi^2_{0.05}(3) = 7.815$, 所以接受 H_0, 即可认为这批电子管的寿命服从指数分布.

例 8.17 在 20 天内从维尼纶厂正常生产表上看到的维尼纶纤度 (表示纤维粗细程度的一个量) 的情况, 有如下 100 个数据.

1.36	1.49	1.43	1.41	1.37	1.40	1.32	1.42	1.47	1.39
1.41	1.36	1.40	1.34	1.42	1.42	1.45	1.35	1.42	1.39
1.44	1.42	1.39	1.42	1.42	1.30	1.34	1.42	1.37	1.36
1.37	1.34	1.37	1.37	1.44	1.45	1.32	1.48	1.40	1.45
1.39	1.46	1.53	1.36	1.48	1.40	1.39	1.38	1.39	1.40
1.36	1.45	1.50	1.43	1.38	1.43	1.41	1.48	1.39	1.45
1.37	1.37	1.39	1.45	1.31	1.41	1.44	1.44	1.42	1.47
1.35	1.36	1.39	1.40	1.38	1.35	1.42	1.43	1.42	1.42
1.42	1.40	1.41	1.37	1.46	1.36	1.37	1.27	1.37	1.38
1.42	1.34	1.43	1.42	1.41	1.41	1.44	1.48	1.55	1.37

问可否认为维尼纶纤度 X 服从正态分布 $(\alpha = 0.05)$?

解 依题意, 需检验假设

$$H_0 : X \text{ 的概率密度 } f(x) = \frac{1}{\sqrt{2\pi}\sigma} \mathrm{e}^{-\frac{(x-\mu)^2}{2\sigma^2}}, \ -\infty < x < +\infty,$$

其中 μ, σ^2 为未知, 需先估计 μ, σ^2. 由最大似然估计法得 μ, σ^2 的估计值为 $\hat{\mu} = \bar{x} = \frac{1}{100}\sum_{i=1}^{100} x_i = 1.406$, $\hat{\sigma}^2 = s^2 = \frac{1}{100-1}\sum_{i=1}^{100}(x_i - \bar{x})^2 = 0.048^2$.

将 X 可能取值的区间 $(-\infty < x < +\infty)$ 分成 7 个区间, 分别计算各组的理论频数 $n\hat{p}_i$ 和实际频数 m_i, 结果列表如下:

分组	实际频数	概率 $\hat{p}_i$	理论频数 $n\hat{p}_i$
$(-\infty, 1.325]$	5	0.044	4.4
$(1.325, 1.355]$	7	0.099	9.9
$(1.355, 1.385]$	22	0.186	18.6
$(1.385, 1.415]$	24	0.246	24.6
$(1.415, 1.445]$	24	0.216	21.6
$(1.445, 1.475]$	10	0.135	13.5
$(1.475, +\infty)$	8	0.074	7.4
总和	100	1.000	100

其中

$$\hat{p}_1 = P(-\infty < X \leqslant 1.325) = \Phi\left(\frac{1.325 - 1.406}{0.048}\right)$$

$$= \Phi(-1.688) = 1 - \Phi(1.688) = 0.044;$$

$$\hat{p}_2 = P(1.325 < X \leqslant 1.355)$$

$$= \Phi\left(\frac{1.355 - 1.406}{0.048}\right) - \Phi\left(\frac{1.325 - 1.406}{0.048}\right) = 0.099;$$

$$\cdots$$

$$\hat{p}_7 = P(X \geqslant 1.475) = 1 - P(X < 1.475)$$

$$= 1 - \Phi\left(\frac{1.475 - 1.406}{0.048}\right) = 0.074.$$

再计算 $\chi^2 = \sum\limits_{i=1}^{7} \frac{(m_i - n\hat{p}_i)^2}{n\hat{p}_i} = \frac{(5 - 4.4)^2}{4.4} + \frac{(7 - 9.9)^2}{9.9} + \cdots + \frac{(8 - 7.4)^2}{7.4} = 2.790.$

当 H_0 为真时, 检验统计量 $\chi^2 = \sum\limits_{i=1}^{7} \frac{(m_i - n\hat{p}_i)^2}{n\hat{p}_i}$ 近似服从自由度为 $7-2-1 = 4$ 的 χ^2 分布, 对 $\alpha = 0.05$, 查 $\chi^2(4)$ 分布表得 $\chi^2_{0.05}(4) = 9.488$, 因为 $\chi^2 = 2.790 < \chi^2_{0.05}(4) = 9.488$, 故接受 H_0, 即可认为这组数据来自正态总体.

习　题　八

1. 设总体 X 服从正态分布 $N(\mu, \sigma^2)$, μ, σ^2 未知, $X_1, X_2, \cdots, X_n$ 是来自该总体的样本, 记 $\overline{X} = \frac{1}{n}\sum\limits_{i=1}^{n} X_i$, $S^2 = \frac{1}{n-1}\sum\limits_{i=1}^{n}(X_i - \overline{X})^2$, 则对假设检验 $H_0 : \mu = \mu_0, H_1 : \mu \neq \mu_0$, 写出该假设检验使用的统计量和拒绝域.

2. 设总体 $X \sim N(\mu_1, \sigma_1^2)$, 总体 $Y \sim N(\mu_2, \sigma_2^2)$, 其中 σ_1^2, σ_2^2 已知. 设 $X_1, X_2, \cdots, X_{n_1}$ 是来自总体 X 的样本, $Y_1, Y_2, \cdots, Y_{n_2}$ 是来自总体 Y 的样本, 并且两样本相互独立. 对于检验假设:

$$H_0 : \mu_1 = \mu_2, \qquad\qquad H_1 : \mu_1 \neq \mu_2.$$

试写出该假设检验使用的检验统计量及 H_0 为真时检验统计量服从的分布.

3. 设总体 X 服从正态分布 $N(\mu, 1)$, 均值 μ 只能取 $-\frac{1}{2}$ 或 $\frac{1}{2}$, $X_1, X_2, \cdots, X_{16}$ 是来自该总体的样本, 为了检验假设 $H_0 : \mu = -\frac{1}{2}, H_1 : \mu = \frac{1}{2}$, 使用检验法: 当 $\overline{x} \geqslant 0$ 时拒绝 H_0, 当 $\overline{x} < 0$ 时接受 H_0, 试求出此检验法犯两类错误的概率.

4. 某日开工时, 需检验螺钉生产机床的工作是否正常. 根据以往的经验, 在正常情况下, 螺钉的直径服从正态分布 $N(32.25, 1.21)$(单位: mm), 现从一批螺钉中抽测了 6 个, 测得尺寸如下:

$$32.56 \quad 29.66 \quad 31.64 \quad 30.00 \quad 31.87 \quad 31.03$$

问这日螺钉生产机床工作是否正常?

将这一问题化为一个假设检验问题, 写出假设检验的步骤. 取 $\alpha = 0.05$.

5. 为校正试用的普通天平, 把在该天平上称量为 100 g 的 9 个试样, 在计量标准天平上进行称量, 测得如下结果:

$$99.3 \quad 98.7 \quad 100.5 \quad 101.2 \quad 98.3 \quad 99.7 \quad 99.5 \quad 102.1 \quad 100.5$$

假设在天平上称量的结果服从正态分布, 问普通天平的称量结果与标准天平有无显著差异 $(\alpha = 0.05)$?

6. 用一台自动包装机进行包装葡萄糖的作业, 额定标准每袋净含量 0.5 kg, 假定在正常情况下, 袋装糖净含量服从正态分布 $N(\mu, 0.015^2)$. 现抽取容量为 n 的样本 $x_1, x_2, \cdots, x_n$, 其样本均值为 $\overline{x}$, 考虑假设检验问题

$$H_0 : \mu = 0.5, \qquad\qquad H_1 : \mu \neq 0.5.$$

确定的检验方法为: 当 $|\bar{x} - 0.5| > \dfrac{1}{240}$ 时, 拒绝 H_0; 当 $|\bar{x} - 0.5| \leqslant \dfrac{1}{240}$ 时, 接受 H_0.

(1) 当样本容量为 $n = 36$ 时, 求犯第一类错误的概率 α;

(2) 当样本容量为 $n = 49$ 时, 求犯第一类错误的概率 α;

(3) 当 H_0 不成立, 且 $\mu = 0.508$, 又 $n = 64$ 时, 按上述检验法, 求犯第二类错误的概率 β.

7. 为了比较某工科高校 2019 级和 2020 级两届学生高等数学课程的掌握情况, 分别从两届学生中随机抽取 9 名和 8 名学生统计其结业考试成绩如下 (单位: 分)

$$2019 级 \quad 81 \quad 60 \quad 50 \quad 71 \quad 82 \quad 93 \quad 71 \quad 68 \quad 72$$
$$2020 级 \quad 70 \quad 52 \quad 44 \quad 92 \quad 75 \quad 83 \quad 81 \quad 74$$

假定两届结业考试题目难度相同, 学生的考试成绩服从正态分布, 且两总体方差相同, 试在显著性水平 $\alpha = 0.05$ 下, 判断两届学生高等数学课程掌握情况是否有显著差异.

8. 用两种方法来测定马铃薯中淀粉的含量: 取 16 份马铃薯的块茎分别用两种方法测定每个块茎中淀粉的含量, 两种方法测定值的差记录如下:

$$0.2 \quad 0.0 \quad 0.0 \quad 0.1 \quad 0.2 \quad 0.2 \quad 0.3 \quad -0.3$$
$$0.1 \quad 0.2 \quad 0.3 \quad 0.0 \quad 0.1 \quad -0.1 \quad -0.2 \quad 0.1$$

假定两种方法测定值差服从正态分布, 问测定结果是否表明两种测定方法有显著差异?($\alpha = 0.05$).

9. 某厂生产的铜丝, 要求其折断力的方差不超过 $16 \ \mathrm{N}^2$, 今从某日生产的铜丝中随机抽取容量为 9 的样本, 测得其折断力如下 (单位:N)

$$289 \quad 286 \quad 285 \quad 286 \quad 284 \quad 285 \quad 286 \quad 298 \quad 292$$

设总体服从正态分布, 问该日生产铜丝的折断力的方差是否符合标准 ($\alpha = 0.05$)?

10. 在第 7 题中, 记两届学生的考试成绩总体为 X 与 Y, 则 $X \sim N(\mu_1, \sigma_1^2), Y \sim N(\mu_2, \sigma_2^2)$, 试根据第 7 题中给出的样本, 检验假设 (取 $\alpha = 0.1$)

$$H_0 : \sigma_1^2 = \sigma_2^2, \qquad\qquad H_1 : \sigma_1^2 \neq \sigma_2^2.$$

11. 某饲料添加剂厂从玉米中提取金霉素, 采用两种方法提炼, 现对同一种玉米用两种方法各做 10 次试验, 其得率 (单位: %) 分别为

第一种方法 18.1 12.4 16.2 14.3 17.4 18.4 16.0 15.5 16.7 17.3

第二种方法 19.1 21.0 17.3 19.1 20.0 19.1 19.1 17.3 20.2 22.1

假定已知两种方法的得率都服从正态分布, 且第一种方法的平均得率为 16, 第二种方法的平均得率为 19, 试问两种方法的得率的方差有无显著差异 ($\alpha = 0.01$)? 并在此基础上判定均值差别是否为 3($\alpha = 0.05$).

12. 机器包装食盐, 假设每袋盐净含量服从正态分布, 规定每袋标准净含量 500 g, 标准差不得超过 10 g, 某日开工后, 随机抽取 9 袋, 测得净含量如下 (单位:g)

$$447 \quad 507 \quad 510 \quad 475 \quad 515 \quad 484 \quad 488 \quad 524 \quad 491$$

假设检验 ($\alpha = 0.05$)

(1) $H_0 : \mu = 500, \qquad H_1 : \mu \neq 500$;

(2) $H_0 : \sigma \leqslant 10, \qquad H_1 : \sigma > 10$.

以判断这天包装机工作是否正常 (假定 (1),(2) 有一项拒绝 H_0, 即认为不正常).

13. 一药厂生产一种新的止痛片, 厂方希望验证服用新药片后至开始起作用的时间间隔较原有止痛片至少缩短一半, 因此厂方需检验假设

$$H_0 : \mu_1 = 2\mu_2, \qquad\qquad H_1 : \mu_1 > 2\mu_2.$$

其中 μ_1, μ_2 分别是服用原有止痛片和服用新止痛片后至起作用的时间间隔总体的均值. 设两总体均为正态且方差分别为已知值 σ_1^2, σ_2^2. 现分别在两总体中取一样本 $X_1, X_2, \cdots, X_{n_1}$ 和 $Y_1, Y_2, \cdots, Y_{n_2}$, 设两个样本独立, 试给出上述假设 H_0 的拒绝域, 取显著性水平为 α.

14. 一台自动机床加工某型号零件. 现分别从同一月份上旬和下旬的产品中随意各取若干件, 测定其直径得如下数据 (单位:mm)

　　　　上旬产品　20.5　19.8　19.7　20.4　20.1　20.0　19.0　19.9

　　　　下旬产品　19.7　20.8　20.5　19.8　19.4　20.6　19.2

假定刀具磨损是引起变化的唯一原因, 且上旬产品和下旬产品的直径都服从正态分布. 问:

(1) 上旬产品和下旬产品的稳定性是否相同?

(2) 在 (1) 的基础上, 检验上、下旬产品的精度有无显著差别? ($\alpha = 0.05$.)

15. 一位小学校长在报纸上看到一则报道: "某城市的初中学生平均每周看 8 h 电视." 她认为她所管理的学校的学生看电视的时间明显小于这个数字, 为此她对 100 个学生做了调查, 得知平均每周看电视的时间 $\bar{x} = 6.5$ h, 样本标准差为 $s = 2$ h, 问可否认为这位校长的说法是对的? (取 $\alpha = 0.05$.)

16. 设某批电子管的寿命服从指数分布, 取 50 个进行寿命试验, 得寿命的样本均值 $\bar{x} = 1350$ h, 问能否认为总体均值为 1200 h ($\alpha = 0.05$)?

17. 为了比较甲、乙两种同类药品中某种成分的含量, 取甲种药品 220 瓶, 测得该种成分的平均含量为 $\bar{x} = 2.46$ mg, 样本标准差为 $s_1 = 0.57$ mg, 取乙种药品 200 瓶, 测得该种成分的平均含量为 $\bar{y} = 2.55$ mg, 样本标准差为 $s_2 = 0.48$ mg, 设两样本相互独立, 问在显著性水平 0.05 下能否认为乙种药品比甲种药品含该成分的含量大?

18. 在一批灯泡中抽取 300 只做寿命试验, 其结果如下:

寿命 t/h	$t < 100$	$100 \leqslant t < 200$	$200 \leqslant t < 300$	$t \geqslant 300$
灯泡数	121	78	43	58

取 $\alpha = 0.05$. 试检验假设

　　H_0: 灯泡寿命服从指数分布,

即
$$f(x) = \begin{cases} 0.005\mathrm{e}^{-0.005t}, & t > 0, \\ 0, & t \leqslant 0. \end{cases}$$

19. 掷一枚硬币 200 次, 出现正面次数为 115 次, 出现反面次数为 85 次, 问在 $\alpha = 0.05$ 下, 可否认为硬币是均匀的?

20. 袋中装有 8 个球, 其中红球数未知, 从其中任取 3 个球, 记录红球的个数 X 后放回, 重复进行试验 112 次, 其结果如下:

X	0	1	2	3
次数	1	31	55	25

取 $\alpha = 0.05$, 检验假设 H_0: 红球的个数为 5, 即 H_0: X 服从超几何分布 $P(X = k) = \dfrac{\binom{5}{k}\binom{3}{3-k}}{\binom{8}{3}}$,

$k = 0, 1, 2, 3$.

21. 某电话交换台在 100 min 内记录了每分钟被呼唤的次数 X, 设 m 为出现该 X 值的次数, 结果如下:

X	0	1	2	3	4	5	6	7	8	9
m	0	7	12	18	17	20	13	6	3	4

问总体 X(电话交换台每分钟收到的呼唤次数) 服从泊松分布吗? ($\alpha = 0.05$.)

22. 一台自动包装机包装葡萄糖, 包得的袋装糖净含量 (单位: kg) 为一个随机变量. 为了确定其分布, 随机抽取 50 袋, 称得净含量为

0.497	0.506	0.508	0.514	0.498	0.504	0.520	0.505	0.502	0.525
0.512	0.488	0.510	0.511	0.494	0.496	0.480	0.482	0.486	0.498
0.490	0.490	0.506	0.497	0.512	0.504	0.506	0.502	0.486	0.497
0.512	0.500	0.514	0.498	0.496	0.487	0.526	0.500	0.515	0.488
0.530	0.492	0.502	0.522	0.520	0.484	0.516	0.502	0.493	0.486

试根据样本检验袋装糖净含量是否服从正态分布 ($\alpha = 0.05$).

提示: (先求出均值 μ 和方差 σ^2 的最大似然估计值, 把 X 可能取值集合按间隔 $\dfrac{0.530 - 0.480}{10} = 0.005$ 划分为 10 个区间, 即 $(-\infty, 0.482\,5)$, $[0.482\,5, 0.487\,5)$, $[0.487\,5, 0.492\,5)$, $[0.492\,5, 0.497\,5)$, $[0.497\,5, 0.502\,5)$, $[0.502\,5, 0.507\,5)$, $[0.507\,5, 0.512\,5)$, $[0.512\,5, 0.517\,5)$, $[0.517\,5, 0.522\,5)$, $[0.522\,5, +\infty)$. 然后计算落入各区间的实际频数 m_i 和按正态分布 $N(\hat{\mu}, \hat{\sigma}^2)$ 计算各区间的理论频数 $n\hat{p}_i$, 并适当合并区间使 $n\hat{p}_i \geqslant 5$, 最后计算 $\chi^2 = \sum\limits_{i=1}^{r} \dfrac{(m_i - n\hat{p}_i)^2}{n\hat{p}_i}$ 的值, 和 $\chi^2_{0.05}(r-2-1)$ 比较并做出判断).

自 测 题 八

一、填空题

1. 设 $X_1, X_2, \cdots, X_n$ 来自总体 $N(\mu, 1.44)$ 的简单随机样本, 其中 μ 为未知参数, 则检验假设 $H_0: \mu = 10$ 的统计量为_____.

2. 设样本 $X_1, X_2, \cdots, X_{25}$ 来自总体 $N(\mu, 9)$, 其中 μ 为未知参数, 对检验问题 $H_0: \mu = \mu_0$, $H_1: \mu \neq \mu_0$, 取如下拒绝域: $W = \{|\overline{x} - \mu_0| \geqslant c\}$, 其中 $\overline{x}$ 为样本均值. 则 $c = $_____, 使检验的显著性水平为 0.05; $\mu = \mu_1$ 时犯第二类错误的概率为_____, 其中 $\mu_1 \neq \mu_0$.

二、选择题

1. 设总体 $X \sim N(\mu, \sigma^2)$, σ^2 未知, 则检验假设 $H_0: \mu = \mu_0$; $H_1: \mu \neq \mu_1$ 的统计量为 (   ).

(A) $U = \dfrac{\overline{X} - \mu}{\frac{\sigma}{\sqrt{n}}}$

(B) $U = \dfrac{\overline{X} - \mu_0}{\frac{\sigma}{\sqrt{n}}}$

(C) $T = \dfrac{\overline{X} - \mu_0}{\frac{S}{\sqrt{n}}}$

(D) $T = \dfrac{\overline{X} - \mu_0}{\frac{S}{\sqrt{n-1}}}$

2. 设总体 $X \sim N(\mu, \sigma^2)$, 其中 μ, σ^2 均未知, 选取样本容量为 n 的简单随机样本, $\overline{X}$ 为样本均值, S^2 为样本方差, 则假设 $H_0: \sigma^2 = \sigma_0^2$, $H_1: \sigma^2 \neq \sigma_0^2$ 所使用的检验统计量为 (   ).

(A) $\dfrac{\overline{X} - \mu}{\frac{\sigma_0}{\sqrt{n}}}$

(B) $\dfrac{\overline{X} - \mu}{\frac{S}{\sqrt{n}}}$

(C) $\dfrac{(n-1)S^2}{\sigma_0^2}$

(D) $\dfrac{nS^2}{\sigma_0^2}$

三、计算题

1. 设某食品厂生产的某种罐头, 根据以往的经验, 当生产正常时, 该罐头 VC 含量 X (单位: mg) 服从正态分布 $N(50, 3.8^2)$. 某天开工一段时间后, 为检验生产是否正常, 随机地抽取了 50 只罐头, 测得 $\overline{x} = 51.26$, 假定方差没有明显变化. 试分别在 $\alpha_1 = 0.05, \alpha_2 = 0.01$ 下, 检验该日生产是否正常.

2. 某车间生产的某种规定钢筋的强度近似服从正态分布, 随机抽取 10 根检验其强度, 得到以下数据:

$$578 \quad 572 \quad 570 \quad 568 \quad 572 \quad 570 \quad 572 \quad 569 \quad 584 \quad 570$$

问: 可否认为该车间生产钢筋强度的方差为 64(显著性水平为 $\alpha = 0.05$)?

3. 为判断两种工艺方法对产品的某性能指标的影响有无显著差异, 将 9 批材料用两种工艺方法进行生产, 得到该指标的 9 对数据见下表. 问: 根据数据, 能否说明在两种不同工艺方法下产品的该性能指标有显著性变化 ($\alpha = 0.05$)?

x_i	0.20	0.30	0.40	0.50	0.60	0.70	0.80	0.90	1.00
y_i	0.10	0.21	0.52	0.32	0.78	0.59	0.68	0.77	0.89

4. 测得两批电子器材样品的电阻 (单位: Ω) 为

						单位: Ω
A 批 (x)	0.140	0.138	0.143	0.142	0.144	0.137
B 批 (y)	0.135	0.140	0.142	0.136	0.138	0.140

设这两批器材的电阻值总体分别服从 $N(\mu_1, \sigma_1^2)$, $N(\mu_2, \sigma_2^2)$, 且相互独立 ($\alpha = 0.05$). 问:

(1) 两批电子器材电阻值总体的方差是否相等?

(2) 两批电子器材电阻值总体的均值是否相等?

5. 某厂生产的涤纶的纤度 $X \sim N(\mu, \sigma^2)$, 其中 σ^2 未知. 正常生产时有 $\mu \geqslant 1.4$, 现从某天生产的涤纶中随机抽取 5 根, 测得其纤度为 1.32, 1.24, 1.25, 1.14, 1.26. 在 $\alpha = 0.05$ 的显著性水平下, 试检验假设:

$$H_0: \mu \geqslant 1.4, \qquad H_1: \mu < 1.4.$$

习题参考答案或提示八

第九章　方差分析和回归分析

§9.1　方差分析

在假设检验中研究了比较两个总体均值差异是否显著的问题. 在生产实践和科学试验中, 常常需要处理比较多个正态总体均值差异是否显著的问题. 方差分析就是解决这类问题的一种有效方法, 在实际中有广泛的应用.

考虑随机试验中一个或几个条件对随机变量 X 的影响. 如化工生产中, 影响化工产品质量指标的因素有很多: 配方、催化剂、反应温度、压力、设备 (图 9.1) 等. 在这些因素中, 有的影响较大, 有的较小, 为了稳定、优质、高效地生产, 就必须找出对产品有显著影响的因素. 方差分析就是要找出对试验结果有显著影响的因素、鉴别各因素效应的一种有效的统计方法.

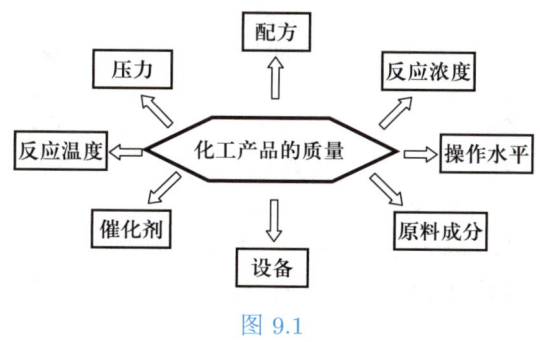

图 9.1

通常把生产实践与科学实验要考察的对象称为试验指标, 如产品的质量、农作物的产量和个人收入等. 影响试验指标的条件或试验中变化的因素称为因子, 用 $A, B, C, \cdots$ 表示. 为了考察因子对试验的影响, 一般把它控制在几个不同的状态或等级上, 称因子的每个状态为它的一个水平, 用 $A_1, A_2, \cdots$ 表示. 如果一项试验中只有一个因子在变化 (其他试验条件可以控制不变), 该试验称为**单因子试验**, 多于一个因子变化的试验称为**多因子试验**. 本书只讨论单因子试验和两因子试验的方差分析.

【导引: 山楂的酶法液化工艺条件确定】为提高山楂原料的利用率, 进行酶法液化工艺制造山楂原汁试验. 试验指标选定为山楂的液化率, 用液化率 = [(果肉质量−液化后残渣质量)/果肉质量]×100%, 来评价液化工艺条件的好坏. 液化率越高, 山楂原料利用率就越高. 影响山楂液化率的因素很多, 如山楂品种、果肉加水量、加酶量、酶解温度、酶解时间等. 经全面考虑, 最后确定加酶量为本试验的试验因素, 即在相同的山楂品种、果肉加水量、酶解温度、酶解时间下, 进行 3 种不同的加酶量 A(mL/100g) 试验: A_1(1.5mL/100g) 重复试验 5 次, A_2(4.5mL/100g) 重复试验 6 次, A_3(7.5mL/100g) 重复试验 5 次, 记录试验指标如表 9.1, 试分析:

1. 不同的加酶量对山楂液化率是否存在显著差异?

2. 该法的最佳加酶量是哪一种?

表 9.1　山楂液化试验的液化率　　　　　　　　单位: %

加酶量 A	观测值					
A_1	13	9	15	12	10	
A_2	25	27	26	24	36	30
A_3	23	18	19	31	22	

该试验的试验指标 X 为山楂液化率, 因子 A 是加酶量, 在 3 个水平 A_1, A_2, A_3 下进行试验. 试验的目的是考察因子 A(加酶量) 对试验指标 X 是否有显著的影响. 令 μ_i 表示水平 A_i 下试验指标 X_i 的均值, $i = 1, 2, 3$. 为此提出假设: $H_0 : \mu_1 = \mu_2 = \mu_3$.

引例 9.1 (油菜品种选择问题)　为了寻求适应某地区的高产油菜品种, 现选了 5 个不同品种进行试验, 每个品种在 4 块条件完全相同的试验田试种, 获得数据如表 9.2 所示:

表 9.2　油菜亩产量　　　　　　　　单位: kg

品种 A	观测值			
A_1	256	222	280	298
A_2	244	300	290	275
A_3	250	277	230	322
A_4	288	280	315	259
A_5	206	212	220	212

试验指标 X 为亩产量, 因子 A 是品种, 在 5 个水平 A_1, A_2, A_3, A_4, A_5 下进行试验. 试验的目的是为了考察因子 A(品种) 对试验指标 X(亩产量) 是否有显著的影响. 为此提出假设: $H_0 : \mu_1 = \mu_2 = \mu_3 = \mu_4 = \mu_5$.

引例 9.2 (提高化合反应中的收率问题)　进行某化学合成反应时, 为了解催化剂和温度对收率是否有影响, 分别选用 3 个不同温度、2 种不同的催化剂独立地进行试验, 试验数据如表 9.3 所示:

表 9.3　化学反应的收率　　　　　　　　单位: %

B	A		
	A_1	A_2	A_3
B_1	61,63,62	64,65	66,68,71,74
B_2	66,72	71,83	61,62,63,57

试验指标 X 为化合物的得率; 因子 A 是温度, 有 3 个水平 $A_1 = 10^\circ\text{C}$, $A_2 = 20^\circ\text{C}$, $A_3 = 30^\circ\text{C}$; 因子 B 是催化剂, 有 2 个水平 B_1, B_2. 试验中考虑了两个因子 A, B. 试验的目的是考察因子 A(温度), 因子 B(催化剂) 及其交互作用对试验指标 X(收率) 是否有显著的影响. 为此提出假设:

$$H_{01} : \mu_{1\cdot} = \mu_{2\cdot} = \mu_{3\cdot},$$

$$H_{02}: \mu_{\cdot 1} = \mu_{\cdot 2},$$

$$H_{03}: \mu_{11} = \mu_{12} = \mu_{21} = \mu_{22} = \mu_{31} = \mu_{32}.$$

导引与引例 9.1 试验只考虑了一个因子, 为单因子试验, 引例 9.2 为双因子试验. 解决提出假设检验问题的方法称为方差分析.

9.1.1 单因子方差分析

设试验 E 中, 因子 A 有 r 个水平 $A_1, A_2, \cdots, A_r$, 在水平 A_i 下进行试验, 试验指标 $Y_i \sim N(\mu_i, \sigma^2)$, $i = 1, 2, \cdots, r$, 且 $Y_1, Y_2, \cdots, Y_r$ 相互独立, 在每一水平 A_i 下做 t 次试验, 得到观测值如表 9.4 所示.

表 9.4 单因子方差分析数据表

A	试验序号			
	1	2	$\cdots$	t
A_1	y_{11}	y_{12}	$\cdots$	y_{1t}
A_2	y_{21}	y_{22}	$\cdots$	y_{2t}
$\vdots$	$\vdots$	$\vdots$		$\vdots$
A_r	y_{r1}	y_{r2}	$\cdots$	y_{rt}

1. 单因子方差分析模型

$$
\begin{cases}
y_{ij} = \mu_i + \varepsilon_{ij}, \\
\varepsilon_{ij} \sim N(0, \sigma^2), \varepsilon_{ij}\text{相互独立}, \\
\mu_i, \sigma^2 \text{均未知}, \\
i = 1, 2, \cdots, r; j = 1, 2, \cdots, t.
\end{cases}
\tag{9.1}
$$

检验假设

$$H_0: \mu_1 = \mu_2 = \cdots = \mu_r, \quad H_1: \mu_1, \mu_2, \cdots, \mu_r\text{不全相等}.$$

由于 $y_{ij} \sim N(\mu_i, \sigma^2)$, 所以 $\varepsilon_{ij} = y_{ij} - \mu_i \sim N(0, \sigma^2)$. 记 $\mu = \dfrac{1}{r}\sum\limits_{i=1}^{r}\mu_i$, 称为因子 A 的一般水平. $\alpha_i = \mu_i - \mu$ 为第 i 个水平 A_i 的效应, $i = 1, 2, \cdots, r$, 满足 $\sum\limits_{i=1}^{r}\alpha_i = 0$. 模型转化为

$$
\begin{cases}
y_{ij} = \mu + \alpha_i + \varepsilon_{ij}, \\
\varepsilon_{ij} \sim N(0, \sigma^2), \varepsilon_{ij}\text{相互独立}, \\
\mu_i, \sigma^2\text{均未知}, i = 1, 2, \cdots, r; j = 1, 2, \cdots, t, \\
\sum\limits_{i=1}^{r}\alpha_i = 0.
\end{cases}
\tag{9.2}
$$

检验假设

$$H_0: \alpha_1 = \alpha_2 = \cdots = \alpha_r = 0, \quad H_1: \alpha_1, \alpha_2, \cdots, \alpha_r\text{不全为零}.$$

2. 离差平方和分解导出检验统计量

记 $n = rt$, 以及

$$\bar{y} = \frac{1}{n}\sum_{i=1}^{r}\sum_{j=1}^{t}y_{ij}, \quad S_T = \sum_{i=1}^{r}\sum_{j=1}^{t}(y_{ij} - \bar{y})^2, \quad \bar{y}_{i\cdot} = \frac{1}{t}\sum_{j=1}^{t}y_{ij}$$

分别表示样本总平均, 总离差平方和及水平 A_i 下的均值.

$$
\begin{aligned}
S_T &= \sum_{i=1}^{r}\sum_{j=1}^{t}(y_{ij} - \bar{y})^2 \\
&= \sum_{i=1}^{r}\sum_{j=1}^{t}[(y_{ij} - \bar{y}_{i\cdot}) + (\bar{y}_{i\cdot} - \bar{y})]^2 \\
&= \sum_{i=1}^{r}\sum_{j=1}^{t}(y_{ij} - \bar{y}_{i\cdot})^2 + 2\sum_{i=1}^{r}\sum_{j=1}^{t}(y_{ij} - \bar{y}_{i\cdot})(\bar{y}_{i\cdot} - \bar{y}) + \sum_{i=1}^{r}t(\bar{y}_{i\cdot} - \bar{y})^2.
\end{aligned}
$$

注意到 $\sum_{i=1}^{r}\sum_{j=1}^{t}(y_{ij} - \bar{y}_{i\cdot})(\bar{y}_{i\cdot} - \bar{y}) = \sum_{i=1}^{r}(\bar{y}_{i\cdot} - \bar{y})\sum_{j=1}^{t}(y_{ij} - \bar{y}_{i\cdot}) = 0$, 于是有

$$S_T = S_e + S_A, \tag{9.3}$$

其中 $S_e = \sum_{i=1}^{r}\sum_{j=1}^{t}(y_{ij} - \bar{y}_{i\cdot})^2$, $S_A = \sum_{i=1}^{r}t(\bar{y}_{i\cdot} - \bar{y})^2$.

由单因子方差分析模型 (9.2), 有

$$S_T = \sum_{i=1}^{r}\sum_{j=1}^{t}(\alpha_i + \varepsilon_{ij} - \bar{\varepsilon})^2 \text{ 称为 \textbf{离差平方和}}.$$

$$S_e = \sum_{i=1}^{r}\sum_{j=1}^{t}(\varepsilon_{ij} - \bar{\varepsilon}_{i\cdot})^2 \text{ 由随机误差引起, 称为 \textbf{误差平方和}}.$$

$$S_A = \sum_{i=1}^{r}t(\alpha_i + \bar{\varepsilon}_{i\cdot} - \bar{\varepsilon})^2 \text{ 主要由因子 } A \text{ 各水平差异引起, 称为 \textbf{效应平方和}}.$$

注　$\bar{\varepsilon}_{i\cdot} = \frac{1}{t}\sum_{j=1}^{t}\varepsilon_{ij}$ 是 A_i 下 t 次观测的平均随机误差: $\bar{\varepsilon} = \frac{1}{rt}\sum_{i=1}^{r}\sum_{j=1}^{t}\varepsilon_{ij}$ 是各水平下所有观测的平均随机误差.

为了构造检验统计量, 先求各平方和的分布及数学期望.

由于 $\varepsilon_{ij} \sim N(0, \sigma^2)$, ε_{ij} 相互独立, 根据定理 6.3 有 $\dfrac{\sum_{j=1}^{t}(\varepsilon_{ij} - \bar{\varepsilon}_{i\cdot})^2}{\sigma^2} \sim \chi^2(t-1)$, $i = 1, 2, \cdots, r$, 再由 χ^2 分布的可加性,

$$S_e/\sigma^2 = \frac{1}{\sigma^2}\sum_{i=1}^{r}\sum_{j=1}^{t}(\varepsilon_{ij} - \bar{\varepsilon}_{i\cdot})^2 \sim \chi^2(n-r).$$

进而 $E(S_e/\sigma^2) = (n-r)$. 我们得到 $S_e/(n-r)$ 是 σ^2 的无偏估计量.

$$E(S_A) = tE\left\{\sum_{i=1}^{r}[\alpha_i^2 + 2\alpha_i(\bar{\varepsilon}_{i\cdot} - \bar{\varepsilon}) + (\bar{\varepsilon}_{i\cdot} - \bar{\varepsilon})^2]\right\}$$

$$= t\sum_{i=1}^{r}\alpha_i^2 + tE\left(\sum_{i=1}^{r}\bar{\varepsilon}_{i\cdot}^2 - r\bar{\varepsilon}^2\right)$$

$$= t\sum_{i=1}^{r}\alpha_i^2 + (r-1)\sigma^2.$$

当 H_0 为真时, $S_A = \sum_{i=1}^{r} t(\bar{\varepsilon}_{i\cdot} - \bar{\varepsilon})^2$, 此时由于 $\bar{\varepsilon}_{1\cdot}, \bar{\varepsilon}_{2\cdot}, \cdots, \bar{\varepsilon}_{r\cdot}$ 相互独立同服从 $N(0, \sigma^2/t)$, 且

$$\bar{\varepsilon} = \frac{1}{r}\sum_{i=1}^{r}\bar{\varepsilon}_{i\cdot}$$

再根据定理 6.3 有

$$\frac{\sum\limits_{i=1}^{r}(\bar{\varepsilon}_{i\cdot} - \bar{\varepsilon})^2}{\sigma^2/t} \sim \chi^2(r-1),$$

即 $S_A/\sigma^2 \sim \chi^2(r-1)$, 进而 $S_A/(r-1)$ 是 σ^2 的无偏估计量.

选择检验统计量

$$F = \frac{S_A/(r-1)}{S_e/(n-r)}.$$

直观上, 当 H_0 为真时, F 不应过分大, 如果 F 过分大, 就应该拒绝 H_0. 拒绝域的形式为 $F > k$, 确定 k 必须知道当 H_0 为真时 F 的精确分布, 这需要用到较多的知识, 这里我们直接给出:

当 H_0 为真时,

$$F = \frac{S_A/(r-1)}{S_e/(n-r)} \sim F(r-1, n-r),$$

进而得到上述假设检验问题的拒绝域 $W = \{$样本值 $: F > F_\alpha(r-1, n-r)\}$.

在具体计算时,

$$S_T = \sum_{i=1}^{r}\sum_{j=1}^{t}y_{ij}^2 - n\bar{y}^2,$$

$$S_A = t\sum_{i=1}^{r}\bar{y}_{i\cdot}^2 - n\bar{y}^2,$$

$$S_e = S_T - S_A.$$

为了直观, 作单因子方差分析时, 经常列成表格, 见表 9.5.

表 9.5 单因子方差分析表

来源	平方和	自由度	均方和	F 比
因子 A	S_A	$r-1$	$\dfrac{S_A}{r-1}$	$F=\dfrac{S_A/(r-1)}{S_e/(n-r)}$
误差 e	S_e	$n-r$	$\dfrac{S_e}{n-r}$	
总和	S_T	$n-1$		

例 9.1 某种型号化油器的原喉管结构油耗较大, 为节省能源, 设想了两种改进方案以降低油耗指标——比油耗, 现对用三种结构的喉管制造的化油器分别测得下表数据

水平 A	指标							
	比油耗							
A_1: 原结构	230.1	232.8	227.6	228.3	224.7	225.5	229.3	230.3
A_2: 改进方案 I	222.8	224.5	218.9	220.2	223.6	225.3	217.9	224.1
A_3: 改进方案 II	224.1	226.1	221.4	223.5	222.6	227.1	219.9	225.8

在显著性水平 $\alpha=0.01$ 条件下进行方差分析, 判断喉管的结构对比油耗的影响是否显著.

解 本例中 $r=3, t=8, n=24$, 离差平方和

$$S_T=\sum_{i=1}^{3}\sum_{j=1}^{8}y_{ij}^2-n\bar{y}^2=323.54, \quad S_A=8\sum_{i=1}^{3}\bar{y}_{i\cdot}^2-n\bar{y}^2=177.3975,$$

$S_e=S_T-S_A=146.1425$. 对 $\alpha=0.01$, 查 F 分布表得 $F_{0.01}(2,21)=5.78$, 由于检验统计量 $F=\dfrac{S_A/(r-1)}{S_e/(n-r)}=12.7456>5.78$, 认为喉管的结构显著影响比油耗.

说明: 如果每一水平下的试验不是等重复的, 在 A_i 下观测了 $t_i, i=1,2,\cdots,r$. 计算时 $n=t_1+t_2+\cdots+t_r$.

$$S_T=\sum_{i=1}^{r}\sum_{j=1}^{t_i}y_{ij}^2-n\bar{y}^2,$$

$$S_A=\sum_{i=1}^{r}t_i\bar{y}_{i\cdot}^2-n\bar{y}^2,$$

$$S_e=S_T-S_A.$$

9.1.2 双因子方差分析

试验 E 中, 考虑两个因子 A, B 对试验指标的影响. 因子 A 有 r 个水平: $A_1, A_2, \cdots,$ A_r; 因子 B 有 s 个水平: $B_1, B_2, \cdots, B_s$. 在每一组合 (A_i, B_j) 下做 t 次重复试验得到观测值 (表 9.6):

表 9.6 双因子方差分析数据表

因子 A	因子 B			
	B_1	B_2	$\cdots$	B_s
A_1	$y_{111}, \cdots, y_{11t}$	$y_{121}, \cdots, y_{12t}$	$\cdots$	$y_{1s1}, \cdots, y_{1st}$
A_2	$y_{211}, \cdots, y_{21t}$	$y_{221}, \cdots, y_{22t}$	$\cdots$	$y_{2s1}, \cdots, y_{2st}$
$\vdots$	$\vdots$	$\vdots$		$\vdots$
A_r	$y_{r11}, \cdots, y_{r1t}$	$y_{r21}, \cdots, y_{r2t}$	$\cdots$	$y_{rs1}, \cdots, y_{rst}$

双因子方差分析模型

$$\begin{cases} y_{ijk} \sim N(\mu_{ij}, \sigma^2), \\ \mu_{ij}, \sigma^2 未知, \\ i = 1, 2, \cdots, r; j = 1, 2, \cdots, s; k = 1, 2, \cdots, t. \end{cases} \tag{9.4}$$

记号:

$\mu = \dfrac{1}{rs} \sum\limits_{i=1}^{r} \sum\limits_{j=1}^{s} \mu_{ij}$ 为一般水平 ($r \times s$ 个总体均值);

$\mu_{i\cdot} = \dfrac{1}{s} \sum\limits_{j=1}^{s} \mu_{ij}, i = 1, 2, \cdots, r$ 为水平 A_i 的一般水平;

$\mu_{\cdot j} = \dfrac{1}{r} \sum\limits_{i=1}^{r} \mu_{ij}, j = 1, 2, \cdots, s$ 为水平 B_j 的一般水平;

$\alpha_i = \mu_{i\cdot} - \mu$ 为水平 A_i 的效应, $i = 1, 2, \cdots, r$;

$\beta_j = \mu_{\cdot j} - \mu$ 为水平 B_j 的效应, $j = 1, 2, \cdots, s$.

1. 无重复双因子试验方差分析模型

若 $\mu_{ij} = \mu + \alpha_i + \beta_j$(无交互效应), 在每一组合 (A_i, B_j) 下只做一次试验, 得到无重复双因子方差分析模型:

$$\begin{cases} y_{ij} = \mu + \alpha_i + \beta_j + \varepsilon_{ij}, \\ \varepsilon_{ij} \sim N(0, \sigma^2)相互独立, \\ \mu_{ij}, \sigma^2 未知, \\ i = 1, 2, \cdots, r; j = 1, 2, \cdots, s, \\ \sum\limits_{i=1}^{r} \alpha_i = 0; \sum\limits_{j=1}^{s} \beta_j = 0. \end{cases} \tag{9.5}$$

检验假设

$$H_{01} : \alpha_1 = \alpha_2 = \cdots = \alpha_r = 0, H_{11} : \alpha_1, \alpha_2, \cdots, \alpha_r \text{ 不全为零},$$

$$H_{02} : \beta_1 = \beta_2 = \cdots = \beta_s = 0, H_{12} : \beta_1, \beta_2, \cdots, \beta_s \text{ 不全为零}.$$

若拒绝 H_{01}, 则因素 A 对试验指标有显著影响; 若拒绝 H_{02}, 则因素 B 对试验指标有显著影响.

为了构造检验统计量, 同单因子方差分析一样做离差平方和分解:

$$S_T = \sum_{i=1}^{r} \sum_{j=1}^{s} (y_{ij} - \bar{y})^2 = \sum_{i=1}^{r} \sum_{j=1}^{s} [(y_{ij} - \bar{y}_{i\cdot} - \bar{y}_{\cdot j} + \bar{y}) + (\bar{y}_{i\cdot} - \bar{y}) + (\bar{y}_{\cdot j} - \bar{y})]^2,$$

其中, $\bar{y}_{i\cdot} = \dfrac{1}{t} \sum_{j=1}^{s} y_{ij}, \quad \bar{y}_{\cdot j} = \dfrac{1}{r} \sum_{i=1}^{r} y_{ij}, \quad \bar{y} = \dfrac{1}{rs} \sum_{i=1}^{r} \sum_{j=1}^{s} y_{ij}.$

容易验证上面离差平方和分解中交叉项的求和均等于 0.

$$S_T = \sum_{i=1}^{r} \sum_{j=1}^{s} (y_{ij} - \bar{y}_{i\cdot} - \bar{y}_{\cdot j} + \bar{y})^2 + s \sum_{i=1}^{r} (\bar{y}_{i\cdot} - \bar{y})^2 + r \sum_{j=1}^{s} (\bar{y}_{\cdot j} - \bar{y})^2 = S_e + S_A + S_B,$$

其中,

$$S_e = \sum_{i=1}^{r} \sum_{j=1}^{s} (y_{ij} - \bar{y}_{i\cdot} - \bar{y}_{\cdot j} + \bar{y})^2 \text{由随机误差引起, 称为误差平方和.}$$

$$S_A = \sum_{i=1}^{r} s(\bar{y}_{i\cdot} - \bar{y})^2 \text{由因子 } A \text{ 各水平差异引起, 称为因子 } A \text{ 的效应平方和.}$$

$$S_B = \sum_{j=1}^{s} r(\bar{y}_{\cdot j} - \bar{y})^2 \text{由因子 } B \text{ 各水平差异引起, 称为因子 } B \text{ 的效应平方和,}$$

类似于单因子方差分析, 我们可以得到如下结果, 如表 9.7 所示:

$S_e/(r-1)(s-1)$ 是 σ^2 的无偏估计量;

当 H_{01} 为真时, $S_A/(r-1)$ 是 σ^2 的无偏估计量;

当 H_{02} 为真时, $S_B/(s-1)$ 是 σ^2 的无偏估计量.

检验统计量

$$F_A = \frac{S_A/(r-1)}{S_e/(r-1)(s-1)},$$

H_{01} 为真时, $F_A \sim F\big(r-1, (r-1)(s-1)\big)$, 所以假设 H_{01} 的拒绝域

$$W_A = \{\text{样本值} : F_A > F_\alpha\big(r-1, (r-1)(s-1)\big)\};$$

表 9.7   无重复双因子方差分析表

来源	平方和	自由度	均方和	F 比
因子 A	$S_A = \sum_{i=1}^{r} s\bar{y}_{i\cdot}^2 - rs\bar{y}^2$	$r-1$	$\dfrac{S_A}{r-1}$	$F_A = \dfrac{S_A/(r-1)}{S_e/(r-1)(s-1)}$
因子 B	$S_B = \sum_{j=1}^{s} r\bar{y}_{\cdot j}^2 - rs\bar{y}^2$	$s-1$	$\dfrac{S_B}{s-1}$	$F_B = \dfrac{S_B/(s-1)}{S_e/(r-1)(s-1)}$
误差 e	$S_e = S_T - S_A - S_B$	$(r-1)(s-1)$	$\dfrac{S_e}{(r-1)(s-1)}$	
总和	$S_T = \sum_{i=1}^{r} \sum_{j=1}^{s} y_{ij}^2 - rs\bar{y}^2$	$rs-1$		

检验统计量

$$F_B = \frac{S_B/(s-1)}{S_e/(r-1)(s-1)},$$

H_{02} 为真时, $F_B \sim F\big(s-1,(r-1)(s-1)\big)$, 所以假设 H_{02} 的拒绝域

$$W_B = \{样本值 : F_B > F_\alpha\big(s-1,(r-1)(s-1)\big)\}.$$

例 9.2 为了提高某种合金钢的强度, 需要同时考察碳 (C) 以及钛 (Ti) 的含量对强度的影响, 以便选取合理的成分组合使得强度达到最大. 在试验中分别取因素 A (碳的含量) 3 个水平, 因素 B (钛的含量)4 个水平, 在组合 (A_i, B_j), $i=1,2,3; j=1,2,3,4)$ 下各炼一炉钢. 测得强度数据为

单位: kg/mm

水平 A	水平 B			
	B_1	B_2	B_3	B_4
A_1	63.1	63.9	65.6	66.8
A_2	65.1	66.4	67.8	69.0
A_3	67.2	71.2	71.9	73.5

试问: 碳与钛的含量对合金钢的强度是否有显著影响 $(\alpha = 0.01)$?

解 $r=3$, $s=4$, $rs=12$, 经计算

$$S_T = 114.682\,5, S_A = 76.235, S_B = 34.975\,8, S_e = 3.472,$$

$$F_A = \frac{S_A/(r-1)}{S_e/(r-1)(s-1)} = 65.87 > F_{0.01}(2,6) = 10.92,$$

$$F_B = \frac{S_B/(s-1)}{S_e/(r-1)(s-1)} = 20.15 > F_{0.01}(3,6) = 9.78.$$

因而碳与钛的含量对合金钢的强度均有显著影响.

2. 有重复双因子试验方差分析模型

若 $\mu_{ij} \neq \mu + \alpha_i + \beta_j$, 称 $\gamma_{ij} = \mu_{ij} - \mu - \alpha_i - \beta_j$ 为 A_i 与 B_j 的交互效应, 满足 $\sum_{i=1}^{r} \gamma_{ij} = 0; \sum_{j=1}^{s} \gamma_{ij} = 0$.

在每一组合 (A_i, B_j) 下做 t 次试验, 得到有重复双因子方差分析模型:

$$\begin{cases} y_{ijk} = \mu + \alpha_i + \beta_j + \gamma_{ij} + \varepsilon_{ijk}, \\ \varepsilon_{ijk} \sim N(0,\sigma^2), 相互独立, \\ \mu_{ij}, \sigma^2 未知, \\ \sum_{i=1}^{r} \alpha_i = 0; \sum_{j=1}^{s} \beta_j = 0; \sum_{i=1}^{r} \gamma_{ij} = 0; \sum_{j=1}^{s} \gamma_{ij} = 0, \\ i = 1,2,\cdots,r; j=1,2,\cdots,s; k=1,2,\cdots,t; t \geqslant 2. \end{cases} \tag{9.6}$$

需要检验假设:

$$H_{01} : \alpha_1 = \alpha_2 = \cdots = \alpha_r = 0,$$

$$H_{02} : \beta_1 = \beta_2 = \cdots = \beta_s = 0,$$

$$H_{03} : \gamma_{11} = \gamma_{12} = \cdots = \gamma_{1s} = \cdots = \gamma_{r1} = \gamma_{r2} = \cdots = \gamma_{rs} = 0.$$

若拒绝 H_{01}, 则因子 A 对试验指标有显著影响; 若拒绝 H_{02}, 则因子 B 对试验指标有显著影响. 若拒绝 H_{03}, 则因子 A 与 B 的交互作用对试验指标有显著影响. 离差平方和分解以及假设检验拒绝域的导出类似于单因子方差分析, 这里不再赘述, 只给出结论.

离差平方和分解

$$S_T = \sum_{i=1}^{r} \sum_{j=1}^{s} \sum_{k=1}^{t} (y_{ijk} - \bar{y})^2 = S_e + S_A + S_B + S_{A \times B},$$

其中

$$S_e = \sum_{i=1}^{r} \sum_{j=1}^{s} \sum_{k=1}^{t} (y_{ijk} - \bar{y}_{ij\cdot})^2 \text{由随机误差引起, 称为误差平方和};$$

$$S_A = \sum_{i=1}^{r} st(\bar{y}_{i\cdot\cdot} - \bar{y})^2 \text{由因子 } A \text{ 各水平差异引起, 称为因子 } A \text{ 的效应平方和};$$

$$S_B = \sum_{j=1}^{s} rt(\bar{y}_{\cdot j\cdot} - \bar{y})^2 \text{由因子 } B \text{ 各水平差异引起, 称为因子 } B \text{ 的效应平方和};$$

$$S_{A \times B} = \sum_{i=1}^{r} \sum_{j=1}^{s} t(\bar{y}_{ij\cdot} - \bar{y}_{i\cdot\cdot} - \bar{y}_{\cdot j\cdot} + \bar{y})^2 \text{由因子 } A \text{ 与 } B \text{ 的交互作用引起, 称为交互}$$

效应平方和.

其中 $\bar{y}_{ij\cdot} = \dfrac{1}{t} \sum\limits_{k=1}^{t} y_{ijk}, \quad \bar{y}_{i\cdot\cdot} = \dfrac{1}{st} \sum\limits_{j=1}^{s} \sum\limits_{k=1}^{t} y_{ijk}, \quad \bar{y}_{\cdot j\cdot} = \dfrac{1}{rt} \sum\limits_{i=1}^{r} \sum\limits_{k=1}^{t} y_{ijk}, \quad \bar{y} = \dfrac{1}{rst} \sum\limits_{i=1}^{r} \sum\limits_{j=1}^{s} \sum\limits_{k=1}^{t} y_{ijk}.$

H_{01} 的检验统计量

$$F_A = \frac{S_A/(r-1)}{S_e/[rs(t-1)]}.$$

H_{01} 为真时, $F_A \sim F(r-1, rs(t-1))$. H_{01} 的拒绝域

$$W_A = \{\text{样本值} : F_A > F_\alpha(r-1, rs(t-1))\};$$

H_{02} 的检验统计量

$$F_B = \frac{S_B/(s-1)}{S_e/[rs(t-1)]}.$$

H_{02} 为真时, $F_B \sim F(s-1, rs(t-1))$. H_{02} 的拒绝域

$$W_B = \{\text{样本值} : F_B > F_\alpha(s-1, rs(t-1))\};$$

H_{03} 的检验统计量

$$F_{A\times B} = \frac{S_{A\times B}/[(r-1)(s-1)]}{S_e/[rs(t-1)]}.$$

H_{03} 为真时, $F_{A\times B} \sim F((r-1)(s-1), rs(t-1))$. H_{03} 的拒绝域

$$W_{A\times B} = \{样本值 : F_{A\times B} > F_\alpha((r-1)(s-1), rs(t-1))\}.$$

可得有重复两因子方差分析如表 9.8 所示.

表 9.8 有重复双因子方差分析表

来源	平方和 $(n = rst)$	自由度	均方和	F 比
因子 A	$S_A = st\sum\limits_{i=1}^{r}\bar{y}_{i..}^2 - n\bar{y}^2$	$r-1$	$\bar{S}_A = \dfrac{S_A}{r-1}$	$F_A = \dfrac{\bar{S}_A}{\bar{S}_e}$
因子 B	$S_B = rt\sum\limits_{j=1}^{s}\bar{y}_{.j.}^2 - n\bar{y}^2$	$s-1$	$\bar{S}_B = \dfrac{S_B}{s-1}$	$F_B = \dfrac{\bar{S}_B}{\bar{S}_e}$
因子 $A\times B$	$S_{A\times B} = t\sum\limits_{i=1}^{r}\sum\limits_{j=1}^{s}\bar{y}_{ij.}^2 - n\bar{y}^2 - S_A - S_B$	$(r-1)(s-1)$	$\bar{S}_{A\times B} = \dfrac{S_{A\times B}}{(r-1)(s-1)}$	$F_{A\times B} = \dfrac{\bar{S}_{A\times B}}{\bar{S}_e}$
误差 e	$S_e = S_T - S_A - S_B - S_{A\times B}$	$rs(t-1)$	$\bar{S}_e = \dfrac{S_e}{rs(t-1)}$	
总和	$S_T = \sum\limits_{i=1}^{r}\sum\limits_{j=1}^{s}\sum\limits_{k=1}^{t}y_{ijk}^2 - n\bar{y}^2$	$rst-1$		

例 9.3 考察合成纤维中对纤维弹性有影响的两个因子, 收缩率 A 和总拉伸倍数 B, A 和 B 各取 4 种水平, 每种组合水平重复试验两次, 得到下表数据. 问收缩率和总拉伸倍数以及这两者的交互作用对纤维弹性是否有显著的影响? 取显著性水平为 $\alpha = 0.05$.

水平 A	水平 B			
	B_1	B_2	B_3	B_4
A_1	71,73	72,73	75,73	77,75
A_2	73,75	76,74	78,77	74,74
A_3	76,73	79,77	74,75	74,73
A_4	75,73	73,72	70,71	69,69

解 $r = 4, s = 4, t = 2, n = rst = 32$. 经计算 $S_T = 180.219, S_A = 70.594, S_B = 8.594, S_{A\times B} = 79.531, S_e = 21.5$.

$$F_A = \frac{S_A/(r-1)}{S_e/[rs(t-1)]} = 17.51 > F_{0.05}(3,16) = 3.24,$$

$$F_B = \frac{S_B/(s-1)}{S_e/[rs(t-1)]} = 2.13 < F_{0.05}(3,16) = 3.24,$$

$$F_{A\times B} = \frac{S_{A\times B}/[(r-1)(s-1)]}{S_e/[rs(t-1)]} = 6.58 > F_{0.05}(9,16) = 2.54.$$

因而纤维收缩率对弹性有显著影响, 总拉伸倍数对弹性无显著影响, 而它们的相互作用对弹性有显著影响. 方差分析表如下表所示.

来源	平方和	自由度	均方和	F 比
因子 A	70.594	3	23.531	17.51
因子 B	8.594	3	2.865	2.13
因子 $A \times B$	79.531	9	8.837	6.58
误差 e	21.5	16	1.344	
总和	180.219	31		

§9.2　一元线性回归分析

回归分析是研究一个变量和其他若干变量之间相关关系的一种数学工具. 在自然界、工程技术和科学研究中, 人们常常遇到处于统一体中的多个变量之间存在某种相互依赖、相互制约的关系. 这种关系不是那种严格的函数关系, 而是一种非确定性的关系, 统计上称为相关关系. 比如, 气温、降雨量和农作物产量; 身高和体重; 人的年龄和血压的关系, 一般地, 年龄越大, 血压越高, 但同年龄的人血压又往往不同. 回归分析就是在试验观测数据的基础上, 寻求被随机性掩盖了的变量之间的关系. 理解上可以认为用确定的关系去近似替代复杂的相关关系. 这个确定的关系称为回归函数. 为了搞清楚变量之间的依赖关系, 可以用几个变量的取值有效地估计另一变量的取值或进行其他的统计分析. 这在实际中是很有用的: 如要估计一个地区某种农作物的单位面积产量, 可以根据该地往年降雨量、单位面积播种量、施肥量及单位面积产量作出回归函数, 然后对今年的单位面积产量做出估计.

"回归" 一词是高尔顿 (Galton) 于 1886 年提出的, 他在研究家族遗传规律时发现: 虽然高个子的父亲确有生高个子儿子的趋向, 但一群高个子父亲们的儿子们的平均身高却低于父亲们的平均身高; 反之亦然, 即一群矮个子父亲们的儿子们的平均身高高于父亲们的平均身高; 高尔顿认为身高向祖先平均变动, 称为回归. 今天回归一词已有很大的不同, 但概念却保持下来, 成为统计学最常见的概念之一.

9.2.1　一元线性回归模型

设随机变量 y 与变量 x 之间存在某种相关关系, 其中 x 是可以观测或控制的普通变量, 取定 $x_1, x_2, \cdots, x_n$, 得到观测值 $(x_1, y_1), (x_2, y_2), \cdots, (x_n, y_n)$, 其中 y_i 是 $x = x_i$ 时对随机变量 y 的观测结果. 如珍贵树种树叶的面积 y 与树叶重量 x 之间的关系. 在相同条件下重复上述试验, 不一定得到完全相同的 y 值. 说明 y 与 x 不是一个完全确定的关系. 将 (x_i, y_i) 描绘在直角坐标系中得到 n 个点, 称为**散点图**. 我们尽可能在这些点间拟合出一条曲线, 这条曲线就近似地反映了 y 与 x 的关系.

对每一个 x, y 是随机变量, 遵从一定的分布. 若 $E(y) = \mu(x)$ 是 x 的函数, 称 $\mu(x)$ 为 y 关于 x 的回归. 若 $\mu(x) = \beta_0 + \beta_1 x$, 则称为**一元线性回归问题**, 其中 β_0, β_1 是未知参数, 称 β_0 为回归常数, β_1 为回归系数.

一元线性回归模型: $y = \beta_0 + \beta_1 x + \varepsilon, \varepsilon \sim N(0, \sigma^2)$, 给定样本 $(x_1, y_1), (x_2, y_2), \cdots,$

(x_n, y_n) 满足

$$
\begin{cases}
y_i = \beta_0 + \beta_1 x_i + \varepsilon_i, \\
\varepsilon_i \text{相互独立}, \varepsilon_i \sim N(0, \sigma^2), \\
i = 1, 2, \cdots, n.
\end{cases}
\tag{9.7}
$$

一元线性回归的主要任务:

(1) 用样本观测值估计未知参数 $\beta_0, \beta_1, \sigma^2$;

(2) 对回归方程做假设检验;

(3) 在 $x = x_0$ 处对 y 做预测, 并对 y 做区间估计;

(4) 若要求 $y \in (y', y'')$, 控制 x 的范围.

9.2.2　β_0, β_1 的最小二乘估计

为估计 $\mu(x)$, 通常指定 n 个 x 值 $x_1, x_2, \cdots, x_n$, 做 n 次试验, 获取 y 的样本观测值 $y_1, y_2, \cdots, y_n$, 再由 n 对样本数据 $(x_1, y_1), (x_2, y_2), \cdots, (x_n, y_n)$ 估计 $\mu(x) = \beta_0 + \beta_1 x$. 实际中, 常常先将样本数据 $(x_i, y_i), i = 1, 2, \cdots, n$ 描绘在坐标平面 xOy 上, 得到散点图. 然后在平面上作出一条直线, 使得它最好地与分散的 n 个点相符合 (图 9.2). 这条直线就是 $\mu(x)$ 的近似. 记 β_0, β_1 的估计为 $\hat{\beta}_0, \hat{\beta}_1$. 记 $\hat{y} = \hat{\beta}_0 + \hat{\beta}_1 x$, 称为**一元线性经验回归方程**, 简称为**回归方程**, 其图像称为**回归直线**.

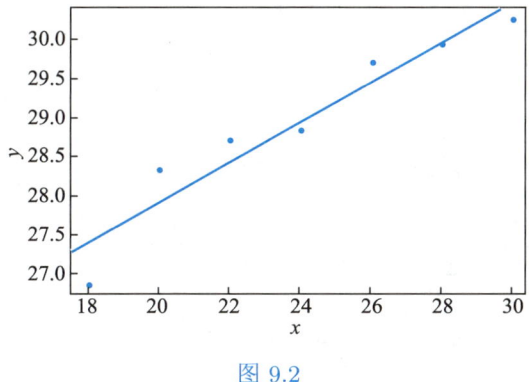

图 9.2

有了经验回归方程, 对于每个 x_i, 可求出回归值 $\hat{y}_i = \hat{\beta}_0 + \hat{\beta}_1 x_i, i = 1, 2, \cdots, n$. 参数估计的思想是使得一切的回归值与观测值的总偏差达到最小, 即

$$
\min_{\beta_0, \beta_1} \sum_{i=1}^{n} (y_i - \beta_0 - \beta_1 x_i)^2 = \sum_{i=1}^{n} (y_i - \hat{\beta}_0 - \hat{\beta}_1 x_i)^2.
$$

记

$$
Q(\beta_0, \beta_1) = \sum_{i=1}^{n} (y_i - \beta_0 - \beta_1 x_i)^2,
$$

Q 对 β_0, β_1 求偏导, 得

$$\begin{cases} \dfrac{\partial Q}{\partial \beta_0} = -2\sum_{i=1}^{n}(y_i - \beta_0 - \beta_1 x_i) = 0, \\[3mm] \dfrac{\partial Q}{\partial \beta_1} = -2\sum_{i=1}^{n}(y_i - \beta_0 - \beta_1 x_i)x_i = 0. \end{cases}$$

化简得

$$\begin{cases} n\beta_0 + \beta_1 \sum_{i=1}^{n} x_i = \sum_{i=1}^{n} y_i, \\[3mm] \beta_0 \sum_{i=1}^{n} x_i + \beta_1 \sum_{i=1}^{n} x_i^2 = \sum_{i=1}^{n} x_i y_i. \end{cases}$$

该式称为**正规方程组**, 其解称为 β_0, β_1 的最小二乘估计. 由于 $x_1, x_2, \cdots, x_n$ 不全相同, 所以其解总是存在的. 解正规方程组可以得到 β_0, β_1 的最小二乘估计为

$$\hat{\beta}_1 = \frac{\sum\limits_{i=1}^{n}(x_i - \bar{x})(y_i - \bar{y})}{\sum\limits_{i=1}^{n}(x_i - \bar{x})^2}, \quad \hat{\beta}_0 = \bar{y} - \hat{\beta}_1 \bar{x},$$

其中 $\bar{x} = \dfrac{1}{n}\sum\limits_{i=1}^{n} x_i, \bar{y} = \dfrac{1}{n}\sum\limits_{i=1}^{n} y_i.$

为计算方便, 引入记号

$$l_{xx} = \sum_{i=1}^{n}(x_i - \bar{x})^2 = \sum_{i=1}^{n} x_i^2 - n\bar{x}^2,$$

$$l_{xy} = \sum_{i=1}^{n}(x_i - \bar{x})(y_i - \bar{y}) = \sum_{i=1}^{n} x_i y_i - n\bar{x}\bar{y},$$

$$l_{yy} = \sum_{i=1}^{n}(y_i - \bar{y})^2 = \sum_{i=1}^{n} y_i^2 - n\bar{y}^2.$$

利用这些记号有 $\hat{\beta}_1 = l_{xy}/l_{xx}.$

正规方程组亦可以利用矩阵表示并求解. 令

$$X = \begin{pmatrix} 1 & x_1 \\ 1 & x_2 \\ \vdots & \vdots \\ 1 & x_n \end{pmatrix}, \quad Y = \begin{pmatrix} y_1 \\ y_2 \\ \vdots \\ y_n \end{pmatrix}, \quad \beta = \begin{pmatrix} \beta_0 \\ \beta_1 \end{pmatrix}.$$

正规方程组的系数矩阵恰好是

$$X^{\mathrm{T}}X = \begin{pmatrix} n & \sum\limits_{i=1}^{n} x_i \\ \sum\limits_{i=1}^{n} x_i & \sum\limits_{i=1}^{n} x_i^2 \end{pmatrix},$$

正规方程组的常数项恰好是

$$X^{\mathrm{T}}Y = \begin{pmatrix} \sum\limits_{i=1}^{n} y_i \\ \sum\limits_{i=1}^{n} x_i y_i \end{pmatrix}.$$

所以, 正规方程组用矩阵表示为 $X^{\mathrm{T}}X\beta = X^{\mathrm{T}}Y$, 解为 $\hat{\beta} = \begin{bmatrix} \hat{\beta}_0 \\ \hat{\beta}_1 \end{bmatrix} = (X^{\mathrm{T}}X)^{-1}X^{\mathrm{T}}Y$.

求出 β 的最小二乘估计后, 就可以建立回归方程. 并利用它进行预报和控制.

例 9.4 维尼纶纤维质量用缩醛化度 y 来衡量, 而甲醛浓度 x 是影响缩醛化度的重要指标. 有一组样本数据如下:

甲醛浓度 $x/(\mathrm{g \cdot L^{-1}})$	18	20	22	24	26	28	30
缩醛化度 $y/\%$(摩尔分数)	26.86	28.35	28.75	28.87	29.75	30	30.36

求回归方程 $\hat{y} = \hat{\beta}_0 + \hat{\beta}_1 x$.

解 先作散点图 (图 9.3):

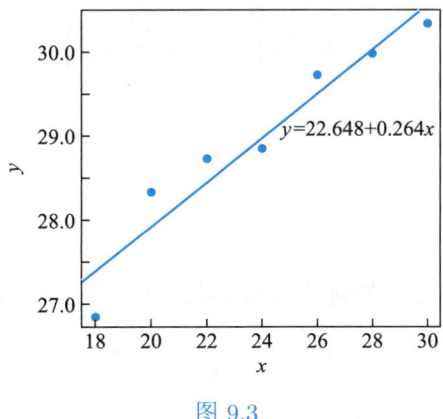

图 9.3

经计算 $\bar{x} = 24, \bar{y} = 28.99143, l_{xx} = 112, l_{xy} = 29.6, l_{yy} = 8.493086.$ $\hat{\beta}_1 = l_{xy}/l_{xx} = 0.2643, \hat{\beta}_0 = \bar{y} - \beta_1 \bar{x} = 22.6486.$ 所以回归方程 $\hat{y} = 22.6486 + 0.2643x.$

9.2.3 $\hat{\beta}_0$ 和 $\hat{\beta}_1$ 的分布以及 σ^2 的无偏估计量

为了对参数进行检验, 需要讨论估计量 $\hat{\beta}_0$ 和 $\hat{\beta}_1$ 的分布.

1. $\hat{\beta}_1$ 的分布

$$\hat{\beta}_1 = \frac{\sum\limits_{i=1}^{n}(x_i - \bar{x})(y_i - \bar{y})}{\sum\limits_{i=1}^{n}(x_i - \bar{x})^2} = \sum_{i=1}^{n}\frac{x_i - \bar{x}}{l_{xx}}y_i = \sum_{i=1}^{n}a_i y_i,$$

其中 $a_i = \dfrac{x_i - \bar{x}}{l_{xx}}$, 且 $y_i \sim N(\beta_0 + \beta_1 x_i, \sigma^2)$, 相互独立, 因此 $\hat{\beta}_1$ 服从正态分布.

$$E(\hat{\beta}_1) = \sum_{i=1}^{n}a_i E(y_i) = \sum_{i=1}^{n}a_i(\beta_0 + \beta_1 x_i) = \beta_1\frac{\sum\limits_{i=1}^{n}(x_i - \bar{x}_i)x_i}{l_{xx}} = \beta_1,$$

$$D(\hat{\beta}_1) = \sum_{i=1}^{n}a_i^2 D(y_i) = \frac{\sum\limits_{i=1}^{n}(x_i - \bar{x}_i)^2}{l_{xx}^2}\sigma^2 = \frac{\sigma^2}{l_{xx}}.$$

因而 $\hat{\beta}_1 \sim N(\beta_1, \sigma^2/l_{xx})$.

2. $\hat{\beta}_0$ 的分布

因 $\hat{\beta}_0 = \bar{y} - \hat{\beta}_1\bar{x} = \sum\limits_{i=1}^{n}\left(\dfrac{1}{n} - a_i\bar{x}\right)y_i$, 因此 $\hat{\beta}_0$ 也服从正态分布.

$$E(\hat{\beta}_0) = E(\bar{y}) - E(\hat{\beta}_1)\bar{x} = \frac{1}{n}\sum_{i=1}^{n}(\beta_0 + \beta_1 x_i) - \beta_1\bar{x} = \beta_0,$$

$$D(\hat{\beta}_0) = \sum_{i=1}^{n}\left(\frac{1}{n} - a_i\bar{x}\right)^2\sigma^2 = \left(\frac{1}{n} + \bar{x}^2\sum_{i=1}^{n}a_i^2\right)\sigma^2 = \left(\frac{1}{n} + \frac{\bar{x}^2}{l_{xx}}\right)\sigma^2.$$

因而 $\hat{\beta}_0 \sim N\left(\beta_0, \left(\dfrac{1}{n} + \dfrac{\bar{x}^2}{l_{xx}}\right)\sigma^2\right)$.

9.2.4   拟合优度

回归直线对样本观测点拟合的优劣程度称为回归直线的**拟合优度**. 为了评价回归直线的拟合优度, 需要计算判定系数. 注意到

$$\sum_{i=1}^{n}(y_i - \bar{y})^2 = \sum_{i=1}^{n}[(y_i - \hat{y}_i) + (\hat{y}_i - \bar{y})]^2$$

$$= \sum_{i=1}^{n}(y_i - \hat{y}_i)^2 + \sum_{i=1}^{n}(\hat{y}_i - \bar{y})^2 +$$

$$2\sum_{i=1}^{n}(y_i - \hat{y}_i)(\hat{y}_i - \bar{y}),$$

且 $\sum\limits_{i=1}^{n}(y_i-\hat{y}_i)(\hat{y}_i-\bar{y})=0$. 所以有

$$\sum_{i=1}^{n}(y_i-\bar{y})^2=\sum_{i=1}^{n}(y_i-\hat{y}_i)^2+\sum_{i=1}^{n}(\hat{y}_i-\bar{y})^2.$$

称 $Q_T=\sum\limits_{i=1}^{n}(y_i-\bar{y})^2$ 为**总偏差平方和**, 它反映了因变量 y 的 n 次观测值之间的总差异.

称 $Q_R=\sum\limits_{i=1}^{n}(\hat{y}_i-\bar{y})^2$ 为**回归平方和**, 它反映 y 的 n 个回归值 $\hat{y}_i, i=1,2,\cdots,n$ 之间的差异, 这是由自变量 x 的变化对因变量 y 的线性影响引起的. 称

$$Q_e=\sum_{i=1}^{n}(y_i-\hat{y}_i)^2=\sum_{i=1}^{n}(y_i-\hat{\beta}_0-\hat{\beta}_1 x_i)^2$$

为**残差平方和**, 它反映了观测值偏离回归直线的程度, 这种偏离是由 x 以外的其他因素引起的. 于是我们有

$$Q_T=Q_e+Q_R.$$

回归直线与样本观测点靠得越近, 即拟合程度越高, 则上式中回归平方和 Q_R 在总偏差平方和 Q_T 中所占的比例就越大; 反之, 比例就越小. 从而可以将回归平方和占总偏差平方和的比例作为对拟合优度的度量, 并称之为**判定系数**, 记为 R^2, 即

$$R^2=\frac{Q_R}{Q_T}.$$

易见, $0\leqslant R^2\leqslant 1$, R^2 越大, 回归直线的拟合程度越高.

经化简, $Q_e=\sum\limits_{i=1}^{n}(y_i-\bar{y})^2-\hat{\beta}_1^2\sum\limits_{i=1}^{n}(x_i-\bar{x})^2=Q_T-\hat{\beta}_1^2 l_{xx}$.

$$E(Q_T)=\sum_{i=1}^{n}E(y_i^2)-nE(\bar{y}^2)=\sum_{i=1}^{n}D(y_i)+\sum_{i=1}^{n}[E(y_i)]^2-nD(\bar{y})-n[E(\bar{y})]^2.$$

因为

$$D(y_i)=\sigma^2,\ E(y_i)=\beta_0+\beta_1 x_i,\ D(\bar{y})=\frac{\sigma^2}{n},\ E(\bar{y})=\beta_0+\beta_1\bar{x}.$$

$$E(\hat{\beta}_1^2)=D(\hat{\beta}_1)+[E(\hat{\beta}_1)]^2=\frac{\sigma^2}{l_{xx}}+\beta_1^2.$$

通过一些简单的代数运算, 我们可以整理得到 $E(Q_e)$.

定理 9.1　$E(Q_e)=(n-2)\sigma^2$.

由定理 9.1, 我们可以得到 $\hat{\sigma^2}=\dfrac{Q_e}{n-2}$ 是 σ^2 的无偏估计量.

定理 9.2　设 $(x_i,y_i), i=1,2,\cdots,n$ 满足一元线性回归模型的条件, 则

$$\frac{Q_e}{\sigma^2}\sim\chi^2(n-2),$$

且 Q_e 分别与 $\hat{\beta}_0, \hat{\beta}_1$ 相互独立.

该定理证明需要用到较多的概率统计知识, 这里从略.

9.2.5 回归方程的显著性检验

根据前面的理论, 求回归方程并不需要事先假定变量 y 与 x 一定具有线性相关关系, 对任何一组数据都可用最小二乘估计得到一条回归直线, 但这条直线并不一定很好地反映 y 与 x 之间的关系, 甚至没有应用价值, 因而我们要用数学的方法对所求回归方程进行显著性检验. 通常检验一元线性回归模型是否成立, 需要检验: 对于给定的范围, $E(y)$ 是 x 的线性函数. 下面的讨论都是在一元线性回归模型的假设下进行的.

设 $y = \beta_0 + \beta_1 x + \varepsilon, \varepsilon \sim N(0, \sigma^2)$. 检验假设

$$H_0 : \beta_1 = 0, H_1 : \beta_1 \neq 0.$$

1. F 检验法

容易得到 $Q_R/\sigma^2 = \sum\limits_{i=1}^{n} \dfrac{(\hat{y}_i - \bar{y})^2}{\sigma^2} = \dfrac{\hat{\beta}_1^2}{\sigma^2/l_{xx}}$, 由前面的分析, 我们知道 $\hat{\beta}_1 \sim N\left(\beta_1, \dfrac{\sigma^2}{l_{xx}}\right)$, 所以, 当 H_0 成立时, $Q_R/\sigma^2 \sim \chi^2(1)$. 由定理 9.2 知 $Q_e/\sigma^2 \sim \chi^2(n-2)$, 且与 Q_R/σ^2 相互独立. 因此统计量

$$F = \frac{Q_R}{Q_e/(n-2)} \sim F(1, n-2).$$

给定显著性水平 α, 若 F 的观测值大于 $F_\alpha(1, n-2)$. 则拒绝 H_0; 反之, 则接受 H_0.

2. t 检验法

我们知道 $\hat{\beta}_1 \sim N(\beta_1, \sigma^2/l_{xx})$, 由定理 9.2, $\dfrac{Q_e}{\sigma^2} \sim \chi^2(n-2)$, 且 Q_e 与 $\hat{\beta}_1$ 独立, 因此

$$\frac{(\hat{\beta}_1 - \beta_1)/\sqrt{\sigma^2/l_{xx}}}{\sqrt{Q_e/\sigma^2(n-2)}} = \frac{\hat{\beta}_1 - \beta_1}{\hat{\sigma}}\sqrt{l_{xx}} \sim t(n-2).$$

当 H_0 为真时, 检验统计量 $T = \dfrac{\hat{\beta}_1}{\hat{\sigma}}\sqrt{l_{xx}} \sim t(n-2)$. 则假设检验的拒绝域为

$$W = \left\{ \left((x_1, y_1), (x_2, y_2), \cdots, (x_n, y_n)\right) : |t| = \frac{\hat{\beta}_1}{\hat{\sigma}}\sqrt{l_{xx}} > t_{\alpha/2}(n-2) \right\}.$$

拒绝 H_0 时, 认为回归效果是显著的; 接受 H_0 时, 认为回归效果是不显著的.

9.2.6 预测与控制

建立回归方程还有两个主要的目的: 对因变量 y 进行预测, 对自变量 x 进行控制.

1. 点预测

考虑一元线性回归模型 $y = \beta_0 + \beta_1 x + \varepsilon$, $\varepsilon \sim N(0, \sigma^2)$, 相应的回归方程为 $\hat{y} = \hat{\beta}_0 + \hat{\beta}_1 x$. 当 $x = x_0$ 时, 因为 y 是随机变量, x 与 y 的关系是不确定的, 所以不能精确地知道 y 相应的值 y_0, 这时就利用 $\hat{y}_0 = \hat{\beta}_0 + \hat{\beta}_1 x_0$ 作为 $y_0 = \beta_0 + \beta_1 x_0 + \varepsilon_0$ 的预测值, 这种预测方法称为点预测.

2. 区间预测

区间预测就是对给定的自变量 x 的值 x_0, 在一定的置信水平下给出 y_0 的一个区间估计, 即对置信水平 $1 - \alpha$, 寻找一个 $\delta > 0$, 使实际的值 y_0 以 $1 - \alpha$ 的概率落入区间 $(\hat{y}_0 - \delta, \hat{y}_0 + \delta)$ 内, 其中 $\hat{y}_0 = \hat{\beta}_0 + \hat{\beta}_1 x_0$, 此区间就称为 y_0 的置信水平为 $1 - \alpha$ 的预测区间.

求预测区间的关键是选一个适当的统计量. 由于 y_0 是独立的观测结果, 所以 $y_0 = \beta_0 + \beta_1 x_0 + \varepsilon_0$ 服从正态分布, 且与 Q_e 相互独立; $\hat{y}_0 = \hat{\beta}_0 + \hat{\beta}_1 x_0 = \sum_{i=1}^{n} \left(\dfrac{1}{n} + a_i(x_0 - \bar{x}) \right) y_i$ 是 y_i 的线性组合, 也服从正态分布, 且与 y_0 相互独立, 所以 $\hat{y}_0 - y_0$ 服从正态分布, 其中

$$E(\hat{y}_0 - y_0) = E(\hat{\beta}_0 + \hat{\beta}_1 x_0 - \beta_0 - \beta_1 x_0 - \varepsilon_0) = 0,$$

$$D(\hat{y}_0 - y_0) = \sigma^2 + D\left(\sum_{i=1}^{n} \left(\frac{1}{n} + (x_0 - \bar{x})a_i \right) y_i \right) = \left(1 + \frac{1}{n} + \frac{(x_0 - \bar{x})^2}{l_{xx}} \right) \sigma^2.$$

所以 $\hat{y}_0 - y_0 \sim N\left(0, \left(1 + \dfrac{1}{n} + \dfrac{(x_0 - \bar{x})^2}{l_{xx}} \right) \sigma^2 \right)$. 由定理 9.2 知 $\hat{\beta}_0, \hat{\beta}_1$ 与 Q_e 相互独立, 进而 $\hat{y}_0 - y_0$ 与 Q_e 相互独立, $\dfrac{Q_e}{\sigma^2} \sim \chi^2(n - 2)$. 我们称 $\hat{\sigma} = \sqrt{Q_e/(n-2)}$ 为剩余标准差, 它是 σ 的估计. 因此

$$t = \frac{\hat{y}_0 - y_0}{\sqrt{1 + \dfrac{1}{n} + \dfrac{(x_0 - \bar{x})^2}{l_{xx}}}\, \sigma} \Bigg/ \sqrt{\frac{Q_e}{\sigma^2}/(n-2)} = \frac{\hat{y}_0 - y_0}{\hat{\sigma}\sqrt{1 + \dfrac{1}{n} + \dfrac{(x_0 - \bar{x})^2}{l_{xx}}}} \sim t(n-2).$$

按照区间估计的方法可以得出 y_0 的置信水平为 $1 - \alpha$ 的预测区间 $(\hat{y}_0 - \delta(x_0), \hat{y}_0 + \delta(x_0))$, 其中 $\delta(x_0) = t_{\frac{\alpha}{2}}(n-2)\hat{\sigma}\sqrt{1 + \dfrac{1}{n} + \dfrac{(x_0 - \bar{x})^2}{l_{xx}}}$.

例 9.5 考察温度 x 对一种产品产量 y 的影响, 测得下列 10 组数据:

温度 x/°C	20	25	30	35	40	45	50	55	60	65
产量 y/kg	13.2	15.1	16.4	17.1	17.9	18.7	19.6	21.2	22.5	24.3

求 y 关于 x 的线性回归方程, 检验回归效果是否显著, 并预测 $x_0 = 42$°C 时的产量 ($\alpha = 0.05$).

解 经计算 $\bar{x} = 42.5, \bar{y} = 18.6, l_{xx} = 2\,062.5, l_{xy} = 460, l_{yy} = 104.46$. $\hat{\beta}_1 = l_{xy}/l_{xx} = 0.223\,0$, $\hat{\beta}_0 = \bar{y} - \hat{\beta}_1 \bar{x} = 9.121\,2$. 所以回归方程 $\hat{y} = 9.121\,2 + 0.223\,0x$.

检验假设 $H_0 : \beta_1 = 0, \quad H_1 : \beta_1 \neq 0$.

采用上面的 F 检验法,

$$Q_R = l_{xx} \times \hat{\beta}_1^2 = 2\,062.5 \times 0.223\,0^2 = 102.566,$$

$$Q_e = l_{yy} - \hat{\beta}_1^2 l_{xx} = 1.893\,94.$$

检验统计量的观测值 $F = \dfrac{Q_R}{Q_e/(n-2)} = 102.566/(1.893\,94/8) = 433.2$, 查 F 分布表 $F_{0.05}(1,8) = 5.32$. 由于 $433.2 > 5.32$, 所以拒绝 H_0, 认为回归效果是显著的.

采用上面的 t 检验法,

$$Q_e = l_{yy} - \hat{\beta}_1^2 l_{xx} = 1.893\,937,$$

$$\hat{\sigma} = \sqrt{Q_e/(n-2)} = 0.483\,0.$$

检验统计量的观测值 $t = \dfrac{\hat{\beta}_1}{\hat{\sigma}}\sqrt{l_{xx}} = 20.967\,8$, 查 t 分布表 $t_{0.025}(8) = 2.306\,0$. 由于 $20.967\,8 > 2.306\,0$, 所以拒绝 H_0, 认为回归效果是显著的.

在 $x_0 = 42$ 时, 产量 y_0 的点预测 $\hat{y}_0 = \hat{\beta}_0 + \hat{\beta}_1 x_0 = 9.121\,2 + 0.223\,0 \times 42 = 18.487\,2$.

为得到预测区间, 先计算 $\delta(x_0) = t_{\frac{\alpha}{2}}(n-2)\hat{\sigma}\sqrt{1 + \dfrac{1}{n} + \dfrac{(x_0 - \bar{x})^2}{l_{xx}}} = 1.168\,15$, y_0 的置信水平为 0.95 的预测区间 $(\hat{y}_0 - \delta(x_0), \hat{y}_0 + \delta(x_0))$ 为 $(17.319\,1,\ 19.655\,4)$.

3. 控制

控制是预测的反向问题, 如果我们要求 y 的观测值落在区间 (y', y'') 内, 应该怎样控制 x 的取值? 也就是需要求出 (x', x''), 当 $x \in (x', x'')$ 时, y 以概率 $1 - \alpha$ 落入区间 (y', y'') 内, 这就是控制问题. 我们用下面的图形来求解 x', x'', 如图 9.4 所示.

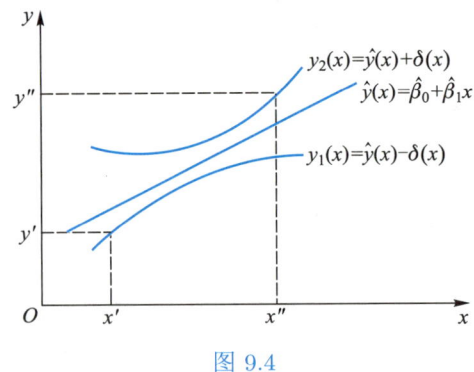

图 9.4

对于给定的样本值和显著性水平 α, 记 $\delta(x) = t_{\frac{\alpha}{2}}(n-2)\hat{\sigma}\sqrt{1 + \dfrac{1}{n} + \dfrac{(x - \bar{x})^2}{l_{xx}}}$. $\hat{y}(x) = \hat{\beta}_0 + \hat{\beta}_1 x$ 是在 x 处的预测值. 由于两曲线 $y_1(x) = \hat{y}(x) - \delta(x), y_2(x) = \hat{y}(x) + \delta(x)$ 所夹部分就是 $y = \beta_0 + \beta_1 x + \varepsilon$ 的置信水平为 $1 - \alpha$ 的预测区间, 故要求 y 的观测值以 $1 - \alpha$ 的概率落入 (y', y'') 内, 只需要控制 x 满足以下两个不等式:

$$\hat{y}(x) - \delta(x) \geqslant y', \quad \hat{y}(x) + \delta(x) \leqslant y''.$$

因此要求 $y'' - y' \geqslant 2\delta(x)$. 由等式 $\hat{y}(x) - \delta(x) = y'$ 解出 x', 由等式 $\hat{y}(x) + \delta(x) = y''$ 解出 x'', 得到 (x', x'') 就是所求的 x 的控制区间.

例 9.6 (续例 9.5) 若要求 y 以 $1 - \alpha$ 概率落入区间 $(16.5, 19.5)$ 内, 求 x 的控制区间 $(\alpha = 0.05)$.

解 由例 9.5 的计算得 $\hat{y}(x) = 9.1212 + 0.2230x$, $\delta(x) = 1.1138\sqrt{1.1 + \dfrac{(x - 42.5)^2}{2062.5}}$.

由方程 $9.1212 + 0.2230x - 1.1138\sqrt{1.1 + \dfrac{(x - 42.5)^2}{2062.5}} = 16.5$ 解出 $x' = 38.3470$. 由方程

$9.1212 + 0.2230x + 1.1138\sqrt{1.1 + \dfrac{(x - 42.5)^2}{2062.5}} = 19.5$ 解出 $x'' = 41.3017$. 所以控制 x 在

区间 $(38.3470, 41.3017)$ 内, y 以概率 0.95 落入区间 $(16.5, 19.5)$ 内.

人物传记六
费希尔

人物传记七
高尔顿

习 题 九

1. 设甲、乙、丙 3 台机器制造同一种产品, 对每台机器的日产量 (单位: 个) 观察 5 天, 得数据如下表. 问 3 台机器的日产量之间是否存在显著差别? $(\alpha = 0.05)$

单位: 个

试验批号	机器		
	甲	乙	丙
1	41	65	45
2	48	57	51
3	41	54	56
4	49	72	48
5	57	64	48

2. 消费者与产品生产者、销售者或服务的提供者之间经常发生纠纷, 当发生纠纷后, 消费者常常会向消费者协会投诉. 为了对几个行业的服务质量进行评价, 消费者协会在零售业 (A_1)、旅游业 (A_2)、航空业 (A_3)、家电制造业 (A_4) 分别抽取不同的企业作为样本, 其中零售业 7 家、旅游业 6 家、航空业 5 家、家电制造业 5 家, 统计出最近一年中消费者对这 23 家企业的投诉次数, 结果如下表所示.

序号	行业			
	A_1	A_2	A_3	A_4
1	57	68	31	44
2	66	39	49	51
3	49	29	21	65
4	40	45	34	77
5	34	56	40	58
6	53	51		
7	44			

假定这 23 家企业在服务对象和企业规模等方面基本上是相同的, 分别在显著性水平 $\alpha = 0.05$ 和 $\alpha = 0.01$ 下检验这四个行业之间的服务质量是否存在显著差异.

3. 在某材料的配方中可添加两种元素 A 和 B. 为考察这两种元素对材料强度的影响, 分别取元素 A 的 5 个水平和元素 B 的 4 个水平进行试验, 取得数据见下表. 试在显著性水平 $\alpha = 0.05$ 下看元素 A 和元素 B 对材料强度的影响是否显著.

A	B			
	B_1	B_2	B_3	B_4
A_1	323	332	308	290
A_2	341	336	345	260
A_3	345	365	333	288
A_4	361	345	358	285
A_5	355	364	322	294

4. 下表是 4 个地区种植 3 种松树的直径数据.

单位: cm

树种	地区 1					地区 2				
A	23	15	26	13	21	25	20	21	16	18
B	28	22	25	19	26	30	26	26	20	28
C	18	10	12	22	13	15	21	22	14	12

树种	地区 3					地区 4				
A	21	24	24	29	19	14	11	19	20	24
B	17	27	19	23	13	17	21	18	26	23
C	16	19	25	25	22	18	12	13	22	19

试对松树的直径数据进行树种与地区的双因子方差分析. ($\alpha = 0.05$.)

5. 在硝酸钠 (NaNO$_3$) 的溶解度试验中, 测得在不同温度 (℃) 下, 溶解于 100 份水中的硝酸钠份数 y 的数据见下表.

x_i	0	4	10	15	21	29	36	61	68
y_i	66.7	71.0	76.3	80.6	85.7	92.9	99.4	113.6	125.1

建立 x 与 y 的一元线性回归方程.

6. 收集了 10 组不同的碳含量 $x(\%)$ 和对应的钢强度 $y(\text{kg} \cdot \text{mm}^{-2})$ 的数据, 见下表.

i	$x/\%$	$y/(\mathrm{kg \cdot mm^{-2}})$
1	0.03	40.5
2	0.04	39.5
3	0.05	41.0
4	0.07	41.5
5	0.09	43.0
6	0.10	42.0
7	0.12	45.0
8	0.15	47.5
9	0.17	53.0
10	0.20	56.0

(1) 试建立 x 与 y 之间的回归方程;

(2) 对回归方程进行显著性检验 ($\alpha = 0.05$);

(3) 在 $x = 0.16$ 时求钢强度 y 的点预测和区间预测 ($\alpha = 0.05$).

(4) 若要求钢强度在 40 到 55 之间, 问碳含量 x 应控制在什么范围? ($\alpha = 0.05$.)

自 测 题 九

一、填空题

1. 单因子方差分析模型为

$$\begin{cases} y_{ij} = \mu + \alpha_i + \varepsilon_{ij}, i = 1, \cdots, r, \\ \varepsilon_{ij} \sim N(0, \sigma^2), \varepsilon_{ij}相互独立, \\ \mu_i, \sigma^2均未知, j = 1, \cdots, t, \sum_{i=1}^{r} \alpha_i = 0. \end{cases}$$

离差平方和 $S_T = $ _____, 误差平方和 $S_e = $ _____,
效应平方和 $S_A = $ _____, 平方和分解公式 _____.

2. 对单因子方差分析模型

$$\begin{cases} y_{ij} = \mu + \alpha_i + \varepsilon_{ij}, i = 1, \cdots, r, \\ \varepsilon_{ij} \sim N(0, \sigma^2), \varepsilon_{ij}相互独立, \\ \mu_i, \sigma^2均未知, j = 1, \cdots, t, \sum_{i=1}^{r} \alpha_i = 0. \end{cases}$$

做假设检验 $H_0 : \alpha_1 = \alpha_2 = \cdots = \alpha_r = 0$, $H_1 : \alpha_i, i = 1, 2, \cdots, r$ 不全为零.
检验的 F 统计量是 _____, 检验的拒绝域 $W = $ _____.

3. 在一个单因子试验中, 因子 A 有 4 个水平, 各个水平下重复试验的次数分别为 5,6,7,8. 那么误差平方和的自由度 _____, 因子 A 的效应平方和的自由度 _____, 总平方和的自由度 _____.

4. 对于一元线性回归模型

$$\begin{cases} y_i &=& a + bx_i + \varepsilon_i, i = 1, 2, \cdots, n, \\ \varepsilon_i &\sim& N(0, \sigma^2), 且 \varepsilon_1, \varepsilon_2, \cdots, \varepsilon_n独立, \end{cases}$$

b 的最小二乘估计为 $\hat{b} = $ _____, a 的最小二乘估计为 $\hat{a} = $ _____.

5. 对于一元线性回归模型

$$\begin{cases} y_i &= a + bx_i + \varepsilon_i, i = 1, 2, \cdots, n, \\ \varepsilon_i &\sim N(0, \sigma^2), 且 \varepsilon_1, \varepsilon_2, \cdots, \varepsilon_n 独立, \end{cases}$$

做假设检验

$$H_0 : b = 0, H_1 : b \neq 0,$$

t 检验法的检验统计量 $t = $ _____, 拒绝域 $W = $ _____.

6. 对于一元线性回归模型

$$\begin{cases} y_i &= a + bx_i + \varepsilon_i, i = 1, 2, \cdots, n, \\ \varepsilon_i &\sim N(0, \sigma^2), 且 \varepsilon_1, \varepsilon_2, \cdots, \varepsilon_n 独立, \end{cases}$$

当 $x = x_0$ 时, y_0 的点估计为 $\hat{y}_0 = $ _____, y_0 的置信水平为 $1 - \alpha$ 的区间估计为 _____.

二、计算题

1. 一元线性回归模型 $y = a + bx + \varepsilon, \varepsilon \sim N(0, \sigma^2)$, 求 σ^2 的置信水平为 $1 - \alpha$ 的置信区间.

2. 用钡泥制取硝酸钡的化工生产中, 考虑到钡泥的溶出率随酸度的增大而提高, 设置溶钡酸度的 4 个水平: $A_1(\mathrm{pH} = 4), A_2(\mathrm{pH} = 3), A_3(\mathrm{pH} = 2), A_4(\mathrm{pH} = 1)$, 每个水平下重复 4 次试验, 测得硝酸钡含量如下:

单位: %

A	硝酸钡含量			
	1	2	3	4
A_1	6.17	6.73	6.45	6.53
A_2	5.89	5.73	5.50	5.61
A_3	5.01	5.19	5.37	5.26
A_4	4.28	4.75	4.79	4.50

试问: 溶钡酸度对废水中硝酸钡含量是否有显著影响 ($\alpha = 0.01$)?

3. 某土木实验室, 为了确定每立方米混凝土的水泥用量 x(单位: kg) 对混凝土抗压强度 y(单位: $\mathrm{kg/cm^2}$) 的影响, 实验测得下列 12 对数据 (x_i, y_i):

$$(150, 56.9), (160, 58.3), (170, 61.6), (180, 64.6), (190, 68.1), (200, 71.3),$$

$$(210, 74.1), (220, 77.4), (230, 80.2), (240, 82.6), (250, 86.4), (260, 89.7).$$

(1) 求经验回归方程;(2) 检验一元线性回归方程的显著性 ($\alpha = 0.05$); (3) 设 $x_0 = 225\mathrm{kg}$, 求 y 的预测值和置信水平为 0.95 的置信区间.

三、证明题

1. 单因子方差分析模型

$$\begin{cases} x_{ij} = \mu_i + \varepsilon_{ij}, \\ \varepsilon_{ij} \sim N(0, \sigma^2), \varepsilon_{ij} 相互独立, \\ \mu_i, \sigma^2 均未知, \\ i = 1, \cdots, r; j = 1, \cdots, p \end{cases}$$

(1) 设 c, d 为任意常数 (c, d 不全为零), 证明

$$t = \frac{(c\bar{x}_{i\cdot} + d\bar{x}_{k\cdot}) - (c\mu_i + d\mu_k)}{\sqrt{\frac{S_e(c^2 + d^2)}{p(n - r)}}} \sim t(n - r),$$

其中 $n = rp, i \neq k$.

(2) 求 $c\mu_i + d\mu_k$ 的置信水平为 $1 - \alpha$ 的置信区间.

2. 对一元线性回归模型 $y = \beta_0 + \beta_1 x + \varepsilon, \varepsilon \sim N(0, \sigma^2)$.

(1) 证明 $(\hat{\beta}_0 - \beta_0) / \sqrt{\left(\dfrac{1}{n} + \dfrac{\bar{x}^2}{l_{xx}}\right) \dfrac{Q_e}{n - 2}} \sim t(n-2)$, 其中 Q_e 为残差平方和.

(2) 构造 β_0 的置信水平为 $1 - \alpha$ 的置信区间.

习题参考答案或提示九

第十章 数理统计中 R 软件的应用

§10.1 R 软件简介

R 软件是一个有着强大统计分析功能和作图功能的软件系统, R 软件类似于 S 语言, 是一种为统计计算和图形显示而设计的语言环境, 在 20 世纪 90 年代由贝尔 (Bell) 实验室开发.

R 软件是一套完整的数据处理、计算和制图软件系统, 提供了一系列统计和图形显示工具. 其功能包括: 数据存储和处理系统, 数组运算工具 (其向量、矩阵运算方面功能尤其强大), 完整连贯的统计分析工具, 优秀的统计制图功能, 简便而强大的编程语言 (可操作数据的输入和输出, 可实现分支、循环, 用户自定义功能). 目前国外绝大多数统计、计量经济学研究人员以及实业界人士都选择该软件.

R 软件是一个免费的自由软件, 它有 Unix、Linux、Macintosh 和 Windows 版本, 都可以免费下载和使用. 在 R 软件主页可以下载 R 软件的安装程序、各种外挂程序和文档. R 软件的安装程序中只包含了 8 个基础模块, 其他外在模块可以通过相应的网站获得.

R 软件安装非常容易, 运行下载的安装程序, 按照 Windows 提示安装即可. 当开始安装后, 选择安装提示的语言 (中文或英文), 接受安装协议, 选择安装目录, 并选择安装组件. 安装完成后, 程序会创建 R 程序组并在桌面上创建 R 主程序的快捷方式. 通过快捷方式运行 R 软件, 便可调出 R 软件的主窗口.

类似于许多以编程方式为主要工作方式的软件, R 软件的界面简单而朴素, 只有不多的几个菜单和快捷按钮. 快捷按钮下面的窗口便是命令输入窗口, 它也是部分运算结果的输出窗口, 有些运算结果则会输出在新建的窗口中.

主窗口上方的一些文字是刚运行 R 软件时出现的一些说明和指引. 文字下的: > 符号便是 R 软件的命令提示符, > 后的矩形是光标. R 软件一般采用交互方式工作, 在命令提示符后输入命令, 回车后便会输出结果.

R 软件的官方网页拥有大量英文学习资源和中文翻译文档.

R 软件是一种统计软件, 也是一种数学计算的环境, R 软件并不是仅仅提供若干统计程序、一些集成的统计工具, 它还提供各种数学计算、统计计算的函数, 从而使使用者能灵活机动地进行数据分析, 甚至创造出符合需要的新的统计计算方法.

§10.2 RStudio 软件简介

RStudio 是 R 语言友好的编辑界面软件. 本书的程序均是在该平台上进行的. 该编辑器可去官网下载免费版本 RStudio Desktop. Windows,Linux,Mac intosh 都可用, 非常方便.

安装 RStudio 后用户可按喜好调整界面, 通用界面如图 10.1 所示.

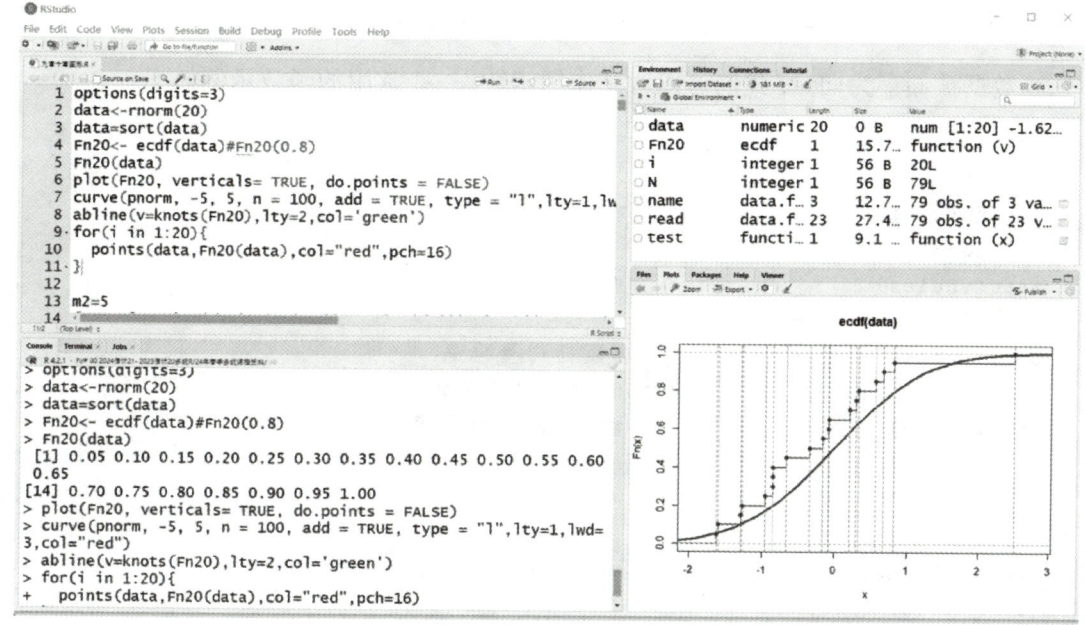

图 10.1

在安装完 R 软件后, 已经自带了一些程序包: base, datasets, grDevices 等. 这些程序包提供了常用的统计分析、绘图函数以及一些数据集, 利用这些程序包中的函数进行统计计算和绘图时, 不需要重新安装和加载这些程序包. 其他程序包需要安装并加载后使用, 如多元正态分布程序包 mvtnorm, 通过函数 install.packages ("mvtnorm") 安装程序包; 通过函数 library() 或者 require() 加载程序包, 然后使用.

§10.3 数据录入、调用和数据分布的统计描述

10.3.1 向量

一个数据集通常包含多个观测值 $x_1, x_2, \cdots, x_n$. 在 R 软件中数据可以使用函数 c() 储存为向量. 例如, 20 世纪 90 年代某个地区每年搁浅的鲸鱼数量数据在 R 软件中录入和运行结果如下:

```
whales<-c(74,122,235,111,292,111,211,133,156,79)
whales
 [1]   74 122 235 111 292 111 211 133 156  79
```

函数从 c() 也可以组合数据向量, 例如:

```
x<-c(74,122,235,111,292)
y<-c(111,211,133,156,79)
c(x,y)
 [1]   74 122 235 111 292 111 211 133 156  79
```

R 软件中一个数据向量的所有分量必须有相同的类型, 可以是数值, 亦可以是字符串, 如

```
        name<-c("Zhang San","Li Si", "Zhao Wu")
```

当数据被储存为向量, 我们可以对其作用函数, 一些常用的函数示例如下:

```
sum(whales)                    #数据总和
[1] 1524
length(whales)                 #数据向量长度
[1] 10
mean(whales)                   #数据向量均值
[1] 152
sort(whales)                   #数据向量排序
[1]   74 79 111 111 122 133 156 211 235 292
min(whales)                    #数据向量最小值
[1] 74
max(whales)                    #数据向量最大值
[1] 292
range(whales)                  #数据向量最小值和最大值
[1]   74 292
cumsum(whales)                 #数据向量累积
[1] 74   196   431   542   834   945 1156 1289 1445 1524
var(whales)                    #数据的方差
[1] 5113
sd(whales)                     #数据的标准差
[1] 71.50789
median(whales)                 #数据的中位数
[1] 127.5
```

调用向量也非常简单, 其格式示范如下:

```
whales<-c(74,122,235,111,292,111,211,133,156,79)
whales[1]                #调用 whales 的第一个分量
r<-c(1,3,5,7,9)
whales[r]                #调用 whales 的第 1,3,5,7,9 分量
whales[whales>=122]      #调用 whales 中值大于等于 122 的分量
whales[-1]               #调用 whales 除第一个分量外的所有分量
whales[-c(2,4)]          #调用 whales 除第二个分量和第四个分量外的所有分量
```

R 软件中的逻辑运算 (Logical operators), 其格式示范如下:

```
逻辑运算: <,<=,>,>=,==,!=
x<-1:5
x<5                      #判断 x 小于 5
[1]  TRUE  TRUE  TRUE  TRUE FALSE
x>2                      #判断 x 大于 2
[1] FALSE FALSE  TRUE  TRUE  TRUE
x>1 & x<4                #判断 x 大于 1 且小于 4
[1] FALSE  TRUE  TRUE FALSE FALSE
x>1 | x<4                #判断 x 大于 1 或小于 4
```

```
[1] TRUE TRUE TRUE TRUE TRUE
x==3                          #判断x等于3
[1] FALSE FALSE  TRUE FALSE FALSE
x != 3                        #判断x不等于3
[1]  TRUE  TRUE FALSE  TRUE  TRUE
! x==3                        #判断x不等于3
[1]  TRUE  TRUE FALSE  TRUE  TRUE
```

10.3.2 R 软件中图形表示数据

R 软件可以简单方便地用图形展示数据的分布. 介绍条形图、饼图、直方图如下.

例 10.1 调查 25 名成人对酒的偏好: (1) 国产啤酒, (2) 进口红酒, (3) 国产白酒, (4) 进口高度酒. 数据如下: 3,4,1,1,3,4,3,3,1,3,2,1,2,1,2,3,2,3,1,1,1,1,4,3,1. 下面的程序分别作出频数条形图, 频率条形图 (图 10.2) 和饼图 (图 10.3).

```
wine<-c(3,4,1,1,3,4,3,3,1,3,2,1,2,1,2,3,2,3,1,1,1,1,4,3,1)
n<-length(wine)
table(wine)                                              #列联表函数
barplot(table(wine),xlab="酒",ylab="频数")              #频数条形图
barplot(table(wine)/n,xlab="wine",ylab="频率")          #频率条形图
pie(table(wine),labels=c("(1)","(2)","(3)","(4)"),main="酒") #饼图
```

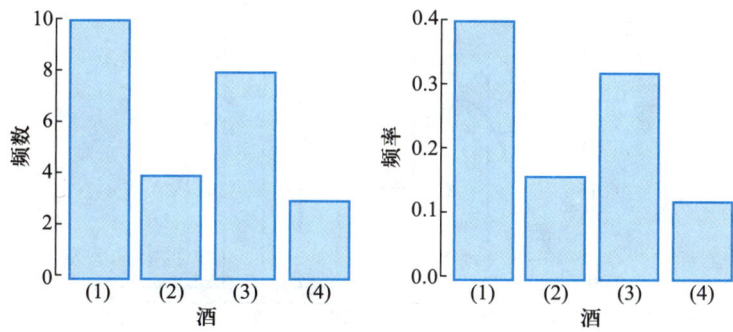

图 10.2

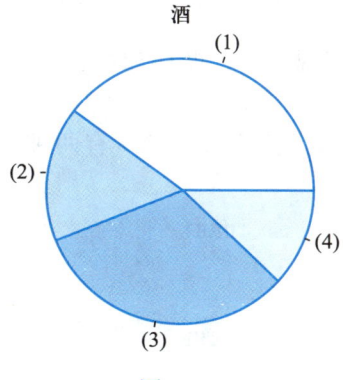

图 10.3

例 10.2　某项服务等待时间是随机变量, 今收集到 272 个服务等待时间 (单位: min) 数据, 使用直方图表示数据的分布 (图 10.4).

```
waiting<-c(
79,54,74,62,85,55,88,85,51,85,54,84,78,47,83,52,62,84,52,79,51,47,78,69
,74,83,55,76,78,79,73,77,66,80,74,52,48,80,59,90,80,58,84,58,73,83,64,53
,82,59,75,90,54,80,54,83,71,64,77,81,59,84,48,82,60,92,78,78,65,73,82,56
,79,71,62,76,60,78,76,83,75,82,70,65,73,88,76,80,48,86,60,90,50,78,63,72
,84,75,51,82,62,88,49,83,81,47,84,52,86,81,75,59,89,79,59,81,50,85,59,87
,53,69,77,56,88,81,45,82,55,90,45,83,56,89,46,82,51,86,53,79,81,60,82,77
,76,59,80,49,96,53,77,77,65,81,71,70,81,93,53,89,45,86,58,78,66,76,63,88
,52,93,49,57,77,68,81,81,73,50,85,74,55,77,83,83,51,78,84,46,83,55,81,57
,76,84,77,81,87,77,51,78,60,82,91,53,78,46,77,84,49,83,71,80,49,75,64,76
,53,94,55,76,50,82,54,75,78,79,78,78,70,79,70,54,86,50,90,54,54,77,79,64
,75,47,86,63,85,82,57,82,67,74,54,83,73,73,88,80,71,83,56,79,78,84,58,83
,43,60,75,81,46,90,46,74)
hist(waiting,breaks="scott",prob=TRUE,xlab="等待时间", ylab="概率密度",
main=" ")
lines(density(waiting))
```

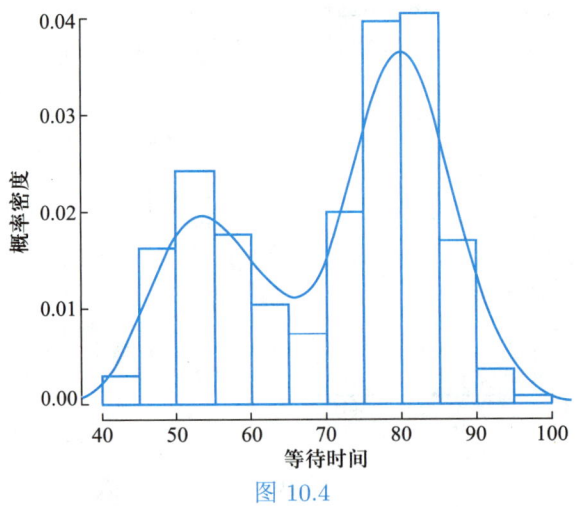

图 10.4

10.3.3　控制、循环和终止语句

R 软件由一些标准方法来实现控制、循环和终止.

if()

if() 函数允许基于一个条件实现计算或判断. 有两种形式:

```
if(condition){
statement(s) if condition is TURE
}
else{
statement(s) if condition is FALSE
}
```

另一种形式

```
if(condition){
statement(s) if condition is TURE
}
```

如建立绝对值函数

```
abs=function(x){
if(x<0){
  return(-x)
  }
else{
return(x)
  }
}
```

三个循环函数 for(), while(), repeat()
标准的 for() 循环基本格式:

```
for(varname in seq){
statement(s)
}
```

varname 是变量名, seq 是任何一个向量, statements 是对 seq 中每一值进行的操作.
如 $n!$ 函数

```
fact<-function(x){
ret=1
for(i in 1:x){
   ret=ret*i
   }
return(ret)
}
```

while()
for() 实现已知循环次数的循环. 但有时循环的次数不确定, 只要条件成立, 一直循环,
需要用 while(), 其格式为

```
while(condition){
statement(s)
}
```

这里我们考虑掷骰子试验中首次出现 "1 点" 所需的试验次数.

```
tosscoin<-function(count){
  count<-1
  while(sample(1:6, 1, replace = FALSE, prob =rep(1/6,6))!=1){
  count=count+1
  }
```

```
return(count)
}
```

repeat()

repeat 函数依赖于 break 语句跳出循环, 基本格式:

```
repeat{statement(s)
  if(condition) break
}
```

例如, 计算 2 000 以内的斐波那契 (Fibonacci) 数列的程序.

```
f<-c()
f[1]<-1;f[2]<-1;i=1
repeat{
  f[i+2]<-f[i]+f[i+1]
  i<-i+1
  if(f[i]+f[i+1]>=2000) break
}
```

运行得到

```
> f
 [1]    1   1   2   3   5   8  13  21  34  55  89  144  233  377
[15]    610  987  1597
```

10.3.4　矩阵与数组

R 中可以使用 matrix() 得到矩阵表达的二维数据.

```
matrix(data = NA, nrow = 1, ncol = 1, byrow = FALSE,
       dimnames = NULL)
```

矩阵数据的录入可以按行或按列进行, 如:

```
M<-matrix(data=NA,nrow = 2, ncol = 2)
M[1,]<-c(10,12)
M[2,]<-c(4,7)
M
M[2,1]    #调用M中第2行和第1列元素
t(M)      #求M的转置
det(M)    #求矩阵的行列式
solve(M) #求矩阵的逆
#运行结果如下:
> M
     [,1] [,2]
[1,]   10   12
[2,]    4    7
> M[2,1]
[1] 4
```

```
> t(M)
     [,1] [,2]
[1,]   10    4
[2,]   12    7
> det(M)
[1] 22
> solve(M)
       [,1]    [,2]
[1,]  0.318 -0.545
[2,] -0.182  0.455
```

如果矩阵 A 和 B 具有相同的维数, 则 $A * B$ 表示矩阵中对应元素的乘积, $A\%*\%B$ 表示通常意义下的两个矩阵的乘积 (要求 A 的列数等于 B 的行数).

R 软件可以用 array() 构造多维数组, 其构造形式为 array(data = NA, dim = length (data), dimnames = NULL). 例如, 随机生成 60 个标准正态随机数, 排成 3 个 5×4 的矩阵.

```
array(data =rnorm(60), dim = c(5,4,3))
, , 1
        [,1]    [,2]    [,3]    [,4]
[1,]  0.0565 -1.5126 -0.929   0.397
[2,]  0.3773  0.6417  0.528   1.187
[3,] -0.6509  0.0657 -0.440   0.280
[4,] -0.3963 -0.6996  0.853  -0.502
[5,] -0.3446  0.7652  0.586  -0.120

, , 2
        [,1]   [,2]    [,3]    [,4]
[1,]  0.803  0.221  0.2687  -0.117
[2,]  1.263 -0.919 -0.4701   0.211
[3,] -0.122  0.860  2.0135   0.488
[4,] -0.710  0.658  0.0211  -2.140
[5,]  1.255  0.112 -0.6234  -0.854

, , 3
        [,1]   [,2]    [,3]    [,4]
[1,] -0.692 -0.310 -0.247  -1.782
[2,]  0.650 -0.586  0.112   0.556
[3,] -1.076  0.185 -0.510   0.239
[4,]  0.784 -0.298 -0.774   0.180
[5,] -0.205  0.581 -2.089  -0.118
```

10.3.5　R 软件中内嵌的随机变量分布

R 软件提供了计算常用随机变量的分布函数、分布律或密度函数, 以及产生给定分布的随机数等各种函数的计算命令.

```
dnorm(x, mean = 0, sd = 1, log = FALSE)
pnorm(x, mean = 0, sd = 1,lower.tail = TRUE, log.p = FALSE)
qnorm(p, mean = 0, sd = 1,lower.tail = TRUE, log.p = FALSE)
rnorm(n, mean = 0, sd = 1)
```

dnorm 计算标准正态随机变量概率密度函数值; pnorm 计算标准正态分布函数值; qnorm 标准正态分布下侧分位数; rnorm 产生标准正态分布随机数. 这里, log 是逻辑变量, 当它为真 (TRUE) 时, 函数的返回值不再是正态分布, 而是对数正态分布; log.p 也是逻辑变量, 如果为 TRUE, 概率 p 以 log(p) 表示; lower.tail 也是逻辑变量, 当 lower.tail=TRUE 时, 计算分布函数值 $F(x) = P(X \leqslant x)$, 当 lower.tail=FALSE 时, 计算 $1 - F(x) = P(X > x)$. 其他类型的分布也有类似的函数命令. 表 10.1 列出几种常用的随机变量在 R 软件中的调用函数名称及参数.

表 10.1   R 软件中常用概率分布函数名

概率分布	函数名	参数
正态分布	norm	mean,sd
二项分布	binom	size,prop
泊松分布	pois	lambda
χ^2 分布	chisq	df,ncp
指数分布	exp	rate
均匀分布	unif	min,max
t 分布	t	df,ncp
F 分布	f	df1,df2,ncp
几何分布	geom	prob
超几何分布	hyper	m,n,k
Γ 分布	gamma	shape,scale

例 10.3   电话局每分钟接到用户呼唤的次数 X 服从参数 $\lambda = 4$ 的泊松分布. 求:(1) 每分钟恰好接到 3 次呼唤的概率; (2) 每分钟接到呼唤的次数不超过 4 的概率.

解   (1) $P(X = 3) = \mathrm{dpois}(3,4) = 0.195\,366\,8$.   (2)$P(X \leqslant 4) = \mathrm{ppois}(4,4) = 0.628\,836\,9$.

例 10.4   设随机变量 X 服从指数分布, 其密度函数为 $f(x) = \begin{cases} \dfrac{1}{5}\mathrm{e}^{-x/5}, & x > 0, \\ 0, & \text{其他}. \end{cases}$ 以 Y 表示对 X 的 10 次重复独立观察中事件 $A = \{X \leqslant 1\}$ 出现的次数, 求 $P(Y \geqslant 2)$.

解   一次观察事件 A 发生的概率为 $p = P(A) = P\{X \leqslant 1\} = \mathrm{pexp}(1, 0.2) = 0.181\,27$. $Y \sim B(10, p)$, 所以 $P(Y \geqslant 2) = 1 - P(Y = 0) - P(Y = 1) = 1 - \mathrm{dbinom}(0, 10, p) - \mathrm{dbinom}(1, 10, p) = 0.565\,03$.

例 10.5   在 12 次独立射击中, 每次击中目标的概率为 0.75, 求 (1) 击中目标 6 次的概率; (2) 击中目标次数少于 3 次的概率; (3) 图示击中目标次数的概率.

解   设 12 次射击击中目标的次数为 X, 则 $X \sim B(12, 0.75)$, 所以

(1) $P(X = 6) = \mathrm{dbinom}(6, 12, 0.75) = 0.040\,149\,45$.

(2) $P(X \leqslant 3) = \text{pbinom}(3, 12, 0.75) = 0.000\,391\,662\,1$.

(3) 编写如下程序可得到击中次数的概率分布图 (图 10.5)

```
heights=dbinom(0:12,size=10,prob=0.75)
plot(0:12,heights,type="h",main="Spike plot of X",xlab="k",ylab=
"概率",lwd=2,col="blue")
points(0:12,heights,pch=16,cex=1.5,col="blue")
```

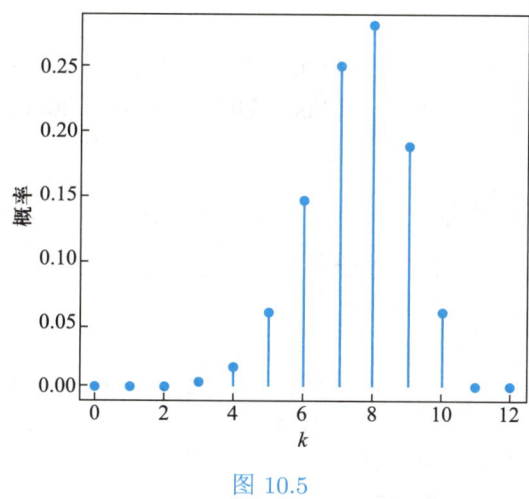

图 10.5

使用 R 软件学习概率统计时, 可以借用 c(), matrix(), data.frame() 得到所用数据. R 软件包本身也包含大量的数据可供使用, 这些程序包有 car, DAAG, Devore6, Devore7, ISwR 和 MPV 等.

§10.4   矩估计和最大似然估计

根据样本推断总体的分布以及分布中的未知参数称为统计推断. 这一章我们介绍统计推断的一个基本问题——参数估计问题的 R 程序实现. 在很多实际问题中总体的分布类型已知, 但它包含一个或多个参数, 总体的分布完全由所含的参数决定, 这就需要对参数做出估计. 参数估计有两类, 一类是点估计, 就是以某个统计量的样本观测值作为未知参数的估计值; 另一类是区间估计, 就是用两个统计量所构成的区间来估计未知参数.

10.4.1   矩估计

由辛钦大数定律可知, 如果总体 X 的 k 阶矩存在, 则样本的 k 阶矩依概率收敛到总体的 k 阶矩, 样本矩的连续函数收敛到总体矩的连续函数. 这就是矩法估计的依据.

设总体 X 的分布函数 $F(x; \theta_1, \theta_2, \cdots, \theta_k)$ 中含有 k 个未知参数 $\theta_1, \theta_2, \cdots, \theta_k$, 一般情况下, 总体 X 的前 k 阶矩 $\mu_1, \mu_2, \cdots, \mu_k$ 是总体中 k 个未知参数的函数, 记为

$$\mu_i = g_i(\theta_1, \theta_2, \cdots, \theta_k), \quad i = 1, 2, \cdots, k.$$

从上面方程解得 $\theta_j = h_j(\mu_1, \mu_2, \cdots, \mu_k),\ \ j = 1, 2, \cdots, k$. 再用总体矩 μ_i 的相应估计量样本矩 A_i 分别代替上式中的 μ_i, 即可得 $\theta_j\ (j = 1, 2, \cdots, k)$ 的**矩估计**.

由于函数 h_j 的表达式形式各异, 有时求解上述方程或方程组会相当困难. 甚至需要通过迭代算法数值求解, 且要具体问题具体分析, 我们不可能有固定的 R 程序来直接估计, 只能利用 R 软件的计算功能根据具体问题编写相应的 R 程序. 下面我们通过几个例子来说明如何在 R 软件中实现矩估计.

例 10.6 设一切割机切的钢筋长度 X(单位: cm) 服从均匀分布 $U(a, b)$. 现从已经切好的产品中随机抽取 15 件, 测得长度:

$$20.06 \quad 20.82 \quad 20.52 \quad 20.93 \quad 20.83 \quad 20.59 \quad 20.46 \quad 20.83$$
$$20.92 \quad 20.97 \quad 20.98 \quad 20.03 \quad 20.05 \quad 20.69 \quad 20.51$$

试求未知参数 a, b 的矩估计.

解 令 $E(X) = (a + b)/2 = A_1$ 和 $E(X^2) = (a^2 - ab + b^2)/3 = A_2$. 则解得 $\hat{a} = \bar{X} - \sqrt{\dfrac{3}{n}\sum\limits_{i=1}^{n}(X_i - \bar{X})^2}, \hat{b} = \bar{X} + \sqrt{\dfrac{3}{n}\sum\limits_{i=1}^{n}(X_i - \bar{X})^2}.$

编写程序:

```
x<-c(20.06,20.82,20.52,20.93,20.83,20.59,20.46,20.83, 20.92, 20.97,
    20.98,20.03,20.05,20.69,20.51)
n<-15; tmp<-sqrt((3/n)*sum((x-mean(x))^2));
a_hat<-mean(x)-tmp; b_hat<-mean(x)+tmp;
a_hat
b_hat
```

运行程序可得 a, b 的矩估计

```
> a_hat
[1] 20.05
> b_hat
[1] 21.18
```

例 10.7 观测值 $0.254409, 0.037962, 0.210414, 0.597183, 0.015399, 0.269295, 0.005885,$ $1.261235, 0.160070, 0.142421, 0.622099, 0.671301$ 为来自指数分布

$$f(x; \lambda) = \begin{cases} \lambda \mathrm{e}^{-\lambda x}, & x > 0, \\ 0, & \text{其他} \end{cases}$$

的一个样本. 试求未知参数 λ 的矩估计.

解 R 程序如下:

```
x<-c(0.254409,0.037962,0.210414,0.597183,0.015399,0.269295,0.005885,
    1.261235,0.160070,0.142421,0.622099,0.671301);
lambda_hat<-1/mean(x);
lambda_hat
[1] 2.825
```

10.4.2 最大似然估计

按最大似然估计原理, 参数的最大似然估计就是使似然函数达到最大的参数值. 在单参数场合, 我们可以使用 R 软件中的函数 optimize() 求最大似然估计值. optimize() 的调用格式如下:

```
optimize(f = , interval = , ..., lower = min(interval),
         upper = max(interval), maximum = FALSE,
         tol = .Machine$double.eps^0.25)
```

说明: f 是似然函数, interval 是参数 θ 的取值范围, lower 是 θ 的下界, upper 是 θ 的上界, maximum=TRUE 是求极大值, 否则 (maximum=FALSE) 表示求函数的极小值, tol 是表示求值的精确度.

例 10.8 设总体 X 具有分布律

X	1	2	3
P	θ^2	$2\theta(1-\theta)$	$(1-\theta)^2$

其中 $0 < \theta < 1$, 现对总体观测 5 次, 获得样本值 $1, 2, 1, 3, 1$, 求 θ 的最大似然估计.

解 似然函数 $L(x_1, x_2, \cdots, x_5; \theta) = 2\theta^7(1-\theta)^3$.

R 程序如下:

```
require(graphics)
L<-function(theta) 2*theta^7*(1-theta)^3
optimize(L,c(0,1),tol=0.000001,maximum = TRUE)
$maximum
[1] 0.6999999
$objective
[1] 0.004447132
```

因此参数 θ 的最大似然估计为 $\hat{\theta} = 0.699\,999\,9$. 在计算结果中, objective 是目标函数在近似解 $0.699\,999\,9$ 处的函数值.

在多参数场合, 我们用函数 nlm() 来求似然函数的极大值, 并求相应的极大值点. 事实上, nlm() 求出负对数似然函数 $-\log(L)$ 的极小值点, 因此是似然函数 L 的极大值点.

nlm() 的调用格式如下:

```
nlm(f, p, hessian = TRUE)
```

其中 f: 负的对数似然函数; p: 参数的初始值; hessian: 逻辑向量, 表示是否给出黑塞矩阵.

例 10.9 设灯泡厂生产灯泡的寿命 X 服从正态分布 $N(\mu, \sigma^2)$, 如今随机地抽取 20 只灯泡进行寿命试验, 测得寿命数据如下 (单位: h):

1 499   1 498   1 508   1 512   1 527   1 496   1 501   1 498   1 501   1 474
1 514   1 510   1 524   1 499   1 502   1 502   1 498   1 496   1 501   1 493

求 μ, σ 的最大似然估计.

解　
```
rm(list=ls(all=TRUE))
sam<-c(1499,1498,1508,1512,1527,1496,1501,1498,1501,1474,
      1514,1510,1524,1499,1502,1502,1498,1496,1501,1493)
n<-length(sam);
loglike<-function(p){
c<-(-n/2)*log(2*pi)
out1<-(-n)*log(p[2])
out2<-(-1)*sum((sam-p[1])^2/(2*p[2]^2))
out<-(-1)*(c+out1+out2);
out
}
p<-c(1500,15); #p=(mu,sigma)
result<- nlm(loglike, p, hessian=TRUE);
result
$minimum
[1] 76.46213
$estimate
[1] 1502.65000    11.06921
$gradient
[1]  2.573147e-07  -1.182692e-06
$hessian
               [,1]          [,2]
[1,]  0.163228767  -0.002215551
[2,] -0.002215551   0.326294689
$code
[1] 2
$iterations
[1] 9
```

故最大似然估计为 $\hat{\mu}=1\,502.65, \hat{\sigma}=11.06$.

§10.5　区 间 估 计

利用 R 软件可以对正态分布中的未知参数进行区间估计.

10.5.1　单个正态总体

设 $X_1, X_2, \cdots, X_n$ 为来自总体 $X \sim N(\mu, \sigma^2)$ 的样本, 置信水平为 $1-\alpha$.
1. 均值 μ 的置信区间

(1) σ^2 已知, μ 的置信区间为 $\left(\overline{X}-\dfrac{\sigma}{\sqrt{n}}u_{\frac{\alpha}{2}}, \overline{X}+\dfrac{\sigma}{\sqrt{n}}u_{\frac{\alpha}{2}}\right)$.

```
inte_esti_mu1<-function(sam,sigma,alpha){
n<-length(sam);
```

```
xb<-mean(sam);
tmp<-sigma/sqrt(n)*qnorm(alpha/2,lower.tail = FALSE);
data.frame(mean=xb,df=n,a=xb-tmp,b=xb+tmp)
}
```

(2) σ^2 未知, μ 的置信区间 $\left(\overline{X}-\dfrac{S}{\sqrt{n}}t_{\frac{\alpha}{2}}(n-1),\overline{X}+\dfrac{S}{\sqrt{n}}t_{\frac{\alpha}{2}}(n-1)\right)$.

```
inte_esti_mu2<-function(x,alpha){
n<-length(x);xb<-mean(x);s<-sd(x);
tmp<-s/sqrt(n)*qt(alpha/2,n,lower.tail = FALSE);
data.frame(mean=xb,df=n,sd=s,a=xb-tmp,b=xb+tmp)
}
```

将上述两个程序写在文件中, 保存为 inte_esti.R, 可以直接调用.

注 函数 qnorm(alpha/2) 等价于 qnorm(alpha/2,lower.tail = TRUE), 表示下分位数, qnorm(alpha/2,lower.tail = FALSE) 表示求上分位数. 其他分位数如 t 分布, F 分布等均如此.

例 10.10 对例 10.9 中灯泡寿命数据进行区间估计统计推断. 在下面两种情况下, (1) 已知寿命的标准差为 10 h; (2) 未知标准差, 求该批灯泡平均寿命的置信区间 ($\alpha = 0.05$).

解 输入数据, 调用函数 inte_esti_mu1() 和函数 inte_esti_mu2()

```
source("inte_esti.R")
sam<-c(1499,1498,1508,1512,1527,1496,1501,1498,1501,1474,
     1514,1510,1524,1499,1502,1502,1498,1496,1501,1493)
alpha<-0.05;sigma<-10;
inte_esti_mu1(sam,sigma,alpha)
mean df         a         b
1 1502.65 20 1498.267 1507.033
inte_esti_mu2(sam,alpha)
      mean df       sd        a        b
1 1502.65 20 11.35677 1497.353 1507.947
```

所以, 当标准差已知时, 这批灯泡平均寿命置信水平为 0.95 的置信区间为 [1 498.3, 1 507.0]; 当标准差未知时, 这批灯泡平均寿命置信水平为 0.95 的置信区间为 [1 497.4, 1 507.9].

读者也可以自己写程序得到区间估计, 如例 10.10(1):

```
sam<-c(1499,1498,1508,1512,1527,1496,1501,1498,1501,1474,
     1514,1510,1524,1499,1502,1502,1498,1496,1501,1493)
alpha<-0.05;
sigma<-10;
n<-length(sam);
xbar<-mean(sam);
tmp<-sigma/sqrt(n)*qnorm(1-alpha/2);
c(xbar-tmp,xbar+tmp)
[1] 1498.267 1507.033
```

σ^2 未知时, 函数 t.test() 也可以计算置信区间, 用法如下:

$$\text{t.test}(data, \text{conf.level} = 0.95)$$

运行程序:

```
t.test(sam,conf.level=0.95)
data:  sam
t = 591.7222, df = 19, p-value < 2.2e-16
alternative hypothesis: true mean is not equal to 0
95 percent confidence interval:
 1497.335 1507.965
sample estimates:
mean of x
   1502.65
```

2. 方差 σ^2 的置信区间

方差 σ^2 的置信区间 $\left(\dfrac{(n-1)S^2}{\chi^2_{1-\frac{\alpha}{2}}(n-1)}, \dfrac{(n-1)S^2}{\chi^2_{\frac{\alpha}{2}}(n-1)} \right)$.

```
inte_esti_var<-function(s,alpha){ n<-length(s);s2<-var(s)
tmp1<-qchisq(1-alpha/2,n-1);tmp2<-qchisq(alpha/2,n-1)
data.frame(df=n-1,a=(n-1)*s2/tmp1,b=(n-1)*s2/tmp2) }
```

例 10.11　某工厂生产的钉子长度 $X \sim N(\mu, \sigma^2)$, 今从中随机地抽取 16 枚, 测得其长度 (单位: cm) 为

$$2.14, 2.13, 2.10, 2.15, 2.13, 2.12, 2.13, 2.10, 2.15, 2.12, 2.14, 2.10, 2.13, 2.11, 2.14, 2.11,$$

求总体方差 σ^2 的置信水平为 0.9 的置信区间.

解　输入数据, 调用函数 inte_esti_var()

```
source("inte_esti.R")
s<-c(2.14,2.13,2.10,2.15,2.13,2.12,2.13,2.10,2.15,2.12,2.14, 2.10,
    2.13,2.11,2.14,2.11)
alpha<-0.1;
inte_esti_var(s,alpha)
  df        a        b
1 15 0.000176 0.000606
```

所以, 总体方差 σ^2 的置信水平为 0.9 的置信区间为 $(0.000\,176, 0.000\,606)$.

10.5.2　两个总体比例差 $p_1 - p_2$ 的区间估计

在社会调查中, 经常对两个总体的比例参数感兴趣.

需要通过调查数据评估两个总体比例的差别. 设 $X_1, X_2, \cdots, X_{n_1}$ 是来自第一个总体的样本, $Y_1, Y_2, \cdots, Y_{n_2}$ 为来自第二个总体的样本. X_i, Y_j 为 0,1 分类变量. $\hat{p}_1 = \sum\limits_{i=1}^{n_1} X_i / n_1$

和 $\hat{p}_2 = \sum\limits_{j=1}^{n_2} Y_j/n_2$ 分别为两个总体比例参数的无偏估计. 现构造 $p_1 - p_2$ 的区间估计. 估计函数

$$Z = \frac{(\hat{p}_1 - \hat{p}_2) - (p_1 - p_2)}{SE},$$

其中

$$SE = \sqrt{\frac{\hat{p}_1(1 - \hat{p}_1)}{n_1} + \frac{\hat{p}_2(1 - \hat{p}_2)}{n_2}}.$$

由中心极限定理知, 当 n_1, n_2 大时, Z 近似服从标准正态分布, 因此 $p_1 - p_2$ 的置信水平为 $1 - \alpha$ 的置信区间为

$$\left((\hat{p}_1 - \hat{p}_2) - SE \times u_{\alpha/2}, (\hat{p}_1 - \hat{p}_2) + SE \times u_{\alpha/2} \right)$$

函数 prop.test() 能够实现计算, 用法如下:

$$\mathrm{prop.test(x, n, conf.level = 0.95)}$$

```
> prop.test(x=c(560,570),n=c(1000,1200),conf.level=0.95)
```

运行结果:

```
        2-sample test for equality of proportions with continuity
        correction
data:  c(560, 570) out of c(1000, 1200)
X-squared = 15.437, df = 1, p-value = 8.53e-05
alternative hypothesis: two.sided
95 percent confidence interval:
 0.04231207 0.12768793
sample estimates:
prop 1 prop 2
 0.560   0.475
```

10.5.3 两个总体 $N(\mu_1, \sigma_1^2), N(\mu_2, \sigma_2^2)$ 的情形

设 $X_1, X_2, \cdots, X_{n_1}$ 为总体 $N(\mu_1, \sigma_1^2)$ 的一个样本, $Y_1, Y_2, \cdots, Y_{n_2}$ 为总体 $N(\mu_2, \sigma_2^2)$ 的一个样本, 两样本相互独立, 置信度为 $1 - \alpha$.

1. 两个总体均值差 $\mu_1 - \mu_2$ 的置信区间

当 $\sigma_1^2 = \sigma_2^2 = \sigma^2$ 未知时, 均值差 $\mu_1 - \mu_2$ 的置信区间为

$$\left((\overline{X} - \overline{Y}) \pm t_{\frac{\alpha}{2}}(n_1 + n_2 - 2) S_w \sqrt{\frac{1}{n_1} + \frac{1}{n_2}} \right),$$

其中 $S_w^2 = \dfrac{(n_1 - 1)S_1^2 + (n_2 - 1)S_2^2}{n_1 + n_2 - 2}$.

```
inte_esti_mu12<-function(x,y,alpha){
n1<-length(x);sx2<-var(x);n2<-length(y);sy2<-var(y);
xb<-mean(x);yb<-mean(y)  sw2<-((n1-1)*sx2+(n2-1)*sy2)/(n1+n2-2);
tmp<-qt(1-alpha/2,n1+n2-2)*sqrt(sw2*(1/n1+1/n2));
data.frame(df=n1+n2-2,a=xb-yb-tmp,b=xb-yb+tmp)
}
```

例 10.12　为比较 A、B 两品牌导线的电阻是否有明显差异, 随机地从 A 中抽取 4 根, 从 B 中抽取 5 根, 测得电阻 (单位:Ω)

A: 0.143, 0.143, 0.143, 0.137;

B: 0.141, 0.140, 0.136, 0.138, 0.140.

假设 A、B 导线的电阻分别服从正态分布 $X \sim N(\mu_1, \sigma^2)$, $Y \sim N(\mu_2, \sigma^2)$, 又 μ_1, μ_2, σ^2 均未知, 试求 $\mu_1 - \mu_2$ 的置信水平为 0.95 的置信区间.

解　输入数据, 调用函数 inte_esti_mu12()

```
source("inte_esti.R")
x<-c(0.143,0.143,0.143,0.137)
y<-c(0.141,0.14,0.136,0.138,0.140)
alpha<-0.05
inte_esti_mu12(x,y,alpha)
   df        a       b
1  7 -0.00143 0.00643
```

所以, $\mu_1 - \mu_2$ 的置信水平为 0.95 的置信区间 $(-0.001\,43, 0.006\,43)$. 又所求置信区间包含 0, 所以 A, B 品牌导线的电阻之间没有明显差异.

2. 两总体方差之比 $\dfrac{\sigma_1^2}{\sigma_2^2}$ 的区间估计

σ_1^2/σ_2^2 的区间估计为

$$\left(\frac{S_1^2/S_2^2}{F_{\frac{\alpha}{2}}(n_1-1, n_2-2)}, \frac{S_1^2/S_2^2}{F_{1-\frac{\alpha}{2}}(n_1-1, n_2-1)} \right).$$

```
inte_esti_var12<-function(x,y,alpha){
n1<-length(x);sx2<-var(x);n2<-length(y);sy2<-var(y);
tmp1<-qf(alpha/2,n1-1,n2-1);tmp2<-qf(1-alpha/2,n1-1,n2-1);
data.frame(df1=n1-1,df2=n2-1,a=(sx2/sy2)/tmp2,b=(sx2/sy2)/tmp1)
}
```

例 10.13　对两批同类型电子元件的电阻进行测试, 结果如下 (单位:Ω):

A 批：0.141,0.141,0.143,0.142,0.143,0.137,0.141,0.142,0.139,0.139,0.138,0.141;

B 批：0.137,0.131,0.135,0.138,0.135,0.135,0.137,0.138,0.132,0.133,0.138,0.137, 0.135, 0.137,0.131.

长期实践表明元件的电阻服从正态分布. 求两个总体方差比的置信水平为 95% 的置信区间.

解　输入数据, 调用函数 inte_esti_var12()

```
source("inte_esti.R")
x<-c(0.141,0.141,0.143,0.142,0.143,0.137,0.141,0.142,0.139,0.139,
     0.138,0.141)
y<-c(0.137,0.131,0.135,0.138,0.135,0.135,0.137,0.138,0.132,0.133,
     0.138,0.137,0.135, 0.137,0.131)
alpha<-0.05
inte_esti_var12(x,y,alpha)
 df1 df2     a      b
  11  14 0.194 2.012
```

所以, 两个总体方差比的置信水平为 0.95 的置信区间为 $(0.194, 2.012)$.

§10.6 假 设 检 验

利用 R 软件可以对一个或两个正态总体参数进行假设检验.

例 10.14 某食品厂使用自动装罐机生产罐头, 其标准净含量是 500 g, 标准差是 l0 g, 现抽取 l0 罐, 测得净含量分别为 495,510,505,498, 503,492,502,512,497,506, 假定罐头净含量服从正态分布, 问机器工作是否正常 (显著性水平 $\alpha = 0.05$)?

解 $H_0 : \mu = 500, H_1 : \mu \neq 500$

```
x<-c(495,510,505,498,503,492,502,512,497,506);
n<-length(x);
xbar<-mean(x); mu_0<-500; sigma_0<-10; alpha<-0.05;
u<-(xbar-mu_0)/(sigma_0/sqrt(n))#检验统计量u的观测值
q<-qnorm(1-alpha/2, 0, 1, lower.tail = TRUE) #分位数值
list(xbar,u,q)
```

输出结果

```
[[1]] [1] 502 [[2]] [1] 0.632456 [[3]] [1] 1.95996
```

此处给出的是详细的结果, 样本均值 $\bar{x} = 502$, 统计量 U 的观测值 $u = \dfrac{\bar{x} - 500}{\sigma_0/\sqrt{n}} = 0.632\,456$, 分位数 $u_{0.025} = 1.959\,96$. 由于 $|u| < u_{0.025}$, 在显著性水平 0.05 下, 接受原假设, 机器工作正常.

当 σ^2 未知时, 在 R 软件中, 函数 t.test() 提供了 T 检验和相应的区间估计的功能:

```
t.test(x, y = NULL,
       alternative = c("two.sided", "less", "greater"),
       mu = 0, paired = FALSE, var.equal = FALSE,
       conf.level = 0.95, ...)
```

其中 x, y 是由数据构成的向量 (如果只有 x, 则做单个正态总体的均值检验; 否则做两个总体的均值检验); alternative 表示备择假设; two.sided(默认) 表示双侧检验 ($H_1 : \mu \neq \mu_0$); less 表示左侧检验 ($H_1 : \mu < \mu_0$);greater 表示右侧检验 ($H_1 : \mu > \mu_0$); mu 表示原假设; conf.level 是置信水平, 即 $1 - \alpha$, 通常是 0.95.

例 10.15　测得某批矿砂的 15 个样品中镍含量值为 (单位:%)

$$5.77, 5.66, 5.34, 5.36, 5.81, 5.74, 5.61, 5.20, 5.14, 5.57, 5.49, 5.61, 5.71, 5.77, 5.16.$$

设镍含量服从正态分布, 问能否认为这批矿砂的镍含量为 3.25%($\alpha = 0.05$)?

解　$H_0 : \mu = 3.25, H_1 : \mu \neq 3.25$.

输入:

```
x<-c(5.77,5.66,5.34,5.36,5.81,5.74,5.61,5.20,5.14,5.57,5.49,5.61,
    5.71,5.77,5.16);
t.test(x,alternative = c("two.sided"),mu=3.25,conf.level = 0.95)
```

输出

```
One Sample t-test
data:  x
t = 37.7427, df = 14, p-value = 1.74e-15
alternative hypothesis: true mean is not equal to 3.25
95 percent confidence interval:
 5.399807 5.658860
sample estimates:
mean of x
 5.529333
```

结果显示, p 值为 $1.740e - 15 (< 0.05)$, 拒绝原假设 H_0, 即认为这批矿砂的镍含量不为 3.25%.

注　p 值 (P-value)$= P($检验统计量等于观测值或更极端$|H_0)$. 如果 p 值很小, 说明这种情况发生的概率很小, 而如果出现了, 根据小概率原理, 就有理由拒绝原假设, p 值越小, 拒绝原假设的理由越充分.

例 10.16　对两批同类型电子元件的电阻进行测试, 测量结果如下 (单位: Ω):

A 批: $0.141, 0.141, 0.143, 0.142, 0.143, 0.137, 0.141, 0.142, 0.139, 0.139, 0.138, 0.141$

B 批: $0.137, 0.131, 0.135, 0.138, 0.135, 0.135, 0.137, 0.138, 0.132, 0.133, 0.138,$ $0.137, 0.135,$ $0.137, 0.131$.

长期实践表明元件的电阻服从正态分布. 假定两批电阻总体方差相等, 问两批元件的平均电阻是否有显著差异 ($\alpha = 0.05$)?

解　该题为两个总体在方差未知且相等时关于均值差的假设检验.

$H_0 : \mu_1 = \mu_2, H_1 : \mu_1 \neq \mu_2$.

输入:

```
x<-c(0.141,0.141,0.143,0.142,0.143,0.137,0.141,0.142,0.139,0.139,
    0.138,0.141)
y<-c(0.137,0.131,0.135,0.138,0.135,0.135,0.137,0.138,0.132,0.133,
    0.138,0.137,0.135,0.137,0.131)
t.test(x,y,alternative = c("two.sided"),mu=0,var.equal=TRUE,
    conf.level=0.95)
```

输出

```
        Two Sample t-test
 data: x and y t = 6.07, df = 25, p-value = 2.417e-06 alternative
 hypothesis: true difference in means is not equal to 0 95 percent
 confidence interval:
  0.00351 0.00712
 sample estimates: mean of x mean of y
      0.141      0.135
```

结果显示, p 值为 $2.417e-06 (< 0.05)$, 拒绝原假设, 即认为两批元件的平均电阻有显著差异.

R 软件的程序包中没有现成的单个总体的方差检验函数可以利用, 这里编写程序来完成这个检验. 函数为 single_var.test.

```
single_var.test<-function(x,sigmasq,side){
n<-length(x);
chisq_value<-(n-1)*var(x)/sigmsq;
p<-pchisq(chisq_value, n-1,lower.tail = TRUE)
if(side=="less")  pvalue<-p
    else if (side=="greater") pvalue<-1-p
        else
            if(p<1/2) pvalue<-2*p
            else pvalue<-2*(1-p)
T=list("Var"=var(x),"df"=n-1,"chisq"=chisq_value,"P_value"=pvalue);
T
}
```

例 10.17 某种导线, 要求其长 100 m 导线电阻的标准差不得超过 0.10 Ω. 今在成品导线中取样品 18 根, 测得电阻值 (单位: Ω):

$$1.74 \quad 1.80 \quad 1.57 \quad 1.82 \quad 1.59 \quad 1.61 \quad 1.74 \quad 1.83 \quad 1.55 \quad 1.56$$

$$1.84 \quad 1.73 \quad 1.58 \quad 1.67 \quad 1.92 \quad 1.74 \quad 1.68 \quad 1.80$$

设总体服从正态分布, 问在显著性水平 $\alpha = 0.05$ 下, 能否认为这批导线电阻标准显著地偏大?

解 $H_0 : \sigma^2 = 0.10^2$, $H_1 : \sigma^2 > 0.10^2$

输入:

```
source("single_var.test.R")
x<-c(1.74,1.80,1.57,1.82,1.59,1.61,1.74,1.83,1.55,1.56,1.84,1.73,
    1.58,1.67,1.92,1.74,1.68,1.80)
single_var.test(x,0.1^2,"greater")
```

输出:

```
$Var
```

```
[1] 0.01284085
$df
[1] 17
$chisq
[1] 21.82944
$P_value
[1] 0.1913675
```

结果显示, p 值为 $0.1913675 (> 0.05)$, 接受原假设, 即认为这批导线电阻标准差符合标准.

在 R 软件中, 函数 var.test() 提供了两个总体方差比较的 F 检验和相应的区间估计的功能:

```
var.test(x, y, ratio = 1,
        alternative = c("two.sided", "less", "greater"),
        conf.level = 0.95, ...)
```

其中 x, y 是来自两个总体的数据向量, 采用自由度为 $(n_1 - 1, n_2 - 1)$ 的 F 分布计算 F 值; side 是指双侧检验还是单侧检验, 当 side="two.sided" 时, 做双侧检验 ($H_1 : \sigma_1^2 \neq \sigma_2^2$), 当 side="less" 时, 做左侧检验 ($H_1 : \sigma_1^2 < \sigma_2^2$), 当 side="greater" 时, 做右侧检验 ($H_1 : \sigma_1^2 > \sigma_2^2$).

例 10.18　对例 10.16 中元件的电阻数据进行两个总体方差比较分析 ($\alpha = 0.05$).

解　该题为两个总体关于方差是否相等的假设检验:

$H_0 : \sigma_1^2 = \sigma_2^2, H_1 : \sigma_1^2 \neq \sigma_2^2.$

输入:

```
x<-c(0.141,0.141,0.143,0.142,0.143,0.137,0.141,0.142,0.139,0.139,
     0.138,0.141)
y<-c(0.137,0.131,0.135,0.138,0.135,0.135,0.137,0.138,0.132,0.133,
     0.138,0.137,0.135,0.137,0.131)
var.test(x, y, ratio = 1,
        alternative = c("two.sided"),conf.level = 0.95)
```

输出:

```
        F test to compare two variances
data:  x and y F = 0.599, num df=11, denom df=14, p-value=0.3980
alternative hypothesis: true ratio of variances is not equal to 1
95 percent confidence interval:
 0.194 2.012
sample estimates: ratio of variances
                0.599
```

结果显示, p 值为 $0.3980 (> 0.05)$, 接受原假设, 即认为这两批导线电阻的方差没有显著差异.

例 10.19　一种机床加工的零件尺寸绝对平均误差允许值为 1.35 cm. 生产厂家现采用一种新的机床加工以期降低误差. 为检验新机床加工的零件平均误差与旧机床相比是否

显著降低, 从某日生产的零件中随机抽取 50 个进行检验. 样本数据为

1.26, 1.13, 0.98, 1.12, 1.23, 0.99, 1.98, 1.11, 1.70, 1.17, 1.19, 0.96, 1.10, 1.12, 0.74, 1.45,
1.97, 1.54, 2.37, 1.12, 1.31, 1.06, 1.12, 0.95, 1.50, 1.24, 0.91, 1.08, 1.38, 1.23, 0.97, 1.00,
1.03, 1.02, 0.50, 1.01, 1.22, 1.10, 1.60, 0.82, 1.81, 0.94, 1.16, 1.13, 0.59, 2.03, 1.06, 1.64,
1.26, 0.86.

利用这些样本数据, 检验新机床加工的零件尺寸的平均误差与旧机床相比是否显著降低 ($\alpha = 0.01$).

解 该题为单总体关于均值的单边假设检验:

$H_0 : \mu \geqslant 1.35,\ H_1 : \mu < 1.35$.

输入:

```
x<-c(1.26,1.13,0.98,1.12,1.23,0.99,1.98,1.11,1.70,1.17,1.19,0.96,
1.10,1.12, 0.74,1.45,1.97,1.54,2.37,1.12,1.31,1.06,1.12,0.95,1.50,
1.24,0.91,1.08,1.38,1.23, 0.97,1.00,1.03,1.02,0.50,1.01,1.22,1.10,
1.60,0.82,1.81,0.94,1.16,1.13, 0.59,2.03,1.06,1.64,1.26,0.86)
t.test(x,alternative = c("less"),mu=1.35,conf.level = 0.99)
```

输出:

```
 One Sample t-test
data:  x
t = -2.6061, df = 49, p-value = 0.006048
alternative hypothesis: true mean is less than 1.35
99 percent confidence interval:
     -Inf 1.339592
sample estimates:
mean of x
   1.2152
```

结果显示, p 值为 $0.006\,048 (< 0.01)$, 拒绝原假设, 即认为新机床加工的零件尺寸的平均误差显著降低.

注 例 10.19 中基于原始数据 P 值的计算: 检验统计量的实现值 $t = \dfrac{\text{mean}(x) - 1.35}{\text{sd}(x)/\text{sqrt}(n)} = -2.606\,1$, p-value$= P(t < -2.606\,1) = \text{pt}(-2.606\,1, 49) = 0.006\,048$.

§10.7 方 差 分 析

在 R 软件中, 可以利用函数 aov() 进行方差分析, 用法如下:

```
aov(formula, data = NULL, projections = FALSE, qr = TRUE,
    contrasts = NULL, ...)
```

其中 formula 是方差分析的公式, data 是数据, 其他可通过在线帮助得到. summary() 列出方差分析的详细结果.

例 10.20 某种型号化油器的原喉管结构油耗较大, 为节省能源, 设想了两种改进方案以降低油耗指标——比油耗, 现对用各种结构的喉管制造的化油器分别测得如下表数据.

水平 A	比油耗/(g/(kW·h))							
A_1 原结构	230.1	232.8	227.6	228.3	224.7	225.5	229.3	230.3
A_2 改进方案 I	222.8	224.5	218.9	220.2	223.6	225.3	217.9	224.1
A_3 改进方案 II	224.1	226.1	221.4	223.5	222.6	227.1	219.9	225.8

在显著性水平 $\alpha = 0.01$ 条件下进行方差分析, 判断喉管的结构对比油耗的影响是否显著.

解　输入:

```
alpha<-0.01
y1<-c(230.1,232.8,227.6,228.3,224.7,225.5,229.3,230.3)
y2<-c(222.8,224.5,218.9,220.2,223.6,225.3,217.9,224.1)
y3<-c(224.1,226.1,221.4,223.5,222.6,227.1,219.9,225.8)
consumption<-data.frame(y=c(y1,y2,y3),A=gl(3,8,24))
consumption.aov<-aov(y~A,data=consumption)
summary(consumption.aov)
```

输出:

```
            Df Sum Sq Mean Sq F value   Pr(>F)
A            2  177.4   88.70   12.75 0.000238 ***
Residuals   21  146.1    6.96
---
Signif. codes:  0 `***' 0.001 `**' 0.01 `*' 0.05 `.' 0.1 `' 1
```

结果显示, p 值为 $0.000\,238(< 0.01)$, 认为喉管的结构显著影响比油耗. 通过 plot() 函数绘出各水平的差异 (图 10.6)

```
boxplot(consumption$y~consumption$A,col="white",lwd=2)
```

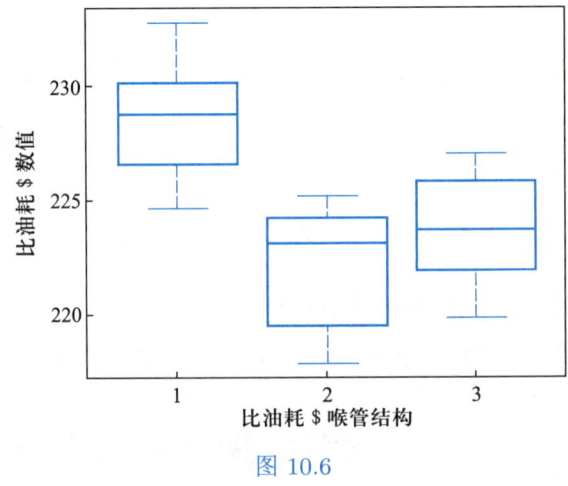

图 10.6

例 10.21　为了提高某种合金钢的强度, 需要同时考察碳 (C) 以及钛 (Ti) 的含量对强度的影响, 以便选取合理的成分组合使得强度达到最大, 在试验中分别取因素 A(C 的含量)

的 3 个水平, 因素 B(Ti 的含量) 的 4 个水平, 在组合 (A_i, B_j) 下, $(i = 1, 2, 3; j = 1, 2, 3, 4)$ 各炼一炉钢. 测得强度 (单位:kg/mm^2) 数据为

单位：kg/mm^2

水平 A	水平 B			
	B_1	B_2	B_3	B_4
A_1	63.1	63.9	65.6	66.8
A_2	65.1	66.4	67.8	69.0
A_3	67.2	71.2	71.9	73.5

试问: 碳与钛的含量对合金钢的强度是否有显著影响 $(\alpha = 0.01)$?

解 输入:

```
alpha<-0.01
X1<-c(63.1,63.9,65.6,66.8)
X2<-c(65.1,66.4,67.8,69.0)
X3<-c(67.2,71.2,71.9,73.5)
intensity<-data.frame(X<-c(X1,X2,X3),
A<-factor(c(rep(1,4),rep(2,4),rep(3,4))), B<-gl(4,1,12) )
intensity.aov<-aov(X~A+B,data=intensity)
summary(intensity.aov)
```

输出:

```
            Df Sum Sq Mean Sq F value    Pr(>F)
A            2 76.235  38.117  65.878 8.263e-05 ***
B            3 34.976  11.659  20.149  0.001555 **
Residuals    6  3.472   0.579
---
Signif. codes:  0 `***' 0.001 `**' 0.01 `*' 0.05 `.' 0.1 `' 1
```

结果显示, p 值为 $8.263\mathrm{e} - 05(< 0.01), 0.001\,555(< 0.01)$, 认为碳与钛的含量对合金钢的强度有显著影响.

例 10.22 考察合成纤维中对纤维弹性有影响的两个因素, 收缩率 A 和总拉伸倍数 B, A 和 B 各取 4 个水平, 每组组合水平重复试验两次, 得到下表数据, 问收缩率 A 和总拉伸 B 倍数以及这两者的交互作用对纤维弹性是否有显著的影响, 取显著性水平为 $\alpha = 0.05$.

水平 A	水平 B			
	B_1	B_2	B_3	B_4
A_1	71,73	72,73	75,73	77,75
A_2	73,75	76,74	78,77	74,74
A_3	76,73	79,77	74,75	74,73
A_4	75,73	73,72	70,71	69,69

解　输入:

```
alpha<-0.05 elasticity<-array(0, c(4,4,2),dimnames = NULL)
elasticity[,,1][1,]<-c(71,72,75,77)
elasticity[,,1][2,]<-c(73,76,78,74)
elasticity[,,1][3,]<-c(76,79,74,74)
elasticity[,,1][4,]<-c(75,73,70,69)

elasticity[,,2][1,]<-c(73,73,73,75)
elasticity[,,2][2,]<-c(75,74,77,74)
elasticity[,,2][3,]<-c(73,77,75,73)
elasticity[,,2][4,]<-c(73,72,71,69)
elasticity<-data.frame(Y<-c(elasticity[,,1][1,],elasticity[,,1][2,],
        elasticity[,,1][3,],elasticity[,,1][4,],elasticity[,,2][1,],
        elasticity[,,2][2,],elasticity[,,2][3,],elasticity[,,2][4,]),
A<-gl(4,4,32), B<-gl(4,1,32) )
elasticity.aov<-aov(Y~A+B+A:B,data=elasticity)
summary(elasticity.aov)
```

输出:

```
          Df Sum Sq Mean Sq F value     Pr(>F)
A          3 70.594  23.531 17.5116  2.622e-05 ***
B          3  8.594   2.865  2.1318 0.1362993
A:B        9 79.531   8.837  6.5762 0.0005909 ***
Residuals 16 21.500   1.344
---
Signif. codes:  0 `***' 0.001 `**' 0.01 `*' 0.05 `.' 0.1 ` ' 1
```

结果显示, p 值为 $2.622\mathrm{e}-05(<0.05), 0.136\,299\,3(>0.05), 0.000\,590\,9(<0.05)$. 认为纤维收缩率对弹性有显著影响, 总拉伸倍数对弹性无显著影响, 而它们的相互作用对弹性有显著影响.

§10.8　线 性 回 归

在 R 软件中, 可以利用函数 lm() 进行线性回归分析, 用法如下:

```
lm(formula, data, subset, weights, na.action,
    method = "qr", model = TRUE, x = FALSE, y = FALSE, qr = TRUE,
    singular.ok = TRUE, contrasts = NULL, offset, ...)
```

其中 formula 是回归公式, data 是数据, 其他可通过在线帮助得到. summary() 列出回归分析的详细结果.

例 10.23　考察温度 x 对化工产品产量 y 的影响, 测得下列 10 组数据:

温度 x/℃	20	25	30	35	40	45	50	55	60	65
产量 y/kg	13.2	15.1	16.4	17.1	17.9	18.7	19.6	21.2	22.5	24.3

求: (1) y 关于 x 的线性回归方程;

(2) 检验回归效果是否显著;

(3) 在 $x_0 = 42℃$ 下, 求产量 y_0 的点预测和区间预测 ($\alpha = 0.05$);

(4) 若要求 y 的观测值以 $1 - \alpha$ 概率落入区间 $(16.5, 19.5)$ 内, 求 x 的控制区间 ($\alpha = 0.05$).

解 输入:

```
yield<-data.frame(x=c(20,25,30,35,40,45,50,55,60,65),
                  y=c(13.2,15.1,16.4,17.1,17.9,18.7,19.6,21.2,22.5,24.3)
                  )
lm.sol<-lm(y~x,data=yield)
plot(yield,pch=20,cex=1.4)
abline(lm.sol,lwd=3)### 画出回归直线
summary(lm.sol)
```

输出:

```
Call:
lm(formula = y ~ x, data = yield)
Residuals:
      Min       1Q   Median       3Q      Max
-0.67273 -0.33333 -0.07273  0.34545  0.68182
Coefficients:
            Estimate Std. Error t value Pr(>|t|)
(Intercept) 9.12121    0.47708    19.12 5.80e-08 ***
x           0.22303    0.01063    20.97 2.80e-08 ***
---
Signif. codes:  0 `***' 0.001 `**' 0.01 `*' 0.05 `.' 0.1 `' 1
Residual standard error: 0.483 on 8 degrees of freedom Multiple
R-squared: 0.9821,     Adjusted R-squared: 0.9799
F-statistic: 439.8 on 1 and 8 DF, p-value: 2.805e-08
```

plot(yield) 画出散点图 (图 10.7)

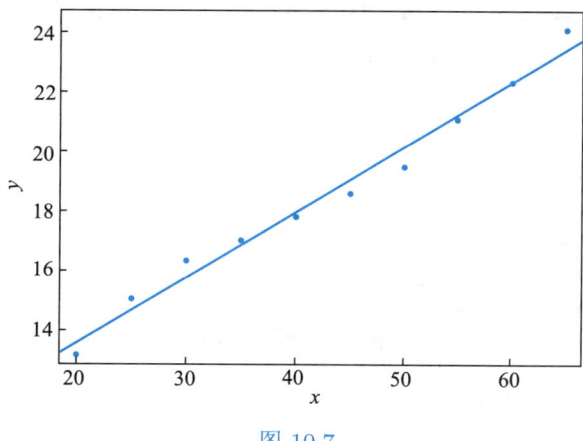

图 10.7

结果显示, $\hat{\beta}_0 = 9.12121$, $\hat{\beta}_1 = 0.22303$. 得到回归方程 $\hat{y} = 9.12121 + 0.22303x$. 回归系数的显著性检验 p 值为 $2.80 \times 10^{-8} (< 0.05)$. 认为产量 y 对温度 x 的回归效果是高度显著的. 进一步通过函数 predict() 做点预测和区间预测.

```
new<-data.frame(x=42)
predict(lm.sol, new,interval ="prediction",level = 0.95)
```

得到结果:

$$
\begin{array}{ccc}
\text{fit} & \text{lwr} & \text{upr} \\
18.48848 & 17.32034 & 19.65663
\end{array}
$$

因此产量 y_0 的点预测为 18.48848, 置信水平为 95% 的区间预测为 $(17.32034\ 19.65663)$.

控制问题可以编写如下程序得到

```
alpha<-0.05
x<-yield$x
y<-yield$y
n<-length(x)
xbar<-mean(x)
lxx<-sum((x-mean(x))^2)
qvalue<-qt(1-alpha/2,n-2)
betahat0<-9.12121
betahat1<-0.22303
yhat<-betahat0+betahat1*x
sigmahat<-sqrt(sum((y-yhat)^2/(n-2)))
y1<-function(x) betahat0+betahat1*x-
                qvalue*sigmahat*sqrt(1+1/n+(x-xbar)^2/lxx)-16.5
y2<-function(x) betahat0+betahat1*x+
                qvalue*sigmahat*sqrt(1+1/n+(x-xbar)^2/lxx)-19.5
uniroot(y1, lower = 20, upper = 90, tol = 1e-10)
uniroot(y2, lower = 20, upper = 90, tol = 1e-10)
```

得到如下输出:

```
> uniroot(y1, lower = 20, upper = 90, tol = 1e-10)
$root
[1] 38.3415
$f.root
[1] 5.73408e-12
$iter
[1] 5
$estim.prec
[1] 5.00151e-11
> uniroot(y2, lower = 20, upper = 90, tol = 1e-10)
$root
[1] 41.2964
$f.root
```

```
[1] -2.582823e-12
$iter
[1] 5
$estim.prec
[1] 5.00151e-11
```

因此若要求 y 的观测值以 0.95 的概率落入区间 $(16.5, 19.5)$, x 的控制区间为 $(38.3415, 41.2964)$.

习　题　十

1. 已知某种疾病的发病率为 0.001, 某单位共有 $5\,000$ 人, 问该单位患有这种疾病的人数超过 5 的概率.

2. 由一商店以往的销售记录知, 某种商品每月的销售数可用 $\lambda = 10$ 的泊松分布来描述, 为了有 95% 以上把握保证不脱销, 商店在上月底至少应进该种商品多少件?

3. 如果有一正态总体, 其方差为 81, 放回法抽样, 随机抽取容量为 36 的样本:

55.6, 61.4, 49.4, 62.8, 44.0, 70.2, 59.1, 80.5, 72.1, 79.9, 84.7, 76.6, 57.6, 64.6, 51.0,

71.7, 56.4, 49.6, 71.8, 65.7, 63.2, 52.7, 67.6, 68.9, 59.9, 56.9, 60.0, 49.7, 56.5, 49.4,

76.1, 60.1, 56.4, 61.8, 55.6, 61.9.

试利用 R 软件计算总体均值置信水平为 95% 的置信区间.

4. 对飞机的飞行速度进行 15 次独立试验, 测得飞机的最大飞行速度 (单位: m/s) 如下:

422.2, 418.7, 425.6, 420.3, 425.8, 423.1, 431.5, 428.2, 438.3, 434.4, 412.3, 417.2, 413.5, 441.3, 423.7.

根据长期的经验, 可以认为最大飞行速度服从正态分布 $N(\mu, \sigma^2)$, 试利用 R 软件求 μ 的 95% 的置信区间.

5. 为了检验一种杂交作物的两种新种植方案, 在同一地区随机地选择 16 块地段, 在各试验地段按两种方案种植作物, 其单位面积产量 (单位: kg):

一号方案产量　86, 87, 56, 93, 84, 93, 75, 79, 81, 78, 79, 90, 68, 65, 87, 90;

二号方案产量　80, 79, 58, 91, 77, 82, 74, 66, 58, 59, 64, 78, 76, 80, 82, 55.

假设两种方案的产量都服从正态分布, 分别为 $N(\mu_1, \sigma^2)$, $N(\mu_2, \sigma^2)$, σ^2 未知, 利用 R 软件求均值差 $\mu_1 - \mu_2$ 的置信水平为 95% 的置信区间.

6. 生产工序中的方差是工序质量的一个重要测度, 通常较大的方差就意味着要通过寻找减小工序方差的途径来改进工序. 某杂志上刊载了关于两部机器生产的袋茶净含量数据如下 (单位: g):

机器 1　2.95, 3.45, 3.5, 3.75, 3.48, 3.26, 3.33, 3.2, 3.16, 3.2, 3.22, 3.38, 3.9, 3.36, 3.25, 3.28, 3.2, 3.22, 2.98, 3.45, 3.7, 3.34, 3.18, 3.35, 3.12;

机器 2　3.22, 3.3, 3.34, 3.28, 3.29, 3.25, 3.3, 3.27, 3.38, 3.34, 3.35, 3.19, 3.35, 3.05, 3.36, 3.28, 3.3, 3.28, 3.3, 3.2, 3.16, 3.33.

试进行检验以确定这两部机器生产的袋茶净含量的方差是否存在显著差异 (取 $\alpha = 0.05$).

7. 经验表明, 一个矩形的宽与长之比等于 0.618 的时候会给人们美的感觉. 某工艺品工厂生产的矩形工艺品框架的宽与长要求也按这一比例设计, 假定其总体服从正态分布, 现随机抽取了 20 个框架测得比值数据如下:

0.699, 0.672, 0.668, 0.553, 0.749, 0.615, 0.611, 0.570, 0.654, 0.606, 0.606, 0.844, 0.670, 0.690, 0.609, 0.576, 0.612, 0.628, 0.601, 0.933.

在显著性水平 $\alpha = 0.05$ 下, 能否认为该厂生产的工艺品框架宽与长的平均比例为 0.618?

8. 为比较新旧两种肥料对产量的影响, 以便决定是否采用新肥料. 研究者选择了面积、土壤等条件相同的 40 块田地, 分别施用新旧两种肥料, 得到产量数据:

旧肥料　109, 98, 103, 97, 101, 98, 88, 105, 97, 94, 108, 102, 98, 99, 102, 104, 100, 104, 106, 101;

新肥料　105, 113, 106, 110, 109, 111, 117, 111, 110, 111, 99, 103, 118, 99, 107, 110, 109, 112, 119, 119.

假定两种肥料产量服从正态分布, 方差未知但相等, 即 $\sigma_1^2 = \sigma_2^2$. 取显著性水平 $\alpha = 0.05$, 试用 R 软件检验新肥料获得的平均产量是否显著地高于旧肥料.

9. 在一项试验中要考察两个因素的影响: 烘烤时间和温度对调制的面包味道的影响. 响应变量为面包的味道, 由品尝专家给出的评价来衡量. 第一个因素为烘烤时间, 有三个水平: 短 (缩短正常面包烘烤时间的 10%), 适中 (正常面包烘烤时间), 长 (增加正常面包烘烤时间的 10%); 另一个因素为烘烤温度, 也有三个水平: 低 (降低正常面包烘烤温度的 10%), 适中 (正常面包烘烤的温度), 高 (增加正常面包烘烤温度的 10%). 这样, 温度和烘烤时间有 9 个组合. 3 名品尝专家对给定组合烤出的面包评价, 所以有三次重复. 所烤的面包是随机分给品尝专家的, 品尝专家按 7 分制给面包打分, 从 0(远低于平均水平) 到 6(远高于平均水平), 评分表如下:

时间	温度		
	低	适中	高
短	1	1	5
	0	2	4
	2	4	6
适中	2	4	1
	3	6	2
	4	6	3
长	5	1	0
	6	4	1
	6	3	2

试利用 R 软件做方差分析以推断烘烤时间和烘烤温度两个因素及其交互效应对面包的味道是否有显著的影响 $(\alpha = 0.05)$?

10. 整理出 1991—2013 年两种水果全国年产量数据如下表:

年份	苹果 y/t	梨 x/t	年份	苹果 y/t	梨 x/t
1991	4 540 445	2 497 760	2003	21 101 780	9 798 424
1992	6 555 836	2 846 121	2004	23 675 470	10 642 290
1993	9 030 559	3 217 170	2005	24 011 080	11 323 510
1994	11 127 942	4 042 921	2006	26 059 300	11 986 080
1995	14 010 670	4 942 445	2007	27 859 940	12 895 010
1996	17 052 250	5 806 632	2008	29 846 610	13 538 140
1997	17 218 570	6 414 877	2009	31 680 790	14 262 980
1998	19 480 720	7 275 464	2010	33 263 290	15 057 080
1999	20 801 640	7 742 331	2011	35 984 800	15 794 800
2000	20 431 230	8 412 413	2012	38 490 700	17 073 000
2001	20 014 990	8 796 097	2013	39 682 600	17 300 800
2002	19 240 980	9 309 432			

试利用 R 软件实现苹果年产量对梨年产量的回归分析. 进一步考虑苹果年产量对年份的回归、梨年产

量对年份的回归、检验回归效果是否显著; 如果显著, 预测 2020 年我国苹果、梨的年产量.

习题参考答案或提示十

总 复 习 题

第一部分：综合提高题

一、填空题或单项选择题

1. 已知 $P(B) = 0.3, P(\overline{A}) = 0.4, P(\overline{A}B) = 0.12$, 则 $P(A - B \mid A \bigcup B) = $ _____.

2. n 个朋友随机地围绕圆桌就座, 则其中指定的两个朋友坐在一起（即座位相邻）的概率为 _____.

3. 设总体 X 服从正态分布 $N(\mu_1, \sigma^2)$, 总体 Y 服从正态分布 $N(\mu_2, \sigma^2)$, X_1, $X_2, \cdots, X_{n_1}$ 和 $Y_1, Y_2, \cdots, Y_{n_2}$ 分别是来自总体 X 与 Y 的简单随机样本, 则

$$E\left[\frac{\sum_{i=1}^{n_1}(X_i - \overline{X})^2 + \sum_{j=1}^{n_2}(Y_j - \overline{Y})^2}{n_1 + n_2 - 2}\right] = \underline{\qquad}.$$

4. 如果 (　　) 成立, 则 $P(B - A) = P(B) - P(A)$.

(A)A 与 B 相互独立　　　(B)A 与 B 互不相容　　　(C)$B \subset A$　　　(D)$A \subset B$

5. 设 A, B 是两事件, 有 $P(A - B) = $ (　　).

(A) $P(A) - P(B)$　　　　　　　　　(B) $P(A) - P(B) + P(AB)$

(C) $P(A) - P(AB)$　　　　　　　　(D) $P(A) + P(B) - P(AB)$

6. 设事件 A 与 B 满足 $P(B|A) = 1$, 则 (　　).

(A)A 是必然事件　　　　(B)$P(B|\overline{A}) = 1$

(C)$A \supset B$　　　　　(D)$A \subset B$　　　　　(E) 上面四个答案均错

7. 设当事件 A 与事件 B 发生时, 事件 C 必然发生, 则 (　　).

(A) $P(C) \geqslant P(A) + P(B) - 1$　　　(B) $P(C) \leqslant P(A) + P(B) - 1$

(C) $P(C) = P(AB)$　　　　　　　　(D) $P(C) = P(A \bigcup B)$

8. 设当 A 与 B 是任意两个概率不为 0 的互不相容事件, 则下列结论中肯定正确的是 (　　).

(A) $\overline{A}$ 与 $\overline{B}$ 不相容　　　　　(B) $\overline{A}$ 与 $\overline{B}$ 相容

(C) $P(AB) = P(A)P(B)$　　　　　(D) $P(A - B) = P(A)$

9. 设 A 和 B 是两个随机事件, 且 $A \subset B, P(B) > 0$, 则下列选项必然成立的是 (　　).

(A) $P(A) < P(A|B)$　　　　　　　(B) $P(A) \leqslant P(A|B)$

(C) $P(A) > P(A|B)$　　　　　　　(D) $P(A) \geqslant P(A|B)$

10. 设 A, B_1, B_2 是三个随机事件, 且 $P(A) > 0, A \subset B_1 \subset B_2$, 则 (　　).

(A) $P(A|B_1) > P(A|B_2)$　　　　　(B) $P(A|B_1) \geqslant P(A|B_2)$

(C) $P(A|B_1) < P(A|B_2)$ (D) $P(A|B_1) \leqslant P(A|B_2)$

11. 设随机变量 X 的密度函数为 $\varphi(x)$, 且 $\varphi(x) = \varphi(-x)$, $F(x)$ 是 X 的分布函数, 则 ( ).

(A) $F(-a) = 1 - \int_0^a \varphi(x)\mathrm{d}x$ (B) $F(-a) = \dfrac{1}{2} \int_0^a \varphi(x)\mathrm{d}x$

(C) $F(-a) = F(a)$ (D) $F(-a) = 1 - F(a)$

12. 设随机变量 X 服从正态分布 $N(\mu, \sigma^2)$, 则随 σ 的增大概率 $P(|X - \mu| < \sigma)$ 是 ( ).

(A) 单调增加   (B) 单调减少

(C) 保持不变   (D) 非单调变化

13. 设随机变量 X 与 Y 独立同分布, X 的分布律为

X	-1	1
P	$\dfrac{1}{2}$	$\dfrac{1}{2}$

则下列式子正确的是 ( ).

(A) $X = Y$ (B) $P(X = Y) = 1$

(C) $P(X = Y) = \dfrac{1}{2}$ (D) $P(X = Y) = 0$

14. 设随机变量 X 的密度函数为 $f_X(x)$, 令随机变量 $Y = |X|$, 则随机变量 Y 的密度函数为_____.

15. 设随机变量 X, Y 相互独立且 $X \sim N(-3, 1)$, $Y \sim N(2, 2)$, 令 $Z = X - 2Y + 7$, 则 $Z \sim$_____.

16. 设随机变量 X 的概率分布为

X	-2	-1	0	1
P	0.1	0.3	0.25	0.35

则 X 的分布函数为 $F(x)$_____.

17. 下列函数中可作为分布函数的是 ( ).

(A) $F(x) = \dfrac{1}{1 + x^2}$ (B) $F(x) = \dfrac{2}{\pi} \arctan x$

(C) $F(x) = \dfrac{2}{\pi} + \arctan x$ (D) $F(x) = \begin{cases} 0, & x \leqslant 0, \\ \dfrac{x}{1 + x}, & x > 0 \end{cases}$

18. 设随机变量 X 的分布函数 $F(x) = \dfrac{1}{2} + \dfrac{1}{\pi} \arctan x$, 则 X 的密度函数为 $f(x) =$ _____.

19. 设随机变量 X 与 Y 独立同分布, X 的概率分布为

X	0	1
P	$\frac{1}{2}$	$\frac{1}{2}$

则 $Z = \max\{X, Y\}$ 的分布律为_____, $U = \min\{X, Y\}$ 的分布律为_____.

20. 设随机变量 X 的密度函数为

$$f(x) = \begin{cases} 2x, & 0 < x < 1, \\ 0, & \text{其他}, \end{cases}$$

以 Y 表示对 X 的三次重复独立观察中事件 $\left\{X \leqslant \dfrac{1}{2}\right\}$ 出现的次数, 则 Y 的分布律为_____.

21. 设 X 与 Y 是两个随机变量, 且满足 $E(XY) = E(X)E(Y)$, 则 (   ).

(A) $D(XY) = D(X)D(Y)$ (B) $D(X+Y) = D(X) + D(Y)$

(C) X 与 Y 相互独立   (D) X 与 Y 不独立

22. 某人有 n 把钥匙, 只有一把能打开锁, 他任意取一把钥匙试开（不放回）, 则试开的平均次数为_____.

23. 设随机变量 X 与 Y 相互独立, 且同在 $[0, a]$ 上服从均匀分布, 则 $E[\min\{X, Y\}] = $_____.

24. 设二维随机变量 (X, Y), 已知 X, Y 的方差分别为 $9, 4$, $\rho_{XY} = \dfrac{1}{3}$, 则 $(X - Y)$ 的方差为 (   ).

(A) 15   (B) 9   (C) 13   (D) 5

25. 设随机变量 X 的概率密度为 $f(x) = \dfrac{1}{\pi(1 + x^2)}$, $-\infty < x < +\infty$, 则 $E[\min\{|X|, 1\}] = $_____.

26. 设 X_1, X_2, X_3 相互独立, 其中 X_1 在 $[0, 6]$ 上服从均匀分布, $X_2 \sim N(0, 4)$, X_3 服从参数 $\lambda = 3$ 的泊松分布, $Y = X_1 - 2X_2 + 3X_3$, 则 $D(Y) = $_____.

27. 设随机变量 X, Y 同分布, 概率密度为

$$f(x) = \begin{cases} 2x\theta^2, & 0 < x < \dfrac{1}{\theta}, \\ 0, & \text{其他}. \end{cases}$$

且 $E[a(X + 2Y)] = \dfrac{1}{\theta}$, 则 a 的值为 (   ).

(A) $\dfrac{1}{2}$ (B) $\dfrac{1}{3}$ (C) $\dfrac{1}{2\theta^2}$ (D) $\dfrac{2}{3\theta}$

28. 已知随机变量 X 服从二项分布, 且 $E(X) = 2.4, D(X) = 1.44$, 则二项分布的参数 n, p 的值为 (   ).

(A) $n = 4, p = 0.6$ (B) $n = 6, p = 0.4$ (C) $n = 8, p = 0.3$ (D) $n = 24, p = 0.1$

29. 设随机变量 X 服从参数为 1 的指数分布, 则数学期望 $E(X + \mathrm{e}^{-3X}) = $_____.

30. 设随机变量 X, Y 的期望和方差都存在, 且 $D(X - Y) = D(X) + D(Y)$, 则下面不正确的是 (   ).

(A) $D(X + Y) = D(X) + D(Y)$ (B) $E(XY) = E(X)E(Y)$

(C) X 与 Y 不相关   (D) X 与 Y 独立

31. 设随机变量 X 与 Y 相互独立, X 服从泊松分布, 参数为 λ, Y 服从参数为 θ 的指数分布, 且 $E[(X - 1)(Y - 2)] = 2$, 则必不成立的是 (   ).

(A) $\lambda = -1, \theta = 1$ (B) $\lambda = 2, \theta = 4$

(C) $\lambda = 1, \theta = 1$ (D) $\lambda = -2, \theta = \dfrac{4}{3}$

32. 设 X 表示 10 次独立重复射击中命中目标的次数, 每次命中率为 0.6, 则 $E[X(X - 1)] = $ _____.

33. 设随机变量 ξ 的数学期望 $E(\xi) = \mu$, 方差 $D(\xi) = \sigma^2$, 则由切比雪夫不等式有 $P(|\xi - \mu| \geqslant 3\sigma) \leqslant $ _____.

34. 从 $1, 2, 3, 4$ 中任取一个数, 记为 X, 再从 $1, 2, \cdots, X$ 中任取一个数, 记为 Y, 则 $P(Y = 2) = $ _____.

35. 设 $\xi_1, \xi_2, \cdots$ 为独立同分布随机变量, 且 ξ_1 服从参数为 λ 的泊松分布, 则

$$\lim_{n \to \infty} P\left(\frac{\sum\limits_{i=1}^{n} \xi_i - n\lambda}{\sqrt{n\lambda}} \leqslant x \right) = \underline{\hspace{3cm}}.$$

36. 设随机变量 $\xi_1, \xi_2, \cdots$ 独立同分布, 其分布函数 $F(x) = a + \dfrac{1}{\pi} \arctan \dfrac{x}{b}, b > 0$, 则辛钦大数定律对此序列 (   ).

(A) 适用   (B) 不适用   (C) 当 a, b 取适当的数值时适用   (D) 无法判别

37. 设 $\xi_1, \xi_2, \cdots$ 为独立同分布序列, 且 ξ_1 服从参数为 λ 的指数分布, 密度函数为

$$f(x) = \begin{cases} \lambda e^{-\lambda x}, & x > 0, \\ 0, & x \leqslant 0. \end{cases} \quad \text{则 (   ).}$$

(A) $\lim\limits_{n \to \infty} P\left(\dfrac{\lambda \sum\limits_{i=1}^{n} \xi_i - n}{\sqrt{n}} \leqslant x \right) = \Phi(x)$ (B) $\lim\limits_{n \to \infty} P\left(\dfrac{\sum\limits_{i=1}^{n} \xi_i - n}{\sqrt{n}} \leqslant x \right) = \Phi(x)$

(C) $\lim\limits_{n \to \infty} P\left(\dfrac{\sum\limits_{i=1}^{n} \xi_i - \lambda}{\sqrt{n}} \leqslant x \right) = \Phi(x)$ (D) $\lim\limits_{n \to \infty} P\left(\dfrac{\sum\limits_{i=1}^{n} \xi_i - \lambda}{n\lambda} \leqslant x \right) = \Phi(x)$

38. 设 $X_1, X_2, \cdots, X_n$ 是来自总体 X 的样本, $D(X) = \sigma^2$, $\overline{X} = \dfrac{1}{n} \sum\limits_{i=1}^{n} X_i$, $S^2 = \dfrac{1}{n-1} \cdot \sum\limits_{i=1}^{n} (X_i - \overline{X})^2$, 则 (   ).

(A) S 是 σ 的无偏估计   (B) S 是 σ 的最大似然估计

(C) S 是 σ 的相合估计量   (D) S 与 $\overline{X}$ 独立

39. 设 $X_1, X_2, \cdots, X_{10}$ 是来自总体 $N(0,4)$ 的样本,

$$C \times \frac{\sum\limits_{i=1}^{5} X_i}{\sqrt{\sum\limits_{j=1}^{5} \left(X_j - \frac{1}{5}\sum\limits_{i=1}^{5} X_i\right)^2 + \sum\limits_{j=6}^{10} X_j^2}} \sim t(m),$$

则 $C = $_____, $m = $_____.

40. $t_{\alpha/2}(n)$ 和 $t_{1-\alpha/2}(n)$ 为自由度为 n 的 t 分布的上 $\frac{\alpha}{2}$ 和 $1 - \frac{\alpha}{2}$ 分位点, 则二者的关系为_____.

41. 已知随机变量 $T \sim t(n)$, 则 $T^2 \sim$ _____.

42. 设 $X_1, X_2, \cdots, X_{20}$ 是来自总体 $N(0, \sigma^2)$ 的样本, 统计量 $U = \sum\limits_{i=1}^{10}(2X_{2i} - X_{2i-1})^2$, 则 (   ).

(A) $\frac{1}{5\sigma^2}U \sim \chi^2(9)$ (B) $\frac{1}{5\sigma^2}U \sim \chi^2(10)$

(C) $\frac{1}{3\sigma^2}U \sim \chi^2(9)$ (D) $\frac{1}{3\sigma^2}U \sim \chi^2(10)$

43. 独立地分别从两总体 X 和 Y 中抽取容量为 m 和 n 的样本, 其样本均值分别为 $\overline{X}$ 和 $\overline{Y}$, 则 $D(\overline{X} - \overline{Y}) = ($ $)$.

(A) $\frac{D(X)}{m^2} - \frac{D(Y)}{n^2}$ (B) $\frac{D(X)}{m^2} + \frac{D(Y)}{n^2}$

(C) $\frac{D(X)}{m} + \frac{D(Y)}{n}$ (D) $\frac{D(X)}{m} - \frac{D(Y)}{n}$

44. 设随机变量 $F \sim F(6,8)$, 则 (   ).

(A) $P(F < -F_{1-\alpha}(6,8)) = \alpha$ (B) $P\left(|F| > \frac{1}{F_\alpha(8,6)}\right) = \alpha$

(C) $P(|F| > F_{1-\alpha/2}(6,8)) = \alpha$ (D) $P\left(F < \frac{1}{F_\alpha(8,6)}\right) = \alpha$

45. 设总体 X 的分布 $N(\mu, \sigma^2)$, $X_1, \cdots, X_n$ 为样本, 则下列各项中前者是后者的无偏估计量的是 (   ).

(A) $\overline{X}^2$ 与 μ^2 (B) $\frac{1}{n}\sum\limits_{j=1}^{n}(X_j - \overline{X})^2$ 与 σ^2

(C) $\frac{1}{n-1}\sum\limits_{j=1}^{n}(X_j - \overline{X})^2$ 与 σ^2 (D) $\sqrt{\frac{1}{n-1}\sum\limits_{j=1}^{n}(X_j - \overline{X})^2}$ 与 σ

46. 设随机变量 $V \sim \chi^2(n)$, 则 (   ).

(A) $P(V \leqslant -\chi_\alpha^2(n)) = \alpha$ (B) $P(|V| \geqslant \chi_{\alpha/2}^2(n)) = \alpha$

(C) $P(V \leqslant \chi_{1-\alpha}^2(n)) = 1 - \alpha$ (D) $P(|V| \geqslant \chi_{1-\alpha}^2(n)) = 1 - \alpha$

47. 设 $X_1, X_2, \cdots, X_{15}$ 是来自正态总体 $N(3,5)$ 的样本, 则当 $C_1 = $____ 时, $Y = $

$$C_1 \cdot \frac{\sum\limits_{i=1}^{5}(X_i-3)^2+\frac{1}{5}(2X_6-X_7-3)^2}{\sum\limits_{j=8}^{15}(X_j-3)^2} \sim F(6,8).$$

48. 设 X_1,X_2 为取自总体 $X \sim N(0,\sigma^2)$ 的一个样本, 则 $Y=\dfrac{(X_1+X_2)^2}{(X_1-X_2)^2}$ 服从 (　　).

(A) $N(0,1)$ 　　　　(B) $\chi^2(2)$ 　　　　(C) $t(2)$ 　　　　(D) $F(1,1)$

49. 设 $X \sim N(1,2^2),X_1,X_2,\cdots,X_n$ 为 X 的样本, 则 (　　).

(A) $\dfrac{\overline{X}-1}{2} \sim N(0,1)$ 　　　　　　(B) $\dfrac{\overline{X}-1}{4} \sim N(0,1)$

(C) $\dfrac{\overline{X}-1}{2/\sqrt{n}} \sim N(0,1)$ 　　　　(D) $\dfrac{\overline{X}-1}{\sqrt{2}} \sim N(0,1)$

50. 设总体 $X \sim N(\mu,\sigma^2),X_1,X_2,\cdots,X_n$ 是来自总体 X 的一个样本, $\overline{X}$ 为样本均值, 则 (　　).

(A) $P(|X-\mu|<\varepsilon)<P(|\overline{X}-\mu|<\varepsilon)$ 　　(B) $P(|X-\mu|<\varepsilon)>P(|\overline{X}-\mu|<\varepsilon)$

(C) $P(|X-\mu|<\varepsilon)\leqslant P(|\overline{X}-\mu|<\varepsilon)$ 　　(D) $P(|X-\mu|<\varepsilon)\geqslant P(|\overline{X}-\mu|<\varepsilon)$

51. 设 $X_1,X_2,\cdots,X_n$ 是总体 $X \sim N(\mu,\sigma^2)(\mu,\sigma^2$ 未知) 的一个样本, 则 (　　).

(A) $S^2=\dfrac{1}{n-1}\sum\limits_{i=1}^{n}(X_i-\overline{X})^2 \sim \chi^2(n-1)$ 　　(B) $\dfrac{1}{\sigma^2}\sum\limits_{i=1}^{n}(X_i-\overline{X})^2 \sim \chi^2(n-1)$

(C) $S_1^2=\dfrac{1}{n}\sum\limits_{i=1}^{n}(X_i-\overline{X})^2 \sim \chi^2(n-1)$ 　　(D) $\dfrac{1}{\sigma^2}\sum\limits_{i=1}^{n}(X_i-\overline{X})^2 \sim \chi^2(n)$

52. 设随机变量 X_1,X_2,X_3,X_4 独立同分布, 都服从 $N(1,1)$, 且 $k\left[\sum\limits_{i=1}^{4}X_i-4\right]^2$ 服从 χ^2 分布, 则 $k=$＿＿＿＿＿＿, $n=$＿＿＿＿＿＿.

53. 设总体 $X \sim N(\mu,\sigma^2)$, 若 σ^2 已知, 总体均值 μ 的置信水平为 $1-\alpha$ 的置信区间为 $\left(\overline{X}-\lambda\dfrac{\sigma}{\sqrt{n}},\overline{X}+\lambda\dfrac{\sigma}{\sqrt{n}}\right)$, 则 $\lambda=$＿＿＿＿＿＿.

54. 设 $\overline{\xi}=5$ 是来自正态总体 $\xi \sim N(\mu,0.9^2)$ 容量为 9 的样本均值, 则未知参数 μ 的置信水平为 0.95 的置信区间为＿＿＿＿＿＿.

55. 设随机变量 $\varepsilon \sim N(\mu,\sigma^2)$, 其中 σ^2 已知, 则总体均值 μ 的置信区间长度 l 与置信水平 $1-\alpha$ 的关系 (　　).

(A) 当 $1-\alpha$ 缩小时, l 缩短 　　　　(B) 当 $1-\alpha$ 缩小时, l 伸长

(C) 当 $1-\alpha$ 缩小时, l 不变 　　　　(D) 上面三种说法均错

二、计算题或证明题

1. 有奖储蓄共发行 n 张彩票, 其中 m 张中彩, 若购买 r 张彩票, 求

(1) 至少有一张中彩的概率;(2) 恰有 t $(t\leqslant r)$ 张中彩的概率.

2. 从 n 双不同型号皮鞋中随意取出 $2m(2m<n)$ 只, 求下列各事件发生的概率.

$A=\{$ 取出的鞋都不成双 $\}$, 　　$B=\{$ 取出的鞋恰好有一双 $\}$,

$C=\{$ 取出的鞋恰好有两双 $\}$.

3. 利用概率论思想证明恒等式 $\sum\limits_{k=0}^{r} \binom{m}{k}\binom{n}{r-k} = \binom{m+n}{r}$.

4. 假设 A 和 B 是任意两事件, $0 < P(A) < 1$, 证明若 $P(B|A) = P(B|\overline{A})$, 则 A 与 B 相互独立.

5. 假设 A 和 B 是任意两事件, 证明 $|P(AB) - P(A)P(B)| \leqslant \dfrac{1}{4}$.

$\left(\text{提示:} \ \text{当} \ 0 \leqslant x \leqslant 1 \ \text{时,} \ x(1-x) \leqslant \dfrac{1}{4}\right)$

6. 已知 $P(A) = p, P(B) = q, P(AB) = r$. 试分别求事件 $\overline{A} \bigcup \overline{B}, \overline{A}\ \overline{B}, \overline{A} \bigcup B, \overline{AB}$ 和 $\overline{A}(A \bigcup B)$ 发生的概率.

7. 将标号为 $1, 2, 3$ 的三个球随机地放入标号为 $1, 2, 3$ 的三个位置上, 求至少有一个球标号与位置标号相同的概率.

8. 通过信道分别以概率 p_1, p_2 和 p_3 $(p_1 + p_2 + p_3 = 1)$ 传送 AAAA, BBBB, CCCC 三种信号, 假定每个字母被正确接收的概率为 α, 而被错误接收为其余两个字母的概率各为 $\dfrac{1-\alpha}{2}$, 试求接收到 ABCA 时, 实际发送信号为 AAAA 的概率.

9. 甲有 $n+1$ 个硬币, 乙有 n 个硬币, 双方掷出后进行比较, 求甲掷出的正面比乙掷出的正面多的概率.

10. 设随机变量 X 与 Y 相互独立, X 的概率分布为 $P(X = i) = \dfrac{1}{3}(i = -1, 0, 1)$, Y 的概率密度为 $f_Y(y) = \begin{cases} 1, & 0 \leqslant y < 1, \\ 0, & \text{其他}, \end{cases}$ 记 $Z = X + Y$,

(1) 求 $P\left(Z \leqslant \dfrac{1}{2} \middle| X = 0\right)$; (2) 求 Z 的概率密度 $f_z(z)$.

11. 袋中装有 10 只球, 8 只红球 2 只白球, 现从袋中任取球两次, 每次取一球做不放回抽样, 求下列事件的概率:

(1) 两次都取红球;

(2) 两次中一次取红球, 一次取白球;

(3) 至少有一次取得白球;

(4) 第二次取得白球.

12. 某人有两盒火柴, 吸烟时从任一盒中取一根火柴, 经过若干时间后, 发现一盒火柴已空, 如果最初两盒中各有 n 根火柴, 求这时另一盒中还有 r 根火柴的概率.(假定发现空也为一随机事件.)

13. 假定匣中原来只有一个球, 而且不是白球就是黑球, 现在把一个白球放入匣中, 然后随机地取一球, 结果是白球, 试求原来匣中是白球的概率.

14. 用 X 射线诊断肺结核病, 以 $1 - \beta$ 的概率确诊实际患者, 而以概率 α 把未患病者误诊为患病者, 假定在人群中肺结核病患者占 $100r\%(0 < r < 1)$.

(1) 试求被诊断为肺结核而实际并未患肺结核的概率 $p = p(\alpha, \beta, r)$;

(2) 令 $\alpha = 0.01, \beta = 0.1, r = 0.001$, 求 $p(\alpha, \beta, r)$ 的值.

15. 袋中有 a 只白球和 b 只黑球, 甲先从袋中取出一球（不放回）, 乙再从袋中取出一球, 问乙取出的是白球的概率.

16. 一射手对同一目标独立地进行 4 次射击, 若至少命中一次的概率为 $\dfrac{80}{81}$, 求该射手每次射击的命中率.

17. 设有 N 个袋子, 每个袋子中装有 a 只黑球, b 只白球, 从第一袋中取出一球放入第二袋, 然后从第二袋中取出一球放入第三袋中, 如此下去, 问从最后一个袋中取出黑球的概率是多少?

18. 设随机点落在单位圆周上（圆心位于原点）, 并且对弧长是均匀分布, 求这点横坐标的密度函数.

19. 设随机变量 X 与 Y 相互独立, X 服从参数为 λ_1 的泊松分布, Y 服从参数为 λ_2 的泊松分布, 求

(1) $X + Y$ 的分布律;

(2) 在 $X + Y = n$ 的条件下, X 的条件分布律.

20. 设随机变量 X 与 Y 相互独立, 其概率密度函数分别为

$$f_X(x) = \begin{cases} 1, & 0 \leqslant x \leqslant 1, \\ 0, & \text{其他}. \end{cases} \qquad f_Y(y) = \begin{cases} e^{-y}, & y > 0, \\ 0, & y \leqslant 0. \end{cases}$$

求 $Z = 2X + Y$ 的概率密度.

21. 从一批有 10 个合格品与 3 个次品的产品中一件一件地抽取产品, 各个产品被抽到的可能性相同, 求下列三种情形下, 直到取到合格品为止所需抽取次数的分布律.

(1) 每次取出产品立即放回该批产品中混合后再取下一件产品;

(2) 每次取出后产品不再放回;

(3) 每次取出后总以一件合格品放回该批产品中.

22. 设有 80 台同类型设备, 各台工作相互独立, 发生故障的概率都是 0.01, 且一台设备的故障一个工人能排除, 考虑两种配备维修工人的方案: 其一, 由 4 人维护, 每人承包 20 台; 其二, 由 3 人共同维护 80 台, 试比较两种方案的优劣.

23. 设二维随机变量 (X, Y) 的联合概率密度为

$$f(x, y) = \begin{cases} A(1 - x)y, & 0 \leqslant x \leqslant 1, 0 \leqslant y \leqslant x, \\ 0, & \text{其他}. \end{cases}$$

(1) 确定常数 A;

(2) 求 (X, Y) 的联合分布函数;

(3) 分别求关于 X 与 Y 的边缘密度;

(4) 判别 X 与 Y 是否独立;

(5) 求 $Z = X + Y$ 的密度函数.

24. 设随机变量 X_1, X_2, X_3, X_4 独立同分布,

X_1	0	1
P	0.6	0.4

求行列式 $X = \begin{vmatrix} X_1 & X_2 \\ X_3 & X_4 \end{vmatrix}$ 的概率分布.

25. 设二维随机变量 (X,Y) 在区域 $D : 0 < X < 1, |y| < x$ 上服从均匀分布, 求关于 X 的边缘密度及随机变量 $Z = 2X + 1$ 的密度.

26. 将两封信投入编号为 I,II, III 的三个邮筒中, 设 X,Y 分别表示投入 I 号、II 号邮箱中信的数目, 求:

(1) (X,Y) 的联合分布;

(2) X 与 Y 是否独立;

(3) $Y = 0$ 时, X 的条件分布律;

(4) $U = \max\{X,Y\}$ 与 $V = \min\{X,Y\}$ 的分布.

27. 设随机变量 Y 服从参数为 $\lambda = 1$ 的泊松分布, 随机变量 $X_k = \begin{cases} 0, Y \leqslant k, \\ 1, Y > k, \end{cases}$

$k = 0, 1$. 试求: (1)X_0 和 X_1 的联合分布律;(2)$E(X_0 + X_1)$.

28. 假设某种商品一周的需求量 X 是一随机变量, 其概率密度为

$$f(x) = \begin{cases} x\mathrm{e}^{-x}, x > 0, \\ 0, \qquad x < 0. \end{cases}$$

假设各周对该商品的需求相互独立.

(1) U_k 表示第 k 周的需要量, 求 U_2 和 U_3 的概率密度 $f_2(u)$ 和 $f_3(u)$;

(2) 以 Y 表示三周中各周需要量的最大值, 求 Y 的概率密度 $f_Y(x)$.

29. 向直线掷随机点, 已知随机点落入 $(-\infty, 0], (0, 1]$ 和 $(1, +\infty)$ 内的概率分别为 0.2, 0.5 和 0.3, 并且随机点在 $(0, 1]$ 上分布是均匀的, 假设随机点落入 $(-\infty, 0]$ 上得 0 分, 落入 $(0, 1]$ 内的 x 点得 x 分, 落入 $(1, +\infty)$ 内的 1 分, 以 X 表示得分, 试求 X 的分布函数.

30. 已知二维随机变量 (X,Y) 的联合密度函数为

$$f(x, y) = \begin{cases} 4x, \qquad 0 < x < 1,\ 0 < y < x^2, \\ 1, \qquad 其他. \end{cases}$$

试求: (1) 随机变量 X 的边缘密度函数 $f_X(x)$;

(2) 条件密度函数 $f_{Y|X}(y|x)$;

(3) $P\left(Y \leqslant \dfrac{1}{8} \middle| X = \dfrac{1}{2}\right)$.

31. 电话分机网络有用户 6 家, 平均每小时每户用电话 6 min, 而且各户使用电话相互独立, 求:

(1) 刚好有 2 户用电话的概率;

(2) 至少有 2 户用电话的概率;

(3) 最多有 2 户用电话的概率.

32. 设随机变量 ξ, η 相互独立, 并且服从同一分布 $N(0,2)$, 设 $l_1 = a\xi + b\eta, l_2 = c\xi + d\eta, a, b, c, d$ 为常数, 且至少有 3 个不为零, 求:

(1) l_1, l_2 的相关系数;(2) $P(\xi \geqslant 3\eta + 1)$.

33. 设连续型随机变量 X 的分布函数为

$$F(x) = \begin{cases} A + Be^{-\frac{x^2}{2}}, & x > 0, \\ 0, & x \leqslant 0. \end{cases}$$

求: (1) 常数 A 和 B; (2) X 的概率密度;(3) $P(-\sqrt{2} < X < \sqrt{2})$.

34. 设某企业生产线上产品的合格率为 0.96, 不合格产品中有 $\dfrac{3}{4}$ 的产品可进行再加工, 且再加工的合格率为 0.8, 其余均为废品. 已知每件合格产品可获利 80 元, 每件废品亏损 20 元, 为保证企业每天平均利润不低于 2 万元, 问该企业每天至少应生产多少件产品?

35. 已知随机变量 X,Y 的联合密度为

$$f(x,y) = \begin{cases} 2e^{-x-2y}, & x > 0, y > 0, \\ 0, & \text{其他}, \end{cases}$$

问 X 和 Y 是否独立? 并求 $P(X < Y)$.

36. 假设 ξ 和 η 独立同服从几何分布: $P(\xi = m) = pq^{m-1}, 0 < p < 1, q = 1 - p, m = 1, 2, \cdots$, 求:

(1) $P(\xi = \eta)$; (2) $P(\xi > \eta)$; (3) $P(\xi = m | \xi > \eta)$;

(4) $P(\xi = m | \xi < \eta)$; (5) $P(\xi = m | \xi = \eta)$; (6) $P(\xi = m | \xi + \eta = k)$.

37. 已知随机变量 X 和 Y 分别服从正态分布 $N(1, 3^2)$ 和 $N(0, 4^2)$, 且 $\rho_{XY} = -\dfrac{1}{2}$, 设 $Z = \dfrac{X}{3} + \dfrac{Y}{2}$, 求 (1) $E(Z), D(Z)$; (2) ρ_{XZ}.

38. 设 A 和 B 是试验 E 的两个事件, 且 $P(A) > 0, P(B) > 0$, 定义随机变量

$$X = \begin{cases} 1, & \text{若} A \text{ 发生}, \\ 0, & \text{若} A \text{不发生}. \end{cases} \qquad Y = \begin{cases} 1, & \text{若} B \text{ 发生}, \\ 0, & \text{若} B \text{ 不发生}. \end{cases}$$

证明: 如果 $\rho_{XY} = 0$, 则 X 和 Y 必然相互独立.

39. 设随机变量 X 服从正态分布 $N(3, 6)$, 记随机变量 $Y = \begin{cases} 1, X \leqslant 3, \\ 0, X > 3. \end{cases}$ 求 (1) $E(Y)$; (2) $D(Y)$.

40. 设某种商品每周的需求量 X 服从 $[10, 30]$ 上的均匀分布, 而经销商店进货量为区间 $[10, 30]$ 中的某一数, 商品每售一单位可获利 500 元; 若供大于求, 则降价处理, 每一单位商品损失 100 元; 若供不应求, 则可从外部调剂供应, 此时 1 单位商品仅获利 300 元, 为使商店获利 (每周) 期望值不少于 $9\,280$ 元, 试确定最少的进货量.

41. 某机器加工一种产品的次品率为 0.1, 检验员每天检验 4 次, 每次随机地抽取 5 件产品检验, 如果发现多于一件次品, 就要调整机器, 求一天中调整机器次数 ξ 的期望.

42. 设二维随机变量 (X, Y) 在单位圆 $\{(x, y) | x^2 + y^2 \leqslant 1\}$ 上服从均匀分布, 试证 X

与 Y 不相关, 但 X 与 Y 不是独立的.

43. 设随机变量 X 与 Y 相互独立, 密度函数分别为

$$\varphi_1(x) = \begin{cases} a\mathrm{e}^{-ax}, & x > 0, \\ 0, & \text{其他.} \end{cases} \quad \varphi_2(y) = \begin{cases} b\mathrm{e}^{-by}, & y > 0, \\ 0, & \text{其他.} \end{cases}$$

其中 a, b 为正实数, 随机变量 $Z = \begin{cases} 1, & X \leqslant Y, \\ 0, & X > Y. \end{cases}$ 试求 Z 的分布律和 $E(Z^2)$.

44. 设 X 为连续型随机变量, 证明

$$P(|X - C| \geqslant \varepsilon) \leqslant \frac{E|X - C|}{\varepsilon}.$$

45. 设随机变量 X 的概率密度为

$$\varphi(x) = \begin{cases} \dfrac{x^m}{m!}\mathrm{e}^{-x}, & x \geqslant 0, \\ 0, & x < 0. \end{cases}$$

试证明 $P(0 < X < 2(m+1)) \geqslant \dfrac{m}{m+1}$.

46. 设 ξ 是非负整数值随机变量, $E(\xi) < +\infty$, 证明:

(1) $E(\xi) = \sum\limits_{m=1}^{\infty} P(\xi \geqslant m)$;

(2) $D(\xi) = 2 \sum\limits_{m=1}^{\infty} mP(\xi \geqslant m) - E(\xi)(E(\xi) + 1)$.

47. 设随机变量 $\xi_1, \xi_2, \cdots, \xi_n$ 相互独立, 并且有相同的期望 μ 和方差 σ^2, 令 $\overline{\xi} = \dfrac{1}{n}\sum\limits_{i=1}^{n}\xi_i$, $S^2 = \dfrac{1}{n-1}\sum\limits_{i=1}^{n}(\xi_i - \overline{\xi})^2$. 求 $E(\overline{\xi}), E(S^2), D(\overline{\xi})$.

48. 已知随机变量 ξ 和 η 相互独立, 服从同一分布 $N(\mu, \sigma^2)$, 求 $X = \alpha\xi + \beta\eta$ 和 $Y = \alpha\xi - \beta\eta$ 的相关系数.

49. 设随机变量 $\xi_1, \xi_2, \cdots, \xi_n$ 独立同分布 $N(0,1)$, 证明 $X = \sum\limits_{i=1}^{n}\alpha_i\xi_i$ 与 $Y = \sum\limits_{i=1}^{n}\beta_i\xi_i$ 相互独立的充分必要条件是 $\sum\limits_{i=1}^{n}\alpha_i\beta_i = 0$. (提示: 正态随机变量 X 和 Y 不相关的充分必要条件是 X 和 Y 独立.)

50. 设袋中有 n 张卡片, 编号为 $1, 2, \cdots, n$, 任取 m 张 ($1 \leqslant m \leqslant n$), 求号码之和的数学期望.

51. 设随机变量 $X \sim N(-1, 2), Y \sim N(0, 3), Z \sim N(4, 5)$, 且 X, Y, Z 相互独立, 求:

(1) $P(-8 \leqslant 4X - 3Y + Z + 6 < 20)$;

(2) $Cov(X + 2Y, Z + 2X + 3)$;

(3) $E(|4X + Z|)$.

52. 设随机变量 X 和 Y 独立同分布: $P(X = 1) = p, P(X = 0) = 1-p$, 其中 $0 < p < 1$, 令

$$Z = \begin{cases} 1, & \text{当} X + Y \text{为偶数}, \\ 0, & \text{当} X + Y \text{为奇数}, \end{cases} \quad (\text{规定 } 0 \text{ 为偶数}.)$$

求: (1) $E(Z), D(Z)$; (2) P 取何值时, Z 和 X 相互独立?

53. 若随机变量 ξ_1, ξ_2 独立同分布 $N(0,1)$, 证明: $E[\max\{\xi_1, \xi_2\}] = \dfrac{1}{\sqrt{\pi}}$.

54. 设随机变量 ξ 与 η 相互独立, 试证明: $D(\xi\eta) = D(\xi)D(\eta) + E^2(\xi)D(\eta) + E^2(\eta)D(\xi)$.

55. 抽检产品质量时, 发现次品多于 10 个, 则拒绝接受这批产品, 设某批产品的次品率为 10%, 问至少应抽取多少个产品检查才能保证拒绝接受该批产品的概率达到 0.9?

56. (1) 一个复杂系统由 100 个相互独立的元件组成, 在系统运行期间每个元件损坏的概率为 0.1, 若为使系统正常运行, 至少需要 85 个元件工作, 求系统的可靠度;

(2) 上述系统假如由 n 个相互独立的元件组成, 而且至少有 80% 的元件工作才能使整个系统正常运行, 问 n 至少为多大时, 才能保证系统的可靠度为 0.95?

57. 某单位设置一电话总机, 共有 200 个电话分机, 设每个电话有 5% 的时间要使用外线通话, 假如每个分机是否使用外线通话相互独立, 问总机要多少外线才能以 90% 的概率保证每个分机的外线通话.

58. 设 $\{X_n\} n = 1, 2, \cdots$ 为两两不相关随机变量序列, 且 $E(X_n) = \mu_n, D(X_n) = \sigma_n^2 \neq 0$.

若当 $n \to +\infty$ 时, $\sum\limits_{i=1}^{n} \sigma_i^2 \to +\infty$, 则当 $n \to +\infty$ 时, $Y_n = \dfrac{\sum\limits_{i=1}^{n}(X_i - \mu_i)}{\sum\limits_{i=1}^{n} \sigma_i^2}$ 依概率收敛于 0.

59. 用棣莫弗–拉普拉斯中心极限定理证明: 在伯努利试验中, $0 < p < 1$, 则不论 k 如何总有 $P(|\eta_n - np| < k) \to 0, n \to \infty$.

60. 把一枚对称的硬币独立投掷 $n = 12\,000$ 次, 以 μ_n 表示正面出现的次数:

(1) 求 $P(5\,800 \leqslant \mu_n \leqslant 6\,200)$;

(2) 求满足 $P\left(\left|\dfrac{\mu_n}{n} - \dfrac{1}{2}\right| < \Delta\right) \geqslant 0.99$ 的最小 Δ;

(3) 为使 $P\left(\left|\dfrac{\mu_n}{n} - \dfrac{1}{2}\right| < 0.005\right) \geqslant 0.99$, 需要掷多少次?

61. 计算机器做加法时, 先对加数取整 (最靠近该数的整数), 设所有取整误差相互独立, 且在 $[-0.5, 0.5]$ 上均匀分布, 求 (1) 将 $1\,500$ 个数相加, 总误差不超过 15 的概率; (2) 最多多少个数相加能使绝对误差不超过 10 的概率不小于 0.9.

62. 设 $X_1, X_2, \cdots, X_n$ 是来自正态总体 $\xi \sim N(\mu, \sigma^2)$ 的样本, 证明: $S^2 = \dfrac{1}{n-1}\sum\limits_{i=1}^{n}$ $(X_i - \overline{X})^2$ 是 σ^2 的相合估计量 (提示: 计算 $D(S^2) = \dfrac{2}{n-1}\sigma^4$, 再利用切比雪夫不等式).

63. 设 $X_1, X_2, \cdots, X_n$ 是总体 X 的样本, $a_i > 0, i = 1, 2, \cdots, n, \sum\limits_{i=1}^{n} a_i = 1$, (1) 试证

$\sum\limits_{i=1}^{n} a_i X_i$ 是 $E(X)$ 的无偏估计;(2) 试证在所有形如 $\sum\limits_{i=1}^{n} a_i X_i$ 的无偏估计中, 以 $\overline{X}$ 最有效.

64. 设总体的分布密度函数为

$$f(x, \theta) = \begin{cases} c^{\frac{1}{\theta}} \cdot \dfrac{1}{\theta} x^{-(1+\frac{1}{\theta})}, & x > c, \\ 0, & \text{其他.} \end{cases}$$

其中 $c > 0$ 已知, θ 未知, $0 < \theta < 1$. $X_1, X_2, \cdots, X_n$ 为来自这一总体的一个样本, 试求 θ 的矩估计.

65. 设总体分布密度为 $f(x, \sigma) = \dfrac{1}{2\sigma} \exp\left\{-\dfrac{|x|}{\sigma}\right\}, -\infty < x < +\infty$, 其中 σ 未知, $\sigma > 0$. $X_1, X_2, \cdots, X_n$ 为来自这一总体的一个样本, 试求 σ 的最大似然估计.

66. 设某批铝材料的密度 X 服从正态分布 $N(m, \sigma^2)$, 现测量它的密度 16 次, 算得 $\overline{x} = 2.705, s = 0.029$, 试在置信水平 0.95 下, 分别求 m 和 σ^2 的置信区间的相应于子样观测值的现实区间.

67. 设总体 X 的密度函数为

$$f(x) = \begin{cases} \dfrac{2x}{\theta^2} \exp\left\{-\dfrac{x^2}{\theta^2}\right\}, & x > 0, \\ 0, & x \leqslant 0. \end{cases}$$

$X_1, X_2, \cdots, X_n$ 是来自总体 X 的样本, 求 θ 的最大似然估计量.

68. 从一台机床加工的轴承中随机抽取 200 件, 测量其椭圆度, 得子样观测值的均值 $\overline{x} = 0.081$ mm, 已知椭圆度服从 $N(m, 0.025^2)$ 分布, 试在置信水平 0.95 下, 求 m 的置信区间相应于子样观察值的现实区间.

69. 设总体 X 的密度函数

$$f(x) = \begin{cases} \dfrac{1}{\sqrt{2\pi}\sigma x} \exp\left\{-\dfrac{(\ln x - \mu)^2}{2\sigma^2}\right\}, & x > 0, \\ 0, & x \leqslant 0. \end{cases}$$

其中 μ, σ^2 均未知, $-\infty < \mu < +\infty, \sigma^2 > 0$. $X_1, X_2, \cdots, X_n$ 是从总体 X 中取的样本, 试求 μ, σ^2 的最大似然估计.

70. 设总体 X 在 $[a, b]$ 上服从均匀分布, a, b 未知. $X_1, X_2, \cdots, X_n$ 是总体 X 的一个样本, 试求

(1) $X_1, X_2, \cdots, X_n$ 的联合密度;

(2) $Y = \max\{X_1, X_2, \cdots, X_n\}$ 的密度;

(3) $Z = \min\{X_1, X_2, \cdots, X_n\}$ 的密度;

(4) a, b 的矩估计.

71. 设 $X_1, X_2, \cdots, X_n$ 是来自正态总体 $X \sim N(0, \sigma^2)$ 的一个样本, $\overline{X}, S^2$ 分别为样本均值, 样本方差, X_{n+1} 是对 X 的又一独立观测, 求统计量 $T = \dfrac{X_{n+1} - \overline{X}}{S} \sqrt{\dfrac{n}{n+1}}$ 的抽

样分布.

72. 设总体 X 的分布密度为

$$f(x) = \begin{cases} \dfrac{6x}{\theta^3}(\theta - x), & 0 < x < \theta, \\ 0, & \text{其他.} \end{cases}$$

$X_1, X_2, \cdots, X_n$ 是总体 X 的一个样本, 求:

(1) θ 的矩估计量 $\hat{\theta}$; (2) 求 $\hat{\theta}$ 的方差 $D(\hat{\theta})$.

73. 设 $X_1, X_2, \cdots, X_n$ 是 X 的一个简单随机样本, 试证: $S^2 = \dfrac{1}{n-1} \sum\limits_{i=1}^{n} (X_i - \overline{X})^2$ 是 $D(X)$ 的无偏估计.

74. 设 $X_1, X_2, \cdots, X_n$ 是总体 $X \sim P(\lambda)$ 的一个简单随机样本, 对任一数值 $\alpha(0 \leqslant \alpha \leqslant 1)$, 证明: $\alpha\overline{X} + (1-\alpha)S^2$ 是 λ 的无偏估计.

75. 设随机变量 X 服从二项分布, $P(X = k) = \binom{n}{k} p^k (1-p)^{n-k}, k = 0, 1, \cdots, n$. $X_1, X_2, \cdots, X_m$ 是总体 X 的一个容量为 m 的样本. 试求 p^2 的无偏估计.

76. 设从均值为 μ, 方差为 σ^2 的总体中, 分别抽取容量为 n_1, n_2 的样本（独立地抽取）, $\overline{X}_1, \overline{X}_2$ 为两样本均值. 证明对任何 $a, b(a+b=1), Y = a\overline{X}_1 + b\overline{X}_2$ 是 μ 的无偏估计, 并确定常数 a, b 使 $D(Y)$ 达到最小.

77. 设总体 X 的概率密度为

$$f(x) = \begin{cases} (\theta + 1)x^\theta, & 0 < x < 1, \\ 0, & \text{其他.} \end{cases}$$

其中 $\theta > -1$ 是未知常数. $X_1, X_2, \cdots, X_n$ 为总体 X 的样本, 分别用矩估计法和最大似然估计法求 θ 的估计量.

78. 设有两总体 $X \sim N(\mu_1, \sigma^2), Y \sim N(\mu_2, \sigma^2)$, 分别从 X, Y 中抽取容量为 n_1, n_2 的两独立样本, 样本方差分别为 S_1^2, S_2^2. 试证对于任何 $a, b(a+b=1), Z = aS_1^2 + bS_2^2$ 都是 σ^2 的无偏估计量, 并确定使 $D(Z)$ 达到最小的 a, b 值.

79. 设 $X_1, X_2, \cdots, X_n$ 是总体 X 的样本, X 的密度为

$$f(x) = \begin{cases} \mathrm{e}^{-(x-\theta)}, & x \geqslant \theta, \\ 0, & \text{其他.} \end{cases}$$

其中 θ 是未知参数, $-\infty < \theta < +\infty$,

(1) 证明:θ 的最大似然估计量为 $X_{(1)} = \min\limits_{1 \leqslant i \leqslant n} X_i$;

(2) 试证 $X_{(1)}$ 不是 θ 的无偏估计量;

(3) 求出 θ 的一个无偏估计量.

80. 设总体 X 服从 $[0, \theta]$ 上的均匀分布,θ 未知 $(\theta > 0)$, X_1, X_2, X_3 是取自总体 X 的样本.

(1) 试证 $\hat{\theta}_1 = \dfrac{4}{3}\max\limits_{1\leqslant i\leqslant 3} X_i, \hat{\theta}_2 = 4\min\limits_{1\leqslant i\leqslant 3} X_i$ 都是 θ 的无偏估计;

(2) 上面两个估计量哪一个有效?

81. 设某校男生身高服从 $N(\mu,\sigma^2)$, 其中 μ,σ^2 未知, 现抽 20 名学生测得平均身高 $\bar{x} = 170$ cm, $\sum\limits_{i=1}^{20} x_i^2 = 578\,400$, 试求所有男生身高标准差的置信水平为 0.9 的双侧置信区间.

82. 某厂生产的一种钢索其断裂强度 ξ(单位: kg/cm^2) 服从正态分布 $N(\mu,40^2)$, 从中选取一个容量为 9 的样本, 得 $\bar{\xi} = 780$ kg/cm^2, 能否据此认为这批钢索的断裂强度为 800 kg/cm$^2(\alpha = 0.05)$?

83. 食品厂用自动装罐机装罐头, 每罐标准净含量为 500g, 每隔一定时间需要检验机器的工作情况, 现抽 10 罐, 测得其净含量为 (单位: g): 495, 510, 505, 498, 503, 492, 502, 512, 497, 506. 假设净含量 ξ 服从正态分布 $N(\mu,\sigma^2)$, 问机器工作是否正常 $(\alpha = 0.02)$?

84. 用包装机包装某种洗衣粉, 在正常情况下, 每袋重量为 $1\,000$ g, 标准差不能超过 15 g, 假设每袋洗衣粉的净含量服从正态分布. 某天为了检验机器工作的情况, 从已装好的袋中随机抽取 10 袋, 测得其净含量 (单位: g) 为 $1\,020$, $1\,030$, 968, 994, $1\,014$, 998, 976, 982, 950, $1\,048$, 问这天机器是否工作正常 $(\alpha = 0.05)$?

85. 设某次考试的学生成绩服从正态分布, 随机地抽取 36 名考生, 算得平均成绩为 66.5 分, 标准差 15 分. 问在显著性水平 0.05 下, 是否可以认为这次考试全体考生的平均成绩为 70 分?

86. 某化工厂为了提高某种化学药品的得率, 提出了两种方案, 每种方案独立进行了 10 次试验, 通过测量数据算得 $\bar{x} = 66.23, \bar{y} = 69.43, s_1^2 = 3.324\,6, s_2^2 = 2.224\,6$, 假设得率均服从正态分布, 问后一方案是否比前一方案显著地提高得率?

87. 9 名学生到英语培训班学习, 培训前后各进行了一次水平测验, 成绩为

编号 i	1	2	3	4	5	6	7	8	9
入学前成绩 X	76	71	70	57	49	69	65	26	59
入学后成绩 Y	81	85	70	52	52	63	83	33	62
$Z = X - Y$	-5	-14	0	5	-3	6	-18	-7	-3

假定成绩差服从正态分布, 请在显著性水平 0.05 下, 判断学生培训前后效果是否显著.

88. 设随机变量 X 与 Y 独立同分布, 概率分布为 $P(X = 1) = \dfrac{2}{3}, P(X = 2) = \dfrac{1}{3}$, 令 $U = \max\{X,Y\}, V = \min\{X,Y\}$. 求

(1) (U,V) 的概率分布; (2) U 和 V 的协方差 $Cov(U,V)$.

89. 设总体 X 的概率密度为

$$f(x;\theta) = \begin{cases} \dfrac{1}{2\theta}, & 0 < x < \theta, \\ \dfrac{1}{2(1-\theta)}, & \theta < x < 1, \\ 0, & 其他. \end{cases}$$

其中参数 $\theta(0 < \theta < 1)$ 未知, $X_1, X_2, \cdots, X_n$ 是来自总体 X 的简单随机样本, $\overline{X}$ 是样本

均值. (1) 求参数 θ 的矩估计量; (2) 判断 $4\bar{X}^2$ 是否为 θ^2 的无偏估计, 并说明理由.

90. 设随机变量 X 在区间 $(0,1)$ 上服从均匀分布, 在 $X = x\ (0 < x < 1)$ 的条件下, 随机变量 Y 在区间 $(0, x)$ 上服从均匀分布, 求:

(1) 随机变量 X 和 Y 的联合概率密度;

(2) Y 的概率密度;

(3) 概率 $P(X + Y > 1)$.

第二部分：历年考研真题

1. (2009 数一) 设随机变量 X 的分布函数为 $F(x) = 0.3\Phi(x) + 0.7\Phi\left(\dfrac{x-1}{2}\right)$, 其中 $\Phi(x)$ 为标准正态分布的分布函数, 则 $E(X) = ($ $)$.

(A) 0   (B) 0.3   (C) 0.7   (D) 1

2. (2009 数一、三) 设随机变量 X 与 Y 相互独立, 且 X 服从标准正态分布 $N(0,1)$, Y 的概率分布为 $P(Y = 0) = P(Y = 1) = \dfrac{1}{2}$, 记 $F_Z(z)$ 为随机变量 $Z = XY$ 的分布函数, 则函数 $F_Z(z)$ 的间断点个数为 $($ $)$.

(A) 0   (B) 1   (C) 2   (D) 3

3. (2009 数一) 设 $X_1, X_2, \cdots, X_m$ 为来自二项分布总体 $B(n, p)$ 的简单随机样本, $\overline{X}$ 和 S^2 分别为样本均值和样本方差. 若 $\overline{X} + kS^2$ 为 np^2 的无偏估计量, 则 $k = $_____.

4. (2009 数一、三) 袋中有 1 个红球、2 个黑球与 3 个白球. 现有放回地从袋中取两次, 每次取一个球. 以 X, Y, Z 分别表示两次取球所取得的红球、黑球与白球的个数.

(1) 求 $P(X = 1 | Z = 0)$;

(2) 求二维随机变量 (X, Y) 的概率分布.

5. (2009 数一) 设总体 X 的概率密度为

$$f(x) = \begin{cases} \lambda^2 x e^{-\lambda x}, & x > 0, \\ 0, & \text{其他}, \end{cases}$$

其中参数 $\lambda(\lambda > 0)$ 未知, $X_1, X_2, \cdots, X_n$ 是来自总体 X 的简单随机样本.

(1) 求参数 λ 的矩估计量;

(2) 求参数 λ 的最大似然估计量.

6. (2010 数一、三) 设随机变量 X 的分布函数 $F(x) = \begin{cases} 0, & x < 0, \\ \dfrac{1}{2}, & 0 \leqslant x < 1, \\ 1 - e^{-x}, & x \geqslant 1, \end{cases}$ 则

$P(X = 1) = ($ $)$.

(A) 0   (B) $\dfrac{1}{2}$ (C) $\dfrac{1}{2} - e^{-1}$ (D) $1 - e^{-1}$

7. (2010 数一、三) 设 $f_1(x)$ 为标准正态分布的概率密度, $f_2(x)$ 为 $[-1,3]$ 上的均匀分布的概率密度, 若

$$f(x) = \begin{cases} af_1(x), & x \leqslant 0, \\ bf_2(x), & x > 0 \end{cases} \quad (a > 0, b > 0)$$

为概率密度, 则 a, b 应满足_____.

8. (2010 数一) 设随机变量 X 的概率分布为 $P\{X = k\} = \dfrac{C}{k!}, k = 0, 1, 2, \cdots$, 则 $E(X^2) =$_____.

9. (2010 数一、三) 设二维随机变量 (X, Y) 的概率密度为

$$f(x, y) = Ae^{-2x^2+2xy-y^2}, -\infty < x < +\infty, -\infty < y < +\infty,$$

求常数 A 及条件概率密度 $f_{Y|X}(y \mid x)$.

10. (2010 数一) 设总体 X 的概率分布为

X	1	2	3
P	$1-\theta$	$\theta - \theta^2$	θ^2

其中参数 $\theta \in (0,1)$ 未知. 以 N_i 表示来自总体 X 的简单随机样本 (样本容量为 n) 中等于 i 的个数 $(i = 1, 2, 3)$. 试求常数 a_1, a_2, a_3, 使 $T = \sum\limits_{i=1}^{3} a_i N_i$ 为 θ 的无偏估计量, 并求 T 的方差.

11. (2011 数一、三) 设 $F_1(x)$ 与 $F_2(x)$ 为两个分布函数, 其相应的概率密度 $f_1(x)$ 与 $f_2(x)$ 是连续函数, 则必为概率密度的是 (   ).

(A) $f_1(x)f_2(x)$ (B) $2f_2(x)F_1(x)$

(C) $f_1(x)F_2(x)$ (D) $f_1(x)F_2(x) + f_2(x)F_1(x)$

12. (2011 数一) 设随机变量 X 与 Y 相互独立, 且 $E(X)$ 与 $E(Y)$ 存在, 记 $U = \max\{X, Y\}, V = \min\{X, Y\}$, 则 $E(UV) =$(   ).

(A) $E(U)E(V)$ (B) $E(X)E(Y)$

(C) $E(U)E(Y)$ (D) $E(X)E(V)$

13. (2011 数一、三) 设二维随机变量 (X, Y) 服从正态分布 $N(\mu, \mu; \sigma^2, \sigma^2; 0)$, 则 $E(XY^2) =$_____.

14. (2011 数一、三) 设随机变量 X 与 Y 的概率分布分别为

X	0	1
P	$\dfrac{1}{3}$	$\dfrac{2}{3}$

Y	-1	0	1
P	$\dfrac{1}{3}$	$\dfrac{1}{3}$	$\dfrac{1}{3}$

且 $P(X^2 = Y^2) = 1$.

(1) 求二维随机变量 (X, Y) 的概率分布;

(2) 求 $Z = XY$ 的概率分布;

(3) 求 X 与 Y 的相关系数 ρ_{XY}.

15. (2011 数一) 设 $X_1, X_2, \cdots, X_n$ 为来自正态总体 $N(\mu_0, \sigma^2)$ 的简单随机样本, 其中 μ_0 已知, $\sigma^2 > 0$ 未知, $\overline{X}$ 和 S^2 分别表示样本均值和样本方差.

(1) 求参数 σ^2 的最大似然估计 $\hat{\sigma}^2$;

(2) 计算 $E(\hat{\sigma}^2)$ 和 $D(\hat{\sigma}^2)$.

16. (2012 数一) 设随机变量 X 与 Y 相互独立, 且分别服从参数为 1 与参数为 4 的指数分布, 则 $P(X < Y) = ($ $)$.

(A) $\dfrac{1}{5}$　　　　(B) $\dfrac{1}{3}$　　　　(C) $\dfrac{2}{3}$　　　　(D) $\dfrac{4}{5}$

17. (2012 数一) 将长度为 1 m 的木棒随机地截成两段, 则两段长度的相关系数为 ( ).

(A) 1　　　　(B) $\dfrac{1}{2}$　　　　(C) $-\dfrac{1}{2}$　　　　(D) -1

18. (2012 数一、三) 设 A, B, C 是随机事件, A, C 互不相容, $P(AB) = \dfrac{1}{2}, P(C) = \dfrac{1}{3}$, 则 $P(AB|\overline{C}) = $_____.

19. (2012 数一、三) 设二维离散型随机变量 X, Y 的概率分布为

X	Y		
	0	1	2
0	$\dfrac{1}{4}$	0	$\dfrac{1}{4}$
1	0	$\dfrac{1}{3}$	0
2	$\dfrac{1}{12}$	0	$\dfrac{1}{12}$

(1) 求 $P(X = 2Y)$;

(2) 求 $Cov(X - Y, Y)$.

20. (2012 数一) 设随机变量 X 与 Y 相互独立, 且分别服从正态分布 $N(\mu, \sigma^2)$ 与 $N(\mu, 2\sigma^2)$, 其中 σ 是未知参数且 $\sigma > 0$. 设 $Z = X - Y$.

(1) 求 Z 的概率密度 $f(z; \sigma^2)$;

(2) 设 $Z_1, Z_2, \cdots, Z_n$ 为来自总体 Z 的简单随机样本, 求 σ^2 的最大似然估计量 $\hat{\sigma}^2$;

(3) 证明: $\hat{\sigma}^2$ 为 σ^2 的无偏估计量.

21. (2013 数一、三) 设 X_1, X_2, X_3 是随机变量, 且 $X_1 \sim N(0, 1), X_2 \sim N(0, 2^2)$, $X_3 \sim N(5, 3^2)$, $p_i = P(-2 \leqslant X_i \leqslant 2)(i = 1, 2, 3)$, 则 ( ).

(A) $p_1 > p_2 > p_3$　　　　(B) $p_2 > p_1 > p_3$

(C) $p_3 > p_1 > p_2$　　　　(D) $p_1 > p_3 > p_2$

22. (2013 数一) 设随机变量 $X \sim t(n), Y \sim F(1, n)$, 给定 $\alpha(0 < \alpha < 0.5)$, 常数 c 满足 $P(X > c) = \alpha$, 则 $P(Y > c^2) = ($ $)$.

(A) α (B) $1 - \alpha$ (C) 2α (D) $1 - 2\alpha$

23. (2013 数一) 设随机变量 Y 服从参数为 1 的指数分布, a 为常数且大于零, 则 $P(Y \leqslant a + 1 \mid Y > a) = \underline{\hspace{3cm}}$.

24. (2013 数一) 设随机变量 X 的概率密度为 $f(x) = \begin{cases} \dfrac{1}{9}x^2, & 0 < x < 3, \\ 0, & \text{其他}. \end{cases}$ 令随机变

量 $Y = \begin{cases} 2, & X \leqslant 1, \\ X, & 1 < X < 2, \\ 1, & X \geqslant 2, \end{cases}$

(1) 求 Y 的分布函数;

(2) 求概率 $P\{X \leqslant Y\}$.

25. (2013 数一、三) 设总体 X 的概率密度为 $f(x; \theta) = \begin{cases} \dfrac{\theta^2}{x^3} \mathrm{e}^{-\frac{\theta}{x}}, & x > 0, \\ 0, & \text{其他}. \end{cases}$ 其中 θ 为

未知参数且大于零, $X_1, X_2, \cdots, X_n$ 为来自总体 X 的简单随机样本.

(1) 求 θ 的矩估计量;

(2) 求 θ 的最大似然估计量.

26. (2014 数一、三) 设随机事件 A, B 相互独立, 且 $P(B) = 0.5, P(A - B) = 0.3$, 则 $P(B - A) = ($ $)$.

(A) 0.1   (B) 0.2   (C) 0.3   (D) 0.4

27. (2014 数一) 设连续型随机变量 X_1 与 X_2 相互独立且方差均存在, X_1 与 X_2 的概率密度分别为 $f_1(x)$ 与 $f_2(x)$, 随机变量 Y_1 的概率密度为 $f_{Y_1}(y) = \dfrac{1}{2}[f_1(y) + f_2(y)]$, 随机变量 $Y_2 = \dfrac{1}{2}(X_1 + X_2)$, 则 (   ).

(A) $E(Y_1) > E(Y_2), D(Y_1) > D(Y_2)$

(B) $E(Y_1) = E(Y_2), D(Y_1) = D(Y_2)$

(C) $E(Y_1) = E(Y_2), D(Y_1) < D(Y_2)$

(D) $E(Y_1) = E(Y_2), D(Y_1) > D(Y_2)$

28. (2014 数一、三) 设总体 X 的概率密度为 $f(x; \theta) = \begin{cases} \dfrac{2x}{3\theta^2}, & \theta < x < 2\theta, \\ 0, & \text{其他}. \end{cases}$ 其中 θ

是未知参数, $X_1, X_2, \cdots, X_n$ 为来自总体 X 的简单随机样本, 若 $c \displaystyle\sum_{i=1}^{n} X_i^2$ 是 θ^2 的无偏估计, 则 $c = ($ $)$.

29. (2014 数一、三) 设随机变量 X 的概率分布为 $P(X = 1) = P(X = 2) = \dfrac{1}{2}$, 在给定 $X = i$ 的条件下, 随机变量 Y 服从均匀分布 $U(0, i)(i = 1, 2)$.

(1) 求 Y 的分布函数 $F_Y(y)$;

(2) 求 $E(Y)$.

30. (2014 数一) 设总体 X 的分布函数 $F(x;\theta) = \begin{cases} 1 - \mathrm{e}^{-\frac{x^2}{\theta}}, & x \geqslant 0, \\ 0, & x < 0. \end{cases}$ 其中 θ 是未知

参数且大于零, $X_1, X_2, \cdots, X_n$ 为来自总体 X 的简单随机样本.

(1) 求 $E(X)$ 及 $E(X^2)$;

(2) 求 θ 的最大似然估计量 $\hat{\theta}_n$;

(3) 是否存在实数 a, 使得对任意的 $\varepsilon > 0$, 都有 $\lim\limits_{n\to\infty} P(|\hat{\theta}_n - a| \geqslant \varepsilon) = 0$?

31. (2015 数一、三) 若 A, B 为任意两个随机事件, 则 (　　).

(A) $P(AB) \leqslant P(A)P(B)$ (B) $P(AB) \geqslant P(A)P(B)$

(C) $P(AB) \leqslant \dfrac{P(A) + P(B)}{2}$ (D) $P(AB) \geqslant \dfrac{P(A) + P(B)}{2}$

32. (2015 数一) 设随机变量 X, Y 不相关, 且 $E(X) = 2, E(Y) = 1, D(X) = 3$, 则 $E[X(X + Y - 2)] = ($　　$)$.

(A) -3 (B) 3   (C) -5 (D) 5

33. (2015 数一、三) 设二维随机变量 (X, Y) 服从正态分布 $N(1, 0; 1, 1; 0)$, 则 $P(XY - Y < 0) = $ ＿＿＿＿＿＿.

34. (2015 数一、三) 设随机变量 X 的概率密度为

$$f(x) = \begin{cases} 2^{-x} \ln 2, & x > 0, \\ 0, & x \leqslant 0, \end{cases}$$

对 X 进行独立重复的观测, 直到第 2 个大于 3 的观测值出现才停止, 记 Y 为观测次数.

(1) 求 Y 的概率分布;

(2) 求 $E(Y)$.

35. (2015 数一、三) 设总体 X 的概率密度为

$$f(x;\theta) = \begin{cases} \dfrac{1}{1-\theta}, & \theta \leqslant x \leqslant 1, \\ 0, & \text{其他.} \end{cases}$$

其中 θ 为未知参数, $X_1, X_2, \cdots, X_n$ 为来该自总体的简单随机样本.

(1) 求 θ 的矩估计量;

(2) 求 θ 的最大似然估计量.

36. (2016 数一) 设随机事件 $X \sim N(\mu, \sigma^2)(\sigma > 0)$, 记 $p = P(X \leqslant \mu + \sigma^2)$, 则 (　　).

(A) p 随着 μ 的增加而增加   (B) p 随着 σ 的增加而增加

(C) p 随着 μ 的增加而减少   (D) p 随着 σ 的增加而减少

37. (2016 数一) 随机试验 E 有三种两两不相容的结果 A_1, A_2, A_3, 且三种结果发生的概率均为 $\dfrac{1}{3}$, 将试验 E 独立重复做 2 次, X 表示 2 次试验中结果 A_1 发生的次数, Y 表示 2 次试验中结果 A_2 发生的次数, 则 X 与 Y 的相关系数为 (　　).

(A) $-\dfrac{1}{2}$ (B) $-\dfrac{1}{3}$ (C) $\dfrac{1}{3}$ (D) $\dfrac{1}{2}$

38. (2016 数一) 设 $X_1, X_2, \cdots, X_n$ 为来该自总体 $N(\mu, \sigma^2)$ 的简单随机样本, 样本均值为 $\bar{x} = 9.5$, 参数 μ 的置信水平为 0.95 的双侧置信区间的置信上限为 10.8, 则 μ 的置信水平为 0.95 的双侧置信区间为 (　　).

39. (2016 数一、三) 设二维随机变量 (X, Y) 在区域 $D = \{(x, y) \mid 0 < x < 1,\ x^2 < y < \sqrt{x}\}$ 上服从均匀分布, 令 $U = \begin{cases} 1, & X \leqslant Y, \\ 0, & X > Y. \end{cases}$

(1) 写出 (X, Y) 的概率密度;

(2) 问 U 与 X 是否相互独立? 并说明理由;

(3) 求 $Z = U + X$ 的分布函数 $F(z)$.

40. (2016 数一、三) 设总体 X 的概率密度为 $f(x; \theta) = \begin{cases} \dfrac{3x^2}{\theta^3}, & 0 < x < \theta, \\ 0, & 其他. \end{cases}$ 其中 $\theta \in (0, +\infty)$ 为未知参数, X_1, X_2, X_3 为来自总体 X 的简单随机样本, 令 $T = \max\{X_1, X_2, X_3\}$

(1) 求 T 的概率密度;

(2) 确定 a, 使得 aT 为 θ 的无偏估计.

41. (2017 数一) 设 A, B 为随机事件. 若 $0 < P(A) < 1, 0 < P(B) < 1$, 则 $P(A \mid B) > P(A \mid \overline{B})$ 的充分必要条件是 (　　).

(A) $P(B \mid A) > P(B \mid \overline{A})$ (B) $P(B \mid A) < P(B \mid \overline{A})$

(C) $P(\overline{B} \mid A) > P(B \mid \overline{A})$ (D) $P(\overline{B} \mid A) < P(B \mid \overline{A})$

42. (2017 数一、三) 设 $X_1, X_2, \cdots, X_n$ $(n \geqslant 2)$ 为来自总体 $N(\mu, 1)$ 的简单随机样本, 记 $\overline{X} = \dfrac{1}{n} \sum\limits_{i=1}^{n} X_i$, 则下列结论中不正确的是 (　　).

(A) $\sum\limits_{i=1}^{n} (X_i - \mu)^2$ 服从 χ^2 分布

(B) $2(X_n - X_1)^2$ 服从 χ^2 分布

(C) $\sum\limits_{i=1}^{n} (X_i - \overline{X})^2$ 服从 χ^2 分布

(D) $n(\overline{X} - \mu)^2$ 服从 χ^2 分布

43. (2017 数一) 设随机变量 X 的分布函数为 $F(x) = 0.5\Phi(x) + 0.5\Phi\left(\dfrac{x-4}{2}\right)$, 其中 $\Phi(x)$ 为标准正态分布函数, 则 $E(X) = ($　　$)$.

44. (2017 数一、三) 设随机变量 X, Y 相互独立, 且 X 的概率分布为 $P(X = 0) = P(X = 2) = \dfrac{1}{2}$, Y 的概率密度为 $f_Y(y) = \begin{cases} 2y, & 0 < y < 1, \\ 0, & 其他. \end{cases}$

(1) 求 $P(Y \leqslant E(Y))$;

(2) 求 $Z = X + Y$ 的概率密度.

45. (2017 数一、三) 某工程师为了解一台天平的精度, 用该天平对一物体的质量做 n 次测量, 该物体的质量 μ 是已知的. 设 n 次测量结果 $X_1, X_2, \cdots, X_n$ 相互独立且均服从正态分布 $N(\mu, \sigma^2)$, 该工程师记录的是 n 次测量的绝对误差 $Z_i = |X_i - \mu| \; (i = 1, 2, \cdots, n)$, 利用 $Z_1, Z_2, \cdots, Z_n$ 估计 σ.

(1) 求 Z_1 的概率密度;

(2) 利用一阶矩求 σ 的矩估计量;

(3) 求 σ 的最大似然估计量.

46. (2018 数一、三) 设随机变量 X 的概率密度 $f(x)$ 满足 $f(1 + x) = f(1 - x)$, 且 $\int_0^2 f(x)\mathrm{d}x = 0.6$, 则 $P(X < 0) = ($ 　　$)$.

(A) 0.2 　　　　　(B) 0.3 　　　　　(C) 0.4 　　　　　(D) 0.5

47. (2018 数一) 设总体 X 服从正态分布 $N(\mu, \sigma^2)$. $X_1, X_2, \cdots, X_n$ 是来自总体 X 的简单随机样本, 据此样本检验假设: $H_0 : \mu = \mu_0, H_1 : \mu \neq \mu_0$, 则 ($\quad$).

(A) 如果在显著性水平 $\alpha = 0.05$ 下拒绝 H_0, 那么在显著性水平 $\alpha = 0.01$ 下必拒绝 H_0

(B) 如果在显著性水平 $\alpha = 0.05$ 下拒绝 H_0, 那么在显著性水平 $\alpha = 0.01$ 下必接受 H_0

(C) 如果在显著性水平 $\alpha = 0.05$ 下接受 H_0, 那么在显著性水平 $\alpha = 0.01$ 下必拒绝 H_0

(D) 如果在显著性水平 $\alpha = 0.05$ 下接受 H_0, 那么在显著性水平 $\alpha = 0.01$ 下必接受 H_0

48. (2018 数一) 设随机事件 A 与 B 相互独立, A 与 C 相互独立, $BC = \varnothing$. 若 $P(A) = P(B) = \dfrac{1}{2}, P(AC | AB \bigcup C) = \dfrac{1}{4}$, 则 $P(C) = $ _____.

49. (2018 数一、三) 设随机变量 X 与 Y 相互独立, X 的概率分布为 $P(X = 1) = P(X = -1) = \dfrac{1}{2}$, Y 服从参数为 λ 的泊松分布, 令 $Z = XY$.

(1) 求 $Cov(X, Z)$;

(2) 求 Z 的概率分布.

50. (2018 数一、三) 设总体 X 的概率密度为

$$f(x; \sigma) = \frac{1}{2\sigma} \mathrm{e}^{-\frac{|x|}{\sigma}}, -\infty < x < +\infty,$$

其中 $\sigma \in (0, +\infty)$ 为未知参数, $X_1, X_2, \cdots, X_n$ 为来自总体 X 的简单随机样本, 记 σ 的最大似然估计量为 $\hat{\sigma}$.

(1) 求 $\hat{\sigma}$;

(2) 求 $E(\hat{\sigma})$ 和 $D(\hat{\sigma})$.

51. (2019 数一、三) 设 A, B 为随机事件, 则 $P(A) = P(B)$ 的充分必要条件是 ($\quad$).

(A) $P(A \bigcup B) = P(A) + P(B)$

(B) $P(AB) = P(A)P(B)$

(C) $P(A\overline{B}) = P(B\overline{A})$

(D) $P(AB) = P(\overline{A}\,\overline{B})$

52. (2019 数一、三) 设随机变量 X 与 Y 相互独立, 且都服从正态分布 $N(\mu, \sigma^2)$, 则 $P(|X - Y| < 1)$ (   ).

    (A) 与 μ 无关, 而与 σ^2 有关   (B) 与 μ 有关, 而与 σ^2 无关

    (C) 与 μ, σ^2 都有关   (D) 与 μ, σ^2 都无关

53. (2019 数一、三) 设随机变量 X 的概率密度为 $f(x) = \begin{cases} \dfrac{x}{2}, & 0 < x < 2, \\ 0, & \text{其他}, \end{cases}$ $F(x)$ 为 X 的分布函数, $E(X)$ 为 X 的数学期望, 则 $P(F(X) > E(X) - 1) = $ (   ).

54. (2019 数一、三) 设随机变量 X 与 Y 相互独立, X 服从参数为 1 的指数分布, Y 的概率分布为 $P\{Y = -1\} = p, P\{Y = 1\} = 1 - p \ (0 < p < 1)$, 令 $Z = XY$.

(1) 求 Z 的概率密度;

(2) p 为何值时, X 与 Z 不相关?

(3) X 与 Z 是否相互独立?

55. (2019 数一、三) 设总体 X 的概率密度为 $f(x; \sigma^2) = \begin{cases} \dfrac{A}{\sigma} \mathrm{e}^{-\frac{(x-\mu)^2}{2\sigma^2}}, & x \geqslant \mu, \\ 0, & x < \mu, \end{cases}$ 其中 μ 是已知参数, $\sigma > 0$ 是未知参数, A 是常数, $X_1, X_2, \cdots, X_n$ 是来自总体 X 的简单随机样本.

(1) 求 A;

(2) 求 σ^2 的最大似然估计量.

56. (2020 数一、三) 设 A, B, C 为三个随机事件,

$$P(A) = P(B) = P(C) = \frac{1}{4}, P(AB) = 0, P(AC) = (BC) = \frac{1}{12},$$

则 A, B, C 中恰有一个事件发生的概率为 (   ).

    (A) $\dfrac{3}{4}$ (B) $\dfrac{2}{3}$ (C) $\dfrac{1}{2}$ (D) $\dfrac{5}{12}$

57. (2020 数一) 设 $X_1, X_2, \cdots, X_{100}$ 为来自总体 X 的简单随机样本, 其中 $P(X = 0) = P(X = 1) = \dfrac{1}{2}, \Phi(x)$ 表示标准正态分布函数, 利用中心极限定理可得 $P\left(\sum\limits_{i=1}^{100} X_i \leqslant 55\right)$ 的近似值为 (   ).

    (A) $1 - \Phi(1)$ (B) $\Phi(1)$ (C) $1 - \Phi(0.2)$ (D) $\Phi(0.2)$

58. (2020 数一) 设 X 服从区间 $\left(-\dfrac{\pi}{2}, \dfrac{\pi}{2}\right)$ 上的均匀分布, $Y = \sin X$, 则 $Cov(X, Y) = $ (   ).

59. (2020 数一) 设随机变量 X_1, X_2, X_3 相互独立, 其中 X_1 与 X_2 均服从标准正态分布, X_3 的概率分布为 $P(X_3 = 0) = P(X_3 = 1) = \dfrac{1}{2}, Y = X_3 X_1 + (1 - X_3) X_2$.

(1) 求二维随机变量 (X_1, Y) 的分布函数, 结果用标准正态分布函数 $\Phi(x)$ 表示;

(2) 证明随机变量 Y 服从标准正态分布.

60. (2020 数一、三) 设某元件的使用寿命 T 的分布函数为

$$F(t) = \begin{cases} 1 - e^{-(\frac{t}{\theta})^m}, & t \geqslant 0, \\ 0, & \text{其他}, \end{cases}$$

其中 θ, m 为参数且大于零.

(1) 求概率 $P(T > t)$ 与 $P(T > s + t \mid T > s)$, 其中 $s > 0, t > 0$;

(2) 任取 n 个这种元件做寿命试验, 测得它们的寿命分别为 $T_1, T_2, \cdots, T_n$, 若 m 已知, 求 θ 的最大似然估计值 $\hat{\theta}$.

61. (2021 数一、三) 设 A, B 为随机事件, 且 $0 < P(B) < 1$, 下列命题中为假命题的是 (　　).

(A) 若 $P(A \mid B) = P(A)$, 则 $P(A \mid \overline{B}) = P(A)$

(B) 若 $P(A \mid B) > P(A)$, 则 $P(\overline{A} \mid \overline{B}) > P(\overline{A})$

(C) 若 $P(A \mid B) > P(A \mid \overline{B})$, 则 $P(A \mid B) > P(A)$

(D) 若 $P(A \mid A \cup B) > P(\overline{A} \mid A \cup B)$, 则 $P(A) > P(B)$

62. (2021 数一、三) 设 $(X_1, Y_1), (X_2, Y_2), \cdots, (X_n, Y_n)$ 为来自总体 $N(\mu_1, \mu_2; \sigma_1^2, \sigma_2^2; \rho)$ 的简单随机样本, 令 $\theta = \mu_1 - \mu_2, \overline{X} = \frac{1}{n}\sum_{i=1}^n X_i, \overline{Y} = \frac{1}{n}\sum_{i=1}^n Y_i, \hat{\theta} = \overline{X} - \overline{Y}$, 则 (　　).

(A) $\hat{\theta}$ 是 θ 的无偏估计, $D(\hat{\theta}) = \dfrac{\sigma_1^2 + \sigma_2^2}{n}$

(B) $\hat{\theta}$ 不是 θ 的无偏估计, $D(\hat{\theta}) = \dfrac{\sigma_1^2 + \sigma_2^2}{n}$

(C) $\hat{\theta}$ 是 θ 的无偏估计, $D(\hat{\theta}) = \dfrac{\sigma_1^2 + \sigma_2^2 - 2\rho\sigma_1\sigma_2}{n}$

(D) $\hat{\theta}$ 不是 θ 的无偏估计, $D(\hat{\theta}) = \dfrac{\sigma_1^2 + \sigma_2^2 - 2\rho\sigma_1\sigma_2}{n}$

63. (2021 数一) 设 $X_1, X_2, \cdots, X_{16}$ 是来自总体 $N(\mu, 4)$ 的简单随机样本, 考虑假设检验问题: $H_0: \mu \leqslant 10, H_1: \mu > 10$, $\Phi(x)$ 表示标准正态分布函数, 若该检验问题的拒绝域为 $W = \{\overline{X} \geqslant 11\}$, 其中 $\overline{X} = \frac{1}{16}\sum_{i=1}^{16} X_i$, 则 $\mu = 11.5$ 时, 该检验犯第二类错误的概率为 (　　).

(A) $1 - \Phi(0.5)$ (B) $1 - \Phi(1)$
(C) $1 - \Phi(1.5)$ (D) $1 - \Phi(2)$

64. (2021 数一、三) 甲、乙两个盒子中各装有 2 个红球和 2 个白球, 先从甲盒中任取一球, 观察颜色后放入乙盒中, 再从乙盒中任取一球, 令 X, Y 分别表示从甲盒和乙盒中取到的红球个数, 则 X 与 Y 的相关系数为 (　　).

65. (2021 数一、三) 在区间 $(0,2)$ 上随机取一点, 将该区间分成两段, 较短一段的长度为 X, 较长一段的长度为 Y, 令 $Z = \dfrac{Y}{X}$.

(1) 求 X 的概率密度;

(2) 求 Z 的概率密度;

(3) 求 $E\left(\dfrac{X}{Y}\right)$.

66. (2022 数一) 设随机变量 $X \sim U(0,3)$, 随机变量 Y 服从参数为 2 的泊松分布, 且 X 与 Y 的协方差为 -1, 则 $D(2X - Y + 1) =$(   ).

(A) 1   (B) 5   (C) 9   (D) 12

67. (2022 数一) 设随机变量 X_1, X_2, X_3, X_4 独立同分布, 且 X_1 的 4 阶矩存在, 记 $\mu_k = E(X_1^k)(k = 1, 2, 3, 4)$, 则由切比雪夫不等式, 对任意的 $\varepsilon > 0$ 有 $P\left(\left|\dfrac{1}{n}\sum\limits_{i=1}^{n} X_i^2 - \mu_2\right| \geqslant \varepsilon\right) \leqslant$ (   ).

(A) $\dfrac{\mu_4 - \mu_2^2}{n\varepsilon^2}$ (B) $\dfrac{\mu_4 - \mu_2^2}{\sqrt{n}\varepsilon^2}$ (C) $\dfrac{\mu_2 - \mu_1^2}{n\varepsilon^2}$ (D) $\dfrac{\mu_2 - \mu_1^2}{\sqrt{n}\varepsilon^2}$

68. (2022 数一) 设随机变量 $X \sim N(0,1)$, 在 $X = x$ 条件下, 随机变量 $Y \sim N(x,1)$, 则 X 与 Y 的相关系数为 (   ).

(A) $\dfrac{1}{4}$ (B) $\dfrac{1}{2}$ (C) $\dfrac{\sqrt{3}}{3}$ (D) $\dfrac{\sqrt{2}}{2}$

69. (2022 数一、三) 设 A, B, C 为随机事件, 且 A 与 B 互不相容, A 与 C 互不相容, B 与 C 相互独立, 若 $P(A) = P(B) = P(C) = \dfrac{1}{3}$, 则 $P(B \cup C \mid A \cup B \cup C) =$_____.

70. (2022 数一、三) 设 $X_1, X_2, \cdots, X_n$ 为来自均值为 θ 的指数分布总体的简单随机样本, $Y_1, Y_2, \cdots, Y_m$ 为来自均值为 2θ 的指数分布总体的简单随机样本, 且两样本相互独立, 其中 $\theta(\theta > 0)$ 是未知参数. 利用样本 $X_1, X_2, \cdots, X_n, Y_1, Y_2, \cdots, Y_m$, 求 θ 的最大似然估计量 $\hat{\theta}$, 并求 $D(\hat{\theta})$.

71. (2023 数一、三) 设随机变量 X 服从参数为 1 的泊松分布, 则 $E(\mid X - EX \mid) =$ (   ).

(A) $\dfrac{1}{e}$ (B) $\dfrac{1}{2}$ (C) $\dfrac{2}{e}$ (D) 1

72. (2023 数一、三) 设 $X_1, X_2, \cdots, X_n$ 为来自总体 $N(\mu_1, \sigma^2)$ 的简单随机样本, $Y_1, Y_2, \cdots, Y_m$ 为来自 $N(\mu_2, 2\sigma^2)$ 的简单随机样本, 且两样本相互独立, 记 $\overline{X} = \dfrac{1}{n}\sum\limits_{i=1}^{n} X_i, \overline{Y} = \dfrac{1}{m}\sum\limits_{i=1}^{m} Y_i, S_1^2 = \dfrac{1}{n-1}\sum\limits_{i=1}^{n}(X_i - \overline{X})^2, S_2^2 = \dfrac{1}{m-1}\sum\limits_{i=1}^{m}(Y_i - \overline{Y})^2$, 则 (   ).

(A) $\dfrac{S_1^2}{S_2^2} \sim F(n, m)$ (B) $\dfrac{S_1^2}{S_2^2} \sim F(n-1, m-1)$

(C) $\dfrac{2S_1^2}{S_2^2} \sim F(n, m)$ (D) $\dfrac{2S_1^2}{S_2^2} \sim F(n-1, m-1)$.

73. (2023 数一、三) 设 X_1, X_2 为来自总体 $N(\mu, \sigma^2)$ 的简单随机样本, 其中 $\sigma(\sigma > 0)$ 是未知参数, 若 $\hat{\sigma} = a \mid X_1 - X_2 \mid$ 为 σ 的无偏估计, 则 $a =$(   ).

(A) $\dfrac{\sqrt{\pi}}{2}$ (B) $\dfrac{\sqrt{2\pi}}{2}$ (C) $\sqrt{\pi}$ (D) $\sqrt{2\pi}$

74. (2023 数一) 设随机变量 X 与 Y 相互独立, 且 $X \sim B\left(1, \frac{1}{3}\right)$, $Y \sim B\left(2, \frac{1}{2}\right)$, 则 $P(X = Y) = \underline{\qquad\qquad}$.

75. (2023 数一) 设二维随机变量 (X, Y) 的概率密度为

$$f(x, y) = \begin{cases} \dfrac{2}{\pi}(x^2 + y^2), & x^2 + y^2 \leqslant 1, \\ 0, & \text{其他} \end{cases}$$

(1) 求 X 与 Y 的方差;
(2) X 与 Y 是否相互独立?
(3) 求 $Z = X^2 + Y^2$ 的概率密度.

76. (2009 数三) 设事件 A 与事件 B 互不相容, 则 ( ).
(A) $P(\overline{A}\,\overline{B}) = 0$ (B) $P(AB) = P(A)P(B)$
(C) $P(A) = 1 - P(B)$ (D) $P(\overline{A} \cup \overline{B}) = 1$

77. (2009 数三) 设 $X_1, X_2, \cdots, X_m$ 为来自二项分布总体 $B(n, p)$ 的简单随机样本, $\overline{X}$ 和 S^2 分别为样本均值和样本方差. 记统计量 $T = \overline{X} - S^2$, 则 $E(T) = \underline{\qquad\qquad}$.

78. (2009 数三) 设二维随机变量 (X, Y) 的概率密度为

$$f(x, y) = \begin{cases} \mathrm{e}^{-x}, & 0 < y < x, \\ 0, & \text{其他,} \end{cases}$$

(1) 求条件概率密度 $f_{Y|X}(y \mid x)$;
(2) 求条件概率 $P\{X \leqslant 1 \mid Y \leqslant 1\}$.

79. (2010 数三) 设 $X_1, X_2, \cdots, X_n$ 是来自总体 $N(\mu, \sigma^2)(\sigma > 0)$ 的简单随机样本. 记统计量 $T = \dfrac{1}{n} \sum\limits_{i=1}^{n} X_i^2$, 则 $E(T) = \underline{\qquad\qquad}$.

80. (2010 数三) 箱中装有 6 个球, 其中红、白、黑球的个数分别为 $1, 2, 3$ 个. 现从箱中随机地取出 2 个球, 记 X 为取出的红球个数, Y 为取出的白球个数.
(1) 求随机变量 (X, Y) 的概率分布;
(2) 求 $Cov(X, Y)$.

81. (2011 数三) 设总体 X 服从参数为 $\lambda(\lambda > 0)$ 的泊松分布 $X_1, X_2, \cdots, X_n (n \geqslant 2)$ 为来自该总体的简单随机样本. 则对于统计量 $T_1 = \dfrac{1}{n} \sum\limits_{i=1}^{n} X_i$ 和 $T_2 = \dfrac{1}{n-1} \sum\limits_{i=1}^{n-1} X_i + \dfrac{1}{n} X_n$, 有 ( )
(A) $E(T_1) > E(T_2), D(T_1) > D(T_2)$ (B) $E(T_1) > E(T_2), D(T_1) < D(T_2)$
(C) $E(T_1) < E(T_2), D(T_1) > D(T_2)$ (D) $E(T_1) < E(T_2), D(T_1) < D(T_2)$

82. (2011 数三) 设二维随机变量 (X, Y) 服从区域 G 上的均匀分布, 其中 G 是由 $x - y = 0, x + y = 2$ 与 $y = 0$ 所围成的三角形区域.
(1) 求 X 的概率密度 $f_X(x)$;
(2) 求条件概率密度 $f_{X|Y}(x \mid y)$.

83. (2012 数三) 设随机变量 X 与 Y 相互独立, 且都服从区间 $(0,1)$ 内的均匀分布, 则 $P(X^2 + Y^2 \leqslant 1) =$ (　　).

(A) $\dfrac{1}{4}$ (B) $\dfrac{1}{2}$ (C) $\dfrac{\pi}{8}$ (D) $\dfrac{\pi}{4}$

84. (2012 数三) 设 X_1, X_2, X_3, X_4 是来自总体 $N(1, \sigma^2)(\sigma > 0)$ 的简单随机样本. 则统计量 $\dfrac{X_1 - X_2}{|X_3 + X_4 - 2|}$ 服从的分布为 (　　).

(A) $N(0,1)$ (B) $t(1)$ (C) $\chi^2(1)$ (D) $F(1,1)$

85. (2012 数三) 设随机变量 X 与 Y 相互独立, 且都服从参数为 1 的指数分布, 记 $U = \max\{X, Y\}, V = \min\{X, Y\}$.

(1) 求 V 的概率密度 $f_V(v)$;

(2) 求 $E(U + V)$.

86. (2013 数三) 设随机变量 X 和 Y 相互独立, 且 X 和 Y 的概率分布分别为

X	0	1	2	3
P	$\dfrac{1}{2}$	$\dfrac{1}{4}$	$\dfrac{1}{8}$	$\dfrac{1}{8}$

Y	-1	0	1
P	$\dfrac{1}{3}$	$\dfrac{1}{3}$	$\dfrac{1}{3}$

则 $P(X + Y = 2) =$ (　　).

(A) $\dfrac{1}{12}$ (B) $\dfrac{1}{8}$ (C) $\dfrac{1}{6}$ (D) $\dfrac{1}{2}$

87. (2013 数三) 设随机变量 X 服从正态分布 $N(0,1)$, 则 $E(Xe^{2X}) = $ _____.

88. (2013 数三) 设 (X, Y) 是二维随机变量, X 的边缘概率密度为 $f_X(x) =$
$$\begin{cases} 3x^2, & 0 < x < 1, \\ 0, & 其他, \end{cases}$$ 在给定 $X = x\ (0 < x < 1)$ 的条件下, Y 的条件概率密度为

$$f_{Y|X}(y \mid x) = \begin{cases} \dfrac{3y^2}{x^3}, & 0 < y < x, \\ 0, & 其他. \end{cases}$$

(1) 求 (X, Y) 的概率密度 $f(x, y)$;

(2) 求 Y 的边缘概率密度 $f_Y(y)$;

(3) 求 $P(X > 2Y)$.

89. (2014 数三) 设 X_1, X_2, X_3 是来自总体 $N(0, \sigma^2)$ 的简单随机样本, 则统计量 $S = \dfrac{X_1 - X_2}{\sqrt{2}\,|X_3|}$ 服从的分布为 (　　).

(A) $F(1,1)$ (B) $F(2,1)$ (C) $t(1)$ (D) $t(2)$

90. (2014 数三) 设随机变量 X, Y 的概率分布相同, X 的分布律为 $P(X = 0) = \dfrac{1}{3}, P(X = 1) = \dfrac{2}{3}$, 且 X 与 Y 的相关系数为 $\rho_{XY} = \dfrac{1}{2}$.

(1) 求 (X, Y) 的概率分布;

(2) 求 $P(X + Y \leqslant 1)$.

91. (2015 数三) 设总体 $X \sim B(m,\theta)$, $X_1, X_2, \cdots, X_n$ 为来自该总体的简单随机样本, $\overline{X}$ 为样本均值, 则 $E\left[\sum_{i=1}^{n}(X_i-\overline{X})^2\right]=($).

(A) $(m-1)n\theta(1-\theta)$ (B) $m(n-1)\theta(1-\theta)$

(C) $(m-1)(n-1)\theta(1-\theta)$ (D) $mn\theta(1-\theta)$

92. (2016 数三) 设 A, B 为两个随机事件, 且 $0 < P(A) < 1, 0 < P(B) < 1$, 如果 $P(A \mid B) = 1$, 则 ( ).

(A) $P(\overline{B} \mid \overline{A}) = 1$ (B) $P(A \mid \overline{B}) = 0$

(C) $P(A \cup B) = 1$ (D) $P(B \mid A) = 1$

93. (2016 数三) 设随机变量 X 与 Y 相互独立, 且 $X \sim N(1,2), Y \sim N(1,4)$, 则 $D(XY)=($).

(A) 6   (B) 8   (C) 14   (D) 15

94. (2016 数三) 设袋中有红、白、黑球各一个, 从中有放回地取球, 每次取 1 个, 直到三种颜色的球都取到时停止, 则取球次数恰好为 4 的概率为_____.

95. (2017 数三) 设 A, B, C 为三个随机事件, 且 A 与 C 相互独立, B 与 C 相互独立, 则 $A \cup B$ 与 C 相互独立的充分必要条件是 ( ).

(A) A 与 B 相互独立   (B) A 与 B 互不相容

(C) AB 与 C 相互独立   (D) AB 与 C 互不相容

96. (2017 数三) 设随机变量 X 的概率分布为 $P(X=-2)=\frac{1}{2}, P(X=1)=a, P(X=3)=b$, 若 $E(X)=0$, 则 $D(X)=$_____.

97. (2018 数三) 设 $X_1, X_2, \cdots, X_n$ $(n \geqslant 2)$ 为来自该总体 $N(\mu, \sigma^2)(\sigma > 0)$) 的简单随机样本, 令 $\overline{X} = \frac{1}{n}\sum_{i=1}^{n}X_i, S = \sqrt{\frac{1}{n-1}\sum_{i=1}^{n}(X_i-\overline{X})^2}, S^* = \sqrt{\frac{1}{n}\sum_{i=1}^{n}(X_i-\mu)^2}$, 则 ( ).

(A) $\dfrac{\sqrt{n}(\overline{X}-\mu)}{S} \sim t(n)$ (B) $\dfrac{\sqrt{n}(\overline{X}-\mu)}{S} \sim t(n-1)$

(C) $\dfrac{\sqrt{n}(\overline{X}-\mu)}{S^*} \sim t(n)$ (D) $\dfrac{\sqrt{n}(\overline{X}-\mu)}{S^*} \sim t(n-1)$

98. (2018 数三) 随机事件 A, B, C 相互独立, 且 $P(A) = P(B) = P(C) = \frac{1}{2}$, 则 $P(AC \mid A \cup B)=$_____.

99. (2020 数三) 设随机变量 (X, Y) 服从二维正态分布 $N(0, 0; 1, 4; -\frac{1}{2})$, 则下列随机变量中服从标准正态分布且与 X 相互独立的是 ( ).

(A) $\dfrac{\sqrt{5}}{5}(X+Y)$ (B) $\dfrac{\sqrt{5}}{5}(X-Y)$

(C) $\dfrac{\sqrt{3}}{3}(X+Y)$ (D) $\dfrac{\sqrt{3}}{3}(X-Y)$

100. (2020 数三) 设随机变量 X 的概率分布为 $P(X=k) = \dfrac{1}{2^k}$ $(k=1, 2, \cdots)$, Y 表示 X 被 3 除的余数, 则 $E(Y)=$_____.

101. (2020 数三) 设二维随机变量 (X,Y) 在区域 $D = \{(x,y) : 0 < y < \sqrt{1-x^2}\}$ 上服从均匀分布, 令

$$Z_1 = \begin{cases} 1, & X-Y > 0, \\ 0, & X-Y \leqslant 0, \end{cases} \qquad Z_2 = \begin{cases} 1, & X+Y > 0, \\ 0, & X+Y \leqslant 0, \end{cases}$$

(1) 求二维随机变量 (Z_1, Z_2) 的概率分布;

(2) 求 Z_1 与 Z_2 的相关系数.

102. (2021 数三) 设总体 X 的概率分布为 $P(X=1) = \dfrac{1-\theta}{2}, P(X=2) = P(X=3) = \dfrac{1+\theta}{4}$, 利用来自总体的样本值 $1,3,2,2,1,3,1,2$ 可得 θ 的最大似然估计值为 ( ).

(A) $\dfrac{1}{4}$ (B) $\dfrac{3}{8}$ (C) $\dfrac{1}{2}$ (D) $\dfrac{5}{8}$

103. (2022 数三) 设随机变量 $X \sim N(0,4), Y \sim B(3, \dfrac{1}{3})$, 且 X 与 Y 不相关, 则 $D(X-3Y+1) =$ ( ).

(A) 2   (B) 4   (C) 6   (D) 10

104. (2022 数三) 设随机变量 $X_1, X_2, \cdots, X_n$ 独立同分布, X_i 的概率密度 $f(x) = \begin{cases} 1-|x|, & |x| < 1, \\ 0, & \text{其他.} \end{cases}$ 则 $\dfrac{1}{n}\sum\limits_{i=1}^{n} X_i^2$ 依概率收敛于 ( ).

(A) $\dfrac{1}{8}$ (B) $\dfrac{1}{6}$ (C) $\dfrac{1}{3}$ (D) $\dfrac{1}{2}$

105. (2022 数三) 二维随机变量 (X,Y) 的联合分布律为

X	Y		
	0	1	2
−1	0.1	0.1	b
1	a	0.1	0.1

已知事件 $\{\max\{X,Y\} = 2\}$ 与事件 $\{\min\{X,Y\} = 1\}$ 相互独立, 则 $Cov(X,Y) =$ ( ).

(A) −0.6   (B) −0.36   (C) 0   (D) 0.48

106. (2023 数三) 已知随机变量 X, Y 相互独立, 且 $X \sim B(1,p), Y \sim B(2,p)$, 其中 $p \in (0,1)$, 则 $X+Y$ 与 $X-Y$ 的相关系数为_____.

107. (2023 数三) 设随机变量 X 的概率密度为 $f(x) = \dfrac{e^x}{(1+e^x)^2}, -\infty < x < +\infty$. 令 $Y = e^x$.

(1) 求 X 的分布函数;

(2) 求 Y 的概率密度函数;

(3) Y 的期望是否存在?

总复习题参考答案或提示

附录　常用分布表

表 1　标准正态分布表

$$\Phi(z) = \int_{-\infty}^{z} \frac{1}{\sqrt{2\pi}} \mathrm{e}^{-u^2/2} \mathrm{d}u = P(Z \leqslant z)$$

z	0	1	2	3	4	5	6	7	8	9
0.0	0.5000	0.5040	0.5080	0.5120	0.5160	0.5199	0.5239	0.5279	0.5319	0.5359
0.1	0.5398	0.5438	0.5478	0.5517	0.5557	0.5596	0.5636	0.5675	0.5714	0.5753
0.2	0.5793	0.5832	0.5871	0.5910	0.5948	0.5987	0.6026	0.6064	0.6103	0.6141
0.3	0.6179	0.6217	0.6255	0.6293	0.6331	0.6368	0.6406	0.6443	0.6480	0.6517
0.4	0.6554	0.6591	0.6628	0.6664	0.6700	0.6736	0.6772	0.6808	0.6844	0.6879
0.5	0.6915	0.6950	0.6985	0.7019	0.7054	0.7088	0.7123	0.7157	0.7190	0.7224
0.6	0.7257	0.7291	0.7324	0.7357	0.7389	0.7422	0.7454	0.7486	0.7517	0.7549
0.7	0.7580	0.7611	0.7642	0.7673	0.7703	0.7734	0.7764	0.7794	0.7823	0.7852
0.8	0.7881	0.7910	0.7939	0.7967	0.7995	0.8023	0.8051	0.8078	0.8106	0.8133
0.9	0.8159	0.8186	0.8212	0.8238	0.8264	0.8289	0.8315	0.8340	0.8365	0.8389
1.0	0.8413	0.8438	0.8461	0.8485	0.8508	0.8531	0.8554	0.8577	0.8599	0.8621
1.1	0.8643	0.8665	0.8686	0.8708	0.8729	0.8749	0.8770	0.8790	0.8810	0.8830
1.2	0.8849	0.8869	0.8888	0.8907	0.8925	0.8944	0.8962	0.8980	0.8997	0.9015
1.3	0.9032	0.9049	0.9066	0.9082	0.9099	0.9115	0.9131	0.9147	0.9162	0.9177
1.4	0.9192	0.9207	0.9222	0.9236	0.9251	0.9265	0.9278	0.9292	0.9306	0.9319
1.5	0.9332	0.9345	0.9357	0.9370	0.9382	0.9394	0.9406	0.9418	0.9430	0.9441
1.6	0.9452	0.9463	0.9474	0.9484	0.9495	0.9505	0.9515	0.9525	0.9535	0.9545
1.7	0.9554	0.9564	0.9573	0.9582	0.9591	0.9599	0.9608	0.9616	0.9625	0.9633
1.8	0.9641	0.9648	0.9656	0.9664	0.9671	0.9678	0.9686	0.9693	0.9700	0.9706
1.9	0.9713	0.9719	0.9726	0.9732	0.9738	0.9744	0.9750	0.9756	0.9762	0.9767
2.0	0.9772	0.9778	0.9783	0.9788	0.9793	0.9798	0.9803	0.9808	0.9812	0.9817
2.1	0.9821	0.9826	0.9830	0.9834	0.9838	0.9842	0.9846	0.9850	0.9854	0.9857
2.2	0.9861	0.9864	0.9868	0.9871	0.9874	0.9878	0.9881	0.9884	0.9887	0.9890
2.3	0.9893	0.9896	0.9898	0.9901	0.9904	0.9906	0.9909	0.9911	0.9913	0.9916
2.4	0.9918	0.9920	0.9922	0.9925	0.9927	0.9929	0.9931	0.9932	0.9934	0.9936
2.5	0.9938	0.9940	0.9941	0.9943	0.9945	0.9946	0.9948	0.9949	0.9951	0.9952
2.6	0.9953	0.9955	0.9956	0.9957	0.9959	0.9960	0.9961	0.9962	0.9963	0.9964
2.7	0.9965	0.9966	0.9967	0.9968	0.9969	0.9970	0.9971	0.9972	0.9973	0.9974
2.8	0.9974	0.9975	0.9976	0.9977	0.9977	0.9978	0.9979	0.9979	0.9980	0.9981
2.9	0.9981	0.9982	0.9982	0.9983	0.9984	0.9984	0.9985	0.9985	0.9986	0.9986
3.0	0.9987	0.9990	0.9993	0.9995	0.9997	0.9998	0.9998	0.9999	0.9999	1.0000

注：表中末行系函数值 $\Phi(3.0), \Phi(3.1), \cdots, \Phi(3.9)$

表 2　泊松分布表

$$p(X \geqslant x) = \sum_{r=x}^{\infty} \frac{e^{-\lambda}\lambda^r}{r!}$$

x	$\lambda=0.2$	$\lambda=0.3$	$\lambda=0.4$	$\lambda=0.5$	$\lambda=0.6$
0	1.000 000 0	1.000 000 0	1.000 000 0	1.000 000	1.000 000
1	0.181 269 2	0.259 181 8	0.329 680 0	0.323 469	0.451 188
2	0.017 523 1	0.036 936 3	0.061 551 9	0.090 204	0.121 901
3	0.001 148 5	0.003 599 5	0.007 926 3	0.014 388	0.023 115
4	0.000 056 8	0.000 265 8	0.000 776 3	0.001 752	0.003 358
5	0.000 002 3	0.000 015 8	0.000 061 2	0.000 172	0.000 394
6	0.000 000 1	0.000 000 8	0.000 004 0	0.000 014	0.000 039
7			0.000 000 2	0.000 001	0.000 003

x	$\lambda=0.7$	$\lambda=0.8$	$\lambda=0.9$	$\lambda=1.0$	$\lambda=1.2$
0	1.000 000	1.000 000	1.000 000	1.000 000	1.000 000
1	0.503 415	0.550 671	0.593 430	0.632 121	0.698 806
2	0.155 805	0.191 208	0.227 518	0.264 241	0.337 373
3	0.034 142	0.047 423	0.062 587	0.080 301	0.120 513
4	0.005 753	0.009 080	0.013 459	0.018 988	0.033 769
5	0.000 786	0.001 411	0.002 344	0.003 660	0.007 746
6	0.000 090	0.000 184	0.000 343	0.000 594	0.001 500
7	0.000 009	0.000 021	0.000 043	0.000 083	0.000 251
8	0.000 001	0.000 002	0.000 005	0.000 010	0.000 037
9				0.000 001	0.000 005
10					0.000 001

x	$\lambda=1.4$	$\lambda=1.6$	$\lambda=1.8$	$\lambda=2.0$	$\lambda=2.2$
0	1.000 000	1.000 000	1.000 000	1.000 000	1.000 000
1	0.753 403	0.798 103	0.834 701	0.864 665	0.889 197
2	0.408 167	0.475 069	0.537 163	0.593 994	0.645 430
3	0.166 502	0.216 642	0.269 379	0.323 324	0.377 286
4	0.053 725	0.078 813	0.108 708	0.142 877	0.180 648
5	0.014 253	0.023 682	0.036 407	0.052 653	0.072 496
6	0.003 201	0.006 040	0.010 378	0.016 564	0.024 910
7	0.000 622	0.001 336	0.002 569	0.004 534	0.007 461
8	0.000 107	0.000 260	0.000 562	0.001 097	0.001 978
9	0.000 016	0.000 045	0.000 110	0.000 237	0.000 470
10	0.000 002	0.000 007	0.000 019	0.000 046	0.000 101
11		0.000 001	0.000 003	0.000 008	0.000 020

x	$\lambda=2.5$	$\lambda=3.0$	$\lambda=3.5$	$\lambda=4.0$	$\lambda=4.5$	$\lambda=5.0$
0	1.000 000	1.000 000	1.000 000	1.000 000	1.000 000	1.000 000
1	0.917 915	0.950 213	0.969 803	0.981 684	0.988 891	0.993 262
2	0.712 703	0.800 852	0.864 112	0.908 422	0.938 901	0.959 572
3	0.456 187	0.576 810	0.679 153	0.761 897	0.826 422	0.875 348
4	0.242 424	0.352 768	0.463 367	0.566 530	0.657 704	0.734 974
5	0.108 822	0.184 737	0.274 555	0.371 163	0.467 896	0.559 507
6	0.042 021	0.083 918	0.142 386	0.214 870	0.297 070	0.384 039
7	0.014 187	0.033 509	0.065 288	0.110 674	0.168 949	0.237 817
8	0.004 247	0.011 905	0.026 739	0.051 134	0.086 586	0.133 372
9	0.001 140	0.003 803	0.009 874	0.021 363	0.040 257	0.068 094
10	0.000 277	0.001 102	0.003 315	0.008 132	0.017 093	0.031 828
11	0.000 062	0.000 292	0.001 019	0.002 840	0.006 669	0.013 695
12	0.000 013	0.000 071	0.000 289	0.000 915	0.002 404	0.005 453
13	0.000 002	0.000 016	0.000 076	0.000 274	0.000 805	0.002 019
14		0.000 003	0.000 019	0.000 076	0.000 252	0.000 698
15		0.000 001	0.000 004	0.000 020	0.000 074	0.000 226
16			0.000 001	0.000 005	0.000 020	0.000 069
17				0.000 001	0.000 005	0.000 020
18					0.000 001	0.000 005
19						0.000 001

表 3 t 分布表

$$P\left(t(n) > t_\alpha(n)\right) = \alpha$$

n	α					
	0.25	0.10	0.05	0.025	0.01	0.005
1	1.0000	3.0777	6.3138	12.7062	31.8207	63.6574
2	0.8165	1.8856	2.9200	4.3027	6.9646	9.9248
3	0.7649	1.6377	2.3534	3.1824	4.5407	5.8409
4	0.7407	1.5332	2.1318	2.7764	3.7469	4.6041
5	0.7267	1.4759	2.0150	2.5706	3.3649	4.0322
6	0.7176	1.4398	1.9432	2.4469	3.1427	3.7074
7	0.7111	1.4149	1.8946	2.3646	2.9980	3.4995
8	0.7064	1.3968	1.8595	2.3060	2.8965	3.3554
9	0.7027	1.3830	1.8331	2.2622	2.8214	3.2498
10	0.6998	1.3722	1.8125	2.2281	2.7638	3.1693
11	0.6974	1.3634	1.7959	2.2010	2.7181	3.1058
12	0.6955	1.3562	1.7823	2.1788	2.6810	3.0545
13	0.6938	1.3502	1.7709	2.1604	2.6503	3.0123
14	0.6924	1.3450	1.7613	2.1448	2.6245	2.9768
15	0.6912	1.3406	1.7531	2.1315	2.6025	2.9467
16	0.6901	1.3368	1.7459	2.1199	2.5835	2.9208
17	0.6892	1.3334	1.7396	2.1098	2.5669	2.8982
18	0.6884	1.3304	1.7341	2.1009	2.5524	2.8784
19	0.6876	1.3277	1.7291	2.0930	2.5395	2.8609
20	0.6870	1.3253	1.7247	2.0860	2.5280	2.8453
21	0.6864	1.3232	1.7207	2.0796	2.5177	2.8314
22	0.6858	1.3212	1.7171	2.0739	2.5083	2.8188
23	0.6853	1.3195	1.7139	2.0687	2.4999	2.8073
24	0.6848	1.3178	1.7109	2.0639	2.4922	2.7969
25	0.6844	1.3163	1.7081	2.0595	2.4851	2.7874
26	0.6840	1.3150	1.7056	2.0555	2.4786	2.7787
27	0.6837	1.3137	1.7033	2.0518	2.4727	2.7707
28	0.6834	1.3125	1.7011	2.0484	2.4671	2.7633
29	0.6830	1.3114	1.6991	2.0452	2.4620	2.7564
30	0.6828	1.3104	1.6973	2.0423	2.4573	2.7500
31	0.6825	1.3095	1.6955	2.0395	2.4528	2.7440
32	0.6822	1.3086	1.6939	2.0369	2.4487	2.7385
33	0.6820	1.3077	1.6924	2.0345	2.4448	2.7333
34	0.6818	1.3070	1.6909	2.0322	2.4411	2.7284
35	0.6816	1.3062	1.6896	2.0301	2.4377	2.7238
36	0.6814	1.3055	1.6883	2.0281	2.4345	2.7195
37	0.6812	1.3049	1.6871	2.0262	2.4314	2.7154
38	0.6810	1.3042	1.6860	2.0244	2.4286	2.7116
39	0.6808	1.3036	1.6849	2.0227	2.4258	2.7079
40	0.6807	1.3031	1.6839	2.0211	2.4233	2.7045
41	0.6805	1.3025	1.6829	2.0195	2.4208	2.7012
42	0.6804	1.3020	1.6820	2.0181	2.4185	2.6981
43	0.6802	1.3016	1.6811	2.0167	2.4163	2.6951
44	0.6801	1.3011	1.6802	2.0154	2.4141	2.6923
45	0.6800	1.3006	1.6794	2.0141	2.4121	2.6896

表 4　χ^2 分布表

$$P(\chi^2(n) > \chi_\alpha^2(n)) = \alpha$$

n	α					
	0.995	0.99	0.975	0.95	0.90	0.75
1	—	—	0.001	0.004	0.016	0.102
2	0.010	0.020	0.051	0.103	0.211	0.575
3	0.072	0.115	0.216	0.352	0.584	1.213
4	0.207	0.297	0.484	0.711	1.064	1.923
5	0.412	0.554	0.831	1.145	1.610	2.675
6	0.676	0.872	1.237	1.635	2.204	3.455
7	0.989	1.239	1.690	2.167	2.833	4.255
8	1.344	1.646	2.180	2.733	3.490	5.071
9	1.735	2.088	2.700	3.325	4.168	5.899
10	2.156	2.558	3.247	3.940	4.865	6.737
11	2.603	3.053	3.816	4.575	5.578	7.584
12	3.074	3.571	4.404	5.226	6.304	8.438
13	3.565	4.107	5.009	5.892	7.042	9.299
14	4.075	4.660	5.629	6.571	7.790	10.165
15	4.601	5.229	6.262	7.261	8.547	11.037
16	5.142	5.812	6.908	7.962	9.312	11.912
17	5.697	6.408	7.564	9.672	10.085	12.792
18	6.265	7.015	8.231	9.390	10.865	13.675
19	6.844	7.633	8.907	10.117	11.651	14.562
20	7.434	8.260	9.591	10.851	12.443	15.452
21	8.034	8.897	10.283	11.591	13.240	16.344
22	8.643	9.542	10.982	12.338	14.042	17.240
23	9.260	10.196	11.689	13.091	14.848	18.137
24	9.886	10.856	12.401	13.848	15.659	19.037
25	10.520	11.524	13.120	14.611	16.473	19.939
26	11.160	12.198	13.844	15.379	17.292	20.843
27	11.808	12.879	14.573	16.151	18.114	21.749
28	12.461	13.565	15.308	16.928	18.939	22.657
29	13.121	14.257	16.047	17.708	19.768	23.567
30	13.787	14.954	16.791	18.493	20.599	24.478
31	14.458	15.655	17.539	19.281	21.434	25.390
32	15.134	16.362	18.291	20.072	22.271	26.304
33	15.815	17.074	19.047	20.867	23.110	27.219
34	16.501	17.789	19.806	21.664	23.952	28.136
35	17.192	18.509	20.569	22.465	24.797	29.054
36	17.887	19.233	21.336	23.269	25.643	29.973
37	18.586	19.960	22.106	24.075	26.492	30.893
38	19.289	20.691	22.878	24.884	27.343	31.815
39	19.996	21.426	23.654	25.695	28.196	32.737
40	20.707	22.164	24.433	26.509	29.051	33.660
41	21.421	22.906	25.215	27.326	29.907	34.585
42	22.138	23.650	25.999	28.144	30.765	35.510
43	22.859	24.398	26.785	28.965	31.625	36.436
44	23.584	25.148	27.575	29.787	32.487	37.363
45	24.311	25.901	28.366	30.612	33.350	38.291

续表

n	α					
	0.25	0.1	0.05	0.025	0.01	0.005
1	1.323	2.706	3.841	5.024	6.635	7.879
2	2.773	4.605	5.991	7.378	9.210	10.597
3	4.108	6.251	7.815	9.348	11.345	12.838
4	5.385	7.779	9.488	11.143	13.277	14.860
5	6.626	9.236	11.071	12.833	15.086	16.750
6	7.841	10.645	12.592	14.449	16.812	18.548
7	9.037	12.017	14.067	16.013	18.475	20.278
8	10.219	13.362	15.507	17.535	20.090	21.955
9	11.389	14.684	16.919	19.023	21.666	23.589
10	12.549	15.987	18.307	20.483	23.209	25.188
11	13.701	17.275	19.675	21.920	24.725	26.757
12	14.845	18.549	21.026	23.337	26.217	28.299
13	15.984	19.812	22.362	24.736	27.688	29.819
14	17.117	21.064	23.685	26.119	29.141	31.319
15	18.245	22.307	24.996	27.488	30.578	32.801
16	19.369	23.542	26.296	28.845	32.000	34.267
17	20.489	24.769	27.587	30.191	33.409	35.718
18	21.605	25.989	28.869	31.526	34.805	37.156
19	22.718	27.204	30.144	32.852	36.191	38.582
20	23.828	28.412	31.410	34.170	37.566	39.997
21	24.935	29.615	32.671	35.479	38.932	41.401
22	26.039	30.813	33.924	36.781	40.289	42.796
23	27.141	32.007	35.172	38.076	41.638	44.181
24	28.241	33.196	36.415	39.364	42.980	45.559
25	29.339	34.382	37.652	40.646	44.314	46.928
26	30.435	35.563	38.885	41.923	45.642	48.290
27	31.528	36.741	40.113	43.194	46.963	49.645
28	32.620	37.916	41.337	44.461	48.278	50.993
29	33.711	39.087	42.557	45.722	49.588	52.336
30	34.800	40.256	43.773	46.979	50.892	53.672
31	35.887	41.422	44.985	48.232	52.191	55.003
32	36.973	42.585	46.194	49.480	53.486	56.328
33	38.058	43.745	47.400	50.725	54.776	57.648
34	39.141	44.903	48.602	51.966	56.061	58.964
35	40.223	46.059	49.802	53.203	57.342	60.275
36	41.304	47.212	50.998	54.437	58.619	61.581
37	42.383	48.363	52.192	55.668	59.892	62.883
38	43.462	49.513	53.384	56.896	61.162	64.181
39	44.539	50.660	54.572	58.120	62.428	65.476
40	45.616	51.805	55.758	59.342	63.691	66.766
41	46.692	52.949	56.942	60.561	64.950	68.053
42	47.766	54.090	58.124	61.777	66.206	69.336
43	48.840	55.230	59.304	62.990	67.459	70.616
44	49.913	56.369	60.481	64.201	68.710	71.893
45	50.985	57.505	61.656	65.410	69.957	73.166

表 5 F 分布表

$$P\{F(n_1, n_2) > F_\alpha(n_1, n_2)\} = \alpha$$

	$\alpha = 0.10$																		
n_2	n_1																		
	1	2	3	4	5	6	7	8	9	10	12	15	20	24	30	40	60	120	∞
1	39.86	49.50	53.59	55.83	57.24	58.20	58.91	59.44	59.86	60.19	60.71	61.22	61.74	62.00	62.26	62.53	62.79	63.06	63.33
2	8.53	9.00	9.16	9.24	9.29	9.33	9.35	9.37	9.38	9.39	9.41	9.42	9.44	9.45	9.46	9.47	9.47	9.48	9.49
3	5.54	5.46	5.39	5.34	5.31	5.28	5.27	5.25	5.24	5.23	5.22	5.20	5.18	5.18	5.17	5.16	5.15	5.14	5.13
4	4.54	4.32	4.19	4.11	4.05	4.01	3.98	3.95	3.94	3.92	3.90	3.87	3.84	3.83	3.82	3.80	3.79	3.78	3.76
5	4.06	3.78	3.62	3.52	3.45	3.40	3.37	3.34	3.32	3.30	3.27	3.24	3.21	3.19	3.17	3.16	3.14	3.12	3.10
6	3.78	3.46	3.29	3.18	3.11	3.05	3.01	2.98	2.96	2.94	2.90	2.87	2.84	2.82	2.80	2.78	2.76	2.74	2.72
7	3.59	3.26	3.07	2.96	2.88	2.83	2.78	2.75	2.72	2.70	2.67	2.63	2.59	2.58	2.56	2.54	2.51	2.49	2.47
8	3.46	3.11	2.92	2.81	2.73	2.67	2.62	2.59	2.56	2.54	2.50	2.46	2.42	2.40	2.38	2.36	2.34	2.32	2.29
9	3.36	3.01	2.81	2.69	2.61	2.55	2.51	2.47	2.44	2.42	2.38	2.34	2.30	2.28	2.25	2.23	2.21	2.18	2.16
10	3.29	2.92	2.73	2.61	2.52	2.46	2.41	2.38	2.35	2.32	2.28	2.24	2.20	2.18	2.16	2.13	2.11	2.08	2.06
11	3.23	2.86	2.66	2.54	2.45	2.39	2.34	2.30	2.27	2.25	2.21	2.17	2.12	2.10	2.08	2.05	2.03	2.00	1.97
12	3.18	2.81	2.61	2.48	2.39	2.33	2.28	2.24	2.21	2.19	2.15	2.10	2.06	2.04	2.01	1.99	1.96	1.93	1.90
13	3.14	2.76	2.56	2.43	2.35	2.28	2.23	2.20	2.16	2.14	2.10	2.05	2.01	1.98	1.96	1.93	1.90	1.88	1.85
14	3.10	2.73	2.52	2.39	2.31	2.24	2.19	2.15	2.12	2.10	2.05	2.01	1.96	1.94	1.91	1.89	1.86	1.83	1.80
15	3.07	2.70	2.49	2.36	2.27	2.21	2.16	2.12	2.09	2.06	2.02	1.97	1.92	1.90	1.87	1.85	1.82	1.79	1.76
16	3.05	2.67	2.46	2.33	2.24	2.18	2.13	2.09	2.06	2.03	1.99	1.94	1.89	1.87	1.84	1.81	1.78	1.75	1.72
17	3.03	2.64	2.44	2.31	2.22	2.15	2.10	2.06	2.03	2.00	1.96	1.91	1.86	1.84	1.81	1.78	1.75	1.72	1.69
18	3.01	2.62	2.42	2.29	2.20	2.13	2.08	2.04	2.00	1.98	1.93	1.89	1.84	1.81	1.78	1.75	1.72	1.69	1.66
19	2.99	2.61	2.40	2.27	2.18	2.11	2.06	2.02	1.98	1.96	1.91	1.86	1.81	1.79	1.76	1.73	1.70	1.67	1.63
20	2.97	2.59	2.38	2.25	2.16	2.09	2.04	2.00	1.96	1.94	1.89	1.84	1.79	1.77	1.74	1.71	1.68	1.64	1.61
21	2.96	2.57	2.36	2.23	2.14	2.08	2.02	1.98	1.95	1.92	1.87	1.83	1.78	1.75	1.72	1.69	1.66	1.62	1.59
22	2.95	2.56	2.35	2.22	2.13	2.06	2.01	1.97	1.93	1.90	1.86	1.81	1.76	1.73	1.70	1.67	1.64	1.60	1.57
23	2.94	2.55	2.34	2.21	2.11	2.05	1.99	1.95	1.92	1.89	1.84	1.80	1.74	1.72	1.69	1.66	1.62	1.59	1.55
24	2.93	2.54	2.33	2.19	2.10	2.04	1.98	1.94	1.91	1.88	1.83	1.78	1.73	1.70	1.67	1.64	1.61	1.57	1.53
25	2.92	2.53	2.32	2.18	2.09	2.02	1.97	1.93	1.89	1.87	1.82	1.77	1.72	1.69	1.66	1.63	1.59	1.56	1.52
26	2.91	2.52	2.31	2.17	2.08	2.01	1.96	1.92	1.88	1.86	1.81	1.76	1.71	1.68	1.65	1.61	1.58	1.54	1.50
27	2.90	2.51	2.30	2.17	2.07	2.00	1.95	1.91	1.87	1.85	1.80	1.75	1.70	1.67	1.64	1.60	1.57	1.53	1.49
28	2.89	2.50	2.29	2.16	2.06	2.00	1.94	1.90	1.87	1.84	1.79	1.74	1.69	1.66	1.63	1.59	1.56	1.52	1.48
29	2.89	2.50	2.28	2.15	2.06	1.99	1.93	1.89	1.86	1.83	1.78	1.73	1.68	1.65	1.62	1.58	1.55	1.51	1.47
30	2.88	2.49	2.28	2.14	2.05	1.98	1.93	1.88	1.85	1.82	1.77	1.72	1.67	1.64	1.61	1.57	1.54	1.50	1.46
40	2.84	2.44	2.23	2.09	2.00	1.93	1.87	1.83	1.79	1.76	1.71	1.66	1.61	1.57	1.54	1.51	1.47	1.42	1.38
60	2.79	2.39	2.18	2.04	1.95	1.87	1.82	1.77	1.74	1.71	1.66	1.60	1.54	1.51	1.48	1.44	1.40	1.35	1.29
120	2.75	2.35	2.13	1.99	1.90	1.82	1.77	1.72	1.68	1.65	1.60	1.55	1.48	1.45	1.41	1.37	1.32	1.26	1.19
∞	2.71	2.30	2.08	1.94	1.85	1.77	1.72	1.67	1.63	1.60	1.55	1.49	1.42	1.38	1.34	1.30	1.24	1.17	1.00

续表

n_2	$\alpha = 0.05$																	
	n_1																	
	1	2	3	4	5	6	7	8	9	10	12	15	20	24	30	40	60	120	∞
1	161.4	199.5	215.7	224.6	230.2	234.0	236.8	238.9	240.5	241.9	243.9	245.9	248.0	249.1	250.1	251.1	252.2	253.3	254.3
2	18.51	19.00	19.16	19.25	19.30	19.33	19.35	19.37	19.38	19.40	19.41	19.43	19.45	19.45	19.46	19.47	19.48	19.49	19.50
3	10.13	9.55	9.28	9.12	9.01	8.94	8.89	8.85	8.81	8.79	8.74	8.70	8.66	8.64	8.62	8.59	8.57	8.55	8.53
4	7.71	6.94	6.59	6.39	6.26	6.16	6.09	6.04	6.00	5.96	5.91	5.86	5.80	5.77	5.75	5.72	5.69	5.66	5.63
5	6.61	5.79	5.41	5.19	5.05	4.95	4.88	4.82	4.77	4.74	4.68	4.62	4.56	4.53	4.50	4.46	4.43	4.40	4.36
6	5.99	5.14	4.76	4.53	4.39	4.28	4.21	4.15	4.10	4.06	4.00	3.94	3.87	3.84	3.81	3.77	3.74	3.70	3.67
7	5.59	4.74	4.35	4.12	3.97	3.87	3.79	3.73	3.68	3.64	3.57	3.51	3.44	3.41	3.38	3.34	3.30	3.27	3.23
8	5.32	4.46	4.07	3.84	3.69	3.58	3.50	3.44	3.39	3.35	3.28	3.22	3.15	3.12	3.08	3.04	3.01	2.97	2.93
9	5.12	4.26	3.86	3.63	3.48	3.37	3.29	3.23	3.18	3.14	3.07	3.01	2.94	2.90	2.86	2.83	2.79	2.75	2.71
10	4.96	4.10	3.71	3.48	3.33	3.22	3.14	3.07	3.02	2.98	2.91	2.85	2.77	2.74	2.70	2.66	2.62	2.58	2.54
11	4.84	3.98	3.59	3.36	3.20	3.09	3.01	2.95	2.90	2.85	2.79	2.72	2.65	2.61	2.57	2.53	2.49	2.45	2.40
12	4.75	3.89	3.49	3.26	3.11	3.00	2.91	2.85	2.80	2.75	2.69	2.62	2.54	2.51	2.47	2.43	2.38	2.34	2.30
13	4.67	3.81	3.41	3.18	3.03	2.92	2.83	2.77	2.71	2.67	2.60	2.53	2.46	2.42	2.38	2.34	2.30	2.25	2.21
14	4.60	3.74	3.34	3.11	2.96	2.85	2.76	2.70	2.65	2.60	2.53	2.46	2.39	2.35	2.31	2.27	2.22	2.18	2.13
15	4.54	3.68	3.29	3.06	2.90	2.79	2.71	2.64	2.59	2.54	2.48	2.40	2.33	2.29	2.25	2.20	2.16	2.11	2.07
16	4.49	3.63	3.24	3.01	2.85	2.74	2.66	2.59	2.54	2.49	2.42	2.35	2.28	2.24	2.19	2.15	2.11	2.06	2.01
17	4.45	3.59	3.20	2.96	2.81	2.70	2.61	2.55	2.49	2.45	2.38	2.31	2.23	2.19	2.15	2.10	2.06	2.01	1.96
18	4.41	3.55	3.16	2.93	2.77	2.66	2.58	2.51	2.46	2.41	2.34	2.27	2.19	2.15	2.11	2.06	2.02	1.97	1.92
19	4.38	3.52	3.13	2.90	2.74	2.63	2.54	2.48	2.42	2.38	2.31	2.23	2.16	2.11	2.07	2.03	1.98	1.93	1.88
20	4.35	3.49	3.10	2.87	2.71	2.60	2.51	2.45	2.39	2.35	2.28	2.20	2.12	2.08	2.04	1.99	1.95	1.90	1.84
21	4.32	3.47	3.07	2.84	2.68	2.57	2.49	2.42	2.37	2.32	2.25	2.18	2.10	2.05	2.01	1.96	1.92	1.87	1.81
22	4.30	3.44	3.05	2.82	2.66	2.55	2.46	2.40	2.34	2.30	2.23	2.15	2.07	2.03	1.98	1.94	1.89	1.84	1.78
23	4.28	3.42	3.03	2.80	2.64	2.53	2.44	2.37	2.32	2.27	2.20	2.13	2.05	2.01	1.96	1.91	1.86	1.81	1.76
24	4.26	3.40	3.01	2.78	2.62	2.51	2.42	2.36	2.30	2.25	2.18	2.11	2.03	1.98	1.94	1.89	1.84	1.79	1.73
25	4.24	3.39	2.99	2.76	2.60	2.49	2.40	2.34	2.28	2.24	2.16	2.09	2.01	1.96	1.92	1.87	1.82	1.77	1.71
26	4.23	3.37	2.98	2.74	2.59	2.47	2.39	2.32	2.27	2.22	2.15	2.07	1.99	1.95	1.90	1.85	1.80	1.75	1.69
27	4.21	3.35	2.96	2.73	2.57	2.46	2.37	2.31	2.25	2.20	2.13	2.06	1.97	1.93	1.88	1.84	1.79	1.73	1.67
28	4.20	3.34	2.95	2.71	2.56	2.45	2.36	2.29	2.24	2.19	2.12	2.04	1.96	1.91	1.87	1.82	1.77	1.71	1.65
29	4.18	3.33	2.93	2.70	2.55	2.43	2.35	2.28	2.22	2.18	2.10	2.03	1.94	1.90	1.85	1.81	1.75	1.70	1.64
30	4.17	3.32	2.92	2.69	2.53	2.42	2.33	2.27	2.21	2.16	2.09	2.01	1.93	1.89	1.84	1.79	1.74	1.68	1.62
40	4.08	3.23	2.84	2.61	2.45	2.34	2.25	2.18	2.12	2.08	2.00	1.92	1.84	1.79	1.74	1.69	1.64	1.58	1.51
60	4.00	3.15	2.76	2.53	2.37	2.25	2.17	2.10	2.04	1.99	1.92	1.84	1.75	1.70	1.65	1.59	1.53	1.47	1.39
120	3.92	3.07	2.68	2.45	2.29	2.17	2.09	2.02	1.96	1.91	1.83	1.75	1.66	1.61	1.55	1.50	1.43	1.35	1.25
∞	3.84	3.00	2.60	2.37	2.21	2.10	2.01	1.94	1.88	1.83	1.75	1.67	1.57	1.52	1.46	1.39	1.32	1.22	1.00

n_2	$\alpha = 0.025$																		
	n_1																		
	1	2	3	4	5	6	7	8	9	10	12	15	20	24	30	40	60	120	∞
1	647.8	799.5	864.2	899.6	921.8	937.1	948.2	956.7	963.3	968.6	976.7	984.9	993.1	997.2	1001	1006	1010	1014	1018
2	38.51	39.00	39.17	39.25	39.30	39.33	39.36	39.37	39.39	39.40	39.41	39.43	39.45	39.46	39.46	39.47	39.48	39.49	39.50
3	17.44	16.04	15.44	15.10	14.88	14.73	14.62	14.54	14.47	14.42	14.34	14.25	14.17	14.12	14.08	14.04	13.99	13.95	13.90
4	12.22	10.65	9.98	9.60	9.36	9.20	9.07	8.98	8.90	8.84	8.75	8.66	8.56	8.51	8.46	8.41	8.36	8.31	8.26
5	10.01	8.43	7.76	7.39	7.15	6.98	6.85	6.76	6.68	6.62	6.52	6.43	6.33	6.28	6.23	6.18	6.12	6.07	6.02
6	8.81	7.26	6.60	6.23	5.99	5.82	5.70	5.60	5.52	5.46	5.37	5.27	5.17	5.12	5.07	5.01	4.96	4.90	4.85
7	8.07	6.54	5.89	5.52	5.29	5.12	4.99	4.90	4.82	4.76	4.67	4.57	4.47	4.42	4.36	4.31	4.25	4.20	4.14
8	7.57	6.06	5.42	5.05	4.82	4.65	4.53	4.43	4.36	4.30	4.20	4.10	4.00	3.95	3.89	3.84	3.78	3.73	3.67
9	7.21	5.71	5.08	4.72	4.48	4.23	4.20	4.10	4.03	3.96	3.87	3.77	3.67	3.61	3.56	3.51	3.45	3.39	3.33
10	6.94	5.46	4.83	4.47	4.24	4.07	3.95	3.85	3.78	3.72	3.62	3.52	3.42	3.37	3.31	3.26	3.20	3.14	3.08
11	6.72	5.26	4.63	4.28	4.04	3.88	3.76	3.66	3.59	3.53	3.43	3.33	3.23	3.17	3.12	3.06	3.00	2.94	2.88
12	6.55	5.10	4.47	4.12	3.89	3.73	3.61	3.51	3.44	3.37	3.28	3.18	3.07	3.02	2.96	2.91	2.85	2.79	2.72
13	6.41	4.97	4.35	4.00	3.77	3.60	3.48	3.39	3.31	3.25	3.15	3.05	2.95	2.89	2.84	2.78	2.72	2.66	2.60
14	6.30	4.86	4.24	3.89	3.66	3.50	3.38	3.29	3.21	3.15	3.05	2.95	2.84	2.79	2.73	2.67	2.61	2.55	2.49
15	6.20	4.77	4.15	3.80	3.58	3.41	3.29	3.20	3.12	3.06	2.96	2.86	2.76	2.70	2.64	2.59	2.52	2.46	2.40
16	6.12	4.69	4.08	3.73	3.50	3.34	3.22	3.12	3.05	2.99	2.89	2.79	2.68	2.63	2.57	2.51	2.45	2.38	2.32
17	6.04	4.62	4.01	3.66	3.44	3.28	3.16	3.06	2.98	2.92	2.82	2.72	2.62	2.56	2.50	2.44	2.38	2.32	2.25
18	5.98	4.56	3.95	3.61	3.38	3.22	3.10	3.01	2.93	2.87	2.77	2.67	2.56	2.50	2.44	2.38	2.32	2.26	2.19
19	5.92	4.51	3.90	3.56	3.33	3.17	3.05	2.96	2.88	2.82	2.72	2.62	2.51	2.45	2.39	2.33	2.27	2.20	2.13
20	5.87	4.46	3.86	3.51	3.29	3.13	3.01	2.91	2.84	2.77	2.68	2.57	2.46	2.41	2.35	2.29	2.22	2.16	2.09
21	5.83	4.42	3.82	3.48	3.25	3.09	2.97	2.87	2.80	2.73	2.64	2.53	2.42	2.37	2.31	2.25	2.18	2.11	2.04
22	5.79	4.38	3.78	3.44	3.22	3.05	2.93	2.84	2.76	2.70	2.60	2.50	2.39	2.33	2.27	2.21	2.14	2.08	2.00
23	5.75	4.35	3.75	3.41	3.18	3.02	2.90	2.81	2.73	2.67	2.57	2.47	2.36	2.30	2.24	2.18	2.11	2.04	1.97
24	5.72	4.32	3.72	3.38	3.15	2.99	2.87	2.78	2.70	2.64	2.54	2.44	2.33	2.27	2.21	2.15	2.08	2.01	1.94
25	5.69	4.29	3.69	3.35	3.13	2.97	2.85	2.75	2.68	2.61	2.51	2.41	2.30	2.24	2.18	2.12	2.05	1.98	1.91
26	5.66	4.27	3.67	3.33	3.10	2.94	2.82	2.73	2.65	2.59	2.49	2.39	2.28	2.22	2.16	2.09	2.03	1.95	1.88
27	5.63	4.24	3.65	3.31	3.08	2.92	2.80	2.71	2.63	2.57	2.47	2.36	2.25	2.19	2.13	2.07	2.00	1.93	1.85
28	5.61	4.22	3.63	3.29	3.06	2.90	2.78	2.69	2.61	2.55	2.45	2.34	2.23	2.17	2.11	2.05	1.98	1.91	1.83
29	5.59	4.20	3.61	3.27	3.04	2.88	2.76	2.67	2.59	2.53	2.43	2.32	2.21	2.15	2.09	2.03	1.96	1.89	1.81
30	5.57	4.18	3.59	3.25	3.03	2.87	2.75	2.65	2.57	2.51	2.41	2.31	2.20	2.14	2.07	2.01	1.94	1.87	1.79
40	5.42	4.05	3.46	3.13	2.90	2.74	2.62	2.53	2.45	2.39	2.29	2.18	2.07	2.01	1.94	1.88	1.80	1.72	1.64
60	5.29	3.93	3.34	3.01	2.79	2.63	2.51	2.41	2.33	2.27	2.17	2.06	1.94	1.88	1.82	1.74	1.67	1.58	1.48
120	5.15	3.80	3.23	2.89	2.67	2.52	2.39	2.30	2.22	2.16	2.05	1.94	1.82	1.76	1.69	1.61	1.53	1.43	1.31
∞	5.02	3.69	3.12	2.79	2.57	2.41	2.29	2.19	2.11	2.05	1.94	1.83	1.71	1.64	1.57	1.48	1.39	1.27	1.00

n_2	$\alpha = 0.01$																		
	n_1																		
	1	2	3	4	5	6	7	8	9	10	12	15	20	24	30	40	60	120	∞
1	4 052	5 000	5 403	5 625	5 764	5 859	5 928	5 982	6 022	6 056	6 106	6 157	6 209	6 235	6 261	6 287	6 313	6 339	6 366
2	98.50	99.00	99.17	99.25	99.30	99.33	99.36	99.37	99.39	99.40	99.42	99.43	99.45	99.46	99.47	99.47	99.48	99.49	99.50
3	34.12	30.82	29.46	28.71	28.24	27.91	27.67	27.49	27.35	27.23	27.05	26.87	26.69	26.60	26.50	26.41	26.32	26.22	26.13
4	21.20	18.00	16.69	15.98	15.52	15.21	14.98	14.80	14.66	14.55	14.37	14.20	14.02	13.93	13.84	13.75	13.65	13.56	13.46
5	16.26	13.27	12.06	11.39	10.97	10.67	10.46	10.29	10.16	10.05	9.89	9.72	9.55	9.47	9.38	9.29	9.20	9.11	9.02
6	13.75	10.92	9.78	9.15	8.75	8.47	8.26	8.10	7.98	7.87	7.72	7.56	7.40	7.31	7.23	7.14	7.06	6.97	6.88
7	12.25	9.55	8.45	7.85	7.46	7.19	6.99	6.84	6.72	6.62	6.47	6.31	6.16	6.07	5.99	5.91	5.82	5.74	5.65
8	11.26	8.65	7.59	7.01	6.63	6.37	6.18	6.03	5.91	5.81	5.67	5.52	5.36	5.28	5.20	5.12	5.03	4.95	4.86
9	10.56	8.02	6.99	6.42	6.06	5.80	5.61	5.47	5.35	5.26	5.11	4.96	4.81	4.73	4.65	4.57	4.48	4.40	4.31
10	10.04	7.56	6.55	5.99	5.64	5.39	5.20	5.06	4.94	4.85	4.71	4.56	4.41	4.33	4.25	4.17	4.08	4.00	3.91
11	9.65	7.21	6.22	5.67	5.32	5.07	4.89	4.74	4.63	4.54	4.40	4.25	4.10	4.02	3.94	3.86	3.78	3.69	3.60
12	9.33	6.93	5.95	5.41	5.06	4.82	4.64	4.50	4.39	4.30	4.16	4.01	3.86	3.78	3.70	3.62	3.54	3.45	3.36
13	9.07	6.70	5.74	5.21	4.86	4.62	4.44	4.30	4.19	4.10	3.96	3.82	3.66	3.59	3.51	3.43	3.34	3.25	3.17
14	8.86	6.51	5.56	5.04	4.69	4.46	4.28	4.14	4.03	3.94	3.80	3.66	3.51	3.43	3.35	3.27	3.18	3.09	3.00
15	8.68	6.36	5.42	4.89	4.56	4.32	4.14	4.00	3.89	3.80	3.67	3.52	3.37	3.29	3.21	3.13	3.05	2.96	2.87
16	8.53	6.23	5.29	4.77	4.44	4.20	4.03	3.89	3.78	3.69	3.55	3.41	3.26	3.18	3.10	3.02	2.93	2.84	2.75
17	8.40	6.11	5.18	4.67	4.34	4.10	3.93	3.79	3.68	3.59	3.46	3.31	3.16	3.08	3.00	2.92	2.83	2.75	2.65
18	8.29	6.01	5.09	4.58	4.25	4.01	3.84	3.71	3.60	3.51	3.37	3.23	3.08	3.00	2.92	2.84	2.75	2.66	2.57
19	8.18	5.93	5.01	4.50	4.17	3.94	3.77	3.63	3.52	3.43	3.30	3.15	3.00	2.92	2.84	2.76	2.67	2.58	2.49
20	8.10	5.85	4.94	4.43	4.10	3.87	3.70	3.56	3.46	3.37	3.23	3.09	2.94	2.86	2.78	2.69	2.61	2.52	2.42
21	8.02	5.78	4.87	4.37	4.04	3.81	3.64	3.51	3.40	3.31	3.17	3.03	2.88	2.80	2.72	2.64	2.55	2.46	2.36
22	7.95	5.72	4.82	4.31	3.99	3.76	3.59	3.45	3.35	3.26	3.12	2.98	2.83	2.75	2.67	2.58	2.50	2.40	2.31
23	7.88	5.66	4.76	4.26	3.94	3.71	3.54	3.41	3.30	3.21	3.07	2.93	2.78	2.70	2.62	2.54	2.45	2.35	2.26
24	7.82	5.61	4.72	4.22	3.90	3.67	3.50	3.36	3.26	3.17	3.03	2.89	2.74	2.66	2.58	2.49	2.40	2.31	2.21
25	7.77	5.57	4.68	4.18	3.85	3.63	3.46	3.32	3.22	3.13	2.99	2.85	2.70	2.62	2.54	2.45	2.36	2.27	2.17
26	7.72	5.53	4.64	4.14	3.82	3.59	3.42	3.29	3.18	3.09	2.96	2.81	2.66	2.58	2.50	2.42	2.33	2.23	2.13
27	7.68	5.49	4.60	4.11	3.78	3.56	3.39	3.26	3.15	3.06	2.93	2.78	2.63	2.55	2.47	2.38	2.29	2.20	2.10
28	7.64	5.45	4.57	4.07	3.75	3.53	3.36	3.23	3.12	3.03	2.90	2.75	2.60	2.52	2.44	2.35	2.26	2.17	2.06
29	7.60	5.42	4.54	4.04	3.73	3.50	3.33	3.20	3.09	3.00	2.87	2.73	2.57	2.49	2.41	2.33	2.23	2.14	2.03
30	7.56	5.39	4.51	4.02	3.70	3.47	3.30	3.17	3.07	2.98	2.84	2.70	2.55	2.47	2.39	2.30	2.21	2.11	2.01
40	7.31	5.18	4.31	3.83	3.51	3.29	3.12	2.99	2.89	2.80	2.66	2.52	2.37	2.29	2.20	2.11	2.02	1.92	1.80
60	7.08	4.98	4.13	3.65	3.34	3.12	2.95	2.82	2.72	2.63	2.50	2.35	2.20	2.12	2.03	1.94	1.84	1.73	1.60
120	6.85	4.79	3.95	3.48	3.17	2.96	2.79	2.66	2.56	2.47	2.34	2.19	2.03	1.95	1.86	1.76	1.66	1.53	1.38
∞	6.63	4.61	3.78	3.32	3.02	2.80	2.64	2.51	2.41	2.32	2.18	2.04	1.88	1.79	1.70	1.59	1.47	1.32	1.00

续表

n_2	$\alpha = 0.005$																		
	n_1																		
	1	2	3	4	5	6	7	8	9	10	12	15	20	24	30	40	60	120	∞
1	16211	20000	21615	22500	23056	23437	23715	23925	24091	24224	24426	24630	24836	24940	25044	25148	25253	25359	25465
2	198.5	199.0	199.2	199.2	199.3	199.3	199.4	199.4	199.4	199.4	199.4	199.4	199.4	199.5	199.5	199.5	199.5	199.5	199.5
3	55.55	49.80	47.47	46.19	45.39	44.84	44.43	44.13	43.88	43.69	43.39	43.08	42.78	42.62	42.47	42.31	42.15	41.99	41.83
4	31.33	26.28	24.26	23.15	22.46	21.97	21.62	21.35	21.14	20.97	20.70	20.44	20.17	20.03	19.89	19.75	19.61	19.47	19.32
5	22.78	18.31	16.53	15.56	14.94	14.51	14.20	13.96	13.77	13.62	13.38	13.15	12.90	12.78	12.66	12.53	12.40	12.27	12.14
6	18.63	14.54	12.92	12.03	11.46	11.07	10.79	10.57	10.39	10.25	10.03	9.81	9.59	9.47	9.36	9.24	9.12	9.00	8.88
7	16.24	12.40	10.88	10.05	9.52	9.16	8.89	8.68	8.51	8.38	8.18	7.97	7.75	7.65	7.53	7.42	7.31	7.19	7.08
8	14.69	11.04	9.60	8.81	8.30	7.95	7.69	7.50	7.34	7.21	7.01	6.81	6.61	6.50	6.40	6.29	6.18	6.06	5.95
9	13.61	10.11	8.72	7.96	7.47	7.13	6.88	6.69	6.54	6.42	6.23	6.03	5.83	5.73	5.62	5.52	5.41	5.30	5.19
10	12.83	9.43	8.08	7.34	6.87	6.54	6.30	6.12	5.97	5.85	5.66	5.47	5.27	5.17	5.07	4.97	4.86	4.75	4.64
11	12.23	8.91	7.60	6.88	6.42	6.10	5.86	5.68	5.54	5.42	5.24	5.05	4.86	4.76	4.65	4.55	4.44	4.34	4.23
12	11.75	8.51	7.23	6.52	6.07	5.76	5.52	5.35	5.20	5.09	4.91	4.72	4.53	4.43	4.33	4.23	4.12	4.01	3.90
13	11.37	8.19	6.93	6.23	5.79	5.48	5.25	5.08	4.94	4.82	4.64	4.46	4.27	4.17	4.07	3.97	3.87	3.76	3.65
14	11.06	7.92	6.68	6.00	5.56	5.26	5.03	4.86	4.72	4.60	4.43	4.25	4.06	3.96	3.86	3.76	3.66	3.55	3.44
15	10.80	7.70	6.48	5.80	5.37	5.07	4.85	4.67	4.54	4.42	4.25	4.07	3.88	3.79	3.69	3.58	3.48	3.37	3.26
16	10.58	7.51	6.30	5.64	5.21	4.91	4.69	4.52	4.38	4.27	4.10	3.92	3.73	3.64	3.54	3.44	3.33	3.22	3.11
17	10.38	7.35	6.16	5.50	5.07	4.78	4.56	4.39	4.25	4.14	3.97	3.79	3.61	3.51	3.41	3.31	3.21	3.10	2.98
18	10.22	7.21	6.03	5.37	4.96	4.66	4.44	4.28	4.14	4.03	3.86	3.68	3.50	3.40	3.30	3.20	3.10	2.99	2.87
19	10.07	7.09	5.92	5.27	4.85	4.56	4.34	4.18	4.04	3.93	3.76	3.59	3.40	3.31	3.21	3.11	3.00	2.89	2.78
20	9.94	6.99	5.82	5.17	4.76	4.47	4.26	4.09	3.96	3.85	3.68	3.50	3.32	3.22	3.12	3.02	2.92	2.81	2.69
21	9.83	6.89	5.73	5.09	4.68	4.39	4.18	4.01	3.88	3.77	3.60	3.43	3.24	3.15	3.05	2.95	2.84	2.73	2.61
22	9.73	6.81	5.65	5.02	4.61	4.32	4.11	3.94	3.81	3.70	3.54	3.36	3.18	3.08	2.98	2.88	2.77	2.66	2.55
23	9.63	6.73	5.58	4.95	4.54	4.26	4.05	3.88	3.75	3.64	3.47	3.30	3.12	3.02	2.92	2.82	2.71	2.60	2.48
24	9.55	6.66	5.52	4.89	4.49	4.20	3.99	3.83	3.69	3.59	3.42	3.25	3.06	2.97	2.87	2.77	2.66	2.55	2.43
25	9.48	6.60	5.46	4.84	4.43	4.15	3.94	3.78	3.64	3.54	3.37	3.20	3.01	2.92	2.82	2.72	2.61	2.50	2.38
26	9.41	6.54	5.41	4.79	4.38	4.10	3.89	3.73	3.60	3.49	3.33	3.15	2.97	2.87	2.77	2.67	2.56	2.45	2.33
27	9.34	6.49	5.36	4.74	4.34	4.06	3.85	3.69	3.56	3.45	3.28	3.11	2.93	2.83	2.73	2.63	2.52	2.41	2.29
28	9.28	6.44	5.32	4.70	4.30	4.02	3.81	3.65	3.52	3.41	3.25	3.07	2.89	2.79	2.69	2.59	2.48	2.37	2.25
29	9.23	6.40	5.28	4.66	4.26	3.98	3.77	3.61	3.48	3.38	3.21	3.04	2.86	2.76	2.66	2.56	2.45	2.33	2.21
30	9.18	6.35	5.24	4.62	4.23	3.95	3.74	3.58	3.45	3.34	3.18	3.01	2.82	2.73	2.63	2.52	2.42	2.30	2.18
40	8.83	6.07	4.98	4.37	3.99	3.71	3.51	3.35	3.22	3.12	2.95	2.78	2.60	2.50	2.40	2.30	2.18	2.06	1.93
60	8.49	5.79	4.73	4.14	3.76	3.49	3.29	3.13	3.01	2.90	2.74	2.57	2.39	2.29	2.19	2.08	1.96	1.83	1.69
120	8.18	5.54	4.50	3.92	3.55	3.28	3.09	2.93	2.81	2.71	2.54	2.37	2.19	2.09	1.98	1.87	1.75	1.61	1.43
∞	7.88	5.30	4.28	3.72	3.35	3.09	2.90	2.74	2.62	2.52	2.36	2.19	2.00	1.90	1.79	1.67	1.53	1.36	1.00

续表

n_2	$\alpha = 0.001$																		
	n_1																		
	1	2	3	4	5	6	7	8	9	10	12	15	20	24	30	40	60	120	∞
1	4053+	5000+	5404+	5625+	5764+	5859+	5929+	5981+	6023+	6056+	6107+	6158+	6209+	6235+	6261+	6287+	6313+	6340+	6366+
2	998.5	999.0	999.2	999.2	999.3	999.3	999.4	999.4	999.4	999.4	999.4	999.4	999.4	999.5	999.5	999.5	999.5	999.5	999.5
3	167.0	148.5	141.1	137.1	134.6	132.8	131.6	130.6	129.9	129.2	128.3	127.4	126.4	125.9	125.4	125.0	124.51	124.0	123.5
4	74.14	61.25	56.18	53.44	51.71	50.53	49.66	49.00	48.47	48.05	47.41	46.76	46.10	45.77	45.43	45.09	44.75	44.40	44.05
5	47.18	37.12	33.20	31.09	27.75	28.84	28.16	27.64	27.24	26.92	26.42	25.91	25.39	25.14	24.87	24.60	24.33	24.06	23.79
6	35.51	27.00	23.70	21.92	20.81	20.03	19.46	19.03	18.69	18.41	17.99	17.56	17.12	16.89	16.67	16.44	16.21	15.99	15.75
7	29.25	21.69	18.77	17.19	16.21	15.52	15.02	14.63	14.33	14.08	13.71	13.32	12.93	12.73	12.53	12.33	12.12	11.91	11.70
8	25.42	18.49	15.83	14.39	13.49	12.86	12.40	12.04	11.77	11.54	11.19	10.84	10.48	10.30	10.11	9.92	9.73	9.53	9.33
9	22.86	16.39	13.90	12.56	11.71	11.13	10.70	10.37	10.11	9.89	9.57	9.24	8.90	8.72	8.55	8.37	8.19	8.00	7.81
10	21.04	14.91	12.55	11.28	10.48	9.92	9.52	9.20	8.96	8.75	8.45	8.13	7.80	7.64	7.47	7.30	7.12	6.94	6.76
11	19.69	13.81	11.56	10.35	9.58	9.05	8.66	8.35	8.12	7.92	7.63	7.32	7.01	6.85	6.68	6.52	6.35	6.17	6.00
12	18.64	12.97	10.80	9.63	8.89	8.38	8.00	7.71	7.48	7.29	7.00	6.71	6.40	6.25	6.09	5.93	5.76	5.59	5.42
13	17.81	12.31	10.21	9.07	8.35	7.86	7.49	7.21	6.98	6.80	6.52	6.23	5.93	5.78	5.63	5.47	5.30	5.14	4.97
14	17.14	11.78	9.73	8.62	7.92	7.43	7.08	6.80	6.58	6.40	6.13	5.85	5.56	5.41	5.25	5.10	4.94	4.77	4.60
15	16.59	11.34	9.34	8.25	7.57	7.09	6.74	6.47	6.26	6.08	5.81	5.54	5.25	5.10	4.95	4.80	4.64	4.47	4.31
16	16.12	10.97	9.00	7.94	7.27	6.81	6.46	6.19	5.98	5.81	5.55	5.27	4.99	4.85	4.70	4.54	4.39	4.23	4.06
17	15.72	10.66	8.73	7.68	7.02	6.56	6.22	5.96	5.75	5.58	5.32	5.05	4.78	4.63	4.48	4.33	4.18	4.02	3.85
18	15.38	10.39	8.49	7.46	6.81	6.35	6.02	5.76	5.56	5.39	5.13	4.87	4.59	4.45	4.30	4.15	4.00	3.84	3.67
19	15.08	10.16	8.28	7.26	6.62	6.18	5.85	5.59	5.39	5.22	4.97	4.70	4.43	4.29	4.14	3.99	3.84	3.68	3.51
20	14.82	9.95	8.10	7.10	6.46	6.02	5.69	5.44	5.24	5.08	4.82	4.56	4.29	4.15	4.00	3.86	3.70	3.54	3.38
21	14.59	9.77	7.94	6.95	6.32	5.88	5.56	5.31	5.11	4.95	4.70	4.44	4.17	4.03	3.88	3.74	3.58	3.42	3.26
22	14.38	9.61	7.80	6.81	6.19	5.76	5.44	5.19	4.99	4.83	4.58	4.33	4.06	3.92	3.78	3.63	3.48	3.32	3.15
23	14.19	9.47	7.67	6.69	6.08	5.65	5.33	5.09	4.89	4.73	4.48	4.23	3.96	3.82	3.68	3.53	3.38	3.22	3.05
24	14.03	9.34	7.55	6.59	5.98	5.55	5.23	4.99	4.80	4.64	4.39	4.14	3.87	3.74	3.59	3.45	3.29	3.14	2.97
25	13.88	9.22	7.45	6.49	5.88	5.46	5.15	4.91	4.71	4.56	4.31	4.06	3.79	3.66	3.52	3.37	3.22	3.06	2.89
26	13.74	9.12	7.36	6.41	5.80	5.38	5.07	4.83	4.64	4.48	4.24	3.99	3.72	3.59	3.44	3.30	3.15	2.99	2.82
27	13.61	9.02	7.27	6.33	5.73	5.31	5.00	4.76	4.57	4.41	4.17	3.92	3.66	3.52	3.38	3.23	3.08	2.92	2.75
28	13.50	8.93	7.19	6.25	5.66	5.24	4.93	4.69	4.50	4.35	4.11	3.86	3.60	3.46	3.32	3.18	3.02	2.86	2.69
29	13.39	8.85	7.12	6.19	5.59	5.18	4.87	4.64	4.45	4.29	4.05	3.80	3.54	3.41	3.27	3.12	2.97	2.81	2.64
30	13.29	8.77	7.05	6.12	5.53	5.12	4.82	4.58	4.39	4.24	4.00	3.75	3.49	3.36	3.22	3.07	2.92	2.76	2.59
40	12.61	8.25	6.60	5.70	5.13	4.73	4.44	4.21	4.02	3.87	3.64	3.40	3.15	3.01	2.87	2.73	2.57	2.41	2.23
60	11.97	7.76	6.17	5.31	4.76	4.37	4.09	3.87	3.69	3.54	3.31	3.08	2.83	2.69	2.55	2.41	2.25	2.08	1.89
120	11.38	7.32	5.79	4.95	4.42	4.04	3.77	3.55	3.38	3.24	3.02	2.78	2.53	2.40	2.26	2.11	1.95	1.76	1.54
∞	10.83	6.91	5.42	4.62	4.1	3.74	3.47	3.27	3.10	2.96	2.74	2.51	2.27	2.13	1.99	1.84	1.66	1.45	1.00

注: + 表示要将所列数乘以 100

参 考 文 献

[1] 张从军, 刘亦农, 肖丽华, 周慧新. 概率论与数理统计,2 版. 上海: 复旦大学出版社, 2011.

[2] 吴小霞, 许芳, 朱家砚. 概率论与数理统计. 武汉: 华中科技大学出版社, 2013.

[3] 姚喜妍, 刘瑞芹. 概率论与数理统计. 北京: 北京大学出版社,2011.

[4] 徐宗本, 何书元. 概率论与数理统计, 2 版. 北京: 高等教育出版社, 2024.

[5] 龚光鲁. 概率论与数理统计. 北京: 清华大学出版社, 2006.

[6] 盛骤, 谢式千, 潘承毅. 概率论与数理统计, 5 版. 北京: 高等教育出版社, 2020.

[7] 李高荣, 吴密霞. 多元统计分析. 北京: 科学出版社,2021.

[8] 徐雅静, 曲双红. 概率论与数理统计, 3 版. 北京: 科学出版社,2023.

郑重声明

读者意见反馈

为收集对教材的意见建议，进一步完善教材编写并做好服务工作，读者可将对本教材的意见建议通过如下渠道反馈至我社。

咨询电话　400-810-0598
反馈邮箱　hepsci@pub.hep.cn
通信地址　北京市朝阳区惠新东街 4 号富盛大厦 1 座
　　　　　高等教育出版社理科事业部
邮政编码　100029